Grundlagen der Künstlichen Intelligenz

Informatik · Kybernetik · Rechentechnik

Herausgegeben von der Akademie der Wissenschaften der DDR
Zentralinstitut für Kybernetik und Informationsprozesse

Band 31

Grundlagen der Künstlichen Intelligenz

von

B. I. Dahn, H. Dörner, H.-J. Goltz, J. Grabowski,
H. Herre, K. P. Jantke, St. Lange, Ch. Posthoff,
B. Thalheim, H. Thiele

Grundlagen der Künstlichen Intelligenz

Eine Einführung in Einzelbeiträgen

Herausgegeben von
Jan Grabowski, Klaus P. Jantke, Helmut Thiele

Akademie-Verlag Berlin 1989

Herausgeber: Prof. Dr. Jan Grabowski,
Humboldt-Universität zu Berlin

Prof. Dr. Klaus P. Jantke
Technische Hochschule Leipzig

Prof. Dr. Helmut Thiele
Humboldt-Universität zu Berlin
z. Zt. Kuwait University

Autoren:

Doz. Dr. Bernd I. Dahn, Berlin
Dr. Hartmut Dörner, Halle
Dr. Hans-Joachim Goltz, Berlin
Prof. Dr. Jan Grabowski, Berlin
Dr. Heinrich Herre, Berlin
Prof. Dr. Klaus P. Jantke, Leipzig
Dr. Steffen Lange, Leipzig
Prof. Dr. Christian Posthoff, Karl-Marx-Stadt
Doz. Dr. Bernhard Thalheim, Dresden, z. Zt. Kuwait
Prof. Dr. Helmut Thiele, Berlin, z. Zt. Kuwait

Der Titel wurde vom Originalmanuskript der Autoren reproduziert

ISBN 3-05-500601-1
ISSN 0232-1351

Erschienen im Akademie-Verlag Berlin, Leipziger Str. 3—4, Berlin, DDR-1086

Lizenznummer: 202 · 100/403/89
Printed in the German Democratic Republic
Gesamtherstellung: VEB Druckerei „Thomas Müntzer", Bad Langensalza, DDR-5820
Lektor: Dipl.-Math. Gesine Reiher
LSV 1085
Bestellnummer: 763 910 0 (9157)

04800

VORWORT

Die Fachsektion I "Theoretische Grundlagen" der Gesellschaft für Informatik der DDR sieht eine ihrer wichtigsten Aufgaben darin, Wissen über neueste Forschungsergebnisse und aktuelle Trends in der Informatik einem breiten Kreis von Mitgliedern der GIDDR zugänglich zu machen. Insbesondere bemüht sie sich, solche Anregungen in die anderen Fachsektionen hineinzutragen und umgekehrt aus den Fragestellungen, die im Rahmen anderer Fachsektionen bearbeitet werden, zentrale Probleme der Grundlagenforschung abzuleiten. Um dieser Zielstellung gerecht zu werden, führt sie ihre Jahrestagungen jeweils gemeinsam mit einer der anderen Fachsektionen durch.

Die Jahrestagung 1987, vorbereitet und durchgeführt in Abstimmung mit der Fachsektion IV "Künstliche Intelligenz", war grundlegenden Konzepten und Problemen der Künstlichen Intelligenz (KI), vor allem solchen mit mathematischem Hintergrund, gewidmet. Da die KI noch eine relativ junge Wissenschaft ist, die außerdem gegenwärtig einen großen Kreis von Interessenten anzieht und in der viele Wissenschaftler mit andersgearteter Ausbildung ihre aktuellen Aufgaben sehen, besteht ein großes Defizit an Grundlagenkenntnissen. Daher wurden zur Jahrestagung 1987 der Fachsektion I vor allem Übersichts- bzw. Einführungsvorträge eingeladen. Der Gründlichkeit und relativen Vollständigkeit der Darstellung, wofür ausreichende Vortragszeit nötig war, wurde eindeutig der Vorrang vor einer thematischen Vollständigkeit des Programms eingeräumt, denn der beschränkte Zeitfonds bot von vornherein nicht die Möglichkeit, das weite Spektrum der KI auch nur annähernd zu überdecken.

Die Tagung fand eine außerordentlich gute Resonanz, so daß die Idee entstand, die Vortragenden zu bitten, schriftliche Fassungen ihrer Beiträge für eine Veröffentlichung zu erarbeiten. Diese liegen hiermit vor. Die Verfasser nutzten die Gelegenheit, ihre Beiträge sorgfältig auszuarbeiten und auf den neuesten Stand zu bringen, wobei auch hier Vollständigkeit nicht angestrebt wurde.

Die ersten drei Beiträge geben eine Übersicht über das Gesamtgebiet der Künstlichen Intelligenz und das zentrale Teilgebiet der Wissensrepräsentation sowie einen informellen Abriß ausgewählter mathematischer Probleme. Ihnen folgt der eigentliche mathematische Teil, in dem ausgewählte Kapitel der Grundlagen der Künstlichen Intelligenz systematisch behandelt werden.

Wir hoffen, daß der Band dazu dienen wird, einem breiten Kreis von interessierten Wissenschaftlern und Studenten eine ausführliche und verständliche Einführung in wichtige Grundlagen der Künstlichen

Intelligenz zu geben.

Die Herausgeber danken einem großen Kreis von Fachkollegen, die ihnen bei der Vorbereitung des Bandes mit Hinweisen und Kritiken zur Seite standen. Besonderer Dank gilt Frau G. Reiher vom Akademie-Verlag Berlin, die mit viel Verständnis die langwierige Erarbeitung dieser Beitragssammlung unterstützt hat.

Berlin, Leipzig und Kuweit, Oktober 1988

Jan Grabowski
Klaus P. Jantke
Helmut Thiele

I N H A L T

KÜNSTLICHE INTELLIGENZ AUFGABEN UND PROBLEME

Christian Posthoff

Als die Herausgeber dieses hiermit vorgelegten Sammelbandes die ersten konzeptionellen Vorstellungen zum Inhalt entwickelten, erschien es als selbstverständlich, den speziellen Fragen gewidmeten Vorträgen einen Beitrag zum Gegenstand der Künstlichen Intelligenz (KI) voranzustellen. Dies erschien als notwendig, um einen eigenen Standpunkt zu definieren und einen breiten Teilnehmer- bzw. Leserkreis von der Notwendigkeit zu überzeugen, sich mit diesem wichtigen Gebiet zu beschäftigen, und so praxis- (d.h. wissenschafts-, produktions-, planungs-, CAD-, CAM-...) relevante Ergebnisse zu erreichen und die Grundlagenforschung voranzubringen. Mittlerweile gibt es jedoch eine ganze Reihe von Darstellungen, die den Gegenstand der KI einigermaßen zufriedenstellend und übereinstimmend definieren, so daß hierzu einige prinzipielle, nur einen groben Überblick vermittelnde Ausführungen genügen sollen, um danach einen Versuch zu machen, wichtige ausbildungsrelevante Fragen und Probleme zu formulieren, zu begründen und (teilweise) zu beantworten.

1. Zum Gegenstand der KI

Nimmt man die Bezeichnung "Künstliche Intelligenz" als Ausgangspunkt, so kann man sich sehr schnell auch ohne gründliche Analysen davon überzeugen, daß man ein unermeßliches Spektrum wissenschaftlicher Entwicklungen verfolgen muß, von ihren Anfängen bis zur heutigen Zeit, die in die Schaffung von "Künstlicher Intelligenz" einmünden.
Mindestens drei Entwicklungslinien des 19. und 20. Jahrhunderts (die ihrerseits noch weiter in die Geschichte zurückreichen) sind von grundlegender Bedeutung für den heutigen Arbeitsstandpunkt der KI:

a) die mathematische Logik, die den Nachweis führte, daß das logische Schließen als ein Teilgebiet des menschlichen Denkens formalisierbar ist, die Aussagen- und Prädikatenlogik hervorbrachte und sich gegenwärtig intensiv mit der Informatik im allgemeinen und der KI im besonderen vermischt. Das Verhältnis "Mathematische Logik - Informatik" wird sicher ebenso unauflöslich eng und fruchtbar wie die Beziehung "Mathematik - Physik". Namen wie BOOLE, FREGE, WHITEHEAD, RUSSELL, HILBERT, TARSKI und GÖDEL kennzeichnen dieses Gebiet.

b) ein zunehmendes Verständnis des Berechenbarkeits- und Algorithmenbegriffs, eines theoretischen Bindegliedes zu den (zum entsprechenden Zeitpunkt noch zu erfindenden) Computern und

Computersystemen. Die "abstrakten Maschinen" von TURING und POST (Denkmodelle zur Charakterisierung der Berechenbarkeit), die Theorie der rekursiven Funktionen - die These von CHURCH als Bindeglied zwischen diesen Darstellungen und intuitiven Berechenbarkeitsvorstellungen, schließlich bereits hier die grundlegende Vorstellung, daß derartige "Maschinen" Symbole(!), nicht etwa (nur) Zahlen, verarbeiten - das sind Ergebnisse, die einen wichtigen exakten Ausgangspunkt für eine Entwicklung intelligenter Computersysteme bildeten.

c) die eigentliche konstruktiv-technologische Entwicklung und Realisierung von Computersystemen selbst, die Mitte der 40-er Jahre beginnt und sich bis heute (und wohl auch noch in Zukunft) mit ungeheurer Geschwindigkeit und Breite fortsetzt. Namen wie LEIBNIZ, BABBAGE (als Vorläufer im 19.Jahrhundert bereits alle wichtigen Strukturelemente eines Computers kennend), TURING, v.NEUMANN, ZUSE stehen als Beispiele, die 5. Computergeneration ist ein reales Ziel. Und bis auf BABBAGE und seine Schülerin ADA AUGUSTA Countess of Lovelace geht auch die Idee zurück, daß derartige komplexe (mechanische, später elektronische) Systeme "intelligent" sein müssen. Er traut seiner "Analytical Engine" die Fähigkeit des Schachspielens zu, eine Idee, die, 1948 von SHANNON erneut ausgesprochen und prinzipiell untersetzt, bis heute intensiv weiterverfolgt wird.

Vielleicht ist es gar nicht so absurd, nach Erscheinen der ersten Computer und erst recht heute bei der vorhandenen Massenbasis an leistungsfähigen Computersystemen, das Bestreben, den Computer bis an die Grenze seiner Leistungsfähigkeit auszureizen, als eine wichtige Triebkraft für die Entwicklung der KI anzusehen.

Betrachtet man einen Gesamtüberblick über die KI, wie er etwa durch das "Handbook of Artificial Intelligence", die Europäischen und Weltkonferenzen oder einige Zeitschriften repräsentiert wird, so findet man nach wie vor ein relativ heterogenes Bild vor, das durch einen anthropomorphen Standpunkt systematisiert wird und eine äußere aufgabenorientierte (problembezogene) Hülle der KI darstellt. Somit ist der folgende, von J.H. SIEKMANN ausgesprochene Standpunkt vollständig gerechtfertigt und hervorragend geeignet, als Arbeitsgrundlage zu dienen: "Gewisse menschliche Aktivitäten wie das Planen einer kombinierten Bahn-Bus-Reise, das Verstehen gesprochener Sprache, das Beweisen mathematischer Sätze, das Erstellen einer medizinischen Diagnose oder das Sehen und Erkennen bestimmter Gegenstände erfordern zweifellos Intelligenz - unabhängig davon, welche Definition dieses Begriffs man bevorzugt. Die 'Künstliche Intelligenz' faßt diese bisher dem Menschen vorbehaltenen kognitiven Fähigkeiten als informationsverarbeitende Prozesse auf und macht sie naturwissenschaftlichen Untersuchungsmethoden (und ingenieurmäßiger Verwendung) zugänglich."

Die Unterstreichungen sollen den anthropomorphen Standpunkt direkt sichtbar machen: die Fähigkeiten des Menschen, (abstrakt, antizipierend) zu planen, zu beweisen, über seine Sprache die Umwelt zu bewältigen, das Sehen umfassend einzusetzen - diese Möglichkeiten des Menschen stellen also Aufgaben für die KI dar; die Aufgabe besteht darin, diese menschlichen Fähigkeiten ganz oder teilweise in irgendeiner Weise auf Computersysteme zu verlegen, unter ständiger Berücksichtigung von zwei prinzipiellen Fragestellungen:

1. Geht das überhaupt?
2. Läßt sich das für die Praxis günstig mit vernünftigem Aufwand realisieren und verwenden?

Auf die Vielzahl von philosophischen, moralischen, ethischen und sozialen Problemen, die sich hinter diesen lakonischen Fragen verbergen, sei hier ganz nachdrücklich hingewiesen.
Somit lassen sich Spezialgebiete der KI charakterisieren, wobei aber grundlegend zu betonen ist, daß intelligente Computersysteme die menschlichen Mittel und Möglichkeiten in allen Bereichen ergänzen, erweitern, beeinflussen, verändern werden. Die Ergebnisse in diesen Spezialgebieten schaffen quasi einen immer universelleren Werkzeugsatz, der seinerseits auf der Basis von Computersystemen beruht.

2. Spezialgebiete der KI

Entsprechend dem anthropomorphen Ausgangspunkt sollen die folgenden Spezialgebiete definiert werden:

a) das Lösen von Problemen in Mikrowelten;
b) die Verarbeitung natürlicher Sprache;
c) das Erkennen und Verstehen von Bildern;
d) Robotik;
e) Expertensysteme;
f) Kognition.

Dabei wird nicht angestrebt, daß diese Gebiete vollständig disjunkt sind - es sei vielmehr betont, daß sich auch hier eine Vielzahl von wechselseitigen Ergänzungen, Durchdringungen und Befruchtungen ergibt (sehende Roboter, bildverarbeitende Expertensysteme u.v.a.m sind etwa der Ausdruck hierfür).

Außerdem sei betont, daß alle Mittel, Methoden und Aufgaben der KI neben ihren Eigenheiten eine feste Wurzel in der Informatik an sich haben (Programmierungstechnik, Programmiersprachen, Rechnerarchitekturen, ...) und auch hier eine Vielzahl wechselseitiger Beziehungen auftritt.

Das Lösen von Problemen in Mikrowelten

Viele menschliche Tätigkeiten spielen sich in genau definierbaren "Mikrowelten" ab; alle Zielstellungen, die Ausgangsbedingungen, die zulässigen Arbeitsschritte und Operationen lassen sich exakt definieren - die Bewältigung der großen Komplexität, die bei einer detaillierten Formulierung der Aufgabe entsteht, bildet das eigentliche Problem.

Prototyp dieser Aufgaben und ausgezeichnetes Experimentierfeld sind nach wie vor die strategischen Spiele, die eine Modellierung vieler realer Probleme ermöglichen, die in komplexen Problemlösungsprozessen auftreten.

Nahezu alle Mittel und Methoden der KI werden hier erprobt, eine Vielzahl von ihnen hat hier auch ihren Ausgangspunkt. Komplexitäten von 10^{40} Positionen beim Damespiel, von 10^{120} Varianten beim Schach oder von 10^{720} Positionen beim japanischen Go (einem Prüfstein für die von Systemen der 5. Computergeneration erreichte Leistungsfähigkeit) sind hier zu meistern. Der unmittelbare Vergleich mit den Fähigkeiten des Menschen ermöglicht eine reale Einschätzung der erreichten Ergebnisse, hat aber in der direkten Konfrontation Mensch - Maschine die unerwünschte und auch unnötige Polemik Mensch contra Maschine zur Folge.

Computerschach, Computergo, Computerbridge, ... stellen heute reizvolle Gebiete dar, die dem Wettkampf der Spieler den Wettbewerb zwischen den Programmierern hinzugefügt haben. Selbstverständlich muß man sich hier das Vehältnis zwischen Aufwand und Nutzen besonders gut überlegen.

Analoge Aufgaben findet man in den KI-Disziplinen "Automatisches Theorembeweisen" und "Computeralgebra", die sich in starkem Maße verselbständigt haben und in Wechselwirkung mit der Mathematik zu betrachten sind. Leistungsfähige, sich ständig entwickelnde Systeme der Computeralgebra, die Fortführung von Beweissystemen bis zur Logischen Programmierung u.a. sind Ausdruck für die Bedeutung der erreichten Ergebnisse.

Von hervorragender Bedeutung für die weitere Entwicklung der Informatik sind die Programmverifikation und die automatische Programmsynthese. Auch die Verifikation von Hardware-Strukturen ist hier zu betrachten. Die Programmverifikation (von Rechnerunterstützung bis zur völligen Automatisierung) hat die Aufgabe, nachzuweisen, daß ein vorliegendes Programm in allen interessierenden (möglichen) Fällen das gewünschte Ergebnis liefert. Die automatische Programmierung versucht, auf Grund einer entsprechenden Beschreibung oder Spezifikation ein lauffähiges Programm zu erstellen, während bei der Verifikation von Schaltkreisen die Übereinstimmung eines entworfenen oder realisierten Schaltkreises mit einer Spezifikation untersucht wird.

Während die Verifikationsprobleme im allgemeinen noch die Anforderungen an exakte und genaue Problemstellungen erfüllen, ist dies bei den Fragen der Programmsynthese schon nicht mehr so ohne weiteres der Fall, da ja eine Spezifikation durchaus auch unklar und unscharf sein kann. Hier findet man bereits den fließenden Übergang zu vielen ingenieurtechnischen Fragestellungen, die im Idealfall durchaus ein Problem in einer Mikrowelt darstellen, in praxi aber oft nur unscharf und partiell definiert sind und zu den Expertensystemen überleiten.

Expertensysteme

Über diesen Bereich der KI-Forschung ist in den letzten Jahren wohl am meisten geschrieben worden. Ausgehend von den Versuchen, universelle Problemlösungs- und Denkmechanismen zu schaffen, und der Nichtbeherrschbarkeit dieser Problemstellung entstanden seit der Mitte der sechziger Jahre Systeme, die erfolgreich zur Lösung von Problemen eingesetzt werden konnten, weil sie eine maximale Menge problemspezifischen Wissens zur Verfügung hatten, mit dem sie "arbeiten" konnten und das für die Bewältigung des jeweiligen Problems notwendig und ausreichend war. Expertensysteme sind also der anwendungsbezogene Ausdruck für Systeme, die auf der Wissensverarbeitung beruhen (knowledge-based systems). Insbesondere sind hier Aufgaben zu sehen, die in der Praxis schwierig, unscharf definiert, aber auch (ökonomisch, wissenschaftlich, ...) bedeutsam sind und eben nur von Experten bewältigt werden können.
Dabei kann man "Wissen" anschaulich als die Menge der (erlernbaren, erklärbaren, notwendigen, ...) Kenntnisse (an Fakten, Regeln, möglichen Operationen und Objekten, Abhängigkeiten, ...) ansehen, die im betrachteten Zusammenhang eine Rolle spielen. "So viel wie nötig, so wenig wie möglich!" kann als Richtlinie für die Konstruktion dieser Menge dienen.
Aus diesem Ausspruch ergibt sich folgerichtig, daß ein Expertensystem mindestens über

- eine Wissensbasis,
- eine Komponente für den Wissenserwerb,
- eine Problemlösungskomponente (Inferenzkomponente),
- eine Erklärungskomponente,
- eine Dialogkomponente

verfügen muß, die im konkreten Einsatzfall jeweils ihre spezielle Aufgabe zu erfüllen haben und in ihrem Zusammenwirken das Expertensystem ausmachen.
Die Formalismen (Sprachen) zur Wissensrepräsentation, die Untersuchung von Inferenzkomponenten etc. gehören sicher bereits zum Kern der KI-Methoden und -Werkzeuge. Vom Problem der Wissensaufnahme wurden übergreifend besonders die Pädagogik und die Psychologie berührt - die Nachbildung von Lehr- und Lernprozessen, die Automatisierung von Wissensaufnahme, Wissenskorrektur und Verifikation von Expertensystemen sind wichtige Forschungsgebiete.
Wichtige aktuelle Forschungs- und Entwicklungsaufgaben betreffen die Schaffung von Programmierumgebungen für Expertensysteme (Shells als

System von Werkzeugen ohne konkrete Wissensbasis), mit deren Hilfe mehr oder weniger schnell und sicher konkrete Systeme realisiert werden können. Damit wird der eigentliche Arbeitsgrundsatz, sich auf möglichst spezielle Probleme zu konzentrieren, wieder in Richtung einer größeren Universalität aufgeweicht. Man sollte sich jedoch davor hüten, die Universalitätsbestrebungen zu hoch anzusetzen - sicher wird es Shells für Klassen von Aufgaben geben, die aber doch relativ ähnlich sein müssen. Die zukünftige Entwicklung wird aber in Richtung von Mengen von (gut ausgebauten und untersuchten) Werkzeugen gehen, die dann "nach Wunsch" bei einem konkreten Problem zur Verfügung stehen (spezielle Sprachen, Repräsentationen, ...).

Ein gegenwärtig häufig zu beobachtender Trugschluß und schwerwiegender Fehler besteht darin, daß man algorithmische Vorgehensweise und Methoden der Wissensverarbeitung "gegeneinander ausspielt", indem man algorithmisch schwierige und langwierige Verfahren durch "Expertenmethoden" ablösen will. Selbstverständlich ist auch hier die Kombination der Methoden, nicht aber das Gegeneinander, relevant. Nicht das Verdrängen von Algorithmen, sondern das Wissen über einzusetzende Algorithmen ist von Bedeutung.
Entsprechend ihren Zielstellungen kann man Expertensysteme etwa nach folgenden Aufgabenklassen einteilen:

- Diagnose, Fehlerlokalisierung, -analyse und -behebung, Interpretation von Daten - sowohl im biologischen (medizinischen) als auch im technischen Sinne;
- Überwachung, Kontrolle, Steuerung von Systemen (etwa im Sinne eines Dispatchers);
- Problemlösungen (im Sinne von Planen, Beraten, Prognostizieren, Entwerfen, Konstruieren, Festlegen von Handlungsfolgen, ...);
- intelligente Lehr- und Lernsysteme.

Dabei sind die hier genannten Aufgabenklassen weder vollständig noch disjunkt - im Grunde genommen typisieren sie einfach die Tätigkeit menschlicher Experten.

Verarbeitung natürlicher Sprache

Mit diesem Aufgabengebiet wird eine grundlegende Fähigkeit des Menschen angesprochen, die in hohem Maße zu seinem Menschsein überhaupt beiträgt. Selbstverständlich muß diese komplexe Fähigkeit in eine Vielzahl von Teilaufgaben zerlegt werden, um dann in Teilen maschinell wieder verfügbar zu sein.

Gerade hier stößt man auf eine ungeheuere Komplexität der zu untersuchenden und zu realisierenden Phänomene. Der Respekt vor der natürlichen Intelligenz ist sicherlich ein Ergebnis der Beschäftigung mit der künstlichen.

Wichtige Teilgebiete sind wenigstens

- die Umsetzung des gesprochenen und geschriebenen Wortes in computerinterne Darstellungen und umgekehrt;
- die Extraktion von semantischen Inhalten (Bedeutungen, Wissen, ...) aus Texten;
- Schnittstellen zwischen Mensch und Maschine, die in natürlicher Sprache (also menschenverständlich) realisiert werden ;
- die Erzeugung von Texten ...

Auch die Übersetzung von einer (natürlichen) Sprache in eine andere ist ein (schon fast selbständiges) Teilgebiet der Verarbeitung der natürlichen Sprache.

<u>Erkennen und Verstehen von Bildern</u>

Für dieses Gebiet gelten die gleichen Aussagen wie für die Verarbeitug der natürlichen Sprache, vielleicht sind die zu lösenden Aufgaben aber noch komplexer (wenn eine Steigerung in diesen Bereichen überhaupt zulässig ist). Ausgehend von den technischen Möglichkeiten der Aufnahme, Aufzeichnung und Darstellung visueller Informationen versucht man,

- Bilder zu verstehen, d.h. auf Grund erkennbarer Muster zu klassifizieren (pattern recognition),
- aus den Bildern semantische Inhalte abzuleiten,
- aus Bildern Wissen zu gewinnen,
- Wissen in Bilder zu übersetzen, u.v.a.m.

Einen Gipfelpunkt in dieser Entwicklung, der auch sehr eindrucksvoll das Zusammenwirken der einzelnen Teilgebiete zeigt, ist das Zusammensetzen von Bildern nach sprachlichen Beschreibungen und die Synthese von sprachlichen Beschreibungen aus (festen und bewegten) Bildern. Die Umsetzung von Handschriften, Hieroglyphen, ... in computerinterne Darstellungen gehört natürlich ebenfalls in diesen Bereich (man denke auch an die Behandlung der japanischen, chinesischen, koreanischen, ... Schriftsprache).

<u>Robotik</u>

Die Entwicklung von intelligenten Robotern (computergesteuerten Handhabesystemen) ist ebenfalls eine Aufgabenstellung, die ständig an Breite und Bedeutung gewinnt. Hier kommt, zumindest im "Science-Fiction-Bereich", die anthropomorphe Diktion der KI voll zur Ausprägung - in der (ökonomischen, technologischen, ...) Praxis ist dies natürlich bei weitem nicht der Fall. Ohne viele Probleme anderer Disziplinen (z.B. der

Mechanik) zu vernachlässigen, kann man in einem intelligenten Roboter alle aufgeführten Spezialisierungen der KI wiederfinden, im Idealfall kann er sehen, hören, Probleme lösen, lernen, sich an seine Umwelt anpassen u.v.a.m. und ist in diesem Sinne intelligent. Sicher kann man in diesem Zusammenhang die Sprechweise "er kann sehen" verwenden, obwohl man sich natürlich darüber im klaren ist, daß "das Sehen" eine Fähigkeit des Menschen ist, während man beim Roboter meint, daß er (mit Hilfe technischer Mittel) visuelle Informationen verarbeitet, die an ein Computersystem übergeben und dort verwendet werden, zu Reaktionen führen usw. usf.

3. Mittel und Methoden der KI

Trotz dieses heterogenen Spektrums an Spezialeinrichtungen in der KI kann man eine Basis von Mitteln und Methoden bestimmen, die für die zu lösenden Aufgaben grundlegende Bedeutung besitzt. Dabei ist es relativ müßig, irgendwelche Abgrenzungen, Definitionen und Einschränkungen zu diskutieren; die Bezeichnung "KI-Methode" soll nur bedeuten, daß eine bestimmte Methode für KI-Probleme eine größere Bedeutung besitzt. Ganz gewiß ist LISP zunächst eine Programmiersprache - ein LISP-Interpreter oder -Compiler wird realisiert, ohne daß man überhaupt an KI denken muß; Suchverfahren, wie Minimax- oder Alpha-Beta-Suche, sind mathematisch gut untersuchte Probleme, die mit den Anwendungen nicht notwendigerweise direkt zusammenhängen müssen. Deshalb ist eine ganze Reihe von Diskussionen, ob etwas "noch klassische Informatik" oder "schon KI" ist, überflüssig. Die Grenzen sind in jeder Weise fließend, und die Beherrschung des gesamten notwendigen Repertoires ist ausschlaggebend. Im folgenden werden einige wichtige Gebiete angegeben, die sich aus der Entwicklung der letzten Jahrzehnte als Hauptlinie herausgebildet haben.

Logik

Die hier zu lösenden Probleme reichen weit in die Vergangenheit zurück. Die Syllogismen von ARISTOTELES, der Plan eines universellen Logikkalküls von LEIBNIZ, die Aussagenlogik von BOOLE, der Prädikatenkalkül von FREGE sind wichtige Meilensteine.

Ein wichtiger Teil der aktuellen Entwicklungen ist die logische Programmierung, die in PROLOG gegenwärtig den bedeutsamsten Vertreter hat und sich ständig weiterentwickelt. Die Programmierung wird nicht mehr als Konstruktion einer Operationsfolge angesehen, die von einem Ausgangszustand zu einem Ziel führt, sondern als ein Beweissystem, das das Vorhandensein einer bestimmten (beschriebenen) Eigenschaft unter gewissen Bedingungen nachweist.

Im Zusammenhang mit der Entwicklung von Expertensystemen und der Nachbildung menschlicher Experten gibt es eine Vielzahl von Versuchen, Logikkalküle für weitere Problembereiche zu konstruieren. Modale und dynamische Logiken, mehrwertige, unscharfe und konstruktive Logiken, das nichtmonotone Schließen, temporale Logiken - alles das sind sich intensiv entwickelnde Theorien. Eine umfassende geschlossene Darstellung erscheint gegenwärtig kaum realisierbar.

Suchstrategien

Von der Spielprogrammierung rühren die Methoden der Suche her, die auf graphentheoretischen Modellen aufbauen und an vielen Stellen zur Lösung von Problemen beitragen (Intelligenz = geschicktes Suchen und rechtzeitiges Finden ...).
Solche Strategien, wie die Tiefen- und die Breiten-Suche, Minimax- und Alpha-Beta-Suche, heuristische Suchverfahren (in Verbindung mit Bewertungsfunktionen), gehören heute zum Standardrepertoire. Auch hier stellen die letzten zwei Jahrzehnte ein umfangreiches Material zur Verfügung, dessen man sich bedienen kann und muß. Hier liegt auch eine Wurzel für die großen Schwierigkeiten einer adäquaten Ausbildung. Die Frage, wie man akkumuliertes Wissen (um nichts anderes handelt es sich ja in diesem Fall) breit nutzbar macht, zählt zu den Kernproblemen der weiteren Entwicklung (denen man ja auch mit Beratungssystemen - so schließt sich der Kreis - zu Leibe rücken will).

Wissensverarbeitung und Lernen

Die Methoden der Wissensrepräsentation und die daran angrenzenden Bereiche des Wissenserwerbs, der Wissensverarbeitung, der Wissenskorrektur ... bilden in gewisser Weise den methodischen Kern der KI. Während die Wissensrepräsentation bereits auf theoretisch gut gesicherte Strukturen (Frames, semantische Netze, regelbasierte Systeme, ...) zurückgreifen kann, ohne daß diese bereits ausreichend wären oder allen Ansprüchen genügen würden, stehen andere Fragen, vor allem die Wissensaufnahme und die Wissenverbesserung durch Lernen, im Mittelpunkt der Forschung. Auf die übergreifenden Beziehungen zur Psychologie, zur Pädagogik, auch zur Linguistik hinzuweisen, fügt den interdisziplinären Verflechtungen nur eine weitere Komponente hinzu.

KI-Werkzeuge, Hard- und Software

Auch wenn man sich auf die Kernprobleme beschränkt, muß man, wenn man sich der KI von einer konkreten Aufgabenstellung her nähert, mit einer Vielzahl von verwendbaren Ansätzen rechnen, die häufig in Form von Werkzeugen (als Software) zur Verfügung stehen. Auf die damit

zusammenhängenden Probleme soll im nächsten Abschnitt eingegangen werden. Als grundlegend darf man wohl gegenwärtig die Kenntnis und Verfügbarkeit von LISP- und PROLOG-Systemen ansehen, die ständig an Leistungsfähigkeit gewinnen und für Rechner aller Größenordnungen zur Verfügung stehen. Sie erlauben es im Forschungs- und Experimentierstadium, schnell und flexibel auf Modifikationen in den untersuchten Prozessen bzw. erhaltenen Ergebnissen zu reagieren.
Neben der umfassenden Anwendung der rekursiven Programmierung gibt es in LISP vor allem die Möglichkeit, Programme auf sich selbst anzuwenden (selbständig zu lernen, die Struktur zu ändern, neuen Möglichkeiten gerecht zu werden). Damit ist LISP auch als Basissprache für die Umsetzung problemorientierter, sich "näher" an Nutzern oder Aufgaben befindlichen Sprachen hervorragend geeignet.
Als Gegenstück ist PROLOG ein ausgezeichnetes Mittel, deklaratives Wissen (die Beschreibung von Sachverhalten) und Regeln (Möglichkeiten oder Unmöglichkeiten von Handlungen in Problemräumen) darzustellen, wobei Lösungen in derartigen Räumen als Eigenschaft des Raumes bewiesen werden.
Auf eine ungeheure Breite von Entwicklungen, die alle softwaremäßig realisierten KI-Mittel und Methoden hardwaremäßig unterstützen bzw. realisieren und die in LISP-Maschinen und zunehmend auch in PROLOG-Maschinen, in vielen Spezialschaltkreisen und -architekturen ihre hervorragendsten Vertreter haben, kann ebenfalls nur aufmerksam gemacht werden. Mit Sicherheit steht man auch hier mitten in einer enormen Entwicklung, für die mikroelektronisch realisierte Netze abstrakter Neuronen ein weiterer bedeutender Schritt sein können (Konnektionismus ist der jünste Zweig am Baum der KI).

4. Ausbildungsprobleme

Aus den bisherigen Ausführungen ergibt sich sicher zwingend die Frage, vor allem für Hochschulen und Universitäten, ob und wie dieses breite Spektrum an Mitteln und Methoden in der Ausbildung zu berücksichtigen ist, um die Anwendung von Computern und Computersystemen in allen Gebieten an das Maximum der Leistungsfähigkeit zu führen und größtmögliche Effekte zu erreichen.
Aus den bei der Ausbildung von Informatikern und Ingenieuren sowie in interdisziplinären (Forschungs-)Seminaren gesammelten Erfahrungen ergibt sich zweifellos die wichtige Voraussetzung, daß alle Anstrengungen zur Schaffung von KI-Systemen auf einem gesicherten mathematischen Niveau sowie soliden Informatik-Kenntnissen beruhen müssen. Ein hohes Niveau in der Programmierungs- und Softwaretechnik (Datenabstraktion, Implementation von Datentypen und entsprechenden Algorithmen), Vorlesungen zur Theoretischen Informatik (einschließlich Logik, Automaten- und Netz- bzw. Graphentheorie) sowie sichere Kenntnisse der logischen und der funktionalen Programmierung erweisen sich als notwendig

und natürlich auch als realisierbar.
Auf dieser Basis kann man dann ohne Schwierigkeiten ein- bis zweisemestrige Vorlesungen zu "Mitteln und Methoden der KI" realisieren, die einen sicheren Überblick über alle theoretisch gesicherten, breit einsetzbaren KI-Denkweisen vermitteln sollen, so daß die Studenten anschließend in der Lage sind, an KI-Projekten zu arbeiten.
Grundsätzliche Schwierigkeiten findet man natürlich vor, wenn es gilt, breit interdisziplinäre Komponenten zu vermitteln. Der günstigste Fall ist natürlich die Meisterschaft auf mehreren (allen) betroffenen Gebieten. Hier spielen die eigenen Anstrengungen der Betroffenen eine wichtige Rolle. Es wächst auch die Bedeutung des theoretischen Fundaments, das gegenwärtig in einigen hervorragenden Lehrbüchern dargestellt wird. Von ausgezeichneten Hochschullehrern geschriebene Lehrbücher (als Beispiel seien die Bücher von NILSSON, BRATKO und SHAPIRO angeführt), die Teilgebiete der KI exakt, übersichtlich und interessant darstellen, gewinnen immer mehr an Bedeutung. Hierunter fallen auch alle Darstellungen, die KI-Werkzeuge beschreiben; ein schnelles Verständnis für die damit gegebenen Möglichkeiten, eine sachgemäße Anwendung, die Schaffung der entsprechenden Voraussetzungen sind hiervon abhängig.
Eine so orientierte Ausbildung läßt sich sehr gut kombinieren mit Spezialseminaren, in denen weitere notwendige Kenntnisse vermittelt werden.
Mit Sicherheit kann man davon ausgehen, daß sich die Dynamik und die Kompliziertheit dieses Gebietes weiter erhöhen werden, daß die Informatik immer mehr KI wird und daß interdisziplinäre Meisterschaft keine leere Redeweise sein darf, sondern unabdingbare Notwendigkeit wird.

Als Beispiel für einen sehr weit ausgebauten KI-Kurs soll der Plan der University of California Los Angeles angeführt werden, der durch die folgenden Lehrveranstaltungen realisiert wird:

1. Problem Solving and Search
   1.1. Problem Spaces
   1.2. Brute-Force Search
   1.3. Heuristic Search
   1.4. Planning
2. Knowledge Representation and Inference Systems
   2.1. Basic Issues
   2.2. Representing Content
   2.2.1. Canonical Representation
   2.2.2. Applications
   2.2.3. Analogical Representations
   2.2.4. Large Grain, Semantic Networks
   2.2.5. Fine Grain, Neural Networks
   2.3. Organizing and Accessing Knowledge
   2.3.1. Discrimination Nets

2.3.2. Schemes, Frames, Scripts, etc.
2.3.3. Plans, Goals, and Memory Organization
2.4. Representing Processes
2.4.1. Procedural Representations
2.4.2. Production Systems
2.4.3. Agenda Control Structures
2.4.4. Parallelism
2.5. Logical Approaches
2.5.1. Reason Maintenance, Dependency Systems
2.5.2. Role of Logic
2.5.3. Logic, Theorem Proving, Deduction, Resolution & Unification

3. Reasoning Systems
3.1. Deduction
3.2. Expert Systems
3.3. Uncertainty
3.4. Explanation and Knowledge Acquisition
3.5. Automatic Programming

4. Natural Language Processing
4.1. Conceptual Dependency Theory and Expectation - Based Conceptual Analysis
4.2. Script Theory
4.3. Memory Directed Skimming
4.4. Goal/Plan Theory
4.5. Language Generation and Story Invention
4.6. Question Answering Theory
4.7. Affect Theory and Cognitive Modeling
4.8. Thematic Structures
4.9. Syntax and Early Semantics
4.10. Paradigm Issues in NLP and CM
4.11. Theory of Inference, Memory, and Causality

5. Perception
5.1. Low-Level Vision
5.2. Intermediate-Level Vision
5.3. High-Level Vision
5.4. Addendum

6. Connectionist Computing

Damit werden auch die Aufgaben klar, vor denen man in der Lehre an den Hochschulen und Universitäten in den nächsten Jahren steht. Die internationalen Anstrengungen der Schaffung von Curricula, die Diskussion über Lehrinhalte, das Schreiben hochwertiger Lehrbücher und die daraus resultierende breite Aneignung und Anwendung von Informatik-, Mathematik- und KI-Kenntnissen bilden eine Schlüsselfrage der weiteren Gestaltung des wissenschaftlich-technischen Fortschritts.

WISSENSREPRÄSENTATION
IDEEN – ASPEKTE – FORMALISMEN

Hartmut Dörner

0. Einleitung

Wissensverarbeitung besteht aus zwei Teilprozessen: der Repräsentation von Wissen und seiner Verarbeitung . Verarbeitung von Wissen bedeutet, aus vorhandenem neues Wissen abzuleiten, d.h. Schlußfolgerungen zu ziehen, Folgerungsketten aufzubauen. Keine Folgerung ohne Wissen, d.h. ohne Wissensrepräsentation (WR), keine Wissensrepräsentation ohne den Hintergrund der Inferenz: WR wird vorgenommen, um Wissen verarbeiten zu können. Da diese Prozesse sich gegenseitig bedingen, beeinflussen sie sich auch. Mit den Fragen der Repräsentation stehen deshalb gleichzeitig auch immer die der Verarbeitung zur Diskussion. Der Leser wird eine Reihe von Bemerkungen zu diesem Thema finden.

In den ersten drei Abschnitten werden allgemeine Probleme der WR behandelt. Ausgehend von der Definition, der Bedeutung der WR im heutigen Paradigma der Künstlichen Intelligenz in Abschnitt 1, wird in Abschnitt 2 WR unter den Gesichtspunkten der Modellierung und ihrer Nutzung diskutiert. Abschnitt 3 ordnet die betrachteten Repräsentationsideen unter den Gesichtspunkten der Erkenntnistheorie und der Verarbeitung.

Die Abschnitte 4 bis 9 behandeln sechs hier betrachtete WR-Ideen: Logische Programmierung, Semantische Netze, Frames, Produktionssysteme, Prozedurale WR, Direkte WR.

Im Interesse einer Betrachtung unter gleichen Gesichtspunkten wurden alle diese Abschnitte einheitlich gegliedert, so daß, soweit das von Relevanz ist, Syntax und Semantik, Repräsentation und Problemlösen, Vorteile, Nachteile, Versuche der Vervollkommnung einer jeden Repräsentationsidee zur Diskussion stehen.

Abschließend wird eine Übersicht zu WR-Literatur gegeben.

1. Einordnung, Definitionen

Wissensrepräsentation (WR) ist eine Teildisziplin der Künstlichen Intelligenz. Sie stellt sich die Aufgabe, Wissen in einer Form zu repräsentieren, die es der Verarbeitung durch den Computer zugänglich macht, d.h. durch die Wissen von Computern in semantischen Zusammenhängen zur Pobleelösung eingesetzt werden kann. Eine Wissensrepräsentation als terminus technicus liegt vor, wenn Wissen in einer Form repräsentiert wurde, die im Verein mit Verarbeitungsregeln (Inferenzmechanismen) eine Verarbeitung durch den Computer ermöglicht.

Wissen besteht aus (ist gleichbedeutend mit) reproduzierbaren bewährten Modellen eines Gegenstandsbereiches, d.h. aus Modellen, die sich im betrachteten Gegenstandsbereich verifizieren und wiederholbar formulieren lassen, die sich in der rationalen aktiven Arbeit in diesem Bereich bewährt haben.

Folgerung: Wissensrepräsentation bedeutet die Speicherung von Modellen auf Repräsentationsmedien.

Ein Modell definieren wir als eine Struktur, die eine Abbildung von Objekten, Eigenschaften, Relationen und Interaktionen eines Gegenstandsbereiches darstellt und eine rationale aktive Arbeit im abgebildeten Bereich ermöglicht.

Forschungen zur Wissensrepräsentation stellen einen Kernpunkt in der KI-Forschung dar. Die Gründe dafür sind zum einen das aktuelle Paradigma der KI: Wissen ist die Grundlage jeden intelligenten Verhaltens. Man muß zuerst wissen, bevor man verstehen, bevor man "intelligent" reagieren kann. Zum anderen ist es die forcierte Erarbeitung Wissensbasierter Systeme (WBS), die durch kommerzielle Erfolge zusätzliche Motivation und Förderung erfahren hat.

2. Ebenen der Wissensrepräsentation

In der Wissensrepräsentation sollte man unter zwei Gesichtspunkten grundlegend drei Niveaustufen unterscheiden:
unter dem Gesichtspunkt der Modellierung
- erkenntnistheoretisches (Modellierungs-)
- Notations- (Formalismen-, Konzept-)
- Verarbeitungs- (computational, Implementations-)

Niveau und vom Standpunkt der Nutzung externes, semi-externes und internes Niveau.

2.1. Modellierungs - Standpunkt

2.1.1. Erkenntnistheoretisches (Modellierungs-) Niveau

Auf dem erkenntnistheoretischen Niveau erfolgt die Modellierung des betrachteten Gegenstandsbereiches. Das erkenntnistheoretische Niveau enthält konzeptuelle, psychologische (kognitive) und philosophische Aspekte.

2.1.2. Notations-Niveau (Formalismen, Konzepte)

Auf dem Notations-Niveau wird die Frage behandelt, wie Wissen, d.h. ein Modell eines Gegenstandsbereiches, in einer speziellen Notation festgehalten wird. Damit einher geht die Frage, welche Notation zur Darstellung welchen Wissens besonders geeignet ist. Bei der Anpassung des Modells an den gewählten Repräsentations-Formalismus treten ähnliche Probleme wie bei der Modellierung auf, allerdings auf einem abstrakteren Niveau: Es ist zu entscheiden, wie das Modell (eine abstrakte Struktur) mit den gegebenen Mitteln repräsentiert wird: es erfolgt eine Modellierung des Modell'

Dabei wird in einem iterativen Prozeß der Zyklus

```
                                        MODELL DES
                                 ERKENNTNISTHEORETISCHEN NIVEAUS
                                            !
                                            !

WELT    ---->   Modellierung der Welt    --->  Modellierung des Modells:
    /!\                                          Übertragung des
     !                                           Modells in die
     !                                           WR-Notation
     !                                                 !
     !_____     Verifizierung der WR     <-----------!

                                             !
                                             !
                                             !
                                        MODELL DES
                                     NOTATIONS-NIVEAUS
                                     (in Termen der WR)
```

so oft durchlaufen, bis die WR das Modell (bzw. den Gegenstandsbereich) hinreichend gut widerspiegelt.

2.1.3. Verarbeitungs- (computational, Implementations-) Niveau

Auf dem Verarbeitungs-Niveau wird entschieden, wie eine WR-Notation im speziellen Fall implementiert wird und "wie" über den Strukturen gearbeitet wird, die auf den zwei darüberliegenden ("was"-) Ebenen festgelegt wurden.

3. Ideen der WR

Hier werden folgende grundlegenden Ideen der WR behandelt:
- Sprachen auf der Grundlage der (Prädikaten-) Logik
- Semantische Netze
- Frames, Scripts
- Produktionssysteme
- Prozedurale Repräsentation
- Direkte Repräsentation.

3.1. WR-Ideen unter erkenntnistheoretischem Aspekt

Unter erkenntnistheoretischem Aspekt lassen sich die existierenden WR-Ideen in drei Klassen einteilen:

- Direkte Repräsentation: Der zu repräsentierende Gegenstandsbereich wird erkenntnistheoretisch nicht aufgearbeitet, sondern in seiner "rohen Form", in Form von Bildern, Landkarten, grafischen Darstellungen, Musiknoten etc. direkt repräsentiert (Abschnitt 9).
- Prozedurale Repräsentation: Der Gegenstandsbereich muß erkenntnistheoretisch, d.h. als Modell, aufgearbeitet sein. Darüber hinaus müssen, im Unterschied zu den weiter unten aufgeführten WR-Ideen, auch alle Zusammenhänge zwischen den dargestellten Wissenseinheiten, wenn sie miteinander verknüpft werden sollen, bekannt sein. Das bedeutet, daß auf der Grundlage rein prozeduraler Repräsentation keine prinzipiell neuen Erkenntnisse gewonnen werden können. Prozedurale Repräsentation betont den Aspekt der Dynamik der Verarbeitung von Wissen.
- Deklarative, objektorientierte, Frame-Repräsentation, Produktionssysteme: Diese Formen der WR verlangen eine erkenntnistheoretische Aufarbeitung, den Aufbau eines Modells des zu Repräsentierenden. Die Idee der Trennung von Wissensbasis und Inferenzmechanismen erlaubt dabei das Nebeneinanderstellen von Wissen, ohne sein genaues Zusammenspiel, ohne alle seine Wechselwirkungen zu kennen. Dies ist eine wichtige Eigenschaft für Modelle, die empirische Wissenseinheiten, qualitative Beschreibungen enthalten, wie sie für Wissensbasierte Systeme charakteristisch sind. Insbesondere ist dies interessant für WBS, die als "Entdecker" eingesetzt werden sollen. Automatische Theorienbildung ist eines der angestrebten Ziele.

3.2. Wissensrepräsentation unter Prozeß-Aspekt

Unter dem Aspekt der Verarbeitung von Wissen kann man zwei Arten seiner Repräsentation unterscheiden: statische und dynamische Wissensrepräsentation. Die Hauptidee, auf der statische (deklarative) Repräsentationsideen basieren, ist die Annahme, daß die Darstellung von Wissen unabhängig davon betrachtet werden kann, wie dieses Wissen in einer Anwendung verarbeitet, d. h. benötigt und genutzt wird.

Das Problem der Wissensverarbeitung wird in zwei Teilprobleme geteilt: in das reine Repräsentations- und das reine Verarbeitungs — Problem, genauer gesagt in einen erkenntnistheoretisch-notationellen Aspekt, der das Problem betrifft, Wissen auf einem entsprechenden Medium verfügbar zu machen, und einen operationalen Aspekt, der die Nutzung dieses Wissens betrifft.

Dieser Idee entsprechend, bestehen statische WR-Systeme aus zwei klar getrennten Teilen: einer statischen Komponente, die das Modell (das Wissen) durch syntaktische Stukturen repräsentiert, und einer aktiven Komponente, die über diesem Repräsentationsteil Operationen ausführt.

Im Idealfall führt der aktive (operationale, Prozessor-) Teil Inferenzen über der statischen Repräsentation unabhängig von deren Inhalt aus, ohne spezifisches Wissen über das Repräsentierte zu besitzen. In diesem Fall hat die zweite Komponente keine Repräsentationsfunktion. Der Hauptvorteil deklarativer Repräsentation besteht in der Trennung der Repräsentation von Wisseneinheiten und ihrer Verarbeitung. Daraus ergeben sich sehr positive Wirkungen wie

- Konzentration des "Modellierers" auf das "Was", auf die Darstellung des Modells in der spezifischen WR-Notation. Verarbeitungsaspekte ("wie") brauchen (im Idealfall) nicht beachtet zu werden (und können damit auch nicht zu einer "Verbiegung" des Modells führen),
- effektive Speicherung: obwohl in verschiedenen Zusammenhängen eingesetzt, braucht das Wissen nur einmal repräsentiert zu werden,
- Verwendung des gleichen Prozessors (der gleichen Inferenzkomponente) für verschiedenes Wissen, für verschiedene Modelle,
- leichte Erweiter- und Änderbarkeit des repräsentierten Wissens ohne Nebeneffekte.

Der Nachteil deklarativer Repräsentation besteht darin, daß sie in der Verarbeitung von sehr geringer Effizienz sein kann, da sie in ihrer reinen Form keine Information darüber enthält, wie spezifisches Wissen in speziellen Fällen angewendet werden soll.

In <u>dynamischen</u> (prozeduralen) <u>Repräsentationen</u> ist das Wissen in den operationalen Teil, die Prozeduren, gelegt und wenig in den statischen Teil, die Daten. Dynamische WR betont den Verarbeitungsaspekt der Wissensverarbeitung: wie benötigtes Wissen gefunden, verarbeitet, eingesetzt wird. Der Grundgedanke dabei ist, die Wissensverarbeitung, die Inferenz-Erzeugung, durch zielgerichtetes Arbeiten effizienter zu machen. Dazu wird zu dem als Modell repräsentierten Wissen zusätzlich Wissen über die Verarbeitung dieses Wissens (Metawissen : Wissen darüber, wie und wo ein spezielles Wissen angewendet wird) hinzugefügt. Die bei der statischen Repräsentation vorgenommene Trennung in Repräsentations- und Verarbeitungsteil wird aufgehoben.

4. Prädikatenkalkül

Der Prädikatenkalkül wird hier hervorgehoben, weil er die Grundlage für viele WR-Ideen und die am meisten angewendete logische WR-Sprache (PROLOG: Programming in logic, COLMERAUER u.a. (1973)) darstellt.

Die gemeinsamen Ideen aller logischer WR-Konzepte sind:

- Es wird eine Notation von Konstanten, Variablen, Funktionen, Prädikaten, Quantoren und logischen Operatoren gewählt, um Fakten und Regeln als logische Formeln zu formulieren.
- Eine Wissensbasis ist eine Menge logischer Formeln, die eine deskriptive statische (deklarative) Beschreibung (ein Modell) eines Gebietes darstellen.
- Logische Formeln dienen als atomare Einheiten für die Wissensverarbeitung.
- Das Repräsentationssystem ist von deklarativer Natur und besteht demzufolge aus zwei Bestandteilen:
  * einem statischen, der Fakten, Relationen, Eigenschaften, Regeln (Axiome),
  * einem operationalen (dynamischen), der Inferenzregeln enthält, die aus bekannten Fakten (und Regeln) neue ableiten.

Der Prädikatenkalkül 1. Stufe (PK1)

- ist als Formulierungssprache in der Mathematik schon sehr lange in Gebrauch und deshalb bezüglich einer Reihe von Eigenschaften wie Korrektheit und Vollständigkeit extensiv untersucht worden,
- ist ein schon klassischer WR-Mechanismus, war schon in den 50er Jahren in der KI in Gebrauch,
- wird selten in seiner reinen Form genutzt, sondern meist in der Form logik-orientierter Repräsentationssprachen (z.B. PROLOG), die auf dem PK1 basieren und um funktionale Aspekte und Identität (Gleichheit) erweitert sind,
- baut auf einem Axiomensystem auf, das die gültigen Regeln der Arbeit mit logischen Formeln festlegt.

4.1. Syntax und Semantik

Syntax und Semantik logischer Repräsentation sind exakt festgelegt. Eine Regel des Inhalts

"Wenn A1 und A2 und A3 und ... und An gelten, dann gilt B"

wird im PK1 syntaktisch dargestellt durch

A1 & A2 & A3 & ... & An --> B

und bedeutet semantisch

"A1 und A2 und ... und An implizieren B".

Der Einsatz des PK als WR-System, das auf einem Computer realisiert wird, führte unter dem Aspekt der Verarbeitung, insbesondere der Effizienz, zu einer Einschränkung des PK1 auf HORN-Klauseln. Die auf

dieser Untermenge des PK1 basierende Programmier- und Wissensrepräsentationssprache PROLOG unterlegt auch eine prozedurale Semantik für logische Formeln (KOWALSKI (1974)), die für die oben angeführte Regel lauten würde:
"Wenn man B begründen will, so versuche man A1 und A2 und ... und An nachzuweisen."

4.2. Repräsentation, Problemlösen

Die syntaktischen Fragen der Repräsentation sind im vorhergehenden Abschnitt dargestellt. Hier soll auf inhaltliche Fragen eingegangen werden.
Wissensrepräsentation, aufbauend auf dem Prädikatenkalkül, bedeutet, die zu repräsentierenden Inhalte in Formeln der Prädikatenlogik überzuführen ("zu übersetzen") und diese als zusätzliche Axiome zum Axiomensystem des PK1 hinzuzufügen. Die Wissensbasis ist damit ein Axiomensystem, das eine Theorie begründet.
Schlußfolgerungen, die das System ziehen kann, sind aus Axiomen bewiesene (abgeleitete) Theoreme. Das geschieht durch (syntaktische) Ableitung, d.h. durch Anwendung von Schlußregeln (Inferenzregeln, beruhend auf Deduktion).
Fragen werden als Postulate von Theoremen aufgefaßt und auf Beweisbarkeit getestet. Das heißt, Fragen, die an das System gerichtet werden, werden in Formeln übersetzt und, falls sie nicht sofort durch gespeicherte Fakten zu beantworten sind, als Theorempostulate aufgefaßt und darauf überprüft, ob sie als Theoreme aus dem System ableitbar sind oder nicht.
Beim Problemlösen werden Ausgangssituation und verfügbare "Aktionsoperatoren" in PK-Formeln übergeführt (letztere durch Funktionen) und zur Axiomenmenge hinzugefügt. Der durch das System zu erreichende Zielzustand wird ebenfalls in eine Formel übersetzt. Diese wird als Theorem angesehen und muß mit Hilfe der Axiome der Wissensbasis bewiesen werden.
Ableitung (Deduktion) erfolgt meist unter Verwendung ROBINSONscher Resolution (ROBINSON (1965)) (indirekter Beweis). Die Methode ist korrekt und vollständig, d.h., wenn eine Formel aus dem Axiomensystem folgt, so ist sie auch ableitbar (und umgekehrt), was wiederum bedeutet: der Algorithmus terminiert in einer endlichen Anzahl von Schritten.

4.3. Vorteile des PK1

Auf dem PK1 beruhende Repräsentations - Schemata besitzen einige bedeutende Vorteile:
- Sie wurden und werden extensiv als formale Systeme untersucht.
- Ihre Syntax und formale Interpretation (Semantik) sind wohldefiniert.

- Die Semantik ist verständlich und für den Nutzer akzeptabel.
- Es sind klare Inferenz-Regeln verfügbar, die man als Beweis-Prozeduren definieren kann. Dadurch ist die aus den Axiomen folgende Theorie, d.h. die abgeschlossene Hülle der Operationen über der Wissensbasis, ebenfalls klar definiert.
- Die Wissensbasis ist modular, d.h., Wissenseinheiten können unabhängig voneinander eingegeben oder geändert werden.
- Durch die relativ einfache Notation des Wissens liegt eine für viele Nutzer verständliche Wissensbasis vor.
- Speichereffizienz: jeder Fakt wird nur einmal gespeichert, unabhängig von seiner Verwendung in verschiedenen Zusammenhängen.

4.4. Nachteile der Repräsentation mit den Mitteln des PK

Neben den eben erwähnten Vorteilen besitzt diese Form der WR auch Nachteile, die ihre Anwendung einschränken:

- Fehlen von Organisationsprinzipien für die Wissensbasis und von Steuerinformationen für die Inferenz: Das System enthält keine Information darüber, wie spezielles Wissen für einen speziellen Zweck verwendet werden soll. Beispielsweise bleibt bei Resolution deren Richtung völlig offen, d. h., es bleibt offen, welche Klauselmengen bei der Problemlösung als erste, als nächste etc. betrachtet werden. Das kann enorme Effektivitätsverluste bedeuten.
- Nicht alle Fakten lassen sich ohne weiteres durch PK1-Formeln repräsentieren.

4.5. Versuche der Vervollkommnung der auf dem PK1 beruhenden Repräsentationskonzepte

Um die neben den unbestreitbaren Vorteilen existierenden Nachteile der PK-Repräsentationen abzubauen, wurden und werden Versuche unternommen,

- Hilfsmittel einzuführen, um die Arbeit im PK zu effektivieren, die Abarbeitung "zu richten",
- die Ausdruckskraft von PK-Formeln (insbesondere PROLOG-Formeln) zu erhöhen (z. B. durch Negation),
- Ideen aus anderen Repräsentationsformen zu übernehmen und mit den Mitteln des PK darzustellen,
- erweiterte logische Kalküle zu entwickeln, die auf dem PK1 aufbauen,
- andere Repräsentationsformen in PK-Systeme aufzunehmen,
- grundsätzlich neue Repräsentationsformen zu entwickeln,
- theoretische Untersuchungen zur Verbesserung (auf allen drei WR-Ebenen) von PROLOG voranzutreiben.

4.5.1. Metawissen

Es wird Wissen über Wissen (Metawissen) in das System aufgenommen, das den Inferenzprozeß steuern soll. Gebietsspezifisches Wissen kann eine starke Einschränkung der Lösungsmenge und damit des Suchraumes, kann zielorientiertes Herangehen an die Inferenz und damit Effizienzgewinn bewirken. Gebietsspezifisches, zielorientiertes Wissen wird in Form von Regeln zum System hinzugefügt.
Vorteile gebietsspezifischen Metawissens sind: Es kann die Effizienz des Inferenz-Prozesses bedeutend erhöhen, die Korrektheit bleibt erhalten.
Nachteile des Einsatzes von Metawissen: Das System verliert seine einfache Struktur und Homogenität, die Vollständigkeit kann verlorengehen.

4.5.2. Steuerkomponenten

Der Versuch, die Abarbeitung in PK-Schemata zu "richten", legt den Gedanken nahe, weder die streng deklarative Repräsentation noch die Inferenzkomponente, die viele gute Eigenschaften haben, zu verändern, sondern letztere durch eine Steuerkomponente zu ergänzen. Die Steuerung enthält Strategien, die es ermöglichen, in effektiver Weise Pfade durch komplexe Suchräume zu finden. Der Nachteil solcher Ansätze ist, daß die Vollständigkeit leicht verlorengeht.

4.5.3. Vererbung (inheritance)

Vererbung bezeichnet die automatische Weitergabe von Informationen in einer Begriffshierarchie.
Eigenschafts-Vererbung (property inheritance) bedeutet, daß Unterbegriffe (subconcepts) die Eigenschaften ihrer Oberbegriffe (superconcepts) vererbt bekommen, falls diese nicht ausdrücklich anders angegeben werden oder die Vererbung unterdrückt wird. Vererbung ist ein bez.der Nutzung der Speicherressourcen sehr effektives Verfahren: Die Zahl der im System explizit zu speichernden Fakten kann durch diese Eigenschaft drastisch reduziert werden: eine Vielzahl von Eigenschaften (die vererbt werden) werden nur einmal gespeichert, obwohl sie in einer Reihe von Konzepten vorkommen und genutzt werden.
<u>Beispiel</u>: Zum Oberbegriff "Vogel" würde das Attribut "Fortbewegungsart" mit "fliegen" belegt. Damit wird jedem Objekt "Vogel" automatisch die Eigenschaft "fliegen" vererbt, ohne daß dies explizit repräsentiert wird. Die Vererbung von "fliegen" wird man beim "Strauß" unterbinden, beim "Pinguin" wird das "fliegen" durch "schwimmen" überschrieben, wenn diese Vögel in der Wissensbasis auftauchen. Das kann in den auf der Basis des PK1 arbeitenden Repräsentationssystemen mit dem Auftreten von Inkonsistenzen verbunden sein, deren Behandlung z.B. durch die Vorrangregel für Individuen vorgenommen werden kann: Die Vorrangregel für Individuen legt fest, daß individuelle Fakten immer Vorrang haben vor Inferenzen aus Verallgemeinerungen.

4.5.4. Entwicklung erweiterter Modi von Inferenzen : Nicht - Standard - Inferenzen

Die Non Standard Inferences sind ein seit 1980 stark expandierendes Forschungsgebiet. Die Inferenzen sind nicht-monoton, das Forschungsgebiet heißt Non-Monotonic Reasoning. Monotonie von Folgerungsmengen bedeutet, daß jede Formel, die aus einer Axiomenmenge ableitbar ist, auch ein Theorem jeder Erweiterung dieser Menge darstellt.
Diese Monotonie-Eigenschaft muß bei Non-Monotonic Reasoning nicht erfüllt sein.
Hier soll auf die Default Logic, das Default Reasoning (REITER (1980)) eingegangen werden.
Default Reasoning ist ein Prozeß des Schließens, in dem zunächst versucht wird, die gewünschte Information aus der gegebenen Wissensbasis herzuleiten. Wenn dies nicht gelingt, wird Default-Wissen herangezogen. Dieses gibt Antwort auf die Frage, welchen Eigenschaften ein Objekt x genügen wird, wenn diese nicht ableitbar sind, aber Standard-Annahmen für diesen Fall existieren, wenn sie z.B. für einen Oberbegriff von x gegeben, für x selbst aber nicht explizit definiert sind (s. Abschnitte 5, 6 und 8).
Default Reasoning kann deshalb als eine spezielle Form von Vererbung aufgefaßt werden. Diese Art der Vererbung schließt, ebenso wie die Vorrang-Regel für Individuen, Inkonsistenzen aus bzw. zeigt einen Weg zu ihrer Behandlung auf. Default-Reasoning ist in dreierlei Hinsicht von Interesse:
Zum ersten stellt es ein Modell menschlichen Schließens dar: ähnlich wie bei Frames und Scripts (Abschnitt 6), wo angenommen wird, daß Menschen über gewisse Standardvorstellungen verfügen, wird hier die Annahme getroffen, daß Menschen im Schlußfolgerungsprozeß auf Standard-Annahmen (Defaults) zurückgreifen, wenn diesen nicht explizit widersprochen wird.
Zum zweiten ist Default-Reasoning geprägt von der Annahme, daß man die Menge der Ausnahmen viel schneller übersehen könne als alle anderen "normalen" Fälle und damit in der Verarbeitung effizienter wird. Das bedeutet, es existieren weit weniger Gründe, in Ausnahmefällen Standards zu ändern, als Notwendigkeiten, bei "normalen" Fällen durch einen Inferenzprozeß Informationen weiterzugeben.
Zum dritten ist Default-Reasoning ein Konzept, um Repräsentations-Formen ohne Vererbungsmechanismen Vererbungen zu ermöglichen (Vererbungen lassen sich aber in logischen Konzepten auch anders darstellen).
Default-Regeln haben i. allg. die Form: "Wenn für ein Objekt x die Eigenschaft p ableitbar ist, die global die Eigenschaft r nach sich ziehen würde, und im konkreten Fall nichts gegen r spricht, so gilt r".
Default Reasoning kann , "in starkem Maße natürliche Intelligenz reflektierend" (WINOGRAD (1980), KOBSA (1984)), die Ableitung bedeutend vereinfachen. Es eröffnet interessante Perspektiven dafür, wie man mit unvollständigem Wissen und ressourcenbeschränkter Inferenz arbeiten kann

(s. Abschnitt 8).
Allerdings geht dabei die Monotonie des Systems verloren.

4.5.5. Erweiterung und Modifizierung der Prädikatenlogik

Mehrsortige Logik erlaubt eine Einschränkung der Anwendbarkeit von Prädikaten und Funktionen auf Teile des Gegenstandsbereiches bzw. seines Modells (der Axiomenmenge) und damit, die Argumente "semantischen Restriktionen" zu unterwerfen.
Im PK 2. Stufe können als Argumente von Quantoren, Prädikaten und Funktionen nicht nur Individuen-Variablen und Individuenkonstanten (wie im PK1), sondern auch Variablen für Prädikate und Funktionen auftreten. Diese Richtung ist für die KI jedoch noch nicht fruchtbar geworden.
Modale Logik erlaubt die Repräsentation von "Modalitäten", wie "notwendig" und "möglich", und dadurch von "wissen" und "glauben".
Probabilistische Logik ermöglicht es, auf die Wahrscheinlichkeit dafür hinzuweisen (die Wahrscheinlichkeit anzuzeigen), daß eine Aussage richtig oder falsch ist.
Mehrwertige und FUZZY Logik gestatten für den Wahrheitswert einer Aussage einen diskreten oder kontinuierlichen Wert zwischen "true" und "false" zu vergeben. Beide Repräsentationsformen werden genutzt, um vages und unsicheres Wissen auszudrücken.

4.5.6. Entwicklung "globaler" Repräsentationsmechanismen

Ziel ist die Schaffung von Repräsentationssystemen, die alle guten Eigenschaften bisheriger Repräsentationssysteme in sich vereinigen. Insbesondere werden hybride Repräsentationen untersucht. Man geht von der Annahme aus, daß jede Repräsentationsform für spezielle Gebiete Vorteile besitzt, deshalb lokal eingesetzt werden sollte, und die Aggregation mehrerer Repräsentationsformen zum Erreichen der angestrebten Eigenschaften einer Repräsentation notwendig ist.

5. Semantische Netze

Semantische Netze sind eine Wissensrepräsentationsform, die in der Notationsebene rein deklarativer Natur ist. Das Wissen wird in statischer Form durch Netze repräsentiert, die getrennt vom operationalen Teil, d.h. von der Verarbeitung, aufgebaut werden. In der Verarbeitungsebene werden sie prozedural realisiert.
Semantische Netze (SN) wurden von QUILLIAN (1968) als ein psychologisches Modell der Repräsentation semantischer Beziehungen zwischen Wort-Konzepten eingeführt. Sie wurden in der Folge zu Forschungen in der kognitiven Psychologie (ANDERSON und BOWER (1973), RUMELHARDT und NORMAN (1975)) und in der Linguistik (SIMMONS (1973)) sowie in der KI einge-

setzt.

In der KI werden sie in erster Linie in NLP-Systemen, in Frage-Antwort-Systemen und in der Bildverarbeitung eingesetzt.

Der Begriff "Semantische Netze" vermittelt eine ungefähre Vorstellung über die Strukturierung der Repräsentation und das angestrebte Ziel, semantische Zusammenhänge darzustellen. FINDLER (1979) schlug für diese WR-Notation die Bezeichnung "associative network" vor, was aber semantisch keine Verbesserung darstellt.

SN sind keine homogene Klasse von Repräsentations-Schemata. Sie existieren in einer Vielzahl von Ausprägungen.

Die gemeinsamen Eigenschaften aller Notationen, die "Semantische Netze" genannt werden, sind

- auf dem erkenntnistheoretischen Niveau die konzeptuelle Modellierung: Semantische Netze repräsentieren Wissen in Form
  * einer Menge von Konzepten (Objekten) und deren Eigenschaften,
  * binären Relationen (Prädikaten) zwischen den Konzepten (Objekten);
- auf dem Notationsniveau: die Ähnlichkeit der formalen Notation : Semantische Netze sind gerichtete Graphen mit benannten Kanten; i.allg. repräsentieren die Knoten des Graphen die Konzepte (Objekte), die Kanten die Relationen zwischen diesen Konzepten.
- auf dem Verarbeitungsniveau:
  * die Idee der Assoziation von Konzepten und ihrer Speicherung: Wissenselemente, die semantisch in Relation stehen oder zusammenhängend sind, werden in einer gewissen Nähe zueinander gespeichert;
  * die Kanten des SN werden als Zugriffspfade zu Wissen genutzt.

Theoretische Begründung und Durchdringung von SN wurden erst nach ihrer Einführung als WR-Instrument begonnen, weshalb ein breites Spektrum von Auffassungen zwischen Theoretikern und "Intuitionalisten" zu ihrer Begründung existiert. Mit den modernen Entwicklungen von KL-ONE (Knowledge Language One), KL-TWO, NIKL (New Implementation of KL-ONE), KRYPTON usw. sind SN theoretisch vorangekommen. (WOODS 1975, SCHUBERT 1976, DELIYANNI & KOWALSKI 1979, BIBEL u. a. 1983, KOBSA 1984, V. LUCK 1986). SN können als graphische Darstellung von PK1-Formeln angesehen werden, d.h. als eine günstige, anschauliche externe Darstellung der PK1-Formeln. Moderne SN-Konzepte wie KL-TWO gehen in diese Richtung.

5.1. Syntax und Semantik

Mit der folgenden Definition Semantischer Netze, die auf ANDERSON (1976) zurückgeht, wird die Syntax und (z.T.) Semantik eines SN beschrieben:

Ein Semantisches Netz ist ein Spezialfall eines gerichteten Graphen G,

$$G = \langle R, K, V \rangle,$$

wobei R eine endliche Menge von Relationen, K eine endliche Menge von Knoten, V eine endliche Menge von Kanten im Graphen bezeichnen. Die Elemente aus V sind von der Form (a*b), wobei a und b aus K, * aus R

sind.
Semantische Netze werden meist jedoch in einer intuitiven, anschaulichen Weise eingeführt, was hier zusätzlich geschehen soll.
Die grundlegenden syntaktischen Elemente sind Knoten und Kanten eines Graphen.

<u>Beispiel</u> (KOBSA (1984)): "John besucht seinen Vater."

Notation 1:

```
 ------            besucht            --------------
( John )------------------------->( Johns  Vater )
 ~~~~~~                              ~~~~~~~~~~~~~~
```

Die Konzepte (Knoten) "John" und "Johns Vater" sind durch die Relation (Kante) "besucht" miteinander verbunden, d.h., zwischen beiden gilt diese Relation. Die syntaktische Darstellung ist sehr speziell auf diesen einen "Besuchsfall" zugeschnitten. Bei der Darstellung einer Reihe von Besuchen wäre man genötigt, eine Vielzahl dieser einfachen Netze zu erstellen. Eine Verallgemeinerung (Verfeinerung, "konzeptuelle Dekomposition"), die zu allgemeinerer Anwendbarkeit des syntaktischen Instrumentes führt, ist mit Notation 2 gegeben:

Notation 2:

```
     Person1            besucht              Person2
       (~~~)------------------------------------>(~~~)
  name /~~~\                                  / ~~~\ name
      /     \           Vater_von            /      \
  "John"     \______________________________/        \
                                                       ?
```

Zwischen den beiden Konzepten "Person1" und "Person2" gelten die Relationen "besucht" und "Vater_von", d.h., Person1 besucht Person2, die ihrerseits Vater von Person1 ist. Notation 2 gibt damit ein Repräsentationsschema für den Vorgang, daß eine Person ihren Vater besucht. Sie ist sehr viel allgemeiner als Notation 1, da auf jeden solchen Vorgang anwendbar. Die Namen der Personen sind variabel. In unserem konkreten Beispiel wird der Name des Besuchenden mit "John" angegeben, während der des Vaters offen bleibt, er gehört nicht zu unserem Wissen.
Mit Notation 3 ist ein Beispiel für weitere Verallgemeinerung gegeben. Verbal kann sie ungefähr mit "John transferiert sich zu einem Platz, an

dem sich sein Vater befindet" beschrieben werden.
Die Instance-Kanten (inst) des Graphen verbinden das konkrete Wissen mit dem allgemeinen Wissen über die Begriffe "Person", "Ort" und "den Ortswechsel eines Objektes, hervorgerufen durch einen Agenten".
Die Kante aus Notation 2, die mit "besuchen" bezeichnet war, wurde hier zu einem Begriffsknoten TRANSP OZL verallgemeinert, der den Ortswechsel eines Objektes O zu einem Zeitpunkt Z von einem Ort L zu einem anderen, hervorgerufen durch einen Agenten, beschreibt. Es wurde also ein neues Konzept geschaffen. Das gesamte Netz ist noch allgemeiner, noch variabler geworden, aber auch unübersichtlicher im Sinne externer Interpretation.

Notation 3:

```
        ---------------------------------------------------
        !                                                 !
        !                                                 !
        !                                                 !
        !          --------                -----          !
    ____!____     ( TRANSP )       -------( ORT )         !
   (  PERSON )     ~~~~!~~~        !       ~~!~~          !
    ~~~~!~~~~          !           !         !            !
        !              !           !         !            !
        !inst          !inst   inst!         !inst        !inst
        !              !           !         !            !
        !              !           !         !            !
        !  Agent       !           !         !            !
        !/~~~~~~~\  ____!_______ nach ! lokalisiert  bei  !
       ( )        ( TRANSP  OZL )--->( )<-------)-------( )
name /  !\_______/ ~~~!~~\~~~~~~      ?         !         !\ name
    /   !  Objekt     !   \von                  !         !  \
 John   !             !    \                    V         !    ?
        !             !     \_______________( )           !
        !             !Zeit                               !
        !             ?                                   !
        !                                                 !
        !                                                 !
        !                 Vater_von                       !
        ~~~~~~~~~~~~~~~~~~~~~~~~~~~~~~~~~~~~~~~~~~~~~~~~~~~
```

Die Ausdruckskraft Semantischer Netze in der obigen Form ist schwächer als die des Prädikatenkalküls. Beispielsweise können Quantifikationen mit den bisher beschriebenen Mitteln nicht repräsentiert werden.

Zu den in der Literatur diskutierten grundlegenden Probleme von SN gehört:

- Die Zerlegung von Wissen in Basiskomponenten, die "passend" für eine Repräsentation sind.
- Damit im Zusammenhang die mögliche "Zerlegungstiefe" im Sinne "konzeptueller Dekomposition".
- Die Semantik von Semantischen Netzen: welche Bedeutung mißt man einem SN (einer syntaktischen Struktur) bei, d.h., welches Wissen wird im ihm repräsentiert.
- Eine breite Diskussion existiert darüber
  * welche Kanten- und Knotentypen zur Repräsentation wessen eingesetzt werden sollten,
  * auf welchem Sprachniveau die Darstellung in SN erfolgen sollte (die Meinungen differieren hier zwischen natürlicher Sprache und "Semantischen Primitiva" (SCHANK (1975))).

Dazu sind folgende Bemerkungen zu machen:

- Die Konfusion, die innerhalb der KI bei der Wissensrepräsentation besonders stark ist, erfährt bei der Diskussion der Semantischen Netze ihre stärkste Ausprägung. Sie ist bedingt zum einen durch die unterschiedlichen philosophischen Konzepte, die zugrunde gelegt werden, zum anderen durch die, vor allem auf theoretischem Gebiet, sehr unterschiedliche Informatik-Bildung der Diskussionsteilnehmer.
- Die "Zerlegung" eines Umweltbereiches in geeignete Teilstrukturen, die eine Modellierung überhaupt erst erlauben, ist eine Frage, die bei Modellierungsaufgaben immer zu beantworten ist. Sie ist mitnichten charakteristisch allein für die Repräsentationsform "Semantische Netze".
- Die Wahl erkenntnistheoretischer und konzeptueller Einheiten kann nicht einheitlich gehandhabt werden, sondern muß in Abhängigkeit von der Anwendung getroffen werden. Mit welchen Elementen und Strukturen von SN Wissenselemente assoziiert werden, welche syntaktischen Elemente zur Repräsentation welcher Inhalte verwendet werden, bleibt demzufolge ebenfalls offen und vom jeweiligen Problem abhängig.
- Damit im Zusammenhang bleibt (natürlich) die Diskussion offen, auf welchem sprachlichen Niveau Konzepte gewählt werden sollten.
- Für die Semantik von SN existieren keine festgelegten Standards. Es gibt zwei grundsätzliche Ansichten in der KI, die hier skizziert werden sollen: extensionale versus prozedurale Semantik.

Mit <u>extensionaler Semantik</u> (WOODS (1975), SCHUBERT (1976), P.J.HAYES (1977), Mc DERMOTT (1978), JANAS und SCHWIND (1979), BIBEL u.a. (1983), v. LUCK (1986)) wird für eine klare extensionale Interpretation der SN-Strukturen und der Verarbeitungsregeln eingetreten. Die Notation "Semantische Netze" wird als eine syntaktische Variante der Notation in einem Logik-Kalkül gesehen, die in bezug auf die externe Darstellung und die Verarbeitungseffizienz Vorteile bietet.

Entsprechend wird einem SN nur dann eine Semantik zugesprochen, wenn es sich auf eine Logik-Repräsentation abbilden läßt. Die Semantik des SN ist dann durch die Semantik der Abbildung des SN in der entsprechenden Logik definiert.

Das ist auch der Trend: es werden Netze mit formaler Semantik eingeführt, die mit logischen Formeln beschrieben werden, d.h. zu logischen Schemata äquivalent sind (s. KL-ONE u.a.).

Bei "prozeduraler Semantik" (WILKS (1977), WINOGRAD (1980)) ergibt sich die Bedeutung einer statischen WR-Struktur daraus, wie die aktiven Prozessoren auf ihr operieren, bzw. sie liegt in ihrem Gebrauch im Ganzen (intensionale Semantik) (SCHANK (1973), LEVESQUE und MYLOPOULUS (1979), PATEL- SCHNEIDER u.a. (1982)).

Die Bestimmung der Semantik eines SN bei prozeduraler Semantik erfolgt rein pragmatisch: Es wird festgelegt, welche Fakten Netz-Muster ausdrücken sollen und wie die aus Inferenzen resultierenden Fakten durch Netz-Muster repräsentiert werden. Durch den Zusammenhang mit dem Modell des Gegenstandsbereiches ist so überall eine Interpretation der Syntax gegeben. Dann wird gezeigt, daß die Verarbeitungsregeln von den Ausgangsmustern exakt zu den Netz-Mustern führen, die die resultierenden Fakten ausdrücken. Unter dem Gesichtspunkt theoretischer Forschung in der KI und dazu notwendiger Formalisierungen scheint dieses Vorgehen zu wenig abstrakt, zu "intuitiv".

5.2. Repräsentation, Problemlösen

Die Fragen der Repräsentation sind im vorhergehenden Teil ausführlich besprochen worden. Die Verarbeitung von SN geschieht durch Operationen, durch aktive Prozesse, Prozeduren. Diese aktiven Prozesse werden meist prozedural repräsentiert. Standardoperationen sind Such- und Match-Prozesse, die feststellen, ob und wo in SN spezielle Informationen repräsentiert sind.

Fakten, die nicht explizit im System gespeichert sind, werden mittels Inferenz aus anderem Wissen zu gewinnen versucht. Vererbung spielt bei der effizienten Gestaltung von Inferenz eine wichtige Rolle (s. 4.5.3, 6.3) und wird auch in SN realisiert. Für SN können im Prinzip beliebige Inferenzmechanismen installiert werden, so auch Nicht-Standard-Inferenzen (vgl. Abschnitte 4, 8). Dadurch können Inferenzen in SN umfassender als in anderen Kalkülen gestaltet werden (SCHANK (1975) z. B. gibt einschränkend 14 Typen von Inferenzen an). Der Nachteil fehlender "Standards" schlägt hier in einen Vorteil (und zugleich eine Gefahr) um: Inferenz kann vielgestaltig realisiert werden.

5.3. Vor- und Nachteile Semantischer Netze

Vorteile Semantischer Netze sind :

- Alle explizite Information über ein Konzept ist in der Wissensbasis um einen einzigen Knoten gespeichert. So muß das System, um Zugriff zu all seinen Informationen über dieses Konzept zu haben, nur den zugehörigen Anker-Knoten finden.
- Die Relationen zwischen Objekten definieren Zugriffspfade für die Suche nach Wisseneinheiten.
- Die graphische Notation kann die Verständlichkeit erhöhen.
- Es sind Organisationsprinzipien für die Wissensbasis vorhanden.

Ihre Nachteile bestehen in :

- Fehlen von Informationen für die Verarbeitung: Wie alle anderen deklarativen Repräsentationsschemata enthalten SN in ihrer reinen Form keine Information darüber, wie bestimmtes Wissen für einen speziellen Zweck angewendet werden soll.
- Fehlen einer formalen Semantik, einer Standard-Terminologie sowie einer Axiomatik der Verarbeitung.

5.4. Versuche der Vervollkommnung Semantischer Netze

Die Bemühungen zur Standardisierung von SN und der Zuweisung einer formalen Semantik durch die Beschreibung von SN mit Hilfe logischer Formeln sind hier an erster Stelle zu nennen. Darauf wurde schon hingewiesen. Weitere Versuche der Vervollkommnung sind:

- Einführung von Organisationsprinzipien für die Wissensbasis:
Diese wurden von MYLOPOULOS und LEVESQUE (1983) als Klassifikation, Generalisierung, Partitionierung und Aggregation klassifiziert.
- Einführung von Skolem-Funktionen in Semantische Netze (SCHUBERT, L. K. (1976), SCHUBERT, L.K. u.a. (1979))
- Erweiterung der SN durch Prozesse, die Metawissen (Wissen über die Anwendung von Wissen) enthalten ("procedural attachment"): Man kann z.B. Regeln definieren, die spezifizieren, welche Operationen auf welchen Teilen der Repräsentation ausgeführt werden sollten, d. h. die Definitionsgebiete von Operatoren festlegen (entspricht dem Einsatz von mehrsortiger Logik).
- Eigenschaftsvererbung: Subkonzepte erben die Eigenschaften ihrer Oberkonzepte, wenn dies nicht ausdrücklich verboten wird. Diese Charakteristik ist in einem SN nicht explizit definiert. Sie wird prozedural realisiert (vgl. Abschnitte 4, 6, 8).
- Entwicklung globaler Repräsentationsschemata (s. Abschnitte 4.5, 6), in die SN eingekettet werden.

6. Frames

Frames wurden 1975 von MINSKY in die KI-Forschung eingeführt (MINSKY (1975)). Unter dem Begriff des Schemas bzw. des idealen Typs existierten sie in ähnlicher Form schon in den 20er und 30er Jahren in der Psychologie: BARTLETT (1932), WERTHEIMER (1938) postulierten in der Gestaltspsychologie ideale Typen als Ankerpunkt für Wahrnehmung. Diese Ideen tauchten in den 70er Jahren in Gestalt der Prototypentheorie der Kognitiven Psychologie (ROSCH (1978)) wieder auf. DREYFUSS (1979) spricht HUSSERL (1950) die Frame-Originalidee zu.

Die Idee, von der alle diese Vorstellungen ausgehen, ist, daß der Mensch erwartungsgetrieben wahrnimmt, abbildet, modelliert, denkt, d.h., daß er in bekannten Situationen seines Lebens bekannte Dinge vorzufinden erwartet. Bei Nennen eines (bekannten) Begriffes z.B. werden ganz bestimmte Erwartungen mit diesem Begriff verknüpft. Die Anpassung dieser Erwartungen an die konkrete Situation betrifft nur noch wenige Details und bedeutet geringen Aufwand. So hat man, um das Standardbeispiel der KI anzuführen, ganz bestimmte Vorstellungen, wenn jemand den Begriff "Zimmer" verwendet: Wir erwarten Wände, eine Decke und einen Fußboden, mindestens eine Tür usw. Der Aufwand der grundlegenden Beschreibung des Objektes entfällt, man kann sofort zu speziellen Details übergehen.

Unter erkenntnistheoretischem und psychologischem Gesichtspunkt stellt die Frame-Idee den Versuch dar, menschlicher Modellierung und Verarbeitung entgegenzukommen. Es wird versucht, eine postulierte erwartungsgetriebene Denkweise des Menschen für die KI auszunutzen unter den folgenden Gesichtspunkten:

- bessere Gestaltung äußerer Schnittstellen der WR (der Mensch nimmt solche Schemata viel besser an als etwa logische Formeln),
- Vielfalt und Ausdrucksfähigkeit von WR-Schemata; Frame-Inhalte können vielfältiger Natur sein: Prozeduren, ganze Frames, numerische Werte, Zeichenketten, Semantische Netze, Regeln etc.
- der Effizienz (Vielleicht ist diese Art der Verarbeitung ein wichtiger Grund für die hohe Geschwindigkeit menschlichen Denkens?, lautet die zugehörige Frage).

Bezüglich des Notationsaspekts sind Frames Rahmen, die ein Objekt mit all seinen Attributen, Relationen zu anderen Objekten, spezifischen Funktionen, Einschränkungen etc. aufnehmen. Alles das Objekt Betreffende ist in einem einzigen Rahmen enthalten (vgl. die Konzepte "Objektorientierte Programmierung" und "Abstrakter Datentyp").

Unter dem Verarbeitungsaspekt sind Frames interessant als Schemata, die eine effiziente Speicherung und Verarbeitung erlauben, was insbesondere durch die o.a. hybriden Möglichkeiten und Vererbungsmechanismen erreicht wird. Insbesondere werden

- eine Organisation der Wissensbasis,
- die Verwendung implizit vorgegebener Eigenschaften (Vererbung) ohne den Weg über Inferenzen,

- eine effiziente Inferenz-Generierung,
- die Abarbeitung von Nebenprozessen,
- Parallelverarbeitung

möglich.

Die Eigenschaften der Frames, die auf dem erkenntnistheoretischen und dem Notations-Niveau sichtbar werden, werden auf dem Verarbeitungs-Niveau ausgenutzt, um effizient zu arbeiten.

6.1. Syntax und Semantik

Ein Frame ist eine komplexe Datenstruktur zur Repräsentation von Objekten und Standardsituationen.

Die Syntax eines Frames ist gegeben durch folgendes Schema:

```
 -------------------------------------------------------------
!                                                             !
! Framename                                                   !
!- - - - - - - - - - - - - - - - - - - - - - - - - - - - - - -!
! Oberkonzept(e):      Liste von Framenamen                   !
!- - - - - - - - - - - - - - - - - - - - - - - - - - - - - - -!
! Unterkonzept(e):     Liste von Framenamen                   !
!- - - - - - - - - - - - - - - - - - - - - - - - - - - - - - -!
! Slotname 1:          Slotwert 1                             !
!                      Aspektname 11      Aspektwert 11       !
!                      .                  .                   !
!                      :                  :                   !
!                      Aspektname 1n1     Aspektwert 1n1      !
!- - - - - - - - - - - - - - - - - - - - - - - - - - - - - - -!
! .                                                           !
! .                                                           !
!- - - - - - - - - - - - - - - - - - - - - - - - - - - - - - -!
! Slotname m:          Slotwert m                             !
!                      Aspektname m1      Aspektwert m1       !
!                      .                  .                   !
!                      :                  :                   !
!                      Aspektname mnm     Aspektwert mnm      !
!_____________________________________________________________!
```

Frames geben den Vorstellungen, die man a priori von bestimmten Objekten hat, einen Rahmen, und nichts anderes bedeutet ja auch der Begriff "Frame": Rahmen. In diesen Rahmen werden Eigenschaften eines Objektes, seine Teile, Relationen zu anderen Objekten etc. "hineingegeben". Ein

Frame wird aus einer Reihe von Slots (Schlitzen) aufgebaut. Diese Slots können nun mit verschiedenen Inhalten gefüllt werden. MINSKY (1975) schlug vor, Frames als Systeme zu betrachten, die prinzipiell aus zwei Komponenten bestehen, nämlich aus einem globalen Gerippe und variabel belegbaren Slots.

Im globalen Gerippe, dem "Frame-proper",wird invariantes Wissen repräsentiert . Dieses Wissen gilt für alle Objekte (Situationen), die der Frame beschreiben kann. Als Beispiele für Frames zitiert MINSKY ein Zimmer und eine Kinder-Geburtstags-Party. Der Frame-proper würde in diesen Fällen z.B. die Fakten enthalten, daß jeder Raum Wände hat, daß bei einer Kindergeburtstagsfeier Kinder, Essen und Trinken vorhanden sein müssen.

Das globale Gerippe läßt Raum für eine Reihe von Slots d.h. Platzhalter für Informationen, die die Spezifik einer Situation ausdrücken. Einige von ihnen müssen bei Aktivierung in jedem Fall gefüllt werden, andere sind fakultativ (z.B. die Zahl der Wände). Slot-füller können einfache Parameter, Relationen zwischen Slots, komplexe Repräsentations-Strukturen, Prozeduren oder ganze Unterframes sein.

Beispiel: " Zimmer"

```
 -----------------------------------------------------------------------
!                                                                      !
! Zimmer                                                               !
! ist_Teil_von:         Haus                                           !
! hat_als_Teilmengen:   Wohnzimmer, Kinderzimmer, Arbeitszimmer        !
!                                                                      !
! Wände:                Mauer                                          !
!                        Zahl     Default 4                            !
!                        Restriktion      > 2                          !
!                        Material         Beton, Mauerstein, Holz      !
! Decke:                 1                                             !
! Fußboden:              1                                             !
! Ausstattung:           Möbel                                         !
!______________________________________________________________________!
```

Der Zimmer-Frame mit dem Slotwert "Mauer", dem Aspekt "Zahl der Wände", einem Default-Wert für deren Zahl, einer Restriktion an diese, dem Aspekt "Material" und den zugehörigen Aspektwerten "Beton, Mauerstein, Holz".

Die Spezialisierung "Wohnzimmer" sieht folgendermaßen aus:

```
 -----------------------------------------------------------------------
!                                                                      !
! Wohnzimmer                                                           !
! ist_Element_von: Zimmer                                              !
! Möbel: Stuhl, Tisch, Sessel, Couch                                   !
!______________________________________________________________________!
```

Der Wohnzimmer-Frame hat den Slot "Möbel" durch die Slotwerte "Stuhl, Tisch, Sessel, Couch" spezifiziert, die ihrerseits wieder ganze Frames sein können. Der Wohnzimmer-Frame hat alle Werte des Zimmer-Frames "geerbt": Das Wohnzimmer hat, wie Arbeitszimmer und Kinderzimmer auch, Wände, eine Decke, einen Fußboden.

6.2. Repräsentation und Problemlösen

Der Repräsentationsaspekt wurde im vorhergehenden Abschnitt ausführlich dargestellt.
Die Aktivierung eines Frames erfolgt durch einen globalen Prozeß.
"Verstehen" einer Situation heißt für ein Frame-System, in seinem Bestand gespeicherter Schemata nach jenen zu suchen, die anwendbar scheinen, d.h. die geeignet scheinen, die vorliegende Situation (das vorliegende Objekt) als Spezialisierung eines dieser allgemeinen Rahmen zu betrachten. Die zu verstehende Situation wird als ein Spezialfall eines existierenden allgemeineren Frames angesehen.
Derjenige Frame, der die Situation am besten widerspiegelt, wird sodann aktiviert, und die variablen Teile des Frames werden an die Spezifika der aktuellen Situation (des aktuellen Objektes) angepaßt (Instantiierung eines Frames).
Wenn im Laufe der Instantiierung zu gravierende Unterschiede zwischen dem Frame und dem aktuellen Objekt (Situation) deutlich werden, muß nach einem "besseren" Frame geschaut werden.
Inferenzgenerierung mit Frames bedeutet, Slots zu füllen. Wenn zur Repräsentation nur Frames verwendet werden, können nur solche Inferenzen gezogen werden, die durch Frames unterstützt werden, d.h. für deren Resultat ein Slot in einem Frame existiert. Im Verlauf einer Problemlösung bzw. einer Ableitung kann eine Reihe von Frames aktiviert werden.
Jeder Frame kann mit zusätzlichen Informationen versehen werden:
- Durch die Bindung von spezifischem Wissen an Slots, etwa wann und wie der Frame zu nutzen (einzusetzen) ist, kann der Aufwand für eine Inferenz gesteuert und drastisch reduziert werden.
- Default-Annahmen für Slots sind sowohl Mittel zur Inferenzeffektivierung (beschränkte Ressourcen) als auch zur Erweiterung (im Sinne von mehr Möglichkeiten bietend) von Inferenz-Methoden (vgl. Abschnitt 4.5.4).
- Es sollten Informationen enthalten sein, was in einer unerwarteten Situation zu tun ist etc..

Eine spezielle Art von Frames sind "Scripts" (SCHANK und ABELSON (1977)), die Standard-Folgen von Aktionen und Ereignissen repräsentieren. Das Framekonzept ist hier erweitert auf Folgen von Ereignissen, die standardmäßig verlaufen und entsprechend erwartungsgetrieben betrachtet werden. Das prominenteste Beispiel ist sicher der Restaurant-Script, der Standard-Ereignisse im Restaurant auflistet :

hineingehen in, einen Platz wählen, sich für eine Speisenfolge entscheiden, sie bestellen usw. Auch für diese Art von Frame existieren ein invarianter Teil, der aus den eben aufgelisteten Aktivitäten bestehen würde, und Slots, die mit den spezifischen Werten einer betrachteten Situation zu füllen sind. Eine Situation zu verstehen heißt bei Scripts, wie bei Frames, die Slots eines entsprechenden Scripts zu füllen (s. z.B. CULLINGFORD (1978)).

Frames können auf verschiedenste Weise implementiert werden. So schlug BRACHMAN (1978) Semantische Netze, HAYES (1980) mehrsortige Prädikatenlogik, BOBROW und WINOGRAD (1977) die WR-Sprache KRL vor. Moderne Ansätze laufen darauf hinaus, Frames in Kombination mit anderen Repräsentationsformen (PROLOG, prozedural, PRS in prozeduraler Implementierung) zu implementieren. Die Grundidee ist, die Vorteile von deklarativer und prozedualer Repräsentation zu vereinigen: das Modell eines Gegenstandsbereiches wird deklarativ, Wissen über den Gebrauch der Frames jedoch in prozeduraler Weise repräsentiert.

6.3. Vorteile und Nachteile von Frames

Die <u>Vorteile</u> von Frames sind :

- Frames realisieren sowohl unter Modellierungs- als auch unter Notations-Aspekt eine dem Menschen sehr entgegenkommende Art der Wissensrepräsentation.
- Vom Nutzungsstandpunkt aus sind Frames eine exzellente Form der äußeren Schnittstelle. Das hat durch einseitige Betrachtungsweise zu der extremen Äußerung geführt, daß man "keine Logik brauche"(MINSKI), da man mit Frames viel besser und natürlicher repräsentieren könne als mit Logik.
- Vom Standpunkt der Modellierung ist der "Anpassungszyklus" zwischen Modellierung des Gegenstandsbereiches und Notation des Modells (s.2.1.2) besonders einfach. Viele Objekte, Situationen, natürlichsprachige Begriffe und ihre Inhalte (Auto, Zimmer, Stuhl, Restaurant usw.) können mit Hilfe von Frames aus erkenntnistheoretischer Sicht gut und aus psychologischer Sicht leicht repräsentiert werden.
- Mit Frames ist Vererbung sehr gut realisierbar. Dazu wird man z.B. Pointer verwenden. Der Effekt besteht bez. der Verarbeitungseffizienz in einer Verringerung der Verarbeitungskomplexität im Vergleich zur Vererbung durch Inferenz, bez. der Speicher-Effizienz in einer Verringerung des notwendigen Speicherplatzes: eine Reihe von Merkmalen (die vererbt werden) werden nur einmal gespeichert, obwohl sie in vielen Frames genutzt werden.
- In Frame-Systemen ist durch die aufgebaute Hierachie eine Organisation der Wissensbasis gegeben.
- Es besteht die Möglichkeit der Abarbeitung von Nebenprozessen (Dämonen).

- Frames sind bereits von der Idee her ideale Strukturen für Parallelverarbeitung. Mindestens drei Prozesse können parallel ablaufen: Vererbung, Slotfüllen und Abarbeitung von Dämonen. Ersterer und letzterer Prozeß können in sich noch einmal von hoher Parallelität sein.
- Als Füller von Slots können Default-Werte angegeben werden. Füller von Slots spezifischer Objekte "überschreiben", wenn sie angegeben werden, die Default-Werte an allgemeinen Objekten (shadowing). Das ist eine Vorrangregel für Individuen in der Modellierungs- und Notationsebene.
- Frames enthalten quasi a priori die Idee der Komposition verschiedener WR-Formalismen: objektorientiert, prozedural, logisch, direkt, Semantische Netze. Das ist letztlich eine Frage der Implementation.

Frames haben keine Nachteile. Das resultiert daraus, daß die Original-Idee "vage genug ist, um Raum für kreative Vorstellungen zu lassen" (HAYES (1980)). In der Tat sind Frames nur ein Rahmen, der durch die verschiedensten Konzepte implementiert und angereichert werden kann. So können Frames nur die Nachteile der Mittel erben, mit Hilfe derer sie implementiert werden.

7. Produktionssysteme

Produktionsregel-Systeme (PRS) sind eine im wesentlichen deklarative Form von WR und verlangen eine erkenntnistheoretische Aufarbeitung des Objektbereiches. Sie wurden kreiert und eingesetzt zur Erstellung Wissensbasierter Systeme. Mit der Durchsetzung des wissensbasierten Standpunktes als Paradigma der gesamten KI Anfang der 70er Jahre wurden PRS, ursprünglich von POST (1943) vorgeschlagen, durch NEWELL und SIMON (1972) in die KI-Forschung aufgenommen.

Die kognitive Psychologie argumentiert unter dem Aspekt der Modellierung menschlicher Denkprozesse, eine Regel eines Produktionssystems würde gut mit einer Einheit menschlichen Problemlösungswissens korrespondieren.

Produktionssysteme können sowohl prozedural als auch deklarativ realisiert werden. Sie wurden und werden zur Realisierung von Expertensystemen genutzt (MYCIN, DENDRAL, PROSPECTOR, MOLGEN, XCON u.a.), mit OPS5 existiert auch eine auf PR aufbauende WR-Sprache (in der z.B. XCON realisiert wurde).

Die axiomatische Grundlage von Produktionssystemen ist durch die zweiwertige Logik gegeben. Insbesondere ist es der schon von ARISTOTELES verwendete Modus Ponens:

Wenn eine Regel (Implikation) A --> B als wahr angenommen wird und A als wahr nachgewiesen werden kann, dann hat auch B den Wahrheitswert "wahr".

7.1. Syntax und Semantik

Die Syntax von Produktionen ist gegeben durch die einheitliche Notation

IF (Vorbedingungen) THEN (Aktionen)

bzw. in anderer Schreibweise

Vorbedingungen --> Aktionen,

eine logische Implikation.

Die Semantik ist klar definiert: die Vorbedingungen implizieren die Aktion; die Aktionen der "rechten Seite" werden ausgeführt, wenn die "linke Seite" "gilt".

7.2. Repräsentation und Problemlösung

Ein Produktionssystem besteht aus folgenden Komponenten:

a) einer strukturierten oder unstrukturierten Datenbasis.

b) einer Reihe von Produktionsregeln (oder Produktionen). Jede Produktionsregel besteht aus (s.o.) einem Bedingungs-Teil, in dem eine Anzahl von Bedingungen spezifiziert wird, die in der Datenbasis erfüllt sein müssen, damit die Aktionen ausgeführt werden, und einem Aktions-Teil, der die Spezifikationen von Aktionen enthält, die über der Datenbasis ausgeführt werden.

c) einer Steuerkomponente, die iterativ
   - determiniert, welche Produktionen aktiviert werden können, weil ihr Bedingungsteil durch die Datenbasis erfüllt wird (Konfliktmenge),
   - eine der anwendbaren Produktionsregeln gemäß einem Prioritätsschema selektiert (Konfliktlösung),
   - den Aktionsteil der ausgewählten Regel ausführt.

   Dieser Zyklus wird "recognize-act-cycle" genannt.

Im recognize-act-cycle können die gerade zur Datenbasis hinzugefügten Fakten andere Produktionen auslösen, die ihrerseits neue Fakten erzeugen etc.

Zu Beginn einer Problemlösung repräsentiert die Datenbasis die bekannten Fakten über einen Gegenstandsbereich. Die Produktionen enthalten gebietsspezifisches Wissen darüber, welche zusätzlichen Fakten vorausgesetzt bzw. welche Aktionen ausgeführt werden können, wenn spezielle Daten in der Datenbasis gefunden werden.

Der Aktionsteil der Produktionsregeln kann so gestaltet sein, daß er ausschließlich Fakten statisch repräsentiert bzw. ändert. Das PRS entspricht in diesem Fall einem deklarativen System mit Modus Ponens. Der Interpreter fügt die Fakten aus dem Aktionsteil zur Datenbasis hinzu.

Der Aktionsteil von Produktionen kann auch aus aktiven Prozeduren bestehen, die automatisch die notwendigen Operationen auf der Datenbasis ausführen oder ähnlich den datengesteuerten Prozeduren (s.Abschnitt 8) selbst testen, ob ihre Aktivierungsbedingungen erfüllt sind. Die Art der Wissensrepräsentation ist in diesem Fall vor allem prozedural. In der klassischen Form von Produktionssystemen ist die Datenbasis der einzige variable Teil des Systems. Produktionsregeln und Interpreter können während der Abarbeitung nicht geändert werden.

7.3. Vor- und Nachteile von PRS

Vorteile :

- PRS sind aufgrund ihre einfache Form leicht anwendbar.
- Die Bedeutung der Regeln ist i.allg. durchschaubar. Der Grund, warum eine Regel feuert, kann aus dem Vergleich zwischen Datenbasis und Bedingungen der Regel sofort bestimmt werden. Das ist für die Erklärungsfähigkeit von Systemen wichtig.
- Durch die Möglichkeit, sowohl die Bedingungen als auch die Konsequenzen der Regeln matchen zu können, ist man in der Lage, sowohl Vorwärts- als auch Rückwärtsverkettungen (forward oder backward chaining) oder beide in geeigneter Kombination als Inferenzmechanismus zu installieren.
- Klassische PRS haben die wünschenswerte Eigenschaft der Modularität. Das beruht auf ihrem deklarativen Aufbau. Produktionsregeln können hinzugefügt oder gelöscht werden, ohne daß unerwartete Seiteneffekte auftreten. Der Grund dafür ist die datengesteuerte Auslösung der Produktionen.
- Produktionsregeln sind besonders geeignet für Gebiete, über die Wissen in Form zahlreicher voneinander unabhängiger Regeln,d.h. in Form empirischen Wissens, vorliegt.
- In Anwendungen, die eine große Zahl von Modifikationen über einen gewissen Zeitraum erwarten lassen, sind PRS aus den o.g. Gründen vorteilhaft einsetzbar (Prototyping) .
- Die Steuerstruktur von PRS ist relativ einfach und nichtsequentiell. Ein PRS kann dadurch erfolgreich auf unvorhergesehene Situationen reagieren (eine der Definitionen von "Intelligenz") .
- Mit PRS ist wegen der Unabhängigkeit der Regeln voneinander Parallelprocessing möglich. Man kann z.B. auf die Konfliktlösung verzichten und mehrere Pfade gleichzeitig verfolgen.

Ein Nachteil klassischer PRS ist, daß sie kein Anwendungswissen enthalten, d.h. Wissen darüber, welche Produktionen zum Erreichen bestimmter Ziele eingesetzt werden sollen. Das führt zu einer beträchtlichen Ineffizienz der Verarbeitung: obwohl in jedem recognize-act-Zyklus maximal eine Produktion aktiviert wird, müssen die Bedingungsteile aller Produktionen getestet werden. Für große Regelmengen bedeutet das einen enormen Ressourcenverbrauch.

7.4. Versuche der Vervollkommnung von PRS

Um dem Problem der Ineffizienz der Verarbeitung entgegenzutreten, wurden strukturelle Verbesserungen der Datenbasis und der Bedingungsteile von Produktionsregeln vorgeschlagen, die ein effizientes Matching erlauben (DUDA u.a. (1978), Mc DERMOTT u.a. (1978)).
Es werden komplexere Strukturen der Datenbasis (z.B. semantische Netze) zugelassen, die deren Ausdruckskraft vergrössern.
Beeinflussung der Abarbeitungsfolge mit dem Ziel, die Inferenz zu effektivieren. Die Beeinflussung kann sowohl implizit als auch explizit erfolgen:

- Implizit: Die Steuerung wird beeinflußt. Zu diesem Zwecke können z.B. Prioritätsregeln (s.o., vgl. McDERMOTT und FORCY (1978)) angewendet werden.
- Explizit: Im einfachsten Falle können Produktionen in der Datenbasis zusätzliche Steuerzeichen deponieren, die bestimmte andere Produktionen in folgenden Zyklen auslösen oder in ihrer Ausführung favorisieren.

Produktionen können nicht nur die Datenbasis ändern, sondern auch andere Produktionen aktivieren oder hemmen. LENAT und Mc DERMOTT (1977) untersuchten die Vor- und Nachteile der Verfahrensweise, den Produktionsregeln zu erlauben, nicht nur die Datenbasis zu ändern, sondern auch auf andere Produktionen oder sogar den Interpreter zuzugreifen. Diese Modifikationen erlauben es, zielorientiertes Anwendungswissen in das System zu integrieren. Dessen Effizienz kann dadurch beträchtlich verbessert werden, und seine Ausdruckskraft erreicht die von prozeduralen Systemen. Die Modularität jedoch, und dadurch auch die Transparenz des Systems, gehen dabei verloren.
Es werden Evidenzwerte für die Aktionen bzw. Aussagen der "rechten Seiten" vom PRS eingeführt, so daß die Repräsentation und Verarbeitung vagen Wissens ermöglicht wird.

8. Prozedurale Repräsentation

Prozedurale Repräsentation verlangt, wie alle anderen konzeptuellen WR-Formen, eine erkenntnistheoretische Aufarbeitung des Objektbereiches. Im Unterschied zu deklarativen Repräsentationsformen, die Wissen statisch darstellen, betont prozedurale Repräsentation den dynamischen Aspekt von Wissen: wie wird benötigtes Wissen gefunden, wie in Inferenzen eingesetzt usw. (s.Abschnitt 3.2). Die Besonderheit prozeduraler Repräsentation besteht darin, daß alle später zu beachtenden Zusammenhänge des prozedural zu repräsentierenden Gebiets bereits auf dem erkenntnistheoretischen Niveau hergestellt werden müssen. Die später bei der Verar-

beitung benötigten Relationen müssen bekannt sein, da das Wissen des Systems nicht in einem statischen Teil, sondern im Verarbeitungsteil, in den Prozeduren liegt.
Die Wissensbasis eines prozeduralen WR-Systems besteht dementsprechend aus einer Menge von Operatoren (aktiven Prozessen).
Prozedurale KI-Sprachen, die meist von LISP beinflußt waren, sind als erste KI-Werkzeuge anzusehen. Die prominentesten von ihnen sind PLANNER (HEWITT (1972)), MICRO-PLANNER (SUSSMAN u.a. (1970)), CONNIVER (SUSSMAN und MC DERMOTT (1972)), QA 4 (RULIFSON u.a. (1972)), POPLER (DAVIES (1972)), QLISP (REBOH u.a. (1976)), und ACTOR (HEWITT und BISHOP und STEIGER (1973)). WINOGRADs Block-world SHRDLU (WINOGRAD (1972)) wurde in Micro-PLANNER implementiert.

8.1. Syntax und Semantik

Syntax und Semantik prozeduraler Repräsentation sind durch die zum Einsatz kommende Repräsentationssprache eindeutig definiert.

8.2. Repräsentation und Problemlösung

Wissen und Inferenzregeln werden durch spezialisierte, zielorientierte Prozeduren repräsentiert. Im Vergleich zum prozeduralen Teil ist die statische Wissensbasis klein. Sie enthält keine "gültigen Axiome" wie der PK1, sondern nur Fakten in Form von Daten. Prozeduren können nur in einer solchen Reihenfolge aufgerufen werden (von anderen Prozeduren), die in der Modellierung, der Aufarbeitung des betrachteten Problems, als mögliche Reihenfolge erkannt wurde. In der Abarbeitung können Entscheidungsprozesse, in Abhängigkeit von einer konkreten Problemlösungssituation, die Aktivierung von Prozeduren beeinflussen. Auch hier aber gilt, daß alle diese Situationen in der Modellierungsphase voraussehbar sein mußten.
Eine Prozedur, die der Formel der Aussagenlogik "P & Q --> R" entspricht, enthält das Wissen: "Um R zu zeigen, zeige erst P, dann Q." Diese Prozedur wird immer dann aktiviert werden, wenn R zu zeigen ist. Als Resultat bringt sie zwei Subziele P und Q hervor, für die entsprechende Prozeduren existieren müssen. Die Prozedur ist beschränkt auf diesen speziellen Weg der Ableitung. Im Gegensatz zur logischen Formel kann sie nicht benutzt werden, um etwa " not P or not Q " aus " not R " abzuleiten oder aus der Gültigkeit von R und P auf die Gültigkeit von Q oder aus Werten von P und R auf einen Wert von Q zu schließen.
Der Prozeduraufruf kann prozeß- und datengesteuert erfolgen:
- Prozeß-Steuerung: Prozeduren aktivieren andere Prozeduren, vermitteln dazwischenliegende Resultate, unterbrechen die Abarbeitung von Prozeduren durch die Aktivierung anderer Prozeduren, reaktivieren

unterbrochene Prozeduren , halten sie weiter in der Schwebe oder beenden sie.

- Datensteuerung: Bei datengesteuerten Prozeduren (Dämonen; CHARNIAK 1972) ist der übliche Prozeduraufruf durch einen mustergesteuerten "Selbstaufruf" ersetzt. Jede datengesteuerte Prozedur hat ein zu ihr assoziiertes Muster, das, wenn es in der Datenbasis angetroffen wird, ihre Auslösung bewirkt. Dämonen "wachen" darüber, ob sich in der statischen Komponente des Systems etwas ändert, d.h., ob ein spezielles Datum auftaucht oder ob spezielle Operationen ausgeführt werden. Je nach zugewiesener Aufgabe und Konstruktion aktivieren sich die Dämonen in diesen Fällen automatisch selbst (s. DILGER (1988)). Die Datenbasis kann als Kommunikationszone (Blackboard) der Prozeduren angesehen werden. Das spielt eine wichtige Rolle bei der Behandlung von Nebenprozessen in Frames und bei der Implementierung von PRS.

8.3. Vor- und Nachteile prozeduraler Repräsentation

Vorteile:

- Durch prozedurale Repräsentation wird effiziente Inferenz ermöglicht. Sie erlaubt die Spezifikation direkter Interaktionen zwischen Fakten, so daß Suchprozesse eliminiert werden (WINOGRAD (1975)).
- Die Prozeduren können gebietspezifisches Wissen enthalten, das eine gerichtete Verarbeitung für spezielle Zwecke unterstützt.
- Prozedurale Systeme besitzen unter allen Repräsentationsformalismen die höchste Ausdruckskraft.
- Erweiterte Formen von Inferenz sind gut repräsentierbar. Die meisten dieser erweiterten Formen von Inferenz können durch die Idee der "Default Assumption" charakterisiert werden (s. Abschnitt 4). Sie sind reduzierbar auf das Schema: " Wenn A wahr ist und es kein Gegenargument für B gibt, dann nimm B an."

Regeln dieser Art sind besonders im Fall unvollständigen Wissens und bei ressourcenbeschränkter Inferenz von Nutzen:
Wenn in einem Repräsentationssystem spezielle Fakten weder explizit repräsentiert noch im System ableitbar sind (Unvollständiges Wissen), können sie von Default-Regeln (Default-Annahmen) festgelegt werden. Voraussetzung dafür ist, daß kein Gegenargument explizit gespeichert oder durch das System ableitbar ist: "Closed World Assumption" (REITER (1978)),"Negation as failure", "circumscription" (MC CARTHY (1980)).
Wegen Ressourcenbeschränkungen kann der Inferenzprozeß nicht beliebig lange geführt werden. Er muß manchmal gestoppt werden, bevor ein Ergebnis erreicht wurde. Default-Regeln können spezifizieren, was das System in solchen Fällen tun sollte.
Repräsentationsmechanismen, die solche Inferenz-Regeln enthalten, sind nicht monoton, d. h., das Hinzufügen neuer Aussagen kann Inferenzen verbieten, die vorher gezogen werden konnten (wenn z.B. ein Gegenfakt zu

einer Default-Regel in das System aufgenommen wurde). Das heißt, die Aufnahme neuer Fakten in die Wissensbasis kann zu Inkonsistenzen führen. Truth Maintenance Systems (etwa Wahrheits-Erhaltungs-Systeme: DOYLE (1979)) speichern deshalb für jede Aussage des Systems den Grund, warum diese akzeptiert wurde. Wenn neue Fakten aufgenommen werden, werden die Aussagen darauf gecheckt, ob sie noch als gültig angesehen werden können. Die Vorrangregel für Individuen (s.Abschnitt. 4: individuelle Fakten haben Vorrang vor Inferenzen aus allgemeineren Regeln) wird ebenfalls prozedural realisiert.

Nachteile:

- Wissen kann i. allg. nur einer Prozedur als Ganzes zugesprochen werden. Prozedurale Repräsentation hat deshalb nicht die Transparenz deklarativer Notationen, wo Wissen einzelnen klar unterschiedenen Elementen zugesprochen werden kann.
- Da die Prozeduren i. allg. komplexe Interaktionen zeigen, geht auch die Modularität des Systems verloren: Hinzufügen oder Ersetzen einer Prozedur ist i. allg. mit hohem Aufwand verbunden und kann zu einer Reihe von unerwarteten und unerwünschten Seiteneffekten führen.
- Das System wird leicht unvollständig, da sich nicht mehr alle, sondern nur noch ausgewählte (vorhersehbare und vorhergesehene) Inferenzen vornehmen lassen. Der Gewinn an Effizienz wird erkauft durch einen Verlust an Allgemeinheit.

9. Direkte ("analoge") Repräsentation

Direkte Repräsentation unterscheidet sich von allen anderen WR-Formalismen dadurch, daß sie nicht deskriptiv ist: Auf dem erkenntnistheoretischen Niveau der WR wird kein Modell erarbeitet. Die Repräsentation erfolgt zwar statisch, wie bei PK und SN auch, aber direkt, ohne den Weg über eine sprachliche Begriffswelt. Objekte werden ohne Modellierung der betrachteten Welt repräsentiert. Das zu repräsentierende Wissen wird in seiner "rohen Form" dargestellt. Es wird durch einen festzulegenden Mechanismus (Syntax-Generator) in die gewünschte Form gebracht. Bilder, Landkarten, grafische Darstellungen von prototypischen Objekten, Musiknoten, chemische Strukturformeln oder ähnliche natürlich aussehende graphische Darstellungen sind typische Beispiele.

Direkte Repräsentation spielt insbesondere auf dem Gebiet der Bildverarbeitung (Computervision) eine wichtige Rolle.

9.1. Syntax und Semantik

Die Syntax direkter Repräsentation ist nicht a priori gegeben. Sie wird exklusiv definiert durch den Prozeß, der die Repräsentation konstruiert

und nutzt, d.h. , es existiert keine einheitliche Syntax direkter Repräsentationen.
Für direkte Schemata existieren i.allg. eine natürlich erscheinende intensionale Semantik und ein natürlich scheinender Homomorphismus: Wegverläufe werden in entsprechenden Linienführungen, Tonhöhen in räumlichen Höhen abgebildet usw.

9.2. Repräsentation, Problemlösung

Direkte Repräsentationen zeigen eine strenge strukturelle Ähnlichkeit zwischen der Syntax des Repräsentationsschemas und der Struktur des zu repräsentierenden Gebietes.
Darüber hinaus existieren Zusammenhänge zwischen möglichen Operationen in der Repräsentation und im repräsentierten Gebiet (z.B. Bewegen eines Objektes in einer Roboter-Szene, Verfolgen eines Pfades auf einer Landkarte).
Eigenschaften und Zusammenhänge in der Repräsentation sind "direkt beobachtbar", aber nicht explizit repräsentiert. Das Spezifizieren von Eigenschaften, wie Größe eines Objektes, und das Herstellen von Zusammenhängen zwischen Einzeldingen der Repräsentation, wie z.B. Abstand zwischen Objekten, geschieht erst durch Prozeduren, durch Inferenzen, die auf der Repräsentation aufsetzen, die über ihr arbeiten und spezifisch für die Syntax der Notation sind. Das Wissen über diese Zusammenhänge ist weder vor noch in der Repräsentation aufgearbeitet (SLOMAN und OWEN (1980) : "unartikuliert", d.h. nicht sprachlich repräsentiert).
Dieses Prozedur-Wissen und anderes allgemeines Wissen über das repräsentierte Gebiet können nicht mit den Mitteln des direkten Schemas selbst ausgedrückt werden, sondern werden im allgemeinen prozedural repräsentiert.

9.3. Vor- und Nachteile direkter Repräsentation

Vorteile:
- Eigenschaften von Objekten zu überprüfen ist i.allg. weniger arbeitsaufwendig und komplex, als diese Eigenschaft durch Inferenz in einem deskriptiven Schema abzuleiten (Verarbeitungs-Effizienz).
- Die Simulation von Prozessen durch entsprechende Prozesse in einem direkten Schema und die Beobachtung der resultierenden Effekte ist i.allg. einfacher als die Ableitung dieser Ergebnisse in einem deskriptiven Schema.
- Direkte Repräsentation erlaubt eine leichte Behandlung des Frame-Problems (McCARTHY und HAYES (1969)). Das ist das Problem der Seiteneffekte, die sich aus einer Operation über der Wissensbasis ergeben. In

konzeptuellen Schemata würde die Veränderung eines Objektes oder seiner Position in einer Gruppe anderer Objekte eine Aktualisierung aller Informationen über Raum-Beziehungen dieses einzelnen Objektes zu anderen Objekten erfordern (z.B. "rechts von", "wird gestützt von", "liegt auf" etc.). Bei direkter Repräsentation ist das nicht nötig. Die Darstellung der Ortsveränderung und die daraus resultierende Änderung der Repräsentation kann man vornehmen, ohne daß man dadurch auftretende Seiteneffekte befürchten muß. Das resultiert daraus, daß die Beziehungen zwischen Objekten bei direkter Repräsentation nie explizit ausgedrückt werden. Da kein explizites konzeptuelles Niveau existiert, besteht auch keine Möglichkeit, Seiteneffekte auf diesem Niveau hervorzurufen.
Kleine Änderungen in dem zu repräsentierenden Gegenstandsbereich führen i.allg. auch nur zu kleinen Änderungen der Repräsentation, d.h. syntaktische Änderungen in direkten Schemata haben i.allg. nur kleine Auswirkungen auf das, was durch die Schemata insgesamt repräsentiert wird.
- Situationen werden durch direkte WR im Vergleich zu konzeptuellen WR sehr viel genauer, werden korrekt repräsentiert. Der Informationsgehalt direkter Schemata ist aus dieser Sicht weit höher als der konzeptueller Schemata. Es werden keine Informationen "weggelassen", was bei einer erkenntnistheoretischen Aufarbeitung unerläßlich ist.
Die bei der direkten WR auftretenden Nachteile schränken ihr Anwendungsgebiet ein:
Durch direkte Repräsentation kann man nur Individuen und Prototypen, die für Klassen von Individuen stehen, repräsentieren.
Verallgemeinerungen sind nur durch (exakte) Prototypen repräsentierbar (zwingende Exaktheit).
Vages oder unsicheres Wissen ist durch direkte Repräsentation nicht darstellbar. So kann z.B. die Beschreibung "Objekt A befindet sich links von Objekt B" in viele Darstellungen direkter Repräsentation überführt werden.
Die Überexaktheit bedingt nur geringe Flexibilität der direkten WR. Ihre Ausdruckskraft ist bedeutend schwächer als die anderer Notationen.

10. Literatur

Ableson, R.P. (1981): Psychological Status of the Script Concept. Amer. Psychol. July 1981.

Allen, B.P.; Wright, J.M. (1983): Integrating logic programs and schemata. Proceedings IJCAI-83, 340-342.

Anderson, J. R.; Bower, G. H. (1973) : Human Associative Memory. V.H. Winston and Sons, Washington, D.C.

Anderson,J.R. (1976): Language, Memory and Thought. Lawrence Erlbaum, Hillsdale N.J.

Barr, A. (1980): The Representation Hypothesis. Working Paper HPP-80-1,

Stanford University.

Bibel, W. (1983): Knowledge representation from a deductive point of view. Technische Universität München. Report ATP-19-V-83.

Bibel, W.; Bruynooghe, M.; Freksa, Ch.; Haddaway, P.; Moreau, M. (1983): An overview of formalisms, issues, languages and systems for the representation of knowledge. TU München, FG KI. Report ATP-22-XII-83.

Bibel, W. (1984): Inferenzmethoden. TU München, FG KI. Report ATP-28-IV-84.

Bibel, W. (1986): Methods of automated reasoning: a tutorial. TU München, FG KI. Report ATP-52-I-86.

Bobrow, D.G.; Collins, A.M. (eds.)(1975): Representation and Understanding: Studies in Cognitive Science. Academic Press, New York.

Bobrow, D.G.; Winograd, T. (1977): An Overview of KRL, a Knowledge Representation Language. Cognitive Science 1(1977)1, 3-46.

Brachman, R.J. (1978): A Structural Paradigm for Representing Knowledge. Bolt, Beranek & Newman, Cambridge, Ma. BBN Report No.3605.

Brachman, R.J. (1979): On the Epistemological Status of Semantic Networks. In: Findler, N.V. (ed.): Associative Networks: Representation and Use of Knowledge by Computers. Academic Press, New York, 3-50.

Brachman, R.J. (1983): What Is-A Is and Isn't: an analysis of taxonomic links in semantic networks. IEEE Computer 16(1983)10, Special Issue on knowledge Representation, 30 - 36.

Brachman, R.J.; Fikes, R.E.;Levesque, H.J. (1983): KRYPTON: A functional approach to knowledge representation. IEEE Computer 16(1983)10, 67 - 73.

Brachman, R.J.;Smith ,B.C. (1980): SIGART Newsletters No.70 (Special Issue on Knowledge Representation).

Brachman, R.J.; Levesque, H.J. (eds.)(1985): Readings in Knowledge Representation. Morgan Kaufmann Publishers, Los Altos, Ca.

Bratko, I. (1986):Prolog Programming for Artificial Intelligence. Addison- Wesley, Reading, MASS.

Browston, L.; Farrell, L.R.; Kant, E.; Martin, N. (1985): Programming Expert Systems in OPS5. Addison-Wesley, Reading, MASS.

Charniak, E. (1972): Toward a Model of Children's Story Comprehension. Massachusetts Institute of Technology, AI Laboratory. Report No. TR-266.

Clark, K.L. (1978): Negation as failure. In: Gallaire, H.; Minker, J. (eds.): Logic and Data Bases. Plenum Press, New York, 293-324.

Clocksin, W.F.; Mellish, C.S. (1987): Programming in Prolog. Third, Revised and Extended Edition. Springer, Berlin-Heidelberg-New York-Paris-London-Tokyo.

Colmerauer, A. (1983): Prolog in 10 figures.Proceedings IJCAI-83 (ed A. Bundy) 487 - 499.

Cullingford, R.E. (1978): Script Application: Computer Understanding of Newspaper Stories. Yale University. Ph.D. Thesis. Research Report

No.116.

Davies, D.J.M. (1972): POPLER: A POP-2 Planner. University of Edinburgh, School of Artificial Intelligence. Report No. MIP-89.

Davis, R.; King, J.J. (1975): An Overview of Production Systems. Memo AIM-271. Stanford Artificial Intelligence Laboratory. also in: Elcock, E.; Michie, D. (eds.): Machine Intelligence 8. Ellis Horwood 1977, Chichester, England, 300-332.

Davis, R. (1980a): Meta-rules: Reasoning about control. Artificial Intelligence 15 (1980), 179-222.

Davis, R. (1980b): Content reference: Reasoning about rules. Artificial Intelligence 15, 223-239.

Delgrande, J.P.; Mylopoulos, J.(1986): Knowledge Representation: Features of Knowledge. In: Bibel, W.; Jorrand, Ph. (eds.): Fundamentals of Artificial Intelligence. An Advanced Course. Lecture Notes in Computer Science 232. Springer, Bln.-Heidelberg-New York-London-Paris-Tokyo.

Dilger, W. (1986): Wissensrepäsentation und -verarbeitung mit Expertensystem - Werkzeugen. Forschungsbericht. Fraunhofer-Institut für Informations- und Datenverarbeitung, Karlsruhe.

Dilger, W. (1988): Objektorientierte Wissensrepräsentation. Proceedings KISS '88. Erscheint 1988.

Deliyanni, A.; Kowalski, R.A. (1979): Logic and semantic networks. CACM 22(1979)3, 184-192.

Doyle, J. (1979): A Truth Maintenance System. Artificial Intelligence 12(1979),231-272.

Duda, R.O.; Hart, P.E.; Nilsson, N.J.; Sutherland, G.L. (1978): Semantic Network Representations in Rule-Based Inference Systems. In: D.A. Waterman & F. Hayes-Roth (eds.): Pattern-Directed Inference Systems. Academic Press, New York, 203-221.

Findler, N.V. (ed.) (1979): Associative Networks: Representation and Use of Knowledge by Computers. Academic Press, New York.

Forgy, C.; McDermott, J. (1977): OPS: A domain-independent production system language. Proceedings IJCAI-77, 933-939.

Fox, M. S. (1979): On inheritance in knowledge representation. Proceedings IJCAI-79,282-284.

Furbach, U.; Dirlich, G.; Freksa, C. (1985): Towards a theory of knowledge representation systems. Proc. AIMSA-84 Conference Varna. In: Bibel, W.; Petkoff, B. (eds.): Artificial Intelligence Methodology, Systems, Applications. North-Holland, Amsterdam.

Furbach, U.; Dirlich, G. (eds.) (1986): Wissen-Wissensrepräsentation. Workshop: München, März 1986. Universität der Bundeswehr München, Bericht Nr. 8606.

Furbach, U.; Freksa, C.; Dirlich, G.(1986): Wissensrepräsentation in künstlichen symbolverarbeitenden Systemen. In: Mandl, H. & H. Spada (eds.): Wissenspsychologie. Ein Lehrbuch. Urban & Schwarzenberg, München.

Gallaire, H.; Laserre, C. (1982): Metalevel control for logic programs. In: Clark, Tarnlund (eds.): Logic Programming. Academic Press, London, 173-185.

Habel, Ch. ; Schmidt, A.(1979): Eine modallogische Repräsentationssprache zur Darstellung von Wissen. In: W. Vandeweghe & M. Van De Velde (eds.): Bedeutung Sprechakte und Texte. Niemeyer, Tübingen.

Habel, Ch. (1983): Logische Systeme und Repräsentationsprobleme. In: Neumann, B. (ed.):GWAI-83, 7th German Workshop on Artificial Intelligence. Springer, Berlin.

Hayes, P.J. (1973): The frame problem and related problems in artificial intelligence. In: Elithorn, A.; Jones, D. (eds.): Artificial and Human Thinking. San Francisco, Jossey-Bass.

Hayes, P.J. (1974): Some problems and non-problems in representation theory. Proc. AISB Summer Conference, Univ. of Sussex, 63-79.

Hayes, P.J. (1977a): In defence of logic. Proceedings of the 5th IJCAI 1977. Cambridge, MA. 559-565.

Hayes, P.J. (1977b): On Semantic Nets, Frames and Associations. Proceedings of the 5th International Joint Conference on Artificial Intelligence. Cambridge, MA., 99-107.

Hayes, P.J. (1980): The Logic of Frames. In: Matzing, D. (ed.): Frame Conceptions and Text Understanding. de Gruyter, Berlin, 46-61.

Hendrix, G.G. (1975): Expanding the Utility of Semantic Networks Through Partitioning. Proceedings of the 4th International Joint Conference on Artificial Intelligence 1975. 115 - 121. auch in: Artificial Intelligence 7(1976), 21-49.

Hendrix, G.G.(1979): Encoding Knowledge in Partitioned Networks. In: Findler, N.V. (ed.): Associative Networks: Representation and Use of Knowledge by Computers. Academic Press, New York, 51-92.

Hewitt, C. (1972): Description and Theoretical Analysis of PLANNER, a Language for Proving Theorems and Manipulating Models in a Robot. Ph.D. Thesis. Massachusetts Institute of Technology, AI Laboratory. Report No.TR-258.

Hewitt, C.; Bishop, P.; Steiger, R. (1973): A Universal Modular ACTOR Formalism for Artificial Intelligence. Proceedings of the 4th IJCAI 1973 . Palo Alto, CA.

Husserl, E. (1950): Ideen zu einer reinen Phänomenologie und phänomenologischen Philosophie. Martinus Nijhoff, Haag.

Janas, J.M.; Schwind, C.B.(1979): Extensional Semantic Networks: Their Representation, Application and Generation. In: Findler, N.V. (ed.): Associative Networks: Representation and Use of Knowledge by Computers. Academic Press, New York.

Kandel, A.; Byatt, W. (1978): Fuzzy sets, fuzzy algebra, fuzzy statistics. Proc. IEEE vol. 66, 1619-1639.

Kobsa, A. (1984): Knowledge Representation: A Survey of its Mechanisms, a Sketch of its Semantics. Cybernetics and Systems

15(1984), 41-89.

Kowalski, R. (1974): Predicate Logic as a Programming Language. Proceedings IFIP Congress 1974. 569-574.

Kowalski, R. (1979a): Algorithm = Logic + Control. CACM 22(7), 426-436.

Kowalski, R. (1979b): Logic for Problem Solving. North-Holland, Amsterdam-New York.

Laubsch, J. (1985): Techniken der Wissensdarstellung. In: Habel, Ch. (ed.): Künstliche Intelligenz : Repräsentation von Wissen und natürlichsprachige Systeme. KI-Frühjahrsschule 1984. Informatik-Fachberichte 93. Springer, Berlin-Heidelberg-New York-Tokyo, 48-93.

Lenat, D.B.; Mc Dermott, J. (1977): Less Than General Production Systems Architectures. Proceedings of the 5th International Joint Conference on Artificial Intelligence. Cambridge, Mass., 928-932.

Levesque, H.J.; Mylopoulos, J.(1979): A Procedural Semantics for Semantic Networks. In: Findler, N.V. (ed.): Associative Networks: Representation and Use of Knowledge by Computers. Academic Press, New York, 93-120.

Levesque, H.J. (1983): The logic of incomplete knowledge bases. In: Brodie, M.; Mylopoulos, J.; Schmidt, J. (eds.): Conceptual Modelling: Perspectives from Artificial Intelligence, Databases and Programming Languages. Springer, New York, 165-186.

Loveland, D.W. (1978): Automated Theorem Proving: A Logical Basis. North-Holland, New York.

Luck, K.v. (1986): KL-ONE. Eine Familie neuerer KI-Formalismen. Materialien zum Tutorial. GWAI-86. Berlin(W): TU.

Maida, A.S.; Shapiro, S.C. (1982): Intensional Concepts in Propositional Semantic Networks. Cognitive Science (1982)6, 291-330.

Mc Carthy, J. (1980): Circumscription - A form of nonmonotonic reasoning. Artificial Intelligence 13(1980)1,2, 27-39.

Mc Carthy, J.; Hayes, P.H. (1969): Some Philosophical Problems from the Standpoint of Artificial Intelligence. In: Michie, D. & B. Meltzer (eds.): Machine Intelligence 4. University Press, Edinburgh, 463-502.

Mc Dermott, J.; Forgy, C. (1978): Production System Conflict Resolution Strategies. In: Waterman, D.A. & F. Hayes-Roth (eds.): Pattern-Directed Inference Systems. Academic Press, New York, 177-199.

Minsky, M. (1975): A Framework for Representing Knowledge. In: Winston, P.H. (ed.): The Psychology of Computer Vision. Mc Graw Hill, New York.

Moore, R.C. (1982): The role of logic in knowledge representation and commonsense reasoning. Proceedings AAAI-82, 428-433.

Mylopoulos, J.; Levesque, H.J. (1983): An overview of knowledge representation. In: Brodie, M.; Mylopoulos, J.; Schmidt, J. (eds.): Conceptual Modelling: Perspectives from Artificial Intelligence, Databases and Programming Languages. Springer, Berlin-Heidelberg-New York, 3-17.

Patel-Schneider, P.; Kramer, B.M.; Gullen, A.; Lesperance, Y.; Meyers,

H.; Mylopoulos, J. (1982): The Procedural Semantic Network: An Extensible Knowledge Representation Scheme. Proceedings of the CSCSI/SCEIO Conference. Saskatoon, Saskatchewan, Canada, 108-115.

Post, E. (1943): Formal Reductions of the General Combinatorial Problem. American Journal of Mathematics 65(1943),197-268.

Prade, H. (1983): Tutorial on fuzzy sets and systems. IFAC Conf., Marseille.

Quillian, M.R. (1968): Semantic Memory. In: Minsky, M. (ed.): Semantic Information Processing. MIT Press, Cambridge, MA., 227-270.

Reboh, R.; Sacerdoti, E.; Fikes, R.E.; Sagalowicz, D.; Waldinger, R.J.; Wilber, M. (1976): QLISP: A Language for the Interactive Development of Complex Systems. Menlo Park, CA.SRI International, AI Center. Rep. No. TN-120.

Reiter, R. (1978): On Reasoning by Default. Proc. TINLAP-2, Univ. of Illinois at Urbana-Champaign.

Reiter, R. (1980): A Logic for Default Reasoning. Artificial Intelligence 13(1980)1,2, 81-132.

Rich, C. (1980): Knowledge representation in languages and predicate calculus: how to have your cake and eat it too. Proc. AAAI-82, 193-196.

Robinson, J.A. (1965): A Machine Oriented Logic Based on the Resolution Principle. JACM 12(1965)1,23-41.

Robinson, J.A. (1968): The Generalized Resolution Principle. In: Michie, D. (ed.): Machine Intelligence, vol 3. Elsevier North-Holland, New York.

Rosch, E. (1978): "Principles of Categorisation".in: Rosch, E. & Lloyds, B. B. (eds.): Cognition and Categorisation. Lawrence Erlbaum, Hillsdale, N. J.

Rulifson, J.; Derkson, J.A.; Waldinger, R.J. (1972): QA4: A Procedural Calculus for Intuitive Reasoning. Menlo Park, CA. SRI International, AI Center. Report No. TN-83.

Schank, R.C. (1973): The Fourteen Primitive Actions and Their Inferences. Stanford AI Project Memo AIM-183. Stanford University. Stanford, CA.

Schank, R.C. (1975): The Structure of Episodes in Memory. In: Bobrow, D.G. & A.Collins (eds.): Representation and Understanding. Academic Press, New York.

Schank, R.C. (1980): Language and Memory. Cognitive Science (1980)4, 243-284.

Schank, R.C.; Abelson, R.P. (1977): Scripts, Plans, Goals and Understanding. Lawrence Erlbaum, Hillsdale, N.J.

Schefe, P. (1982): Some fundamental issues in knowledge representation. In: Wahlster,W. (ed.): Proceedings of the 6th German Workshop on Artificial Intelligence. Springer, Berlin-Heidelberg-New York, 42-61.

Schubert, L.K. (1976): Extending the Expressive Power of Semantic Networks. Artifical Intelligence 7(1976), 163-198.

Schubert, L.K.; Göbel, R.G.; Cercone, N.J. (1979):The Structure and Organization of a Semantic Net for Comprehension and Inference. In: Findler, N.V. (ed.): Associative Networks: Representation and Use of Knowledge by Computers. Academic Press, New York, 121-175.

Shapiro, E.Y. (1983): Logic programming with uncertainties: a tool for implementing rule-based systems. IJCAI-83, 529-532.

Shortliffe, E.H. (1976): Computer-Based Medical Consultations: MYCIN. American Elsevier,New York.

Simmons, R.F. (1973): Semantic Networks, Their Computation and Use for Understanding English Sentences. In: Schank, R.C. & K.M. Colby (eds.) : Computer Models of Thought and Language. Freeman & Co., San Francisco, 63-113.

Sloman, A.; Owen, D. (1980): Why Visual Systems Process Sketches. Proceedings of the 1980 AISB Conference, Amsterdam.

Steels, L. (1985): Design Requirements for Knowledge Representation Systems. In: J. Laubsch (ed.): GWAI-84. Informatik-Fachberichte 103. Springer, Berlin-Heidelberg-New York-Tokyo.

Stefik, M.; Bobrow, D.G. (1986): Object-Oriented Programming: Themes and Variations. AI Magazin (1986), 40-62.

Sussman, G.; Winograd, T.; Charniak, E. (1970): MICRO-PLANNER Reference Manual. Memo 203. Massachusetts Institute of Technology, AI Laboratory.

Sussman, G.; Mc Dermott, D.V. (1972): CONNIVER Reference Manual. Memo 259. Massachusetts Institute of Technology, AI Laboratory.

Weyhrauch, R. (1980): Prolegomena to a theory of mechanized formal reasoning. Artificial Intelligence 13(1980)1,2, 133-170.

Wilks, Y. (1977): Good and Bad Arguments about Semantic Primitives. Communication & Cognition (1977)10, 181-221.

Winograd, T. (1975): Frame Representations and the Declarative/Procedural Controversy. In: Bobrow, D.G. & A.Collins (eds.): Representation and Understanding: Studies in Cognitive Science. Academic Press, New York, 185-210.

Winograd, T. (1980): Extended Inference Modes in Reasoning by Computer Systems. Artificial Intelligence (1980)13, 5-26.

Woods, W.A. (1975): What's in a Link ? Foundations for Semantic Networks. In: Bobrow, D.G. & A. Collins (eds.): Representation and Understanding. Academic Press, New York, 35-82.

Wos, L.; Overbeck, R.; Lusk, E.; Boyle, J. (1984): Automated Reasoning: Introduction and Applications. Prentice-Hall, Englewood Cliffs.

Zadeh, L.A. (1975): Fuzzy logic and approximate reasoning. Synthese 30, 407-428.

Zadeh, L.A. (1977): A theory of approximate reasoning. Memo No. UCB/ERL 0177/58. Electronics Research Lab., Univ. of California, Berkeley.

Zadeh, L.A. (1980): Fuzzy sets vs. probability. Proc. IEEE 68(3), 421.

Zadeh, L.A. (1983): Commonsense knowledge representation based on fuzzy logic. IEEE Computer 16(1983)10, 61-65.

MATHEMATISCHE FRAGESTELLUNGEN AUS DER KUNSTLICHEN INTELLIGENZ

Jan Grabowski

1. Einführung

Die Künstliche Intelligenz (KI) schöpft Anregungen aus vielen Wissensgebieten. Sie wird in ihrer Methodik beeinflußt durch Erkentnisse und Hypothesen über das menschliche Denken, durch die Psychologie, Neurophysiologie, Linguistik, Erkenntnistheorie, Wissenschaftsmethodologie, durch die spezifischen Heuristiken und Methodiken der Anwendungsgebiete und schließlich in letzter Zeit immer stärker durch die Anforderungen der Praxis und die Entwicklungsbedingungen der Rechentechnik und Software.

Dies hat zu einer großen Freizügigkeit und Vielfalt in der Wahl der Erkenntnismethoden geführt. Von manchem wird das Fehlen exakter Beweisführungen geradezu als charakteristisches Merkmal der KI angesehen. Zum Beispiel definierte A. W. Biermann in einer Podiumsdiskussion auf der Tagung AIMSA'86 in Varna ein KI-Programm (im Unterschied zu einem gewöhnlichen Computerprogramm) als eines, für das die Frage der Korrektheit prinzipiell nicht zu beantworten ist, da die Natur des Gegenstandes es nicht erlaube, dieser Frage einen exakten Sinn zu geben. Häufig wird auch behauptet, daß KI-Methoden dort und nur dort anzuwenden seien, wo es für das betreffende Problem keine mathematischen Lösungsmethoden gebe.

Jedoch setzt sich besonders in den letzten Jahren immer stärker die Erkenntnis durch, daß eine theoretische Fundierung der Künstlichen Intelligenz notwendig ist, die sich - wie bei jeder anderen naturwissenschaftlichen oder technischen Disziplin - auf der Basis eines geeigneten mathematischen Begriffsapparats vollziehen muß (vgl. das Vorwort von W. Bibel und Ph. Jorrand zu [BJ]). Dabei kann selbstverständlich nicht erwartet werden, daß das bereits vorliegende Begriffs- und Theoriengebäude der Mathematik, das sich in anderen Anwendungsgebieten bewährt hat, nun auch für die Künstliche Intelligenz ausreichend sei. Es kann lediglich der Ausgangspunkt und die gesicherte Basis für entsprechende, den Bedürfnissen der KI adäquate Theorie-Entwicklungen sein.
Unser Anliegen ist es, mögliche - und meistenteils bereits aktiv bearbei-

tete - Angriffspunkte für eine mathematische Durchdringung der KI aufzuzeigen.

Um diesem Anliegen gerecht zu werden, war es unumgänglich, eine Vielzahl von Begriffen zu verwenden, die wir aus Platzgründen nicht alle definieren können. Zum Teil sind diese Begriffe in den anderen Artikeln dieses Bandes erklärt, zum Teil in der angegebenen Literatur. Eine besonders wichtige Quelle bezüglich der logischen Grundlagen der Künstlichen Intelligenz ist [GN]. Eine gewisse Vorbildung auf dem Gebiet der Prädikatenlogik ist für das Verständnis des vorliegenden Artikels notwendig.

2. Logische Probleme der Wissensrepräsentation

Ein häufig praktiziertes Prinzip der KI ist die Trennung zwischen formaler Repräsentation des Wissens (in Form von "Deklarationen") und der Verarbeitungs-("Problemlösungs"-)algorithmen. Diese Trennung setzt voraus, daß den Deklarationen eine von den Verarbeitungsmechanismen unabhängige Bedeutung zukommt. Die Parallele zur formalen Logik ist nicht zu übersehen: den Deklarationen entsprechen *Axiome* einer formalen Theorie, den Verarbeitungsalgorithmen Ableitungs-, Widerlegungs-, Entscheidungs- oder andere Lösungsstrategien.

Die Semantik einer solchen Wissensrepräsentationssprache ergibt sich aus der Menge der zulässigen "Denotationen" (in der mathematischen Logik häufiger "Interpretationen" genannt), der in ihnen vorkommenden Symbole und einem formal definierbaren Wahrheitsbegriff, der angibt, welche Ausdrücke der Sprache in welchen Denotationen erfüllt sind. Die Semantik der Wissensrepräsentationssprache liefert zugleich den Maßstab für die Korrektheit der Verarbeitungsalgorithmen.

Das bedeutet jedoch nicht, daß Wissensrepräsentation im Sinne der KI gleichbedeutend sei mit Axiomatisierung im Sinne der Mathematik. Wir gehen nachstehend auf einige Besonderheiten ein.

Qualifikationsproblem und nichtmonotones Schließen

Wissensrepräsentation in der KI ist formale Darstellung eines mehr oder weniger grossen und komplexen Ausschnitts der Wirklichkeit. Dabei muß häufig mit allgemeinen Aussagen gearbeitet werden, die nicht absolut, sondern nur "in der Regel", d. h. "bis auf die Ausnahmen", zutreffen. (Man betrachte z. B. die Aussage, daß alle Vögel fliegen können.) Effektive Darstellung des Wissens besteht in der Darstellung der "Regeln" und der "Ausnahmen", wobei die "Regeln" in allen Fällen als zutreffend angesehen werden, in denen sie nicht durch eine zutreffende Ausnahme aufgehoben werden. Dabei muß jede Ausnahme wieder nur "in der Regel" zutreffen, kann also ihrerseits Ausnahmen haben.

Das *Qualifikationsproblem* der Wissensrepräsentation besteht in der Frage, wie dieses Prinzip der Darstellung in einem logischen Formalismus korrekt und effektiv unterzubringen ist.

Beispiel 1. Wir betrachten folgendes Axiomensystem:

kann-fliegen(X) ←
  ist-Vogel(X) & ¬ kann-doch-nicht-fliegen(X).
ist-Vogel(taube).
ist-Vogel(pinguin).
kann-doch-nicht-fliegen(pinguin).

Hierin ist kann-doch-nicht-fliegen das Prädikat, das die Ausnahmen zu kann-fliegen beschreibt. Aus diesem Axiomensystem läßt sich *nicht* die logische Folgerung

kann-fliegen(taube)

ziehen. Die Tatsache, daß die Tauben in bezug auf die Eigenschaft, fliegen zu können, nicht zu den Ausnahmen gehören, muß explizit postuliert werden.

Zur Lösung des Qualifikationsproblems gibt es verschiedene Ansätze, von denen wir einige nennen wollen:

A) Man führt einen besonderen Typ von Schlußregeln ein, etwa die sogenannten *Default-Regeln*. Diese haben folgende Gestalt:

$$\frac{\alpha\ ;\ \beta}{\gamma}$$

(lies: Wenn α ableitbar ist und "nichts gegen β spricht", so ist γ ableitbar). Die übliche Präzisierung von "nichts spricht gegen β" lautet: " $\neg\ \beta$ ist nicht ableitbar".

Der Umgang mit Default-Regeln ist nicht ohne Risiken und bedarf einer sorgfältigen mathematisch-logischen Begründung. Das erste Problem besteht darin, daß die Ableitbarkeit mittels Default-Regeln auf einer Zirkeldefinition beruht. Damit ein wohlbestimmter Ableitbarkeitsbegriff entsteht, muß ein Rechtfertigungssatz bewiesen werden, etwa der Art, daß es zu einem gegebenen Axiomensystem X eine kleinste (d. h. eindeutig bestimmte minimale) Menge F(X) gibt, die X enthält und gegenüber Anwendung von Schlußregeln stabil ist; dies wäre dann die Menge der aus X ableitbaren Ausdrücke. Nimmt man z. B. die Default-Regel

$$\frac{\mathrm{true} \,;\, \alpha}{\alpha}$$

mit der klassischen Regel

$$\frac{\neg\neg\beta}{\beta}$$

zusammen, so ist diese Bedingung (etwa für X = {true}) nicht erfüllt. Das zweite Problem besteht darin, daß der Ableitbarkeitsbegriff - falls er doch existiert - nicht konstruktiv zu sein braucht, d. h. die Ableitungsregeln liefern keinen Algorithmus zur Aufzählung der Menge F(X) aus endlichem X.

Schließlich liefern Default-Regeln, insbesondere, wenn sie zusammen mit den klassischen logischen Axiomen und Schlußregeln angewendet werden, häufig inkonsistente Ergebnisse.

Eine in der Datenbank- und logischen Programmierung populäre Default-Regel ist z. B.

$$\frac{\mathrm{true} \,;\, \neg\alpha}{\neg\alpha}$$

wobei für α nur Atomformeln (oder nur variablenfreie Atomformeln) eingesetzt werden dürfen. Diese Regel heißt "Negation as failure" [Cl]. Mit dieser Regel, in Verbindung mit den Axiomen und Schlußregeln der klassischen Prädikatenlogik, ergibt sich für Beispiel 1, daß kann-fliegen(taube) ableitbar wird.

Andererseits ergibt sich (für variablenfreie Atomformeln A und B), daß aus A ∨ B sowohl ¬ A als auch ¬ B ableitbar sind; das Resultat ist inkonsistent.

Die exotischen Eigenschaften der Default-Regeln veranlaßten die Logiker zu der Fragestellung, ob man sie nicht in bekannten logischen Systemen mit Hilfe von Axiomen und herkömmlichen Schlußregeln definieren könne. Eine solche Rekonstruktion des Default-Schließens gelang Konolige [Ko] mit Hilfe der autoepistemischen Logik. Die Default-Regel

$$\frac{\alpha \,;\, \beta}{\gamma}$$

wird in dieser durch den Ausdruck

$\alpha \ \& \ \neg \ K \ \neg \ \beta \rightarrow \gamma$

repräsentiert. K α bedeutet "mir ist bekannt (bzw. ich glaube), daß α gilt". Es zeigt sich, daß diese Rekonstruktion umkehrbar ist, Formelschemata der autoepistemischen Logik also stets durch Übersetzung geeigneter Default-Schemata zustandekommen.

B) Ein anderer Ansatz besteht darin, die in einer Formelmenge X explizit dargestellten Voraussetzungen durch eine Menge C(X) von impliziten Voraussetzungen derart "automatisch" zu ergänzen, daß alle gewünschten Konsequenzen aus X ∪ C(X) im klassischen Sinne folgen. D. h., F(X) = CONS(X ∪ C(X)), wobei CONS der klassische Folgerungsoperator ist. Beispielsweise folgt aus Beispiel 1 in Verbindung mit der impliziten Voraussetzung

kann-doch-nicht-fliegen(X) → X = pinguin

bereits die gewünschte Konsequenz

kann-fliegen(taube).

Der ideale Fall liegt vor, wenn X ∪ C(X) eine im gewissen Sinne "ausgezeichnete" Vervollständigung von X ist, d. h., wenn X ∪ C(X) ein Axiomensystem für die Theorie eines "ausgezeichneten" Modells von X ist.

Der Terminus "ausgezeichnetes Modell" muß nicht unbedingt eine absolute Bedeutung haben. Wichtig ist, daß vereinbart ist, welches das ausgezeichnete Modell sein soll, auf das sich eine bestimmte Formelmenge X bezieht. (Mehr über ausgezeichnete Modelle findet man im Abschnitt 3.)

Handelt es sich beim ausgezeichneten Modell um ein minimales (bezüglich der Menge der gültigen variablenfreien Atomformeln), so ist es üblich, C(X) eine *Zirkumskription* für X zu nennen.

Das Prinzip der Zirkumskription wurde von McCarthy [Mc] eingeführt und beweist zunehmend seine vielseitige Anwendbarkeit zur Lösung von Varianten des Qualifikationsproblems. Brewka [Br] beschrieb die Zirkumskription für Vererbungsregeln mit Ausnahmen. Lifschitz [Li] gab eine Lösung des *Frame-Problems* mit der Methode der Zirkumskription an. (Das Frame-Problem ist eine Variante des Qualifikationsproblems für die Repräsentation von Wissen über zeitliche Verläufe. Effiziente Wissensrepräsentation muß hier vom Prinzip ausgehen, daß die Zustände der Komponenten eines Systems "in der Regel" durch das Eintreten eines Ereignisses nicht verändert werden mit Ausnahme derjenigen, deren Veränderung ausdrücklich beschrieben wird. Zum Beispiel läßt eine Schreiboperation in einer sequentiellen Datei alle Sätze der Datei unverändert mit Ausnahme eines einzigen.)

Die unter A) und B) genannten Ableitungsbegriffe sind Spezialfälle *nichtmonotoner Ableitungsbegriffe*, d.h., aus $X \subseteq X'$ folgt im allgemeinen *nicht* $F(X) \subseteq F(X')$.

Nichtmonotones Schließen ist typisch für die Künstliche Intelligenz. Eine Einführung in die mathematische Theorie des nichtmonotonen Schließens enthält der Beitrag von H. Thiele [Th].

Die mathematische Fundierung eines Wissensrepräsentationskonzepts könnte also in folgenden Schritten verlaufen:

- Gib eine Methode an, aus jeder Menge D von Deklarationen der Wissensrepräsentationssprache eine Menge X von Formeln der Prädikatenlogik oder einer anderen Logik zu konstruieren.
- Finde heraus, welches Modell von X jeweils die "intendierte Bedeutung" von D repräsentiert. Dies ist das "ausgezeichnete Modell" M(X). Es ergibt sich ein nichtmonotoner Ableitungsbegriff nach folgender Definition: F(X) ist die Menge aller Ausdrücke, die in M(X) gelten. Charakterisiere den Operator F mittels Zirkumskription, Default-Regeln o.ä.
- Stelle zur Probe fest, ob die Problemlösungskomponenten, die dem Wissensrepräsentationskonzept beigeordnet sind, den Operator F realisieren.

Treten auf diesem Wege prinzipielle Schwierigkeiten auf, so zeigt dies, daß die Semantik des gegebenen Wissensrepräsentationskonzepts nicht genau verstanden wurde (was wiederum daran liegen kann, daß die dazu gegebenen Erklärungen nicht eindeutig sind).

Aktualität und Konsistenz

Ein wichtiges Problem für die Verwaltung von Wissensrepräsentationen ist die automatische Prüfung bzw. Wiederherstellung der Konsistenz der Wissensbasis.

Sei X eine Menge von Aussagen der Prädikatenlogik, von der wir voraussetzen, daß sie widerspruchsfrei ist, und α eine neue Aussage. Ist $X \cup \{\alpha\}$ widerspruchsfrei? Angenommen, das sei nicht der Fall; dann gibt es nach dem Interpolationslemma eine Aussage β mit der Eigenschaft: Aus α folgt β, und aus X folgt $\neg \beta$, wobei β nur Konstanten enthält, die in α sowie in X vorkommen. Daraus ergibt sich eine Einschränkung des Raums, in dem der Widerspruch gesucht werden muß. In welchen Fällen läßt sich daraus ein brauchbares Verfahren für die Prüfung der Konsistenz ableiten?

Ist $X \cup \{\alpha\}$ widerspruchsvoll, so sind zwei Konsequenzen denkbar: Entweder die Aktualisierung von X mittels α wird abgewiesen, oder α wird als

Korrektur für X aufgefaßt. Letzteres bedeutet, daß ein Teil von X zugunsten von α entfernt werden muß. Dieser Teil soll jedoch nur so groß wie nötig sein, um die Widerspruchsfreiheit sicherzustellen. Weber [We] gibt für aussagenlogische Wissensbasen eine entsprechende Prozedur an. Diese läßt sich auf den prädikatenlogischen Fall unter gewissen Voraussetzungen übertragen. Problematisch ist die Komplexität des Verfahrens, da mit jedem Schritt die Länge der gespeicherten Formeln anwächst.

Unsicheres Wissen

Wissen über die reale Welt ist oft nicht völlig sicher. Intelligentes Verhalten schließt die Fähigkeit ein, Entscheidungen auf der Grundlage unsicheren Wissens zu treffen. Daher spielt die Darstellung unsicheren Wissens in der KI-Praxis eine große Rolle, und an ihrer mathematischen Fundierung wird gearbeitet.

Unsicheres Wissen ist zunächst einmal *unvollständiges Wissen*, d.h. solches, das mehrere nicht äquivalente Modelle hat. Dies ist an sich nichts Neues; auch in den vorangegangenen Abschnitten behandelten wir diesen Fall. Der Unterschied ist der, daß im Falle sicheren Wissens davon ausgegangen wird, daß von den verschiedenen Modellen einer Wissensrepräsentation ein bestimmtes "gemeint" ist; wir haben es "ausgezeichnetes Modell" genannt. In diesem Sinne haben wir es bei unsicherem Wissen mit dem Vorhandensein *mehrerer ausgezeichneter Modelle* zu tun. Schlüsse aus unsicherem Wissen sollen als korrekt angesehen werden, wenn sie in allen diesen Modellen zu richtigen Ergebnissen führen. Man kann dies als die nichtdeterministische Auffassung von unsicherem Wissen bezeichnen.

Der KI genügt diese Auffassung allerdings nicht: Sie bevorzugt in der Praxis den Begriff des *approximativen Wissens*. Dabei wird der Grad der Wahrheit einer Aussage durch einen Skalenwert, z.B. eine reelle Zahl, ausgedrückt. Mit diesen Skalenwerten wird nach mehr oder weniger willkürlichen Regeln operiert. Die Rechtfertigung ist meist eher pragmatisch als semantisch, im Unterschied zum Umgang mit "sicherem" Wissen, bei dem die Bezugnahme auf den naiven Wahrheitsbegriff (mit dessen Hilfe ja der formale, mathematisch-logische definiert wird) anscheinend alles klärt.

Noch unübersichtlicher wird die Situation, wenn die Approximation des Wahrheitswertes - was immer sie bedeuten mag - mit der Approximation anderer Größen in einen Topf geworfen oder willkürlich verknüpft wird, etwa nach dem Muster "Es ist zu 90% wahr, daß Greifswald an der Küste liegt".

Von einer mathematischen Fundierung darf man nicht nur fordern, daß sie mathematisch definierte Begriffe benutzt und mit diesen korrekt rechnet, sondern auch, daß diese dem zu Beschreibenden adäquat sind.

Für die Schaffung adäquater Theorien der Repräsentation unsicheren Wissens sehen wir mehrere Ansatzpunkte:

(1) Man erarbeitet und begründet Konzepte, die vom nichtdeterministischen Ansatz ausgehen. Das kann z.B. dadurch geschehen, daß mit der Methode der Zirkumskription nicht ein einziges, sondern eine Menge M(X) nichtäquivalenter Modelle zu X ausgezeichnet wird.

(2) Man läßt reelle Wahrheitswerte zu, legt diesen aber (mit Ausnahme von 0 und 1) keine Bedeutung bei, sondern benutzt sie lediglich als Spracherweiterung, um die Resultate des nichtdeterministischen Ansatzes mit anderen Mitteln zu erreichen.

(3) Man interpretiert die reellen Wahrheitswerte als Wahrscheinlichkeiten. Wahrscheinlichkeiten haben, im Unterschied zu sonstigen, willkürlich zu interpretierenden Maßzahlen, eine naive Bedeutung, die sich auf die - durch die Erfahrung gestützte - Vorstellung von Zufälligkeit (genauer: von stochastischer Unabhängigkeit) stützt. Wird mit ihnen auf der Grundlage der Gesetze der Wahrscheinlichkeitsrechnung gerechnet, so lassen auch die Ergebnisse wieder eine Interpretation in demselben Sinne zu.

Ruspini [Ru] entwickelte 1987 ein auf der abstrakten Maßtheorie begründetes Konzept für eine probabilistische Semantik der autoepistemischen Logik: Sei $E(\alpha)$ Modellmenge der autoepistemischen Aussage K α ("ich nehme an, es gilt α"). Die probabilistische Semantik besteht in einem Wahrscheinlichkeitsmaß auf der durch die Mengen $E(\alpha)$ erzeugten σ-Algebra. Ist β irgendeine Aussage, so existieren das äußere und das innere Maß der Modellmenge von β. Fallen beide zusammen, so darf diese Zahl als Wahrscheinlichkeit von β aufgefaßt werden. Es ist bemerkenswert, daß sich damit die Regeln des Dempster-Shaferschen "Evidenzkalküls" semantisch rechtfertigen lassen.

3. Probleme der Inferenz in wissensverarbeitenden Systemen

Noch vielfältiger als die Probleme der Wissensrepräsentation sind die der *Inferenzmechanismen*, die in KI-Systemen Anwendung finden. Die Rekonstruktion von Wissensrepräsentationskonzepten mit den Mitteln der mathematischen Logik kann gerade hier viel zur Klärung und Systematisierung beitragen. Es gilt dabei, an die Ergebnisse des automatischen Theorembeweisens und letztlich an die Ideen der Beweistheorie anzuknüpfen. Wir können hier nur wenige Punkte erwähnen.
Für eine Einführung in das automatische Theorembeweisen verweisen wir auf den Artikel von B.I.Dahn [Da].

Vollständigkeit und Effizienz

Die am stärksten verbreiteten Methoden im automatischen Theorembeweisen beruhen auf der *Resolutionsregel* von Robinson [Ro]. Dies ist eine Schlußregel für quantorenfreie Formeln (oder, was auf dasselbe hinausläuft, für universelle Aussagen). Im aussagenlogischen Fall lautet sie in der einfachsten Form

$$\frac{\begin{array}{l} p \vee q \\ \neg p \vee r \end{array}}{q \vee r}$$

Die Schlußregel wird zur Widerlegung von Formelmengen angewendet: Eine Menge X von Formeln ist widerlegt, wenn aus ihr die leere Disjunktion abgeleitet wurde. Jede widerspruchsvolle Menge ist mit dieser Regel widerlegbar. (Für den Fall quantorenfreier prädikatenlogischer Formeln enthält die Regel noch den Schritt der Konstruktion eines sog. allgemeinsten Unifikators. Eine ausführliche Darlegung zur Unifikation enthält der Übersichtsartikel von H.-J.Goltz [Go].)

Die Methode wirft eine Reihe von Effizienzproblemen auf. Zunächst ist festzustellen, daß bei der Widerlegung einer Menge X ein ständig (monoton) wachsender Pool von Zwischenergebnissen erzeugt und verwaltet werden muß. Unter bestimmten Voraussetzungen an X kann man eine große Zahl von Zwischenergebnissen einsparen, ohne die Widerlegungsvollständigkeit preiszugeben. Diese Voraussetzungen lauten: X besteht ausschließlich aus Disjunktionen negierter und unnegierter Atomformeln, von denen genau eine negativ ist (nur negierte Atomformeln enthält) und alle anderen definite Formeln sind (d.h. je genau eine unnegierte Atomformel enthalten). Wir bezeichnen dies als den *definiten Fall*.
Man erhält die Widerlegungsmethode der sog. *SLD-Resolution*, die die Grundlage der logischen Programmierung ist. (Für einen Überblick siehe [Ll].) Aus Effizienzgründen wird diese in der logischen Programmierung stets in einer Tiefe-zuerst-Suchstrategie abgearbeitet. Diese Suchstrategie ist aber hinsichtlich des Auffindens von Widerlegungswegen nicht vollständig. Andererseits ist sie aber auch nicht von bestmöglicher Effizienz, da sie in der Regel zu unnötigen Wiederholungen von Ableitungsschrittfolgen führt. (Mit diesem Problem beschäftigen sich die Ansätze zum sogenannten "intelligenten Backtracking".)

Komplexitätstheoretisch sind die Eigenschaften der Resolutionsmethode, auch im Vergleich zu anderen Methoden, noch nicht ausreichend untersucht. Man beachte aber die von Shapiro [Sh] aufgedeckten interessanten Beziehungen zwischen Resolution und alternierenden Turing-Maschinen, wodurch der Anschluß zur Berechnungstheorie hergestellt wird.

Nicht-definite Resolution

Ferner muß man sich mit der Frage beschäftigen, wie vorgegangen werden soll, wenn die gegebene Formelmenge X die obengenannte Voraussetzung *nicht* erfüllt. Die logische Programmierung verwendet im Prinzip in diesen Fällen zusätzlich zur SLD-Resolution die nichtmonotone Schlußregel "Negation as Failure" (siehe 2.). Damit werden die relativ günstigen Eigenschaften der SLD-Resolution weiterhin ausgenutzt. Zur Korrektheit solcher Regeln wurde bereits unter 2. dargelegt, daß sie zutrifft, sofern man bestimmte ausgezeichnete Modelle betrachtet. Ist man an Korrektheit in allen Modellen interessiert, so versagt die Negation-as-Failure-Regel:

Beispiel 2. (aus [Lo])

ich-werde-naß ← ich-gehe-schwimmen.
ich-werde-naß ← es-regnet.
ich-gehe-schwimmen ← schwimmhalle-ist-geöffnet
& ¬ es-regnet.
schwimmhalle-ist-geöffnet.
¬ ich-werde-naß.

Diese Formelmenge ist widerspruchsvoll. Sie läßt sich mit der Resolutionsregel widerlegen. Mit der SLD-Resolution und "Negation as Failure" wird sie ebenfalls widerlegt, aber dabei wird die zweite Formel überhaupt nicht benutzt. Läßt man diese aber weg, so wird die Menge widerspruchsfrei! Die Negation-as-Failure-Regel würde dann ein unkorrektes Ergebnis liefern.

Loveland [Lo] und Stickel [St] geben Widerlegungsmethoden für den nicht-definiten Fall an, wobei gute Eigenschaften der SLD-Resolution aufbewahrt werden; man spricht von Theorembeweisern mit "Prolog-Technologie".

Vorwärtsverkettende Inferenz

In wissensverarbeitenden Systemen, z.B. Expertensystemen, trifft man zwei verschiedene Prinzipien der deduktiven Inferenz an: Rückwärts- und Vorwärtsverkettung. Erstere besteht in der Zurückführung eines bekannten "Ziels" auf eine ebenfalls bekannte Menge von Voraussetzungen. (Genauer gesagt, muß das Ziel nur bis auf Variablensubstitution genau bekannt sein; beim Beweis wird eine geeignete Substitution berechnet.) Dieses Prinzip läßt sich auf der Basis der Resolutionsmethode leicht mathematisch begründen.

Bei der Vorwärtsverkettung werden aus der Menge der Voraussetzungen

Folgerungen gezogen, die der Menge der Voraussetzungen hinzugefügt werden, so lange, bis ein Resultat abgeleitet ist, das bestimmten Bedingungen an das zu erreichende Ziel genügt. D.h., das angestrebte Resultat (das Ziel) der Deduktion ist nicht a priori bekannt. Diese Methode ist z.B. bei Expertensystemen, die die Konstruktion eines im vorhinein nicht bekannten Gebildes unterstützen sollen, angebracht. In gewisser Analogie zum Rückwärtsverketten mit der Resolutionsregel kann hier die Abtrennungsregel, wiederum verbunden mit der Berechnung von Variablensubstitutionen, benutzt werden. Jedoch stützt sich die Praxis der vorwärtsverkettenden Inferenz auf ungenügend ausgearbeitete theoretische Grundlagen; z.B. tritt auch hier wieder das Problem auf, daß negierte Atomformeln als Voraussetzungen oder Zwischenergebnisse vorkommen. Der Ableitungsbaum ist bei Vorwärtsverkettung im allgemeinen stärker verzweigt, so daß Konfliktlösungsregeln für die Wahl des anzuwendenden Ableitungsschrittes benötigt werden. Demgegenüber treten die Suchstrategien in den Hintergrund, da (und insoweit) hier wieder eine monoton wachsende Folge von Formelmengen erzeugt wird. In der jeweiligen KI-Anwendung existieren mitunter bessere Heuristiken für eine Konfliktlösung zwischen anwendbaren Einzelschritten als für die Suche in komplizierten Ableitungsbäumen. Daher verdienen die vorwärtsverkettenden Verfahren, daß sich die Theorie mit ihnen beschäftigt.

Analoges Schließen

Die Fähigkeit zum Analogieschluß gehört zweifellos zu den Merkmalen von natürlicher Intelligenz. Ihre Verwirklichung in der KI steht jedoch noch am Anfang. (Siehe z.B. [Ja].) Analogien beruhen meist auf teilweiser struktureller Übereinstimmung zwischen zwei Objekten. Für die Präzisierung dieses Begriffs eröffnet sich erneut ein Feld für die Mathematik. Insbesondere werden von der mathematischen Logik Beiträge erwartet zu der Frage, unter welchen Voraussetzungen Analogieschlüsse gerechtfertigt sind.

Beispiel:

$$\frac{\begin{array}{l} p(a) \ \& \ q(a) \\ p(b) \end{array}}{q(b)}$$

ist ein Analogieschluß. Das mit b bezeichnete Objekt stimmt mit dem mit a bezeichneten im Hinblick auf das Prädikat p überein. Aus dieser Übereinstimmung wird geschlossen, daß sie auch im Hinblick auf q bestehe. Der Schluß ist offenbar logisch unkorrekt. Auf der Suche nach einer Rechtfertigung führen wir eine zusätzliche Prämisse ein:

$$\forall X \; (p(X) \rightarrow q(X))$$
$$p(a) \; \& \; q(a)$$
$$\underline{p(b)\qquad\qquad}$$
$$q(b)$$

Jetzt ist aber die Prämisse $p(a) \; \& \; q(a)$ überflüssig geworden. Wir haben einen korrekten Schluß, aber keinen Analogieschluß mehr. Wählen wir eine schwächere Rechtfertigung:

$$\forall X \; (p(X) \rightarrow q(X)) \vee \forall X \; (p(X) \rightarrow \neg \, q(X))$$
$$p(a) \; \& \; q(a)$$
$$\underline{p(b)\qquad\qquad\qquad\qquad\qquad}$$
$$q(b)$$

Dieser Schluß ist ebenfalls korrekt, und die zweite Prämisse ist diesmal nicht überflüssig. In [DR] wird die erste Prämisse als *Determinationsregel* bezeichnet. Die Determinationsregeln wirken ein wenig künstlich, doch gibt es sie auch in der Wirklichkeit: Im Schachspiel zwischen Spitzenspielern gibt es Situationen, in denen ein Zug sofort als "entscheidend" für den Ausgang der Partie erkannt wird, ohne daß schon auf diesen geschlossen werden kann. Ist die Partie dann zu Ende gespielt, so kann sie nicht selten als zuverlässige Grundlage für Analogieschlüsse dienen.
In informeller "informationstheoretischer Fassung" lautet dieses Prinzip: Je mehr Information über ein bestimmtes Ereignis in den bekannten Voraussetzungen enthalten ist, um so zuverlässiger kann man durch Analogie aus anderen Fällen auf das Eintreten oder Nichteintreten des Ereignisses schließen.
Das Prinzip der Determinationsregeln ist nur *ein* Ansatz zur mathematischen Begründung des analogen Schließens.

Inferenz und Mustererkennung

Mustererkennung ist ein der Künstlichen Intelligenz verwandtes, jedoch außerhalb dieser Disziplin entstandenes Gebiet. Mustererkennung besteht in der Klassifikation von Objekten nach Entscheidungsregeln aufgrund beobachteter Merkmale der Objekte. Häufig besteht die Entscheidungsregel im Vergleich des vorgelegten Objekts mit den Elementen einer Beispielmenge. Dabei lassen sich Parameter einstellen, wie z.B. das Gewicht jedes Merkmals, das Gewicht jedes Beispielobjekts und die Genauigkeitsschwelle für den Merkmalsvergleich. Theorie und Anwendungen dieser Methoden sind gut ausgebaut. Siehe z.B. [Shu] für einen Einblick in den heutigen Stand in der Moskauer Schule der Mustererkennung.

Die Verbindung von logisch fundierten Inferenzmethoden mit Methoden der Mustererkennung würde beide Gebiete bereichern und in ihrer Leistungsfähigkeit erweitern. Im Falle der vorwärtsverkettenden Inferenz lautet die übliche Handlungsanweisung so: "Wende eine Schlußregel an, deren Vorbedingung erfüllt ist (bzw. durch Variablenbelegung in eine erfüllte Bedingung übergeht)." In Kombination mit der Mustererkennung würde sie folgende Gestalt annehmen: "Vergleiche die vorliegenden Fakten nach einer Entscheidungsregel mit den Vorbedingungen von Schlußregeln. Fällt ein solcher Vergleich positiv aus, so wende die betreffende Schlußregel an". Vámos [Va] entwickelte 1987 ein Expertensystem, das nach diesem Prinzip funktioniert. Eine theoretische Fundierung für dieses Vorgehen gibt es noch nicht.

4. Künstliche Intelligenz und formale Softwarespezifikation

Die Künstliche Intelligenz brachte das sogenannte *wissensbasierte Paradigma* der Programmierung hervor. Es besteht darin, daß das Wissen eines Anwendungsgebiets, in geeigneter Weise formalisiert, explizit im Computer gespeichert wird und für unterschiedliche Problemlösungen zur Verfügung steht; Aufbau und Pflege der Wissensbasis treten in den Vordergrund der Aktivitäten des Anwenders, während die Verarbeitungsmechanismen von ihm nicht erarbeitet, ja im Detail nicht einmal verstanden werden müssen. Die Lage erinnert an die Datenbankprogrammierung, ist jedoch komplizierter wegen der bizarren Formen, die gespeichertes Wissen annehmen kann, und der größeren Leistungsfähigkeit der Algorithmen.

Man erkannte bald, daß das wissensgestützte Programmierparadigma für die Entwicklung von Software generell, unabhängig von der Zugehörigkeit zur KI, produktivitätssteigernde und die Korrektheit der Ergebnisse begünstigende Wirkungen hat. In diesem Sinne begann man, wissensbasierte Methoden für das sogenannte schnelle Prototyping von Softwareprodukten zu nutzen.

Dasselbe Anliegen verfolgt bereits seit langem eine Disziplin der Programmierungstheorie: die Theorie der *algebraischen Softwarespezifikation*. (Für eine Einführung siehe [EM].) Algebraische Spezifikationen und logische Programmierung entstanden ungefähr gleichzeitig, entwickelten sich aber völlig getrennt voneinander. Algebraische Spezifikationen werden überwiegend für die Formulierung und Herleitung von Eigenschaften abstrakter Datentypen genutzt; in der KI sind sie so gut wie unbekannt. Die logische Programmierung dagegen wird als Programmiersprache genutzt, die das wissensbasierte Programmierparadigma unterstützt; sie entwickelte sich innerhalb der KI und hat sich zuerst in ihr einen festen Platz erobert.

Im Grunde genommen sind beide Gebiete jedoch eng miteinander verwandt. Beide basieren auf der Darstellung von Wissen durch Formeln der Prädikatenlogik, und zwar durch definite Formeln (siehe 3.), mit dem einzigen

Unterschied, daß in der algebraischen Spezifikation die Gleichheit als einzige Relationskonstante benutzt wird, während in einem logischen Programm (besser: einer logischen Spezifikation) die Gleichheit im wesentlichen nicht vorkommt.

<u>Beispiel 3</u>. Die algebraische Spezifikation

$X + 0 = X.$
$X + s(Y) = s(X + Y).$

ist z.B. in der Struktur (N , 0 , s , +) der natürlichen Zahlen mit Null, Nachfolgerfunktion und Addition erfüllt. (Die Gleichheit ist stets als die Identitätsrelation über dem Grundbereich zu interpretieren.)

<u>Beispiel 4</u>. Die logische Spezifikation

$0 < s(X).$
$s(X) < s(Y) \leftarrow X < Y.$

ist z.B. in der Struktur (N , 0 , s , <) der natürlichen Zahlen mit Null, Nachfolgerfunktion und Kleiner-Relation erfüllt.

In Analogie zur logischen Programmierung bezeichnen wir das Lösen von Gleichungen auf der Grundlage algebraischer Spezifikationen mit einem geeigneten Intepreter als <u>algebraische Programmierung</u>.

Beide Typen von Spezifikationen sind einander nicht nur äußerlich sehr ähnlich, sondern durch ähnliche kategorientheoretische und logische Eigenschaften charakterisiert. Dies führte zwangsläufig zu dem Versuch, beide Konzepte miteinander zu vereinigen. Spezifikationen mit definiten Formeln über beliebigen Familien von Funktions- und Relationskonstanten nennen wir algebraisch-logische Spezifikationen. Die Vereinigung der beiden Beispiele 3 und 4 ist z.B. eine solche Spezifikation. Makowsky [Ma] zeigte 1987 , daß die durch (endliche oder unendliche) Mengen von definiten Formeln axiomatisierten Theorien T folgende Eigenschaften besitzen:

- Die Klasse aller Modelle Mod(T) ist abgeschlossen gegenüber Teilstrukturen und Produkten (einschließlich Produkten mit leerem Indexbereich).
- Mod(T) enthält ein *initiales Modell*, d.h. ein solches, das sich in alle anderen Modelle in genau einer Weise homomorph abbilden läßt, und dieses ist *termerzeugt*, d.h., es enthält keine Elemente, die nicht durch einen variablenfreien Term beschrieben werden.
- Mod(T) enthält ein *faktentypisches Modell*, d.h., in diesem Modell gilt ein "Fakt" (variablenfreie Atomformel) genau dann, wenn er in der ganzen Klasse Mod(T) gilt.

(Das initiale Modell ist gerade das faktentypische Modell.)

Die Ähnlichkeit der Ausdrucksmöglichkeiten beider Typen von Spezifikationen gibt natürlich auch Anlaß zu der Frage, ob einer der beiden vielleicht entbehrlich ist. Zum Beispiel hat eine algebraisch-logische Spezifikation S (in der Prädikatenlogik mit Gleichheit) dieselber logischen Konsequenzen wie die logische Spezifikation S ∪ I in der Prädikatenlogik ohne Gleichheit, wobei I ein aus definiten Formeln bestehendes Axiomensystem ist, das aussagt, daß die Relation = eine Kongruenzrelation ist. - Dazu ist zu sagen, daß beide Herangehensweisen sich vor allem hinsichtlich der verwendeten Beweisstrategien bzw. Lösungsverfahren unterscheiden. Für Beweise aus S ∪ I eignet sich die SLD-Resolution mit Tiefe-zuerst-Suchstrategie z.B. fast nie.

Heute wird für die Verbindung von algebraischer und logischer Programmierung eine Verbindung der Resolution mit der Paramodulation (vgl. [Wa]) oder mit einer der in der algebraischen Programmierung entstandenen Unifikationsmethoden (vgl. [Go]) für aussichtsreich gehalten. Die bisherigen Ergebnisse sind jedoch noch nicht völlig überzeugend.

Goguen und Meseguer [GM2] entwarfen eine algebraisch-logische Spezifikations- und Programmiersprache EQLOG. Die Verbindung der beiden Konzepte paßt gut zur Methode der "sortengeordneten Spezifikation", da man die erforderlichen Sortenzugehörigkeitsprädikate in diesem Formalismus ohne Probleme definieren kann.

Sortengeordnete Spezifikationen und Vererbung

Spezifikationen mit mehreren Sorten gehören zum Abc der algebraischen Spezifikationstheorie, während sie in der logischen Programmierung nicht benutzt werden. Die fehlende Sorten-(Typ-)Disziplin unterscheidet PROLOG (in seiner bisher verbreiteten Form) auffällig von den anderen professionellen Programmiersprachen. Die Verbindung der logischen mit der algebraischen Spezifikation muß zwangsläufig dazu führen, daß die mehrsortige Ausdrucksweise mit ihren Vorzügen, aber auch Problemen (z.B. gibt es für jede Sorte ein eigenes Gleichheitsprädikat) auf jene übertragen wird. Zu den Vorzügen gehört, daß die Effizienz der Inferenzprozesse verbessert wird, da nichtsortengerechte Ausdrücke gar nicht erst erzeugt werden.
Sortengeordnete Spezifikationen [GM2] wurden eingeführt, um mit partiellen Funktionen wie mit totalen (nämlich totalen Funktionen über einer Teilsorte) rechnen zu können. Smolka und Ait-Kaci [SA] entdeckten darüber hinaus ihre engen Beziehungen zum *Vererbungskonzept* in der Wissensrepräsentation.

Es zeichnet sich also ab, daß in der Perspektive PROLOG durch ein *algebraisch-logisches Spezifikations- und Programmierkonzept mit Sortenordnung* ersetzt wird. Aktuelle Ergebnisse auf diesem Gebiet findet man in [GLW]. Für den Aufbau großer Systeme bietet die Spezifikationstheorie Parameter- und Modulkonzepte, die sich ebenfalls in der KI noch zu bewähren haben. Zu beachten ist auch die Bevorzugung der *objektorientierten Programmierung* in der KI, die weitere Fragen an die Spezifikationstheorie richtet. Erste theoretische Antworten gibt [GM1].

5. Andere Problemklassen

Das Feld der mathematischen Fragestellungen der Künstlichen Intelligenz ist mit dem Gesagten natürlich nicht erschöpft. Vielmehr ist es so, daß wir uns in den vergangenen Abschnitten in einem wichtigen, aber relativ engen Gebiet bewegt haben. Wir wollen nun kurz noch einige andere Problemfelder nennen, um der Vielfalt, die unser Thema ausmacht, wenigstens in Andeutungen gerecht zu werden.

Deduktion und Konstruktion

Ein Schwerpunkt der praktischen KI-Anwendungen in den nächsten Jahren werden wissensgestützte Planungs- und Konstruktionssysteme sein. Auch hierfür kann man in der mathematischen Logik Prinziplösungen finden.

Lassen sich die Anwendungsbedingungen einer gewünschten Konstruktion durch eine quantorenfreie Formel p(X) und die Bedingungen an das Konstruktionsergebnis durch eine quantorenfreie Formel q(X,Y) beschreiben (X, Y stehen hier stellvertretend für jeweils mehrere Variablen), so besteht die Konstruktion in der Ausführung eines konstruktiven Beweises für die Formel

$$\forall X \; \exists Y \; (p(X) \rightarrow q(X,Y))$$

"Konstruktiv" bedeutet hier, daß beim Beweis ein Term f(X) berechnet wird, so daß

$$\forall X \; (p(X) \rightarrow q(X,f(X)))$$

gültig (bzw. im betrachteten Modell gültig) ist. Eine typische Anwendung dieses Prinzips findet man bei Systemen der automatischen Programmierung, z.B. LOPS [Bi]. (Siehe auch [Ho].) Ein mögliches Erprobungsfeld für diese Techniken ist jedoch auch die konstruktive Geometrie, etwa im Sinne von [Sc], mit dem praktischen Hintergrund von CAD-Anwendungen.

Das genannte Prinzip läßt sich auch auf die *Planung von zeitabhängigen Prozessen* anwenden, wenn dabei die Darstellung von Ereignissen und

Zuständen durch entsprechende Prädikate mit "Situations"-Argumenten einbezogen wird; man hat sich dann aber mit dem unter 2. schon erwähnten Frame-Problem auseinanderzusetzen.

Induktive Inferenz und maschinelles Lernen

Wissenserwerb in seinen nichttrivialen Formen, insbesondere Begriffs- und Theorienbildung, geschieht durch *Induktion.* Das Ergebnis der Induktion ist hypothetisches Wissen, das eine Generalisierung des empirisch erworbenen Wissens darstellt. In der KI verbreitete Methoden algorithmischen Lernens lassen sich häufig einem der beiden folgenden Prinzipien zuordnen: der *Verallgemeinerung durch Ähnlichkeit* ("similarity-based generalization") und der *Verallgemeinerung durch Erklärung* ("explanation-based generalization").

Es gibt verschiedene Ansätze, dem maschinellen Lernen durch mathematische Präzisierung dieser Prinzipien eine feste Grundlage zu geben. Eine relativ lange Tradition hat die Theorie der *induktiven Inferenz*; eine Einführung dazu findet man im Artikel von K.P.Jantke und S.Lange [JL]. Die klassischen Resultate basieren auf dem Prinzip: "Ordne die Hypothesen in einer Folge an und nimm jedesmal, wenn neue Fakten hinzugekommen sind, die erste Hypothese, die mit allen Fakten verträglich ist." Dieses Prinzip ist äußerst unpraktisch wegen der Vielzahl der dabei abzutestenden Hypothesen. Später wurde dieses Prinzip abgewandelt, indem die Hypothesen in Halbordnungen (sogenannten Verfeinerungsordnungen) entsprechend ihrem Allgemeinheitsgrad angeordnet wurden; nunmehr wird jeweils die *allgemeinste* Hypothese genommen, die mit den Fakten verträglich ist. Shapiro [Sh] erzielte mit diesem Prinzip gute Ergebnisse beim Erlernen von definiten Theorien.
Aber auch die zunächst einleuchtende Forderung nach Verträglichkeit jeder Hypothese mit den Fakten wurde in Frage gestellt: Es gibt Klassen von berechenbaren Funktionen, für die die Identifikation der sie berechnenden Programme mit Hilfe genügend vieler Beispiele möglich ist, jedoch *nicht* in der Weise, daß jede erzeugte Hypothese mit den Beispielen verträglich ist. Noch wichtiger ist in diesem Zusammenhang, daß eine weniger genaue Prüfung der Verträglichkeit der Hypothese mit den Beispielen auch Rechenaufwand spart; "intelligent sein" heißt tatsächlich nicht immer "vollständig korrekt sein".
Eine "Lernpartnerschaft" von Automat und Mensch könnte darin bestehen, daß der Automat Hypothesen bildet auf der Grundlage von Beispielen, die der Mensch als relevant für die betreffende Lernaufgabe ausgewählt hat. Lernalgorithmen, deren Leistung in Abhängigkeit von der Auswahl der Beispiele signifikant variiert, sind Kandidaten für eine solche interaktive Arbeitsweise. Die Theorie sollte sich für solche Lernalgorithmen interessieren.

Qualitative Beschreibungen für kontinuierliche Systeme

Menschliche Intelligenz schließt auch die Fähigkeit ein, gedankliche Abbilder realer Systeme, insbesondere dynamischer Systeme, bis zu einem gewissen Grad von Komplexität zu bilden und damit umzugehen. (Wir vermeiden das dafür verbreitete Wort "Modell", weil wir es bislang immer im Sinne der Logik gebraucht haben.) Diese Abbilder sind *qualitativer Natur*, d.h., sie gestatten keine numerisch genaue Berechnung von Systemzuständen. (Petri-Netze sind z.B. ein solches Beschreibungsmittel.)

Beispiel: Eine "intelligente" Antwort auf die Frage, ob ein senkrecht nach oben geworfener Körper, der den Luftwiderstand zu überwinden hat, mehr Zeit für den Aufwärts- oder den anschließenden Abwärtsflug benötigt, beruht auf qualitativen Überlegungen: Die Summe von potentieller und kinetischer Energie wird durch die Luftreibung beständig vermindert. Jeder Punkt der Flugbahn wird also auf dem Rückweg langsamer durchflogen als auf dem Hinweg.

Entsprechende Theorien in der Künstlichen Intelligenz heißen qualitative Kinematik, qualitative Dynamik usw. (vgl. [Fo]). In der "Computer-and-Thought"-Vorlesung 1987 bezeichnete der Preisträger J. de Kleer die qualitative Physik als "vielleicht die einzige wichtige Physik für Roboter".
Wir haben es hier mit einem aus der Mathematik wohlbekannten Phänomen zu tun: Z.B. kann man in der Sprache der euklidischen (metrischen) Geometrie die Begriffe der affinen Geometrie definieren. Schränkt man die Sprache dann auf diese Begriffe ein und nimmt alle gültigen Aussagen der eingeschränkten Sprache, so erhält man eine gröbere ("mehr qualitative") Theorie des Raums. Die Axiome der metrischen Geometrie sind für das Schließen in dieser Theorie nicht mehr adäquat, da sie nicht-affine Begriffe verwenden. An ihrer Stelle werden neue Axiome benötigt: die der affinen Geometrie.

Fehlt eine solche Axiomatisierung, so beschreiben die Wissensrepräsentationen in der eingeschränkten Sprache die Wirklichkeit *unvollständig*. Das ist bei qualitativen Beschreibungssprachen oft der Fall. Die Mathematiker sind aufgefordert, sich mit dieser Problematik auseinanderzusetzen und der Künstlichen Intelligenz, Robotik usw. *vollständige* Mittel zur Beschreibung der jeweilige Systemklassen zu verschaffen, sofern das möglich ist.

Bild und Sprache

Eine der größten Herausforderungen der Künstlichen Intelligenz soll nicht unerwähnt bleiben: die Bewältigung der ungelösten Probleme der *Verarbeitung und Speicherung von Bildern*. Die Leistungen, die natürliche intelligente Systeme auf diesem Gebiet vollbringen, sind denen der künstlichen Systeme noch weit überlegen.

Üblicherweise werden intelligente Bildverarbeitungssysteme so konzipiert, daß sie Bilder in sprachliche Darstellungen transformieren und so der effektiven Speicherung und Verarbeitung zugänglich machen. Damit ein Roboter sich in einer von Hindernissen angefüllten dreidimensionalen Umwelt zweckmäßig bewegen und Aufgaben erfüllen kann, ist es notwendig, daß er auf der Grundlage der aufgenommenen Bilder eine qualitative Beschreibung der Umwelt und seines eigenes Standorts in ihr bildet. Gegenwärtige Anstrengungen sind vor allem darauf gerichtet, die Zahl der erforderlichen Messungen und damit die Flut der zu verarbeitenden Informationen zu reduzieren. In [FT] wird das dadurch versucht, daß aus den Bildern nur lokale (die nächste Umgebung betreffende) Beschreibungen abgeleitet werden und aus diesen eine globale Beschreibung zusammengesetzt wird. Somit kann man sich die im "Gehirn" eines Roboters dargestellte Welt als eine qualitativ beschriebene Gesamtheit von Teilwelten denken, von denen jede durch lokales "Nachmessen" bei Bedarf genauer erfaßt werden kann. Solche "Lokalisationen" sind in der Mathematik nicht unbekannt, was Aussichten auf einen Ideentransfer aus gut ausgebauten mathematischen Teildisziplinen eröffnet.

6. Zusammenfassung

Wir haben einige Ansatzpunkte für die Mathematisierung der Künstlichen Intelligenz aufgezeigt. Im Mittelpunkt standen dabei Fragen der Wissensrepräsentation und der Inferenz, und ein starkes Augenmerk galt Methoden der Mathematischen Logik. Es gibt jedoch kein Gebiet unseres Wissens und Denkens, das nicht früher oder später ins Blickfeld der KI gerät, und folglich gibt es auch keinen Zweig der Mathematik, der nicht in ihren Dienst treten könnte.
Nicht erwähnt wurde z.B. ein so hochaktuelles Forschungsgebiet wie die *Parallelverarbeitung*. Spätestens seit der Verkündung des Programms der 5.Rechnergeneration ist klar, daß KI und Parallelverarbeitung eng zusammengehören. Intensiv wird nach Methoden gesucht, die Möglichkeiten der Parallelverarbeitung für die Realisierung von Basistechniken der KI, z.B. die logische Programmierung, zu nutzen. Es ist wohl verfrüht, über die Ergebnisse dieser Bemühungen zu urteilen. Schon wird aber gefragt, ob sie nicht auf einem falschen Grundansatz beruhen.

Auf einer bestimmten Stufe der Evolution entstand die (dem menschlichen Gehirn eigene) Fähigkeit zur Verarbeitung von symbolisch (durch Zahlen, Zeichen, Terme usw.) dargestellter Information. Zur Automatisierung dieser Fähigkeit schuf sich der Mensch ein mächtiges Werkzeug: den sequentiellen Computer. Eine klassische Hypothese der Künstlichen Intelligenz ("physical symbol system hypothesis") besagt, daß auf dieser

Grundlage künstliche Intelligenz erreichbar sei. Bisher war diese Hypothese tragfähig: Immer schnellere Prozessoren, größere Speicher und bessere Software befähigen den Computer, Schritt für Schritt immer intelligentere Leistungen zu vollbringen. Dennoch sind wir mit diesen Leistungen noch nicht zufrieden und streben danach, sie durch Parallelverarbeitung zu erweitern. Die VLSI-Technologie macht Parallelverarbeitung in beliebigem Ausmaß praktisch möglich. Der Effizienzgewinn durch Parallelisierung ist jedoch von Aufgabe zu Aufgabe sehr unterschiedlich. Die Berechnungstheorie wird in den nächsten Jahren den Problem- und Methodenvorrat der KI aufarbeiten; dabei wird sich herausstellen, wieviel die auf der obengenannten Hypothese beruhenden Methoden der KI aus der Parallelisierung überhaupt gewinnen können.

Da andererseits offenkundig ist, daß bestimmte elementare, aber in ihrer Effizienz überragende Verarbeitugs-, Lern- und Speicherleistungen des menschlichen Gehirns auf Parallelverarbeitung beruhen, verdienen diejenigen Untersuchungen erhöhte Aufmerksamkeit, die auf die Nachbildung dieser elementaren Leistungen zielen. Vermutlich steht uns eine neue Blütezeit der "lernenden Maschinen", diesmal auf der Basis der VLSI-Technologie, bevor. Erneut werden sich interessante Betätigungsfelder für die Mathematik ergeben.

Literatur

[Bi] Bibel,W.: Logical program synthesis. In: *Fifth Generation Computer Systems*. T.Moto-Oka (ed.). North-Holland 1982. 227-236.

[BJ] *Fundamentals of Artificial Intelligence*. W.Bibel,Ph.Jorrand (eds.). Lecture Notes in Computer Science 232. Springer-Verlag 1986.

[Br] Brewka,G.: The logic of inheritance in frame systems. In: *IJCAI '87. Proceedings, 10th Int.Joint Conf.on Artif.Int.* Milan 1987. 483-488.

[Cl] Clark,K.L.: Negation as failure. In: *Logic and Databases*. H.Gallaire,J.Minker (eds.). Plenum Press 1978. 293-322.

[Da] Dahn,B.I.: Einführung in das automatische Theorembeweisen. (dieser Band).

[DR] Davies,T.R., Russell,S.J.: A logical approach to reasoning by analogy. In:*IJCAI '87. Proceedings, 10th Int.Joint Conf.on Artif.Int.* Milan 1987. 264-270.

[Fo] Forbus,K.D., et al.: Qualitative kinematics: a framework. In: *IJCAI '87. Proceedings, 10th Int.Joint Conf.on Artif.Int.* Milan 1987. 430-435.

[FT] Faverjon,B., Tournassoud,P.: The mixed approach for motion planning: learning global strategies from a local planner. In:*IJCAI '87. Proceedings, 10th Int.Joint Conf.on Artif.Int.* Milan 1987. 1131-1137.

[GLW] *Algebraic and Logic Programming 1988.* Proceedings. J.Grabowski, P.Lescanne, W.Wechler (eds.). Mathematische Forschung 49, Akademie-Verlag 1988.

[GM1] Goguen,J., Meseguer,J.: Extensions and foundations for object-oriénted programming. *SIGPLAN Notices 21*(1986) 10, 153-162.

[GM2] Goguen,J., Meseguer,J.: Eqlog: equality, types, and generic modules for logic programming. In: *Functional and Logic Programming.* D.deGroot,G.Lindstrom (eds.). Prentice-Hall 1986. 295-363.

[GN] Genesereth,M., Nilsson,N.: *Logical Foundations of Artificial Intelligence.* Morgan Kaufmann 1987.

[Go] Goltz,H.-J.: Unifikationstheorie. (dieser Band).

[Ho] Horn,Ch.: *Deduktive Programmierung.* Dissertation (B), Humboldt-Universität, Berlin 1988.

[Ja] *Analogical and Inductive Inference.* K.P.Jantke (ed.), Lecture Notes in Computer Science 265, Springer-Verlag 1987.

[JL] Jantke,K.P., Lange,S.: Algorithmisches Lernen. (dieser Band).

[Ko] Konolige,K.: On the relation between default theories and autoepistemic logic. In:*IJCAI '87. Proceedings, 10th Int. Joint Conf.on Artif.Int.* Milan 1987. 394-400.

[Li] Lifschitz,V.: Formal theories of action (preliminary report). In: *IJCAI '87. Proceedings, 10th Int. Joint Conf.on Artif.Int.* Milan 1987. 966-972.

[Ll] Lloyd,J.W.: *Foundations of Logic Programming.* Springer-Verlag 1984.

[Lo] Loveland,D.W.: Near-Horn Prolog. In: *Logic Programming. Proceedings, 4th Int.Conf.* J.-L.Lassez (ed.). MIT Press 1987.

Vol.1. 456-469.

[Ma] Makowsky,J.A.: Why Horn formulas matter in computer science: initial structures and generic examples. *J.Comp.Syst.Sci.* *34*(1987), 266-292.

[Mc] McCarthy,J.: Circumscription - a form of non-monotonic reasoning. *Artificial Intelligence* *13*(1980), 27-39.

[Ro] Robinson,J.A.: A machine-oriented logic based on the resolution principle. *J.ACM* *12*(1965), 23-41.

[Ru] Ruspini,E.H.: Epistemic logics, probability, and the calculus of evidence. In:*IJCAI '87. Proceedings, 10th Int.Joint Conf.on Artif.Int.* Milan 1987. 924-931.

[SA] Smolka,G., Ait-Kaci,H.: *Inheritance Hierarchie. Semantics and Unification*. MCC Techn.Report AI-057-87. Microlectronics and Computer Technology Corporation, May 1987.

[Sc] Schreiber,P.: *Grundlagen der konstruktiven Geometrie.* VEB Deutscher Verlag der Wissenschaften 1984.

[Sh] Shapiro,E.Y.: *Algorithmic Program Debugging*. Preprint, Yale University, 1984.

[Shu] Shurawljow,Ju.I., et al.: Sadatschi rasposnawanija i klassifikazii so standartnoj obutschajustschej informaziej. *Shurnal wytsch. matematiki i mat. fisiki 20* (1980), 1294-1309.

[St] Stickel,M.E.: A Prolog technology theorem prover: implementation by an extended Prolog compiler. In: *Eighth Int.Conf.on Automated Deduction*. Lecture Notes in Computer Science 230. Springer-Verlag 1986. 573-587.

[Th] Thiele,H.: Monotones und nichtmonotones Schließen. (dieser Band).

[Va] Vámos,T., et al.: *Combination of Patterns and Logic - AI for Human Use and More Democracy*. Working Paper, Computer and Automation Institute, Hungarian Academy of Sciences. 1986.

[Wa] Walther,Ch.: *A Many-Sorted Calculus Based on Resolution and Paramodulation*. Pitman 1987.

[We] Weber,A.: *Eine Methode zur Aktualisierung Aussagenlogischer Wissensbasen*. Dissertation, Universität Karlsruhe, 1987.

MONOTONES UND NICHTMONOTONES SCHLIESSEN

Helmut Thiele

1. Einleitung: Motivationen und Beispiele

Untersuchungen zum nichtmonotonen Schließen sind seit etwa 10 Jahren zu einem zentralen Arbeitsgebiet innerhalb des natürlich wesentlich größeren Forschungskomplexes der Künstlichen Intelligenz (KI) und auch - die Grenzen sind hier fließend - im Rahmen von Untersuchungen zur mathematischen Fundierung des Umgangs mit deduktiven Datenbasen sowie zur mathematisch-logischen Absicherung der logischen Programmierung geworden. Warum? Global kann diese Frage zunächst in der Form beantwortet werden, daß das klassische (monotone) Schließen, wie es sich seit der Antike über viele Jahrhunderte in der Mathematik und den sogenannten deduktiven Wissenschaften herausgebildet hat und wie es in der Mathematischen Logik durch Aussagen- und Prädikatenkalküle formalisiert worden ist, nicht in der Lage ist, bestimmte in den genannten Gebieten auftretende (logische) Probleme zu lösen.

Grundlegender Begriff, mit dessen Hilfe diese Dinge (z.B. im Rahmen der KI) verdeutlicht werden, ist der des Wissens (knowledge). Ohne hier exakt definieren zu wollen oder zu können, was "Wissen" ist, verweisen wir auf folgende Erfahrungstatsachen aus der wissenschaftlichen Arbeit wie aus dem täglichen Leben. Im Laufe der historischen Entwicklung haben wir Menschen die Fähigkeit erlangt, Verhältnisse der Realität durch Aussagen sprachlich widerzuspiegeln, wobei diese Fähigkeit einerseits eine grundlegende Voraussetzung und andererseits ein wirksames Stimulans für den Prozeß der Vergesellschaftung des Menschen gewesen ist. Die Widerspiegelung von Verhältnissen der Realität bedeutet im Idealfall, daß eine gegebene Aussage A einen Sachverhalt S korrekt beschreibt, und man nennt A wahr (bzw. falsch), wenn S tatsächlich vorliegt (bzw. nicht vorliegt). Beispiele für diesen Idealfall entnimmt man leicht der Mathematik.

Gegeben seien die Aussagen A_1 und A_2, wobei A_1 bzw. A_2 bedeuten sollen:

A_1: 2 ist kleiner als 5 (kurz: $2 < 5$)

A_2: 6 ist kleiner als 4 (kurz: $6 < 4$).

Es ist trivial, daß beide Aussagen einen klar definierbaren Sachverhalt über natürliche Zahlen beschreiben; jedoch besteht der Unterschied, daß der durch A_1 beschriebene Sachverhalt tatsächlich vorliegt, A_1 also wahr ist, während der durch A_2 beschriebene Sachverhalt nicht vorliegt, A_2 also falsch ist.

Dieser Idealfall wird in der Logik auch häufig wie folgt gekennzeichnet. Gegeben seien ein Sachgebiet $\mathfrak{T}$ und eine Menge $\mathfrak{A}$ von Aussagen A, die Sachverhalte S von $\mathfrak{T}$ beschreiben. Man zeigt dann, daß für $\mathfrak{A}$ (in bezug auf $\mathfrak{T}$) das Prinzip der Zweiwertigkeit gelte, falls jede Aussage $A \in \mathfrak{A}$ entweder wahr oder falsch ist, und zwar unabhängig von "Raum", "Zeit" oder irgendwelchen anderen "Parametern".

Löst man in dieser Formulierung das "Entweder-Oder" auf, ergeben sich die beiden folgenden Forderungen:

1. Prinzip vom ausgeschlossenen (semantischen) Widerspruch.
   Es gibt keine Aussage $A \in \mathfrak{A}$, die wahr <u>und</u> falsch ist.
2. Prinzip vom ausgeschlossenen (semantischen) Dritten.
   Jede Aussage $A \in \mathfrak{A}$ ist wahr <u>oder</u> falsch.

In diesem Zusammenhang muß nun ausdrücklich betont werden, daß ein neues und in der Regel nichttriviales Problem vorliegt, wenn festgestellt werden soll, ob eine gegebene Aussage wahr oder falsch ist bzw. wenn der Wahrheitswert einer jeden Aussage aus einer gegebenen Gesamtheit bestimmt werden soll. Betrachten wir dazu die folgenden Aussagen aus dem Sachgebiet "Natürliche Zahlen".

A_3: Es gibt keine natürliche Zahl n,x,y,z, so daß
$n,x,y,z \in \{3,4,5\}$ und $x^n + y^n = z^n$.

A_4: Es gibt keine natürliche Zahl $n,x,y,z \geq 3$, so daß $x^n + y^n = z^n$.

Für A_3 kann "experimentell" festgestellt werden, daß diese Aussage wahr ist, wobei das Experiment darin besteht, für die vorliegenden $3 \cdot 3 \cdot 3 \cdot 3 = 243$ Fälle der möglichen Wahlen von n,x,y,z nachzurechnen, daß $x^n + y^n \neq z^n$. Für A_4, welches sicher entweder wahr oder falsch ist, ist eine derartige "experimentelle" Nachprüfung nicht möglich. Hier gibt es nur die Möglichkeit zu versuchen, diese Aussage (die aus der Geschichte der Mathematik als "großer Fermat" bekannt ist) aus geeigneten, als wahr erkannten Aussagen (über natürliche Zahlen oder über andere mathematische Objekte) zu folgern oder zu beweisen (auf den Unterschied zwischen "Folgern" und "Beweisen" werden wir noch detailliert eingehen) - ein Problem, das bekanntlich trotz zahlreicher Versuche bis heute ungelöst ist.

Abschließend zum Thema "Feststellung der Wahrheit (oder Falschheit) einer Aussage" sei daran erinnert, daß gewöhnlich ein Wissenschaftsgebiet deduktiv genannt wird, wenn man ein System wahrer Aussagen (Axiomensystem) an die Spitze stellt und dann versucht, alle weiteren wahren Aussagen, die dieses Gebiet betreffen, aus dem gegebenen Axiomensystem zu folgern bzw. zu beweisen, wobei das Folgern oder Beweisen so definiert sein muß, daß es von wahren Aussagen wieder zu wahren Aussagen führt, also "semantisch" widerspruchsfrei ist. Weiteres zur Motivation solcher Untersuchungen findet man z.B. in [As59, As72, As81]. Verwendet man den Begriff "Wissen", wird man im beschriebenen Idealfall eine wahre Aussage A als Repräsentation "exakten" Wissens oder als "exakte" Repräsentation von Wissen auffassen können.

Nun beobachtet man aber, daß in vielen anderen Sachgebieten, wie z.B. in experimentellen Wissenschaften, in den Gesellschaftswissenschaften, in der Technik und der Produktion sowie im täglichen Leben schlechthin, der im obigen Idealfall bestehende relativ einfache Zusammenhang zwischen Sprache und Realität nicht mehr besteht. Dies hat sehr unterschiedliche Ursachen und Aspekte, die wir hier nicht vollständig auflisten und diskutieren können.

Betrachten wir dazu die folgende Aussage: "Das Resultat eines Wurfes mit einem (üblichen symmetrischen) Würfel ist eine 4". Hier ist ebenfalls ein Sachverhalt, nämlich Lage eines Würfels nach einem Wurf, eindeutig beschrieben. Im Hinblick auf den Wahrheitswert dieser Aussage kommt jedoch ein wichtiger zeitlicher Aspekt ins Spiel: Ist der Wurf erfolgt, zeigt der Würfel eine 4 oder nicht, d.h., die Aussage ist entweder wahr oder falsch. Ist der Wurf noch nicht erfolgt, kann man nicht sinnvoll davon sprechen, daß diese Aussage wahr oder falsch sei; man kann aber einen "Wahrheitsgehalt" definieren, nämlich durch die Wahrscheinlichkeit, mit der das beschriebene Ereignis (d.h. der beschriebene Sachverhalt) eintritt, und das ist im vorliegenden Fall eines symmetrischen Würfels $\frac{1}{6}$. Führt man diese Ideen weiter, gelangt man zur Wahrscheinlichkeitslogik (siehe z.B.[GeNi87, chapter 8]) und zur Fuzzylogik (siehe z.B.[Tu84, chapter 7]), die als Teilgebiete des wesentlich umfangreicheren Bereiches der mehrwertigen Logiken ([BeKr 71, Kap. 4; DuEp75; RoTu52; Tu84, chapter 3]) angesehen werden können.

Eine andere Verallgemeinerung ergibt sich, wenn man konstatiert, daß der Wahrheitswert einer Aussage von Zeit und Ort bzw. allgemeiner vom aktuellen Zustand eines Systems abhängen kann. "Es regnet" und "Der Motor des Autos springt nach Drehen des Schlüssels im Zündschloß an" sind Beispiele für derartige Aussagen, wobei im zweiten Fall der aktuelle Zustand des Systems Auto darin besteht, daß Anlasser, Zündung, Treibstoffzufuhr und Batterie in Ordnung sind. Temporale Logiken [Be83; McAr79;ReschUr71;Tu84,chapt.6], Dynamische Logiken [FiLa77, FiLa79, Ha79, MeyStrMir81 , Pa81, Pr76, Str81, Thi66 , Tu84] und Prozeßlogiken [Ab80, HaKoPa80] sind formale Systeme, mit denen man in der Lage ist, die angedeuteten Effekte genauer zu untersuchen. Sie sind in enger Wechselwirkung mit Problemen der Programmkorrektheit und Programmverifikation entwickelt worden und haben in diesen Gebieten auch eine fruchtbare Anwendung gefunden [Bu69, Fl67,Hoa69, Di 76, LoSi84].

Will man Aspekte der Konstruktivität, der Beweisbarkeit, der Gewißheit, der Möglichkeit und der Kausalität in die logischen Betrachtungen einbeziehen, wird man auf intuitionistische Logiken [BeKr71, Kap. VI; Du77; Hey30,Hey56,Ma75; Ma82;Tu84, chapter 4] und auf modale Logiken

[BeKr71, Kap. V; HuCr68, vonWr51,Ze73] geführt. Sie können sowohl im Rahmen der mehrwertigen Logik aufgebaut als auch durch sogenannte Kripke-Semantiken [Kr59, Kr63, Kr65] zweiwertig interpretiert werden.
Durch Kripke-Semantiken kann zwischen dynamischen und modalen Logiken ein enger Zusammenhang hergestellt werden (siehe dazu z.B. [van Em78]).

Allen bisher erwähnten Formen logischen Schließens und den entsprechenden formalen Systemen ist mindestens das folgende Monotonie-Prinzip gemeinsam: Kann aus einer Menge X von Prämissen eine Aussage A erschlossen werden, dann trifft dasselbe auch auf jede Erweiterung Y $\supseteq$ X zu.

Wir müssen nun feststellen, daß dieses Prinzip keineswegs für alle logischen Schlußfolgerungen erfüllt ist, die allgemein im gesellschaftlichen Leben und speziell in der Wissenschaft gezogen werden. Betrachten wir dazu die beiden folgenden Schlußfiguren:

SF1 Prämissen:

1.1. Alle Menschen sind sterblich.

1.2. Müller ist ein Mensch.

Konklusion:

1. Müller ist sterblich.

SF2 Prämissen:

2.1. Alle Vögel können fliegen.

2.2. Hansi ist ein Vogel.

Konklusion:

2. Hansi kann fliegen.

Offenbar ist SF1 ein richtiger Schluß, insbesondere ist die Konklusion "Müller ist sterblich" richtig, weil die Prämissen richtig sind. Insbesondere ist die erste richtig, weil es dazu keine Ausnahmen, d.h. unsterbliche Menschen, gibt.

Diese Argumentation bleibt erhalten, auch wenn man in SF1 weitere Prämissen hinzufügt, etwa:

1.3. Müller ist gut verheiratet.

1.4. Müller ist bei einem guten Arzt in ständiger Betreuung.

1.5. Müller meidet Tabak und Alkohol, außerdem treibt er viel Sport.

1.6. Müller ist bereits 120 Jahre alt.

Dagegen liegt eine grundlegend andere Situation bei SF2 vor. Dieser Schluß kann richtig, aber auch falsch sein; dasselbe trifft auf die Konklusion "Hansi kann fliegen" zu.

Die Ursache dafür könnte man durch den häufig zitierten "Leitsatz": "Keine Regel ohne Ausnahme" beschreiben, d.h. im vorliegenden Fall, daß die Prämisse 2.1. "Alle Vögel können fliegen" nicht generell, also nicht ausnahmslos gilt. Ausnahmen sind z.B. Pinguine, Strauße, aber auch tote Vögel, gebratene Vögel, Vögel mit gebrochenen Flügeln, Jungvögel usw. Das Wort "usw." hat hier nun eine grundlegende und nicht überschätzbare logische Bedeutung, nämlich die, daß man häufig nicht alle Ausnahmen kennt oder daß man nicht alle Ausnahmen aufschreiben bzw. abspeichern will oder kann, weil die Zeit oder das Papier nicht ausreichen bzw. der Speicher des verwendeten Rechners zu voll wird oder überläuft. Könnte man alle Ausnahmen angeben - in der Künstlichen Intelligenz würde man sagen, daß das Qualifikationsproblem, das erstmalig in [McCa77] formuliert wird, im Sinne der klassischen Logik lösbar sei - und wüßte man ferner, daß Hansi nicht zu den Ausnahmen gehört, wäre die Konklusion "Hansi kann fliegen" wahr und die modifizierte Schlußfigur wäre völlig korrekt.

Da nun das Qualifikationsproblem (im Sinne der klassischen Logik) gar nicht oder nicht in einer "brauchbaren", z.B. implementierbaren Form lösbar ist, muß man auch die korrekten Schlußweisen der klassischen Logik verzichten und (zunächst) mit dem "gesunden Menschenverstand" (englisch auch "everyday human reasoning" oder "commonsense reasoning" genannt) schließen. Der "gesunde Menschenverstand" argumentiert aber etwa folgendermaßen: Die Konklusion "Hansi kann fliegen" wird in der "Regel" richtig sein, weil Hansi höchstwahrscheinlich keine "Ausnahme" ist; denn Ausnahmen kommen selten vor bzw. Hansi wurde im Vogelladen nebenan gekauft und dort gibt es in der Regel nur Kanarienvögel und Wellensittiche bzw. Hansi kann singen bzw. Hansi kann sprechen bzw. es ist nicht ausdrücklich gesagt, daß Hansi eine Ausnahme ist. Mit anderen Worten: Das Schließen mit dem "gesunden Menschenverstand" wird, auch wenn inkorrekte Prämissen wie "Alle Vögel können fliegen" benutzt werden, in der Regel zu richtigen Konklusionen führen, weil dabei "Hintergrundwissen", "implizites Wissen", "kontextabhängiges Wissen", "Metawissen", "plausible Annahmen" usw. zusätzlich zu den explizit gegebenen Prämissen ausgenutzt wird bzw. getroffen werden.

Unmittelbar ist klar, daß die beschriebene Form des Schließens nicht monoton ist. Dazu fügen wir folgende Prämisse hinzu:

2.3. Hansi wurde von einer Antarktis-Expedition mitgebracht.

Mit dem "gesunden Menschenverstand" schließt man jetzt aus den Prämissen, 2.1, 2.2. und 2.3. aber auf die Konklusion

2'. Hansi kann nicht fliegen.

Dieser Schluß ist wiederum inkorrekt, weil Hansi ein Kanarienvogel sein kann, den ein Expeditionsteilnehmer bei der Rückreise in Spanien gekauft hat oder - was zumindest theoretisch möglich ist - Hansi aus einer Population von fliegenden Pinguinen stammen kann, die in der Antarktis gezüchtet worden ist. Die Ursache dafür ist, daß man bei diesem Schluß eigentlich die folgende generalisierte Aussage benutzt, die ebenfalls inkorrekt ist, weil sie generell nicht gültig ist, sondern Ausnahmen zuläßt.

2.4. Alle Vögel, die von einer Antarktis-Expedition mitgebracht werden, sind Ausnahmen.

Demgemäß wäre jetzt 2.4. zu qualifizieren, d.h., es wären alle Ausnahmen zur Ausnahme (daß ein Vogel nicht fliegen kann) zu bestimmen, und das sind wieder schier unübersehbar viele Möglichkeiten, wie durch die obigen Gegenbeispiele angedeutet worden ist.

Die logische Situation wird noch wesentlich komplizierter, wenn man bedenkt, daß es z.B. in der Population von fliegenden Pinguinen wieder Ausnahmen, etwa einzelne Exemplare, geben kann, die nicht fliegen können, bei denen etwa ein "genetischer Rückschlag" eingetreten ist oder die zu fett geworden sind oder die sich die Flügel gebrochen haben. Unter den in Spanien angebotenen Kanarienvögeln können ebenfalls solche vorkommen, die nicht fliegen können, wobei wir auf die Angabe von Gründen dafür hier verzichten wollen. Also sind die Ausnahmen der Ausnahmen der Ausnahmen der Eigenschaft, daß ein Vogel fliegen kann, zu diskutieren, wobei jede Ausnahme in den zu ihr gehörenden Kontext eingebettet zu betrachten ist. Es ist klar, daß diese Konstruktion beliebig oft iteriert werden kann und damit die resultierenden und zu betrachtenden logischen Strukturen eine hohe Komplexität aufweisen.

Eng verwandt mit dem Qualifikationsproblem sind das Frame-Problem (erstmalig formuliert in [McCaHa69]) und das Ramification-Problem [Fi87], wo es darum geht, daß z.B. Bewegungsabläufe, etwa von Industrierobotern, beschrieben werden, ohne daß dabei gültige Invarianzbedingungen, etwa Erhaltung der Struktur des betreffenden Roboters, überhaupt formuliert sind.

Über die diskutierten Beispiele hinausgehend, müssen wir feststellen, daß die sowohl im praktischen Leben als auch in der Wissenschaft verwendeten Schlußweisen weit über das hinausgehen, was im Rahmen der klassischen Logik (als "korrekt") zugelassen ist. Bezeichnungen wie "nicht-deduktives", "induktives", "abduktives", "analoges", "approximatives" und "nichtmonotones" Schließen sollen zur Abgrenzung und Klassifizierung dienen, wobei eine hinreichende Präzisierung dieser Bezeichnungen, d.h. eine korrekte Abgrenzung und ein wissenschaftlich befriedigender Aufbau dieser Gebiete, gegenwärtig noch im Fluß ist. Im Hinblick auf "Monotonie" und "Nichtmonotonie" muß festgestellt werden, daß zwar das klassische Schließen grundsätzlich monoton ist, diese Beziehung jedoch nicht umkehrbar ist, d.h., daß es Formen nichtklassischen Schließens gibt, die durchaus monoton ablaufen. Der Verfasser hat hierzu im Rahmen von Versuchen zur Formalisierung von Teilgebieten des analogen Schließens erst kürzlich ein instruktives Beispiel konstruiert [Thi88].

Die nichtmonotone Logik untersucht nun die (nichtklassischen) Schlußweisen, die mit nichtmonotonen Effekten verbunden sind. Wir haben versucht, dies am Beispiel des Qualifikationsproblems zu verdeutlichen. Darüber hinaus könnte man eine Fülle von Beispielen diskutieren, die z.T. in ihren Ausgangspunkten und Zielen sehr unterschiedlich sind und nur schwer ein gemeinsames Prinzip erkennen lassen, was man z.B. auch den Arbeiten [Is80, McCa77, McCaHa69, Mins75, Per86] sowie dem Sammelband [Gi87] entnehmen kann; insbesondere sei auf [McCa84] verwiesen, wo sieben verschiedene Arten nichtmonotonen Schließens herausgearbeitet werden. Demgemäß sind in den letzten 10 Jahren sehr unterschiedliche Prinzipien und formale Systeme zur Modellierung nichtmonotonen Schließens entwickelt worden, unter denen die wichtigsten als Closed World Assumption, Circumscription, Default Reasoning und Model Approaches bekanntgeworden sind. Truth Maintenance Systems haben eine enge Beziehung zum nichtmonotonen Schließen, sind selbst keine diesbezüglichen formalen Kalküle, sondern stellen Systeme zur "Erhaltung der Wahrheit" sowie zur "Erhaltung von Schlußfolgerungen" (auch Reason Maintenance Systems genannt) dar. Sie sind ein wichtiges Hilfsmittel bei der Implementation von nichtmonotonen logischen Systemen in Wissensbasen und Expertensystemen.

Einführungen in die nichtmonotone Logik findet man in [GeNi87 ,Tu84], einen guten Überblick über die historische Entwicklung, über Motivationen, aktuelle Forschungsrichtungen und bereits praktizierte oder mögliche Anwendungen geben [Br88, Gie87].

Es ist klar, daß das vorliegende Kapitel aus dem Gesamtgebiet der nichtmonotonen Logik, das in den letzten Jahren einen großen Umfang angenommen hat, nur eine (subjektiv bedingte) Auswahl bringen kann; dasselbe trifft auf die Literaturangaben zu. Es ist als eine Anregung zur Einarbeitung in das Gebiet der nichtmonotonen Logik gedacht. Als Ergänzung und zur Einführung in die Gebiete der nichtmonotonen Logik, die hier nur kurz behandelt werden konnten, sei auf [Br88] verwiesen.

2. Grundbegriffe der Theorie mehrsortiger Prädikatenkalküle der ersten Stufe

In den Anwendungen der Mathematischen Logik auf verschiedene Probleme der Informatik hat sich herausgestellt, daß im Falle des Prädikatenkalküls der ersten Stufe der übliche einsortige Aufbau, der in der Regel beim Studium elementarer formalisierter entscheidbarer oder unentscheidbarer Theorien, in der (klassischen) Modelltheorie, selbst bei der mathematisch-logischen Fundierung der logischen Programmierung zugrunde gelegt wird, in vielen Fällen begrifflich zu schwach ist, d.h. nicht ausreicht, um bestimmte Sachverhalte, Algorithmen u.ä. überhaupt oder elegant formulieren zu können. Hier hilft auch nicht der Hinweis weiter, daß man ja stets durch Einführung geeigneter Sortenprädikate den mehrsortigen Fall auf den einsortigen zurückführen können (siehe z.B. [Schm38,Schm51,Ha52,Ha62]); denn dies bedeutet im allgemeinen eine Signatur- und damit eine Spracherweiterung durch die Hinzunahme neuer (einstelliger) Prädikatensymbole. Ferner ist zu bedenken, daß in den Anwendungen (speziell in der Informatik, z.B. in der logischen Programmierung) in ihren Ausdrucksmöglichkeiten eingeschränkte Prädikatenkalküle eine große Rolle spielen, in diesen Fällen aber im allgemeinen eine Reduktion auf den einsortigen Fall schwierig oder gar unmöglich ist.

2.1. Die Syntax mehrsortiger Prädikatenkalküle der ersten Stufe

Die Basis der Syntax (und auch der Semantik) mehrsortiger Prädikatenkalküle erster Stufe sind Signaturen.

DEFINITION 2.1.1. Signaturen

Ein Quadrupel der Form $\Sigma = [S,F,P,\alpha]$ heiße Signatur genau dann, wenn die folgenden Bedingungen erfüllt sind:

1. S,F und P sind paarweise disjunkte, ansonsten beliebige Mengen;
2. α ist eine eindeutige Abbildung von $F \cup P$ in S^* mit $\alpha(f) \neq e$, falls $f \in F$.

BEMERKUNGEN

1. Die Menge S,F bzw. P wird Menge der Sorten, Funktionssymbole bzw. Prädikatensymbole der Signatur Σ genannt. Sorten, Funktionssymbole bzw. Prädikatensymbole werden durch s,f bzw. p bezeichnet, evtl. mit Unterscheidungsindizes. α heiße Aritätsfunktion der Signatur Σ.

2. In Anwendungen werden wir für Sorten, Funktionssymbole und Prädikatensymbole auch beliebige andere Zeichenfolgen verwenden, wobei die umgangssprachliche Bedeutung dieser Zeichenfolgen auf die gewählte semantische Interpretation (siehe Abschnitt 2.2) hinweisen soll. Als Beispiele seien nat, real, string als Sortensymbole, Hansi, aspect 1, aspect 2 als Funktionssymbole und Bird, Penguin als Prädikatensymbole genannt.

3. Sind die Mengen S,F und P sämtlich leer, nennen wir Σ leere Signatur. Ist F leer, heiße Σ relationale Signatur, Funktionssymbole $f \in F$ mit $\alpha(f) \in S$ heißen Individuenkonstanten oder Individuennamen, und zwar der Sorte s, wenn $\alpha(f) = s$ gilt. Sie werden im folgenden durch c^s (evtl. mit Unterscheidungsindizes) angedeutet. Enthält F nur Individuennamen, so heißt Σ relationale Signatur mit Individuennamen. Ist P leer, nennen wir Σ ein operationale Struktur; die Symbole $f \in F$ heißen dementsprechend Operationssymbole.

4. Gilt für $w \in S^*$, $s \in S$ und $f \in F$ die Gleichung $\alpha(f) = ws$, so definieren wir $\alpha_i(f) =_{def} w$, $\alpha_o(f) =_{def} s$ und nennen $\alpha_i(f) \in S^*$ bzw. $\alpha_o(f)$ die Inputarität bzw. Outputarität zu f.

5. "Overloadings" in der Form, daß α als Werte Teilmengen von S^* annimmt, also für ein Symbol aus $F \cup P$ feststeht, daß es entweder Funktionssymbol oder Prädikatensymbol ist, es als solches jedoch mehrere Aritäten tragen kann, werden nicht betrachtet. Ebenfalls nicht betrachtet wird der allgemeine Fall des "overloading", wobei $F \cap P$ nicht mehr leer sein muß und Signaturen in der Form $\Sigma = [S,F,P,\alpha^F,\alpha^P]$ mit $\alpha^F: F \to S^+$ und $\alpha^P: P \to S^*$ oder noch allgemeiner mit $\alpha^F: F \to \mathcal{P}F$ und $\alpha^P: P \to \mathcal{P}P$ definiert werden, ein Symbol also sowohl Funktionssymbol als auch Prädikatensymbol sein kann, wobei es in beiden Fällen zusätzlich mehrere Aritäten tragen kann. Es sei bemerkt, daß derartige Definitionen nicht aus "theoretischer Verallgemeinerungslust" erwachsen, sondern unmittelbar aus Anwendungen stammen und eine Herausforderung an die Theorie darstellen.

DEFINITION 2.1.2. Individuenvariablen und Terme

1. Zu jeder Sorte $s \in S$ fixieren wir eine beliebige Menge V_s von Individuenvariablen der Sorte s, angedeutet durch v^s, x^s, y^s, z^s, evtl. mit zusätzlichen Unterscheidungsindizes. Die Menge V aller Individuenvariablen wird durch $V =_{def} \bigcup_{s \in S} V_s$ definiert.

2. Jede Individuenvariable der Sorte s und jede Individuenkonstante der Sorte s ist ein Term der Sorte s.

3. Ist $f \in F$, $\alpha(f) = s_1 \ldots s_n s$ mit $n \geq 1$ und $s_1, \ldots, s_n, s \in S$, und ist für jedes $v \in \{1, \ldots, n\}$ T_v ein Term der Sorte s_v, so ist $f(T_1, \ldots, T_n)$ ein Term der Sorte s.

BEMERKUNGEN

1. Für die Anwendungen und für viele theoretische Fragen genügt es, wenn jedes V_s $(s \in S)$ abzählbar unendlich gewählt wird. Ist ein V_s überabzählbar unendlich, entstehen beim Beweis bestimmter Sätze, z.B. beim Vollständigkeitsbeweis, gewisse zusätzliche Probleme; für endliche V_s wird dagegen die Ausdrucksfähigkeit der entsprechenden Sprache stark eingeschränkt.

2. Die Bedingungen 2 und 3 der obigen Definition beschreiben die übliche induktive Termdefinition, hier jedoch unter Beachtung der durch die Aritätsfunktion α festgelegten Sortenverträglichkeiten.

3. Die Gesamtheit aller Terme der Sorte s, die in der angegebenen Weise konstruiert werden können, wird durch $TERM_s(\Sigma, V)$ angedeutet; schließlich definieren wir:
$TERM(\Sigma, V) =_{def} \bigcup_{s \in S} TERM_s(\Sigma, V)$.

4. Terme der Sorte s, in denen keine Individuenvariablen vorkommen, heißen konstante Terme oder Terme ohne Individuenvariablen. Ihre Gesamtheit bezeichnen wir durch $CTERM(\Sigma) =_{def} \bigcup_{s \in S} CTERM_s(\Sigma)$, wobei offenbar auf die Angabe der Variablenmenge verzichtet werden kann.

DEFINITION 2.1.3. Ausdrücke

1. Ist $p \in P$, $\alpha(p) = e$, so ist p ein Ausdruck.

2. Ist $p \in P$, $\alpha(p) = s_1 \ldots s_n$ mit $n \geq 1$ und ist für jedes $v \in \{1, \ldots, n\}$ T_v ein Term der Sorte s_v, so ist $pT_1 \ldots T_n$ ein Ausdruck.

3. Sind A und B Ausdrücke, so sind auch $\neg A$ und $(A \rightarrow B)$ Ausdrücke.

4. Ist $s \in S$, $v^s \in V_s$ und ist A ein Ausdruck, so ist auch $\forall v^s A$ ein Ausdruck.

BEMERKUNGEN

1. Die oben formulierten Bedingungen 1 bis 4 beschreiben eine übliche induktive Ausdrucksdefinition, bei Bedingung 2 unter Beachtung der durch die Aritätsfunktion α festgelegten Sortenverträglichkeiten, analog zur Termdefinition. Die Gesamtheit der so festgelegten Ausdrücke wird durch $FORM(\Sigma, V)$ bezeichnet.

2. Um die später zu formulierenden Definitionen, Axiomensysteme und Systeme von Schlußregeln nicht zu umfangreich werden zu lassen, haben wir als Grundfunktoren : nur $\sim$, $\rightarrow$ und V zugelassen, die restlichen üblicherweise verwendeten Funktoren werden wie folgt definiert

$$A \vee B =_{def} (A \longrightarrow B) \longrightarrow B$$

$$A \wedge B =_{def} \neg(A \longrightarrow \neg B)$$

$$A \longleftrightarrow B =_{def} (A \longrightarrow B) \wedge (B \longrightarrow A)$$

$$\exists v^s A =_{def} \neg \forall v^s \neg A$$

3. Bei der Angabe spezieller Ausdrücke verwenden wir, unter Einbeziehung der definierten Funktoren, die üblichen Regeln zur Einsparung von Klammern (siehe [As59, As72,As81]).

4. Ausdrücke, die allein durch die Bedingungen 1 und 2 konstruiert werden, heißen prädikative Ausdrücke. Ihre Gesamtheit wird durch PFORM(Σ ,V) angedeutet.

5. Der Begriff der in einem Ausdruck an einer Stelle frei vorkommenden Individuenvariablen wird wie üblich definiert. Ein Ausdruck A heißt Aussage oder abgeschlossen genau dann, wenn in A an keiner Stelle eine Individuenvariable frei vorkommt. Die Menge aller Aussagen in FORM(Σ ,V) bezeichnen wir durch AFORM(Σ ,V). Die Menge der prädikativen Ausdrücke, die in AFORM(Σ ,V) vorkommen, wird durch PAFORM(Σ ,V) angedeutet; Elemente dieser Menge heißen prädikative Aussagen.

6. In den bisherigen Konstruktionen haben wir noch keine Möglichkeit geschaffen, Gleichungen zu formulieren, was für viele Anwendungen, z.B. für die algebraische Software-Spezifikation, von grundlegender Wichtigkeit ist. Im mehrsortigen Fall gibt es offenbar zwei Möglichkeiten, dieses Konzept einzubauen.

6.1. Einführung eines universellen Gleichheitszeichens=. Dazu verwenden wir die folgende Konstruktionsregel.

Sind T_1 und T_2 Terme gleicher Sorte, so ist $T_1 = T_2$ eine Gleichung.

Die entsprechend erweiterten Ausdrucksmengen werden durch $FORM^{=}(\Sigma ,V)$, $AFORM^{=}(\Sigma ,V)$, $PFORM^{=}(\Sigma ,V)$ und $PAFORM^{=}(\Sigma ,V)$ bezeichnet, wobei Gleichungen als spezielle prädikative Ausdrücke aufgefaßt werden.

6.2. Einführung einer Schar $\{ =_s | s \in S \}$ sortenspezifischer Gleichheitszeichen. In diesem Fall wird wie folgt konstruiert:

Ist $s \in S$ und sind T_1 und T_2 Terme der Sorte s, so ist $T_1 =_s T_2$ eine Gleichung.

Es ist klar, daß im zweiten Fall 'feinere', durch die Sortenunterscheidung gegebene Ausdrucksmöglichkeiten ausgenutzt werden können. Eine genauere Diskussion dieser zwei Ansätze ist nicht Aufgabe dieses Kapitels; wir beziehen uns im folgenden nur auf den ersten (einfacheren) Ansatz.

2.2. Die Semantik mehrsortiger Prädikatenkalküle der ersten Stufe

Als Grundlage für die semantische Interpretation der konstruierten Terme und Ausdrücke definieren wir den Begriff des algebraischen Systems.

DEFINITION 2.2.1. Algebraische Systeme

Ein Quadrupel der Form $\mathfrak{A} = [\Sigma, \Delta, \Phi, \Pi]$ heiße algebraisches System genau dann, wenn die folgenden Bedingungen erfüllt sind:

1. Σ ist eine Signatur, etwa $\Sigma = [S, F, P, \alpha]$;

2. Δ ist eine eindeutige Abbildung, die jedem $s \in S$ einen nichtleeren Bereich Δ_s von Individuen der Sorte s zuordnet;

3. Φ ist eine eindeutige Abbildung, die jedem Funktionssymbol $f \in F$ mit $\alpha(f) = s_1 \ldots s_n s$ und $n \geq 1$ eine totale Funktion Φ_f von $\Delta_{s_n} \times \ldots \times \Delta_{s_n}$ in Δ_s zuordnet; ist $\alpha(f) = s$, so gilt $\Phi_f \in \Delta_s$.

4. Π ist eine eindeutige Abbildung, die jedem Prädikatensymbol $p \in P$ mit $\alpha(p) = s_1 \ldots s_m$ und $n \geq 1$ eine Teilmenge $\Pi_p \subseteq \Delta_{s_1} \times \ldots \times \Delta_{s_n}$ zuordnet; ist $\alpha(p) = e$, so gilt $\alpha(p) \in \{0,1\}$.

BEMERKUNGEN

1. Soll die Signatur eines algebraischen Systems hervorgehoben werden, sprechen wir von einem Σ-algebraischen System oder von einem algebraischen System über Σ. Die Gesamtheit aller algebraischen Systeme über Σ wird durch ALG(Σ) angedeutet.

2. Individuen (Elemente) der Sorte $s \in S$ bezeichnen wir durch ξ^s, η^s, ζ^s, evtl. mit zusätzlichen Unterscheidungsindizes.

3. Ist F leer, heißt $\mathfrak{A}$ relationales algebraisches System oder relationale Algebra; ist P leer, nennen wir $\mathfrak{A}$ operationales algebraisches System oder einfach Algebra.

4. Für $f \in F$ mit $\alpha(f) = s$ kann Φ_f auch als totale nullstellige Funktion, deren Wert in Δ_s liegt, aufgefaßt werden; die Prädikatensymbole $p \in P$ mit $\alpha(p) = e$ spielen auf Grund ihrer Interpretation durch Π offenbar die Rolle von Aussagenvariablen.

Die in der folgenden Definition auftretenden Terme bzw. Ausdrücke seien stets aus TERM(Σ, V) bzw. FORM(Σ, V) gewählt; außerdem sei ein $\mathfrak{A} \in$ ALG(Σ) gegeben.

DEFINITION 2.2.2. Zustände, Interpretation der Terme und der Ausdrücke

1. σ heiße $\mathfrak{A}$-Zustand der Individuenvariablen aus V $=_{def}$ σ ist eine eindeutige Abbildung von $\bigcup_{s \in S} V_s$ in $\bigcup_{s \in S} \Delta_s$, so daß für jedes $s \in S$ und jedes $v^s \in V_s$ die Beziehung $\sigma(v^s) \in \Delta_s$ gilt.

2. EL(T, $\mathfrak{A}$, σ) $=_{def}$. Dasjenige Element aus $\bigcup_{s \in S} \Delta_s$, das dem Term T durch das interpretierende algebraische System $\mathfrak{A}$ und den $\mathfrak{A}$-Zustand σ zugeordnet ist.

3. $\sigma, \mathfrak{A} \models A$ $=_{def}$. Der $\mathfrak{A}$-Zustand σ und das algebraische System $\mathfrak{A}$ erfüllen den Ausdruck A.

BEMERKUNGEN

1. Das Wort "Zustand" ist aus der Dynamischen Logik und der Prozeßlogik entlehnt, wo Programme gegebene Zustände in andere transformieren; in der "klassischen" Mathematischen Logik heißen Zustände auch häufig "Belegungen".

2. $EL(T,\mathfrak{A},\sigma)$ wird durch Induktion über T wie üblich durch die folgenden Bedingungen definiert:

a) $EL(v^s,\mathfrak{A},\sigma) =_{def} \sigma(v^s)$.

b) $EL(f,\mathfrak{A},\sigma) =_{def} \Phi_f$, falls $\alpha(f) \in S$.

c) $EL(f(T_1,\ldots,T_n),\mathfrak{A},\sigma)$

$=_{def} \Phi_f(EL(T_1,\mathfrak{A},\sigma),\ldots,EL(T_n,\mathfrak{A},\sigma))$ für $n \geq 1$.

Offenbar gilt: Wenn T ein Term der Sorte s ist, dann ist $EL(T,\mathfrak{A},\sigma)$ ein Element von Δ_s.

3. $\sigma,\mathfrak{A} \models A$ wird durch Induktion über A wie üblich durch die folgenden Bedingungen definiert:

a) $\sigma,\mathfrak{A} \models p =_{def} \Pi_p = 1$, falls $\alpha(p) = e$,

b) $\sigma,\mathfrak{A} \models pT_1\ldots T_n$

$=_{def} [EL(T_1,\mathfrak{A},\sigma),\ldots,EL(T_n,\mathfrak{A},\sigma)] \in \Pi_p$ für $n \geq 1$;

c) $\sigma,\mathfrak{A} \models \neg A =_{def}$ Nicht $\sigma,\mathfrak{A} \models A$;

$\sigma,\mathfrak{A} \models A \longrightarrow B =_{def}$ Wenn $\sigma,\mathfrak{A} \models A$, so $\sigma,\mathfrak{A} \models B$;

d) $\sigma,\mathfrak{A} \models \forall v^s A =_{def}$ Für jedes σ': Wenn $\sigma' =_{v^s} \sigma$, so $\sigma',\mathfrak{A} \models A$;

wobei $\sigma' =_{v^s} \sigma =_{def}$ Für jedes $x \in V$: Wenn $x \neq v^s$, so $\sigma'(x) = \sigma(x)$.

4. Für einen Term T ohne freie Individuenvariablen ist $EL(T,\mathfrak{A},\sigma)$ von σ unabhängig. In diesem Fall bezeichnen wir das eindeutig festgelegte Element $EL(T,\mathfrak{A},\sigma)$ einfacher durch $EL(T,\mathfrak{A})$.

5. Wird das universelle Gleichheitszeichen = einbezogen, erweitern wir die Definition von $\sigma,\mathfrak{A} \models A$ um die folgende Bedingung:

e) $\sigma,\mathfrak{A} \models T_1 = T_2 =_{def} EL(T_1,\mathfrak{A},\sigma) = EL(T_2,\mathfrak{A},\sigma)$.

Bei Verwendung der Schar $\{=_s \mid s \in S\}$ sortenspezifischer Gleichheitszeichen setzt man analog

e.S) $\sigma,\mathfrak{A} \models T_1 =_s T_2 =_{def} EL(T_1,\mathfrak{A},\sigma) = EL(T_2,\mathfrak{A},\sigma)$.

Weil aus $T \in TERM_s(\Sigma)$ sofort $EL(T,\mathfrak{A},\sigma) \in \Delta_s$ folgt, unterscheiden sich die Definitionen e) und e.S) formal nicht. Die höhere Ausdrucksfähigkeit im zweiten Falle ergibt sich aus der Tatsache, daß aus dem Vorliegen der Gleichung $T_1 =_s T_2$ folgt, daß T_1 und T_2 die Sorte s haben und die Bedingung $\sigma,\mathfrak{A} \models T_1 =_s T_2$ neben $EL(T_1,\mathfrak{A},\sigma) = EL(T_2,\mathfrak{A},\sigma)$ auch $EL(T_1,\mathfrak{A},\sigma), EL(T_2,\mathfrak{A},\sigma) \in \Delta_s$ impliziert. Im ersten Fall dagegen impliziert das Vorliegen der Gleichung $T_1 = T_2$ nur, das T_1 und T_2 dieselbe Sorte haben; analog für $\sigma,\mathfrak{A} \models T_1 = T_2$.

Wie üblich werden nun die Allgemeingültigkeit und die Erfüllbarkeit eines Ausdrucks A in einem algebraischen System $\mathfrak{A}$ sowie im absoluten Sinne, ferner der (klassische) Modellbegriff, das (semantische) Folgern und die (semantische) Widerspruchsfreiheit definiert. Dazu seien $A \in FORM(\Sigma, V)$, $X \subseteq FORM(\Sigma, V)$ und $\mathfrak{A} \in ALG(\Sigma)$ beliebig gegeben.

DEFINITION 2.2.3

1. A ist allgemeingültig in $\mathfrak{A}$ (kurz $\mathfrak{A} \models A$) genau dann, wenn für jeden $\mathfrak{A}$-Zustand σ die Beziehung $\sigma, \mathfrak{A} \models A$ gilt.

2. A ist erfüllbar in $\mathfrak{A}$ genau dann, wenn es einen $\mathfrak{A}$-Zustand σ mit $\sigma, \mathfrak{A} \models A$ gibt.

3. A ist allgemeingültig (kurz $\models A$) genau dann, wenn für jedes $\mathfrak{A} \in ALG(\Sigma)$ die Beziehung $\mathfrak{A} \models A$ gilt.

4. A ist erfüllbar genau dann, wenn es ein $\mathfrak{A} \in ALG(\Sigma)$ gibt, so daß A in $\mathfrak{A}$ erfüllbar ist.

5. $\mathfrak{A}$ ist Modell für X (kurz $\mathfrak{A} \models X$) genau dann, wenn für jedes $A \in X$ die Beziehung $\mathfrak{A} \models A$ gilt. Die Gesamtheit aller Modelle für X wird durch MOD(X) bezeichnet.

6. Aus X folgt (semantisch) A (kurz $X \models A$) genau dann, wenn für jedes $\mathfrak{A} \in ALG(\Sigma)$ gilt: Wenn $\mathfrak{A} \models X$, so $\mathfrak{A} \models A$. Die Menge aller A mit $X \models A$ wird durch CONS(X) bezeichnet.

7. X ist (semantisch) widerspruchsfrei genau dann, wenn es ein $\mathfrak{A} \in ALG(\Sigma)$ mit $\mathfrak{A} \models X$ gibt.

BEMERKUNG

Die Verwendung des Symbols $\models$ in mehrfacher Bedeutung, nämlich in den Formen $\mathfrak{A} \models A$, $\models A$, $\mathfrak{A} \models X$ und $X \models A$, geschieht aus "Rationalitätsgründen"; dieser Fakt dürfte aber kaum Schwierigkeiten bereiten.

2.3. Semantisches Folgern und syntaktisches Beweisen

Die Relation $X \models A$ ist im allgemeinen für einen Menschen und auch für einen Computer wenig "praktikabel"; erfordert doch ihre Feststellung, was für viele theoretische und praktische Probleme häufig "lebenswichtig" ist, eine Übersicht über alle Modelle von X und eine Prüfung, ob in jedem dieser auch A allgemeingültig ist - eine, vordergründig gesehen, schier unlösbare Aufgabe.

Dem ist nicht so! Die klassische Theorie der Prädikatenkalküle der ersten Stufe hat hierzu in den letzten fast 100 Jahren eine Fülle von Resultaten bereitgestellt. Für eine fixierte Menge X, etwa als Teilmenge von FORM = $(\Sigma; V)$ gewählt, und für eine weitere fixierte Menge $Y \subseteq FORM = (\Sigma, V)$ kann es ein effektives Verfahren geben, mit dem für jedes $A \in Y$ festgestellt werden kann, ob $X \models A$ gilt oder nicht. Man sagt dann, daß CONS(X) bezüglich Y entscheidbar sei. Ob ein solches Verfahren existiert, hängt sehr stark von X, aber auch von Y und der gewählten Signatur Σ ab, seine Existenz ist - grob gesprochen - eine Ausnahme.

Im vorliegenden Fall von Prädikatenkalkülen erster Stufe (d.h. zur Erinnerung, daß nur Individuenvariablen quantifiziert werden dürfen, also quantifizierbare Funktions- oder Prädikatenvariablen nicht vorkommen) ist jedoch generell die folgende schwächere Form der effektiven oder konstruktiven "Beherrschung" der Menge CONS(X), und zwar für beliebiges X, möglich:

Man kann effektiv ein (logisches) Axiomensystem ax sowie endlich viele endliche Schlußregeln, die sämtlich effektiv ausführbar sind, so angeben, so daß für beliebiges $X \subseteq FORM = (\Sigma, V)$ und $A \in FORM = (\Sigma, V)$ gilt: $X \models A$ genau dann, wenn A mit Hilfe der Schlußregeln aus Ausdrücken von $ax \cup X$ abgeleitet (konstruiert) werden kann. Hierzu sei noch bemerkt, daß das Wort "effektiv" im allgemeinen Fall mit dem Begriff der rekursiven Funktion (siehe z.B. [Her61, Rog67])präzisiert wird; im vorliegenden konkreten Fall ist seine Bedeutung unmittelbar klar.

Als Axiomensystem ax werden alle Ausdrücke der folgenden Formen aus FORM(Σ,V) gewählt (zur Vereinfachung schließen wir das Gleichheitszeichen zunächst aus):

(1) $A \rightarrow (B \rightarrow A)$
(2) $A \rightarrow B \;\dot{\rightarrow}\; B \rightarrow C \;\dot{\rightarrow}\; A \rightarrow C$
(3) $(A \rightarrow B) \rightarrow A \;\dot{\rightarrow}\; A$
(4) $(A \rightarrow B) \rightarrow (\neg B \rightarrow \neg A)$
(5) $A \rightarrow \neg \neg A$
(6) $\neg \neg A \rightarrow A$

Als Schlußregeln verwenden wir:

Modus ponens

$$\frac{A,\ A \rightarrow B}{B}$$

Vordere Generalisierung

$$\frac{A \rightarrow B}{\forall v^s\ A \rightarrow B}$$

(Eingeschränkte) hintere Generalisierung

$$\frac{A \rightarrow B,\ v^s \text{ nicht frei in } A}{A \rightarrow \forall v^s\ B}$$

Gebundene Umbenennung

$$\frac{A,\ B \text{ ist das Resultat einer gebundenen Umbenennung von Individuenvariablen in } A}{B}$$

Termeinsetzung

$$\frac{A}{A(v^s | T)}$$

BEMERKUNGEN

1. Bei gebundenen Umbenennungen ist zu beachten, daß Variablenkonfusion vermieden wird, d.h., daß z.B. eine Individuenvariable, die vorher an einer Stelle frei war, nachher dort gebunden ist.

2. $A(v^s|T)$ bedeutet, daß die Individuenvariable v^s an allen Stellen, wo sie frei vorkommt, durch den Term T (der Sorte s!) unter Vermeidung von Variablenkonfusion ersetzt wird.

DEFINITION 2.3.1

1. $[B_1,\ldots,B_n]$ ist ein Beweis für A aus X genau dann, wenn es $n \geq 1$, $B_1,\ldots,B_n \in FORM(\Sigma,V)$ gibt, so daß für jedes $\nu \in \{1,\ldots,n\}$ gilt: $B_\nu \in ax \cup X$ oder B_ν kann aus Ausdrücken, die in $[B_1,\ldots,B_n]$ vor B_ν stehen, mit einer der angegebenen Schlußregeln konstruiert werden und $B_n = A$.

2. A ist aus X beweisbar (kurz $X \vdash A$) genau dann, wenn es einen Beweis für A aus X gibt.

THEOREM 2.3.1

Für jedes $X \subseteq FORM(\Sigma,V)$ und jedes $A \in FORM(\Sigma,V)$ gilt:
$X \models A$ genau dann, wenn $X \vdash A$.

BEMERKUNGEN

1. Die Richtung von rechts nach links dieses Satzes (semantische Widerspruchsfreiheit) zeigt man durch Induktion über die Länge n von Beweisen. Die Umkehrung (semantische Vollständigkeit) wird indirekt bewiesen, indem aus nicht $X \vdash A$ auf die Existenz eines $\mathfrak{A} \in ALG(\Sigma)$ mit $\mathfrak{A} \models X$ und nicht $\mathfrak{A} \models A$ geschlossen wird (HENKINscher Vollständigkeitsbeweis, siehe [Hen49, Has53, Thi56]).

2. Ist X die leere Menge, besagt die Umkehrung gerade den bekannten GÖDELschen Vollständigkeitssatz.

3. Wird das Gleichheitszeichen einbezogen, muß ax durch die sogenannten Identitätsaxiome (siehe z.B. [As72, Seite 48]), hier allerdings unter Beachtung der Sorteneinschränkungen, ergänzt werden.

2.4. Verallgemeinerungen und Modifizierungen

In den letzten Jahren sind, teilweise aus theoretischen Überlegungen, teilweise durch bestimmte Anwendungen angeregt, zahlreiche Verallgemeinerungen und Modifizierungen des dargestellten Ansatzes entwickelt und studiert worden. Diese werden insbesondere durch Verfeinerungen des Signaturbegriffs erreicht.

So kann man von einer "partiellen" Signatur $\Sigma = [S,F,P,\alpha]$ sprechen, wenn in Σ Mengen $S' \subseteq S$, $F' \subseteq F$, $P' \subseteq P$ ausgezeichnet sind. Die Elemente dieser Mengen werden "partielle" Sorten, "partielle" Funktionssymbole und "partielle" Prädikatensymbole genannt. Sie lassen eine allgemeinere "partielle" Interpretation in dem Sinne zu, daß für $s' \in S'$,

$f' \in F'$ und $p' \in P'$ der Bereich $\Delta_{s'}$ leer sein darf, als $\Phi_{f'}$ auch partielle Funktionen zugelassen sind und $\Pi_{p'}$ eine partielle Abbildung ist. Damit wird auch EL(T,$\mathfrak{A}$,σ) eine partielle Abbildung, und es entstehen verschiedene Möglichkeiten bei der Definition von $\sigma, \mathfrak{A} \models T_1 = T_2$, $\sigma, \mathfrak{A} \models T_1 \underset{s}{=} T_2$ und $\sigma, \mathfrak{A} \models pT_1 \ldots T_n$, die bis heute noch nicht voll untersucht sind (siehe auch [Bu86, Eb69, Thi66]).

Eine andere begriffliche 'Anreicherung' des Signaturbegriffs wird dadurch erreicht, daß in der Menge S der Sorten eine Halbordnung $\leq$ gegeben ist, die evtl. weitere Eigenschaften, z.B. Maximum, oberer und/ oder unterer Halbverband, Vollständigkeit, haben kann. Durch $s_1 \leq s_2$ wird ausgedrückt, daß s_1 ein 'Unterbegriff' von s_2 ist. Demgemäß können die Regeln zur Bildung zusammengesetzter Terme und prädikativer Ausdrücke wie folgt formuliert werden:

3'. Ist $f \in F$, $n \geq 1$, $\alpha(f) = s_1 \ldots s_n s$ und ist für jedes $v \in \{1,\ldots,n\}$ T_v ein Term der Sorte s_v' mit $s_v' \leq s_1$, so ist $f(T_1,\ldots,T_n)$ ein Term der Sorte s.

2'. Ist $p \in F$, $n \geq 1$, $\alpha(p) = s_1 \ldots s_n$ und ist für jedes $v \in \{1,\ldots,n\}$ T_v ein Term der Sorte s_v' mit $s_v' \leq s_v$, so ist $pT_1 \ldots T_n$ ein prädikativer Ausdruck.

Semantisch wird gefordert, daß mit $s' \leq s$ auch $\Delta_{s'} \subseteq \Delta_s$ gilt, was die oben formulierte 'Unterbegriffsbeziehung' präzisiert.

In englischer Terminologie spricht man von 'order-sorted signatures' und 'order-sorted algebras'.

Zum Stand der betreffenden Theorie siehe z.B. [Co87, GoMe85, GoJoMe85].

3. Theorie des logischen Schließens

Bei den folgenden Betrachtungen gehen wir von der These aus, daß ein formalisierter oder präzisierter Begriff des logischen Schließens, bezogen etwa auf die Menge FORM(Σ,V) letztendlich als eine eindeutige Abbildung Ψ von der Potenzmenge der Menge FORM(Σ,V) in diese Potenzmenge, also

$$\Psi : \mathfrak{P}\,\mathrm{FORM}(\Sigma,V) \rightarrow \mathfrak{P}\,\mathrm{FORM}(\Sigma,V)$$

betrachtet und studiert werden kann. Ist eine Teilmenge $X \subseteq \mathrm{FORM}(\Sigma,V)$ gegeben, so wird sie als 'Axiomensystem', 'Datenbasis' oder 'Wissensbasis' interpretiert, und $\Psi(X)$ soll die Menge aller Ausdrücke sein, die aus X 'erschlossen' werden können, wobei jetzt noch völlig offen ist, wann ein dabei verwendeter 'logischer Schluß' korrekt ist oder nicht, sogar, was wir überhaupt unter einem 'logischen Schluß' verstehen wollen. Theorie des Schließens zu studieren, soll für uns bedeuten, 'logische' Eigenschaften (siehe 3.2) von Operatoren Ψ der obigen Form zu studieren wobei z.B. im 'nichtmonotonen' Fall darauf verzichtet wird, daß aus

$X \subseteq Y$ stets die Inklusion $\Psi(X) \subseteq \Psi(Y)$ folgt.

3.1. Axiomatische Theorien. Klassisches monotones Schließen

Die Formalisierung, Mathematisierung und Algorithmisierung der "Wissensverarbeitung" in der Form klassischer deduktiver Wissenschaftsdisziplinen, wie z.B. als Euklidische, affine oder projektive Geometrie, Gruppen-, Ring oder Körpertheorie, Wahrscheinlichkeitstheorie, Newtonsche Mechanik, Elektrodynamik, Relativistische Mechanik, Quantenmechanik usw. (die Reihe der Beispiele ließe sich noch wesentlich weiter fortsetzen) hängt eng mit der Entwicklung und Kultivierung des klassischen monotonen Schließens zusammen.

Höhepunkt dieser Entwicklung waren und sind der Aufbau und die Untersuchung axiomatischer Theorien. Ausgangspunkt ist dabei eine gegebene Menge X von Ausdrücken (hier etwa als Teilmenge von FORM(Σ,V) gewählt). Ist etwa X ein Axiomensystem der Gruppentheorie, dann argumentiert man, daß ein Ausdruck A ein (richtiger) Satz der Gruppentheorie sei, falls er in allen Gruppen gilt. Die Präzisierung dieser Argumentation ergibt aber nichts anderes, als daß A in jedem Modell von X allgemeingültig ist, also daß $A \in$ CONS(X) gilt. Nun ist aber der CONS-Operator trivialerweise monoton, denn aus $X \subseteq Y$ folgt MOD(X) $\supseteq$ MOD(Y) und daraus CONS(X) $\subseteq$ CONS(Y). In unserem Beispiel bedeuted dies: Wenn Y aus X durch Hinzufügen des Ausdrucks $\forall x \forall y\ x \cdot y = y \cdot x$ entsteht, dann ist jeder Satz über beliebige Gruppen auch ein Satz über Abelsche Gruppen (aber im allgemeinen nicht umgekehrt).

Wenn man nun das Schließen aus einer Menge X formalisiert, und zwar so, daß damit exakt die Menge CONS(X) erfaßt wird, gelangt man automatisch zum klassischen monotonen Schließen, von dem es verschiedene formalisierte Versionen gibt. Das in Abschnitt 2.3 eingeführte Ableiten ist ein solche Version (man spricht hier auch von Ableiten im HILBERT-Stil), andere Versionen sind das natürliche Schließen und das Sequenzenschließen, beide von GENTZEN eingeführt ([Ge34], siehe auch [Schr55, Schr58]).

3.2. Funktionale Charakterisierung des klassischen monotonen Schließens

Unter einer funktionalen Charakterisierung eines Operators Ψ wollen wir die Aufgabe verstehen, Ψ durch funktionale Eigenschaften (siehe die folgende Definition) möglichst eindeutig festzulegen (man vergleiche dazu [Schr55, Schr58]). Zu diesem Zweck definieren wir, wobei X und Y stets beliebige Teilmengen von FORM(Σ,V) sowie A und B beliebige Elemente von FORM(Σ,V) sein sollen.

DEFINITION 3.2.1

1. Reflexivität oder Einbettung: $X \subseteq \Psi(X)$.
2. Monotonie: Wenn $X \subseteq Y$, so $\Psi(X) \subseteq \Psi(Y)$.
3. Abgeschlossenheit: $\Psi(\Psi(X)) \subseteq \Psi(X)$.
4. Kompaktheit: Wenn $A \in \Psi(X)$, so gibt es eine endliche Teilmenge $X_{fin} \subseteq X$ mit $A \in \Psi(X_{fin})$:
5. Deduktionseigenschaft: Wenn $A \in \Psi(X \cup \{B\})$, so $B \rightarrow A \in \Psi(X)$.
6. Ableitbarkeitseigenschaft: Wenn $B \rightarrow A \in \Psi(X)$, so $A \in \Psi(X \cup \{B\})$.

Grundlegend für das Studium derartiger Operatoren ist das folgende Charakterisierungstheorem, welches besagt, daß durch die in der obigen Definition formulierten 'funktional' Eigenschaften ein Operator Ψ bis auf seine 'Normierung', d.h. bis auf seinen Wert $\Psi(\emptyset)$ für die leere Menge $\emptyset$ eindeutig festgelegt ist. Es seien also für $i \in \{1,2\}$ Operatoren $\Psi_i: \mathcal{P}\,\mathrm{FORM}(\Sigma,V) \rightarrow \mathcal{P}\,\mathrm{FORM}(\Sigma,V)$ gegeben.

THEOREM 3.2.1

Erfüllen Ψ_1 und Ψ_2 die Bedingungen 1 bis 6 von DEFINITION 3.2.1 und gilt $\Psi_1(\emptyset) = \Psi_2(\emptyset)$, so $\Psi_1 = \Psi_2$, d.h., für jedes $X \subseteq \mathrm{FORM}(\Sigma,V)$ gilt die Gleichung $\Psi_1(X) = \Psi_2(X)$.

Wir stellen nun die Frage, ob sich der Operator CONS durch das obige Theorem charakterisieren läßt. Das geht nicht unmittelbar, weil CONS nicht die Deduktionseigenschaft 5 allgemein, sondern nur für Aussagen B (Deduktionseigenschaft 5') erfüllt. Diese Schwierigkeit läßt sich aber durch die folgende Definition überwinden.

DEFINITION 3.2.2

1. $\mathrm{Gen}(A) =_{def} \forall v_1^{s_1} \ldots \forall v_n^{s_n} A$, wobei $v_1^{s_1},\ldots,v_n^{s_n}$ genau die Individuenvariablen sind, die in A in der angegebenen Reihenfolge frei vorkommen (daß dabei evtl. Variablen mehrfach quantifiziert werden, spielt keine Rolle).
2. $\mathrm{Gen}(X) =_{def} \{\mathrm{Gen}(A) \mid A \in X\}$.

Wir ergänzen nun DEFINITION 3.2.1. durch die folgende Bedingung.

7. Generalisierungsinvarianz:
   $\Psi(\mathrm{Gen}(X)) = \Psi(X)$.

Ferner definieren wir den Operator BEW:

$$\mathrm{BEW}(X) =_{def} \{A \mid X \vdash A \text{ und } A \in \mathrm{FORM}(\Sigma,V)\}.$$

Es gilt nun das folgende Theorem.

THEOREM 3.2.2

1. Erfüllen Ψ_1 und Ψ_2 die Bedingungen 1 bis 4, 5', 6 und 7 und gilt $\Psi_1(\emptyset) = \Psi_2(\emptyset)$, so $\Psi_1 = \Psi_2$.
2. CONS erfüllt die Bedingungen 1 bis 4, 5', 6 und 7.
3. BEW erfüllt die Bedingungen 1 bis 4, 5', 6 und 7.

Auf Grund des obigen Theorems könnte man auf die Idee kommen, THEOREM 2.3.1. zu beweisen, indem man noch CONS(Φ) = BEW(Φ) zeigt, was auch tatsächlich gilt. Diese Möglichkeit besteht aber nur "theoretisch", denn CONS(Φ) = BEW(Φ) beinhaltet den GÖDELschen Vollständigkeitssatz, und für CONS die Kompaktheit direkt zu zeigen, dürfte sehr schwierig sein. Vielmehr wird durch THEOREM 2.3.1. die Gleichung CONS = BEW gezeigt, und dann kann die Kompaktheit für CONS sehr einfach auf die Kompaktheit von BEW, die man sehr einfach induktiv über die Länge n von Beweisen beweisen kann, zurückgeführt werden, und der Gödelsche Vollständigkeitssatz CONS(Φ) = BEW(Φ) ergibt sich einfach als Spezialfall. Aus dieser Argumentation folgt, daß der "Wert" von Charakterisierungssätzen analog zu den Theoremen 3.2.1. und 3.2.2. im allgemeinen nicht in ihrer Brauchbarkeit zum Beweis von Axiomatisierungstheoremen oder Vollständigkeitssätzen zu suchen ist, sondern darin, daß sie allgemeine Einsichten in die Eigenschaften formalisierten Schließens und geeignete Abgrenzungen entsprechender Operatoren geben (dazu vgl. man auch [Ga85]). Letztendlich fällt die Feststellung, daß beim nichtmonotonen Schließen auf die funktionale Eigenschaft "Monotonie" der betreffenden Operatoren verzichtet wird, auch unter das in diesem Abschnitt allgemein diskutierte Prinzip.

3.3. Abstrakte Modellbegriffe. Modellbasiertes Schließen

In der Mathematischen Logik haben sich bis jetzt zwei Methoden entwickelt, konkrete Operatoren $\Psi : \mathfrak{P}\,\mathrm{FORM}(\Sigma,V) \longrightarrow \mathfrak{P}\,\mathrm{FORM}(\Sigma,V)$ festzulegen und zu studieren, nämlich einerseits "semantisch" mit Hilfe von Modellen und andererseits "syntaktisch" auf der Grundlage von formalen Schlußregeln. Im ersten Falle würde man von "modellbasiertem formalem Schließen", im zweiten von "regelbasiertem formalem Schließen" sprechen, wobei im konkreten Fall die Äquivalenz beider Ansätze ein wichtiges und schwieriges Problem ist, bei dessen Lösung Effektivitätsfragen (Rekursivität, evtl. Verwendung von ω-Regeln usw.) eine grundlegende Rolle spielen.

Im Hinblick auf das modellbasierte Schließen, das in diesem Abschnitt allein behandelt wird, ist man vor fast zwei Jahrzehnten darauf aufmerksam geworden, daß für viele Anwendungen (z.B. Nichtableitbarkeitsbeweise, Unabhängigkeitsbeweise) es erforderlich ist, den Begriff der Interpretation und den des Modells zu verallgemeinern bzw. zu variieren.

Im ersten Fall kann dies darin bestehen, daß für eine gegebene Signatur $\Sigma = [S,F,P,\alpha]$ die Prädikatensymbole $p \in P$ durch mehrwertige (z.B. Boolesch-wertige) Prädikate interpretiert werden, ein Verfahren, das in den letzten 25 Jahren zu den bekannten Fortschritten in den Grundlagen der Mengenlehre geführt hat und das allgemein dem Aufbau mehrwertiger Logiken zugrunde liegt.

Im zweiten Fall, den wir hier allein betrachten wolleh, wird der Begriff des algebraischen Systems $\mathfrak{A} \in ALG(\Sigma)$ als Mittel zur Interpretation der Ausdrücke aus $FORM(\Sigma, V)$ unverändert übernommen, jedoch der Modellbegriff, der bisher in der Form $\mathfrak{A} \models A$ und $\mathfrak{A} \models X$ für $A \in FORM(\Sigma, V)$ und $X \subseteq FORM(\Sigma, V)$ verwendet wurde, dahingehend abgeändert daß von einer beliebigen Relation $\wr\!\!=$ zwischen algebraischen Systemen $\mathfrak{A} \in ALG(\Sigma)$ und Ausdrücken $A \in FORM(\Sigma, V)$ ausgegangen wird. Man schreibt dann $\mathfrak{A} \wr\!\!= A$ und definiert analog

DEFINITION 3.3.1

1. $\mathfrak{A} \wr\!\!= X =_{def}$ Für jedes $A \in X$ gilt $\mathfrak{A} \wr\!\!= A$.
2. $X \wr\!\!= A =_{def}$ Für jedes $\mathfrak{A} \in ALG(\Sigma)$: Wenn $\mathfrak{A} \wr\!\!= X$, so $\mathfrak{A} \wr\!\!= A$.
3. $CONS_{\wr\!\!=}(X) =_{def} \{A \mid X \wr\!\!= A \text{ und } A \in FORM(\Sigma, V)\}$.

Dem Leser sei überlassen nachzuprüfen, welche Eigenschaften von $\wr\!\!=$ notwendige und/oder hinreichende Bedingungen für die in DEFINITION 3.2.1 und in ihren Ergänzungen formulierten Eigenschaften darstellen. Zu dem auf dieser Grundlage möglichen und auch vollzogenen Aufbau einer "axiomatischen" oder "abstrakten" Modelltheorie (englisch manchmal auch "soft model theory") vergleiche man [Ba74].

Unmittelbar können wir feststellen, daß der skizzierte Ansatz für eine modellbasierte Definition nichtmonotonen Schließens nichts bringt, denn auf Grund von Punkt 2 in DEFINITION 3.3.1 ist jeder Operator der Form $CONS_{\wr\!\!=}$ ohne irgendwelche Voraussetzungen an $\wr\!\!=$ monoton. Die Situation ändert sich jedoch grundlegend, wenn man von einer beliebigen Relation $\wr\!\!\approx$ zwischen algebraischen Systemen $\mathfrak{A} \in ALG(\Sigma)$ und Mengen $X \subseteq FORM(\Sigma, V)$ ausgeht. Wir definieren in diesem Fall, wobei im Unterschied zu DEFINITION 3.3.1 in Punkt 1 Ausdrücke und Mengen von Ausdrücken "vertauscht" werden (müssen).

DEFINITION 3.3.2

1. $\mathfrak{A} \wr\!\!\approx A =_{def} \mathfrak{A} \wr\!\!\approx \{A\}$.
2. $X \wr\!\!\approx A =_{def}$ Für jedes $\mathfrak{A} \in ALG(\Sigma)$: Wenn $\mathfrak{A} \wr\!\!\approx X$, so $\mathfrak{A} \wr\!\!\approx A$.
3. $CONS_{\wr\!\!\approx}(X) =_{def} \{A \mid X \wr\!\!\approx A \text{ und } A \in FORM(\Sigma, V)\}$.

Jetzt müssen wir feststellen, daß die eingeführten Begriffsbildungen so elastisch (bzw. $\wr\!\!\approx$ so ausdrucksstark) geworden ist, daß ohne Vorbedingungen an $\wr\!\!\approx$ keine der in DEFINITION 3.2.1 angegebenen Eigenschaften mehr zu gelten braucht, genauer, daß durch geschickte Wahl von $\wr\!\!\approx$ beliebige dieser Eigenschaften erfüllt oder falsifiziert werden können.

Will man mit Folgerungsbegriffen der oben definierten Form unser Ziel ansteuern, wird man durch die in der Literatur studierten konkreten Fälle, wie z.B. Closed World Assumption oder Circumscription, darauf geführt, die folgende grundlegende Modifikation von DEFINITION 3.3.2 vorzunehmen. Gegeben sei wieder eine beliebige binäre Relation $\wr\!\!\approx \subseteq ALG(\Sigma) \times \mathfrak{P}FORM(\Sigma, V)$, $\models$ sei die "klassische" Relation, d.h., daß $\mathfrak{A} \models A$ bedeutet "A ist allgemeingültig in $\mathfrak{A}$". Wir verzichten auf die Definition von $\mathfrak{A} \models_{\approx} A$ durch $\mathfrak{A} \models_{\approx} \{A\}$ und legen fest:

DEFINITION 3.3.3

1. $X \models_{\approx} A =_{def}$ Für jedes $\mathfrak{A} \in ALG(\Sigma)$: Wenn $\mathfrak{A} \models_{\approx} X$, so $\mathfrak{A} \models A$.
2. $CONS_{\models_{\approx}}(X) =_{def} \{A \mid X \models_{\approx} A$ und $A \in FORM(\Sigma, V)\}$.

Man beachte ausdrücklich, daß in der Definition von $X \models_{\approx} A$ in der Prämisse der abstrakte Modellbegriff $\models_{\approx}$, in der Konklusion der "konkrete Modellbegriff $\models$ verwendet wird.

Welche theoretischen Konsequenzen dieser durch eine geeignete Abstraktion unmittelbar aus den Anwendungen entnommene Ansatz hat, zeigen die folgenden Sätze und Betrachtungen. Zuvor müssen wir noch die nachstehende Definition formulieren. Gegeben sei wieder $\models_{\approx} \subseteq ALG(\Sigma) \times \mathfrak{P}FORM(\Sigma, V)$ völlig beliebig.

DEFINITION 3.3.4

1. $\models_{\approx}$ heiße OCCAMscher Modellbegriff ("shaved model concept") genau dann, wenn für jedes $\mathfrak{A} \in ALG(\Sigma)$ und jedes $X \subseteq FORM(\Sigma, V)$ gilt: $\mathfrak{A} \models_{\approx} X$, so $\mathfrak{A} \models X$.

2. $\models_{\approx}$ heiße ANTI-OCCAMscher Modellbegriff ("well-dressed model concept) genau dann, wenn für jedes $\mathfrak{A} \in ALG(\Sigma)$ und jedes $X \subseteq FORM(\Sigma, V)$ gilt: Wenn $\mathfrak{A} \models X$, so $\mathfrak{A} \models_{\approx} X$.

3. $\models_{\approx}$ heiße monotoner Modellbegriff genau dann, wenn für jedes $\mathfrak{A} \in ALG(\Sigma)$ und jedes $X, Y \subseteq FORM(\Sigma, V)$ gilt: Wenn $\mathfrak{A} \models_{\approx} Y$ und $X \subseteq Y$, so $\mathfrak{A} \models_{\approx} X$.

Im ersten Fall wurde der Name "OCCAM" gewählt, weil die damit verbundene Einschränkung der (gegenüber den klassischen) zugelassenen Modelle an das OCCAMsche "Rasiermesser" (OCCAM's razor) erinnert; also beim semantischen Folgern werden grundsätzlich klassische Modelle von X verwendet, aber nicht mehr alle, sondern nur noch solche, die irgendwie "rasiert" sind. Bei der Diskussion der verschiedenen Versionen der Closed World Assumption und der zahlreichen Varianten der Circumscription werden wir auf sehr verschiedene Weise "rasierte" Modellbegriffe kennenlernen.

Auf den dualen Fall ANTI-OCCAMscher Modelle wird man geführt, wenn man den Versuch macht, bestimmte Formen analogen Schließens zu formalisieren. Dabei geht man von einem klassischen Modell $\mathfrak{A}$ im Sinne von $\mathfrak{A} \models X$ aus, ändert dann aber die Interpretation Φ_f gewisser Funktionssymbole $f \in F$ sowie auch die Interpretation Π_p gewisser Prädikatensymbole $p \in P$ in geeigneter Weise ab, woraus z.B. die Bezeichnung "well-dressed model concept" als duales Gegenstück zu einem "shaved model concept" zu erklären ist (siehe [Thi88]).

THEOREM 3.3.1

Für einen beliebigen Modellbegriff $\models_{\approx} \subseteq ALG(\Sigma) \times \mathfrak{P}FORM(\Sigma, V)$ sind die folgenden Bedingungen äquivalent:

1. $\mid\!\approx$ ist OCCAMscher Modellbegriff;

2. $CONS_{\mid\approx}$ ist reflexiv, d.h. $X \subseteq CONS_{\mid\approx}(X)$ gilt für beliebiges $X \subseteq FORM(\Sigma, V)$;

3. $CONS(X) \subseteq CONS_{\mid\approx}(X)$ gilt für beliebiges $X \subseteq FORM(\Sigma, V)$.

Dieses Theorem ist, obwohl einfach beweisbar, ziemlich wichtig und überraschend; zeigt es doch, daß die Reflexivität des Folgerungsoperators $CONS_{\mid\approx}$ äquivalent damit ist, daß $\mid\!\approx$ die OCCAM-Eigenschaft hat, also erzeugt ein Modellbegriff $\mid\!\approx$, der diese Eigenschaft nicht hat, mit Notwendigkeit einen nicht-reflexiven Folgerungsoperator $CONS_{\mid\approx}$, d.h., daß es ein X und ein $A \in X$ mit $A \notin CONS_{\mid\approx}(X)$ gibt. Dies bedeutet aber, daß gewisse Axiome des Axiomensystems X mit $CONS_{\mid\approx}$ nicht gefolgert werden können, ein Effekt, der aus dem üblichen Vorstellungsrahmen herausfällt, der aber z.B. im Rahmen von Formalisierungen analogen Schließens seine natürliche Erklärung finden kann.

Zu Bedingung 3 von THEOREM 3.3.1 wollen wir definieren, daß in diesem Fall der Folgerungsoperator $CONS_{\mid\approx}$ (gegenüber dem klassischen Folgerungsoperator CONS) produktiv sei; somit also eine Einschränkung des Modellbegriffs bewirkt, daß (grob gesprochen) 'mehr' gefolgert werden kann und umgekehrt - ein Effekt, der grundlegend in vielen Betrachtungen zur nichtmonotonen Logik ist.

Die Äquivalenz der Bedingungen 1 und 3 läßt sich noch wie folgt 'intuitiv-verbal' interpretieren. Ein gegebenes X ist durch die einzelnen $A \in X$ eine bestimmte 'explizite' Repräsentation von Wissen. Darüber ist in X weiteres Wissen 'implizit' enthalten; es wird durch die Anwendung des klassischen Folgerungsoperator CONS 'explizit' gemacht, d.h., in CONS(X) kommt kein 'neues' Wissen, also Wissen, das nicht schon explizit oder implizit in X enthalten war, vor. Die Einschränkung des klassischen Modellbegriffs $\models$ zu einem OCCAMschen $\mid\!\approx$ erzeugt im allgemeinen (zunächst) implizites 'neues' Wissen, die 'explizite' Repräsentation dieses neuen Wissens ist die Differenzmenge $CONS_{\mid\approx}(X) \setminus CONS(X)$.

ANTI-OCCAMsche Modellbegriffe lassen sich nicht in einer analogen übersichtlichen Form charakterisieren. Es gilt aber wenigstens die folgende notwendige Bedingung.

THEOREM 3.3.2

Ist $\mid\!\approx$ ANTI-OCCAMscher Modellbegriff, so gilt für jedes $X \subseteq FORM(\Sigma, V)$:

$CONS_{\mid\approx}(X) \subseteq CONS(X)$.

Dieser Satz läßt sich intuitiv wie folgt interpretieren: Mit 'mehr' Modellen können 'weniger' Ausdrücke gefolgert werden. $CONS_{\mid\approx}(X)$ ist das (explizite) 'relevante' Wissen, das aus X mit $\mid\!\approx$ gefolgert werden kann, die Menge $CONS(X) \setminus CONS_{\mid\approx}(X)$ wird als (explizites) 'irrelevantes' Wissen interpretiert.

Generell besteht das Problem zu klären, welche Eigenschaften von $\mid\!\approx$

für welche Eigenschaften von $CONS_{\models}$, etwa im Sinne von DEFINITION 3.2.1., verantwortlich sind; z.B. folgt aus der Monotonie von $\models$ trivial die Monotonie von $CONS_{\models}$.

Zur feineren Untersuchung der Abweichungen eines Operators $\Psi: \mathfrak{P}FORM(\Sigma, V) \longrightarrow \mathfrak{P}FORM(\Sigma, V)$ vom monotonen Verhalten ist die folgende Begriffsbildung nützlich.

DEFINITION 3.3.5

1. Schwache Monotonie:
   Wenn $X \subseteq Y \subseteq \Psi(X)$, so $\Psi(X) \subseteq \Psi(Y)$.
2. Sehr schwache Monotonie:
   Wenn $X \subseteq Y \subseteq \Psi(X) \subset FORM(\Sigma, V)$, so $\Psi(X) \subseteq \Psi(Y)$.
3. Identität:
   Wenn $X \subseteq Y \subseteq \Psi(X) \subset FORM(\Sigma, V)$, so $\Psi(X) = \Psi(Y)$.

Schließlich seien die folgenden drei Problemklassen aufgezeigt, die für einen gegebenen Folgerungsoperator $\Psi: \mathfrak{P}FORM(\Sigma, V) \longrightarrow \mathfrak{P}FORM(\Sigma, V)$ untersucht werden müssen.

Problemklasse I

Unter welchen Bedingungen folgt aus der semantischen Widerspruchsfreiheit von X die von $\Psi(X)$ und umgekehrt?

Problemklasse II

Unter welchen Bedingungen für X ist die Menge $\Psi(X)$ entscheidbar bzw. rekursiv aufzählbar? Gibt es "vernünftige" nicht-rekursive Ableitungsbegriffe (etwa mit "überschaubaren" ω-Regeln), mit denen im Falle, daß $\Psi(X)$ nicht rekursiv aufzählbar ist, $\Psi(X)$ konstruiert werden kann?

Problemklasse III

Welche funktionalen Eigenschaften im Sinne der Definition 3.2.1. und 3.3.5. sind für Ψ erfüllt; gilt für Ψ ein Charakterisierungssatz analog den Sätzen 3.2.1. und 3.2.2.?

3.4. OCCAMsche Modellbegriffe der Künstlichen Intelligenz

Die Wahl dieser Überschrift soll implizit drei Dinge zum Ausdruck bringen. Erstens werden in der KI zur modellbasierten Definition bestimmter Arten des Schließens auch Nicht-OCCAMsche Modellbegriffe, speziell ANTI-OCCAMsche, die dann ein "reduktives" Schließen basieren, verwendet. Zweitens soll daran erinnert werden, daß ein auf einem OCCAMschen Modellbegriff beruhendes Schließen nicht notwendig die Monotonie verletzen muß. Wir werden dazu sofort ein grundlegendes Beispiel betrachten. Drittens sollen hier Logische Programmierung und deduktive Datenbanken der KI untergeordnet werden, worüber man sicher streiten könnte, sicher gibt es große Gemeinsamkeiten.

Logische Programmierung heißt, grob gesprochen, Prädikatenkalküle als Programmiersprachen zu verwenden, d.h. $TERM(\Sigma, V)$ und $FORM(\Sigma, V)$ zu verwenden, wobei Σ und V geeignet gewählt sind. Hierbei muß nun der Grundsatz erfüllt sein, daß man nur mit solchen Informationen (im Rechner) umgehen kann, die in der gewählten Sprache bezeichnet werden können (einen 'Namen' tragen). Zur Präzisierung dieses Sachverhalts sei ein algebraisches System $\mathfrak{A} \in ALG(\Sigma)$ gegeben, etwa $\mathfrak{A} = [\Sigma, \Delta, \Phi, \Pi]$, wobei $\Sigma = [S, F, P, \alpha]$. Informationen, über die gesprochen werden muß, sind für $s \in S$ Elemente $\xi^s \in \Delta_s$, Funktionen aus $\{\Phi_f | f \in F\}$ und Relationen aus $\{\Pi_p | p \in P\}$. Für die betrachteten Funktionen bzw. Relationen liegen nun trivialerweise in Form der betreffenden Funktions- bzw. Prädikatensymbole Bezeichnungen vor, für die Individuen (als wichtigste Informationen, weil sie 'verarbeitet' oder 'getestet' werden sollen) im allgemeinen jedoch nicht. Aus diesem Grunde hebt man bestimmte algebraische Systeme oder Modelle einer Menge als 'kanonisch' oder 'Herbrandsch' heraus. Da diese Bezeichnungen leider in verschiedener Bedeutung verwendet werden, benutzen wir eine z.B. aus der Theorie der deduktiven Datenbanken stammende und keine Unklarheiten zulassende Terminologie. Wir kürzen ab:

DCA $=_{def}$ Domain Closure Assumption

UNA $=_{def}$ Unique Name Assumption

und definieren für $\mathfrak{A}$.

DEFINITION 3.4.1

1. $\mathfrak{A}$ ist DAC-System genau dann, wenn für jedes $s \in S$ die Gleichung $\Delta_s = \{EL(T, \mathfrak{A}) | T \in CTERM_s(\Sigma)\}$ gilt.

2. $\mathfrak{A}$ ist UNA-System genau dann, wenn für jedes $s \in S$ und jedes T_1, $T_2 \in CTERM_s(\Sigma)$ aus $EL(T_1, \mathfrak{A}) = EL(T_2, \mathfrak{A})$ die 'graphische' Gleichheit der Terme T_1 und T_2 folgt.

3. $\mathfrak{A}$ ist schwaches Herbrand-System bezüglich $\approx$ genau dann, wenn $\approx$ eine Äquivalenzrelation über $CTERM(\Sigma)$ ist, die stabil gegenüber Anwendung der durch die $f \in F$ definierten Abbildungen von $CTERM(\Sigma)$ in $CTERM(\Sigma)$ ist, und für jedes $s \in S$ die Gleichung $\Delta_s = CTERM(\Sigma)|\approx$ gilt.

4. $\mathfrak{A}$ ist Herbrand-System genau dann, wenn $\mathfrak{A}$ schwaches Herbrand-System bezüglich der (graphischen) Identität in $CTERM(\Sigma)$ ist.

BEMERKUNGEN

1. Jede dieser einschränkenden Bedingungen, auch z.B. die Kombination von 1 und 2, führt zu einem OCCAMschen Modellbegriff, das resultierende Folgern ist demgemäß produktiv und - das ist hier wesentlich - stets monoton, weil alle definierten Modellbegriffe monoton sind.

2. Das Studium dieser Modellbegriffe, ihrer Beziehungen untereinander (z.B. ist 4 mit 2 und 3 gleichwertig) sowie das Studium der entsprechenden Folgerungsbegriffe ist sowohl für die Logische Programmierung (vgl. dazu [GolHer87]) als auch für die Theorie der deduktiven Datenbanken interessant.

3. Grundlage der DEFINITION 3.4.1 war die Menge $CTERM(\Sigma)$ als Realisierung des Prinzips, daß nur die Individuen als existent zuge-

lassen werden, die (mindestens) einen Namen tragen (siehe Punkt 1 der Definition). Dieses Prinzip läßt sich wie folgt verschärfen: Gegeben sei eine Menge $X \subseteq FORM(\Sigma, V)$, aus der gefolgert werden soll. Die Menge $CTERM(\Sigma)$ wird nun eingeschränkt zur Menge $CTERM(\Sigma, X)$ aller der Terme $T \in CTERM(\Sigma)$, die in mindestens einem Ausdruck $A \in X$ vorkommen. Unmittelbar ist klar, daß für die entsprechend DEFINITION 3.4.1. definierten Modellbegriffe die OCCAM-Eigenschaft erhalten bleibt, während die Monotonie im allgemeinen verlorengeht (siehe auch Abschnitt 4.5.)

Als zweite wichtige Klasse von Modellbegriffen sind die sogen. generischen zu nennen. Sie wurden ebenfalls im Rahmen der Logischen Programmierung und der Theorie der deduktiven Datenbanken entwickelt und haben sämtlich die OCCAM-Eigenschaft, sind aber im allgemeinen nicht monoton mit den entsprechenden Konsequenzen für die resultierenden Folgerungsbegriffe (siehe Abschnitt 4.).

Schließlich sind als dritte grundlegende Klasse diejenigen Modellbegriffe zu nennen, die durch gewisse Voraussetzungen für die Minimalität der vorkommenden Individuenbereiche Δ_s $(s \in S)$, der gegebenen Relationen Π_p $(p \in P)$ und - das wäre neu - im Falle von partiellen Funktionen $\Phi_{f'}$ $(f' \in F')$ durch Minimalitätsbedingungen für die Definitionsbereiche der Funktionen $\Phi_{f'}$ definiert sind. Der "logische" Anlaß zur Untersuchung derartiger Modellbegriffe ist der Versuch, das Qualifikationsproblem (und verwandte Probleme, wie das Frame-Problem und Ramification-Problem) auf eine befriedigende Weise zu formalisieren und zu lösen (siehe auch Abschn. 1). Die Methodik, diese Ideen stärker mit den Begriffen der klassischen Logik zu erfassen, wird durch "Circumscription" bezeichnet (siehe Abschn. 5.).

3.5. Regelbasiertes Schließen

Gegeben sei eine beliebige eindeutige Abbildung B von $\mathfrak{P}E$ in $\mathfrak{P}E$, wobei E eine beliebige Menge ist. Aus der universellen Algebra ist das folgende Theorem bekannt (siehe z.B. [Co65]).

THEOREM 3.5.1

Für C sind die folgenden Bedingungen äquivalent:

1. C ist ein kompakter Hüllenoperator.
2. C ist algebraisch erzeugbar.
3. Das System der Fixpunkte von C ist ein induktives Hüllensystem.

BEMERKUNGEN

1. "Hüllenoperator" bedeutet bekanntlich, daß C im Sinne von DEFINITION 3.2.1. reflexiv, monoton und abgeschlossen ist.

2. "C ist algebraisch erzeugbar" bedeutet bekanntlich, daß es im Sinne der Bemerkung 2 zu DEFINITION 2.2.1 eine (einsortige) Algebra $\mathfrak{O}$ mit der Sorte s mit $\Delta_s = E$ so gibt, daß für jedes $X \subseteq E$ die Beziehung

$CX = \bigcap_{G \in \mathcal{G}} G$ gilt, wobei $\mathcal{G}$ das System aller Teilmengen $Y \subseteq E$ ist, die gegenüber Anwendung der Operationen Φ_f mit $f \in F$ abgeschlossen sind.

3. Ein System $\mathfrak{M} \subseteq \mathfrak{P}E$ heißt Hüllensystem, wenn es gegenüber beliebigen mengentheoretischen Durchschnitten abgeschlossen ist; ferner wird $\mathfrak{M}$ induktiv genannt, wenn die mengentheoretische Vereinigung einer beliebigen nichtleeren Kette $\mathfrak{K}$ (wo also beliebige Glieder bezüglich $\subseteq$ vergleichbar sind) aus $\mathfrak{M}$ wieder in $\mathfrak{K}$ liegt.

4. Die Operationen Φ_f mit $f \in F$ können als Schlußregeln des Ableitungsbegriffs C interpretiert werden, durch die aus endlich vielen "Prämissen" $\xi_1, \ldots, \xi_n \in E$ auf die "Konklusion" $\Phi_f(\xi_1, \ldots, \xi_n)$ "geschlossen" wird, falls Φ_f n-stellig ist.

5. Kann man sinnvoll definieren, daß das System $\{\Phi_f | f \in F\}$ der zugelassenen Operationen rekursiv aufzählbar ist und jede Operation Φ_f mit $f \in F$ eine rekursive Funktion in E ist, so ist damit äquivalent, daß C ein rekursiver (wir verzichten auf eine ausformulierte Definition) kompakter Hüllenoperator ist. Analog wäre Bedingung 3 in der obigen Definition zu verschärfen. Mit diesen Verschärfungen hätte man eine Situation erreicht, wie sie im konkreten Fall des Operators BEW durch DEFINITION 2.3.1 gegeben ist.

Durch THEOREM 3.5.1 und die betreffenden Zusatzbemerkungen ist das effektive (genauer rekursive) monotone regelbasierte Schließen hinreichend durch mengenalgebraische bzw. algebraische Begriffsbildungen charakterisiert. Lassen wir nun die oben verwendeten Endlichkeits- und Rekursivitätsbedingungen für das Folgende einmal als "störend" beiseite, ergibt sich folgender Satz, bei dessen Formulierung die nachstehende Definition zweckmäßig ist:

DEFINITION 3.5.1

$$FMIN(X) =_{def} \left\{ M \mid X \subseteq M \subseteq E \text{ und } CM = M \text{ und es gibt kein } N \text{ mit } X \subseteq N \subset M \text{ und } CN = N \right\}.$$

THEOREM 3.5.2

Für C sind die folgenden Bedingungen äquivalent:

1. C ist ein Hüllenoperator.
2. C ist algebraisch erzeugbar, wobei in der betreffenden Algebra evtl. unendlich-stellige Operationen vorkommen.
3. Das System der Fixpunkte von C ist ein Hüllensystem.
4. Für jedes $X \subseteq E$ gilt $FMIN(X) = \{CX\}$.

BEMERKUNGEN

1. Die Beweise dafür, daß 1 bis 3 untereinander äquivalent sind, kann man der topologischen oder algebraischen Lehrbuchliteratur entnehmen, wobei die unendlich-stelligen Operationen in der Logik als ω-Regeln bezeichnet werden.

2. Bedingung 4 ist eine wichtige Eigenschaft der Menge aller Fixpunkte von C, die Obermengen von X sind. Die Äquivalenz dieser Bedingung

mit jeder der übrigen ist evtl. nicht allgemein bekannt, sehr einfach läßt sich ihre Gleichwertigkeit durch Bedingung 1 beweisen.

3. Fordert man für C nur noch Reflexivität und Abgeschlossenheit, so ist klar, daß CX nur noch zum System der Fixpunkte gehört, die X umfassen, also Bedingung 4 allgemein nicht mehr gilt. Nun kann man versuchen, durch weitere Forderungen an das System der Fixpunkte, speziell für die Menge FMIN(X), die "Abweichungen" des Operators C von der Monotonie zu erfassen, z.B. in der Form FMIN(X) = $\emptyset$, Cx $\in$ FMIN(X), FMIN(X) ist endlich, alle Fixpunkte sind minimal bzw. durch Kombination der angegebenen einschließlich ihrer Verneinungen. Verzichtet man außerdem auf die Abgeschlossenheit von C, d.h. auf CCx = Cx, wird Cx im allgemeinen kein Fixpunkt von C sein. Die Untersuchung dieser Fragen muß hier jedoch offen bleiben.

4. Die Closed World Assumption. Generische Modelle. Komplettierung deduktiver Datenbasen

Ausgangspunkt und begriffliche Grundlage der Untersuchungen, die um das Prinzip der "Closed World Assumption" und dessen Modifizierungen und Verallgemeinerungen angesiedelt sind, ist die Theorie der relationalen Datenbasen, wie sie 1970 von E.F. CODD initiert [Co70] und seitdem in einer Fülle von Arbeiten untersucht und weiterentwickelt worden ist. Das Spektrum der behandelten Probleme reicht dabei von sehr theoretischen (z.B. mengenalgebraischen, relationentheoretischen und logischen) Fragestellungen bis zu ganz konkreten Programmierungs- und Implementationsaufgaben. Allgemeine Einführungen in die Theorie der relationalen Datenbasen findet man z.B. in [De80, Mai83, Ris63, Ull80].

Gegeben sei ein algebraisches System $\mathfrak{A} \in ALG(\Sigma)$, etwa $\mathfrak{A} = [\Sigma, \Delta, \Phi, \Pi]$. Unter einer relationalen Datenbasis im Sinn von CODD kann man dann, wenn man von evtl. geforderten weiteren Bestimmungsstücken, z.B. Integritätsbedingungen, absieht, das System $\{\Pi_p | p \in P\}$ der in $\mathfrak{A}$ vorkommenden Relationen Π_p zusammen mit dem System $\{\Delta_s | s \in S'\}$ der Individuenbereiche Δ_s von $\mathfrak{A}$, aus denen Elemente tatsächlich in mindestens einem Tupel einer Relation Π_p vorkommen, verstehen. Auf diese Weise wird eine Teilsignatur $\Sigma' = [S', F', P', \alpha']$ von Σ definiert, wobei $S' \subseteq S$, $F' = \emptyset$, $P' = P$ und $\alpha'(p) = \alpha(p)$ für $p \in P$ gilt, und die durch $\mathfrak{A}$ fixierte relationale Datenbasis ist dann eine relationale Algebra $\mathfrak{A}' \in ALG(\Sigma')$. Um mit derartigen Datenbasen praktisch arbeiten zu können, werden häufig noch gewisse Endlichkeitsbedingungen oder Rekursivitätsvoraussetzungen für die beschriebenen Bestimmungsstücke formuliert.

Auf der so präzisierten begrifflichen Ebene, die als rein mengenalgebraisch oder relationentheoretisch bezeichnet werden kann, lassen sich bereits wesentliche, z.T. aus den Anwendungen dieses Modells stammende Probleme behandeln, wie z.B. das Problem der 'Verkleinerung' der gegebenen Relationen durch geeignete Zerlegungen (Abhängigkeitstheorie) sowie das der normierten Darstellung (Normalformentheorie). Wir werden uns mit Untersuchungen dieser Art, die z.B. für die 'speichertechnische Beherrschung' einer relationalen Datenbasis durchaus wesentlich sein können, hier nicht beschäftigen; gute Einführungen findet man z.B. in [Ar74, FaVa84], einen Überblick über den erreichten Stand geben [Tha85a, Tha85b].

4.1. Formale Theorien. Vollständigkeit. Deduktive Datenbasen

Die erwähnte 'speichertechnische Beherrschung' einer relationalen Datenbasis setzt ihre 'sprachliche Beherrschung' voraus, denn eine Manipulation von n-Tupeln $[\xi_1^{s}, \ldots, \xi_n^{s_n}]$ mit $\xi_1^{s_1} \in \Delta_{s_1}, \ldots, \xi_n^{s_n} \in \Delta_{s_n}$ kann im allgemeinen nur anhand von Bezeichnungen (Namen), etwa in der Form von Termen $T^{s_\nu} \in CTERM_{s_\nu}(\Sigma)$ mit $\xi_r^{s_\nu} = EL(\mathfrak{A}, T^{s_\nu})$ und $\nu \in \{1, \ldots, n\}$, erfolgen. Diese Feststellung wird uns auch zum Begriff der deduktiven Datenbasis führen; es ist aber zweckmäßig, vorher einige allgemeine Begriffe aus der (klassischen) Modelltheorie zu rekapitulieren.

Eine Teilmenge $X \subseteq FORM(\Sigma, V)$ heißt formale Theorie, falls sie Fixpunkt des Operators CONS ist, also $CONS(X) = X$ gilt. Eine formale Theorie X heißt vollständig bzw. K-vollständig, falls für jede Aussage $A \in FORM(\Sigma, V)$ bzw. $A \in K$ mit $K \subseteq FORM(\Sigma, V)$ gilt: $A \in X$ oder $\neg A \in X$. Definiert man $THEORIE(\mathfrak{A}) = \{A \mid \mathfrak{A} \models A$ und $A \in FORM(\Sigma, V)\}$, so folgt, daß $THEORIE(\mathfrak{A})$ eine vollständige Theorie ist.

Für beliebig gegebenes X, $K \subseteq FORM(\Sigma, V)$ definieren wir nun:

DEFINITION 4.1.1. Vollständigkeit

1. X ist vollständig bzw. prädikativ vollständig bzw. K-vollständig genau dann, wenn die Menge CONS(X) vollständig bzw. $PFORM(\Sigma, V)$-vollständig bzw. K-vollständig ist.

2. Wird der Operator CONS allgemein durch einen Operator $\Psi: \mathfrak{P}FORM(\Sigma, V) \rightarrow \mathfrak{P}FORM(\Sigma, V)$ ersetzt, wird das Wort 'vollständig' durch 'Ψ-vollständig' ersetzt.

3. Wird der Operator CONS speziell durch $CONS_{DCA}$, wo zum Folgern nur DCA-Systeme (siehe DEFINITION 3.4.1) zugelassen sind, ersetzt, wird das Wort 'vollständig' durch 'DCA-vollständig' ersetzt.

Für ein gegebenes algebraisches System $\mathfrak{A} = [\Sigma, \Delta, \Phi, \Pi]$ mit $\Sigma = [S, F, P, \alpha]$ definieren wir nun das (vollständige) positive bzw. negative bzw. Diagramm $D^+(\Pi_p)$ bzw. $D^-(\Pi_p)$ bzw. $D(\Pi_p)$ einer Relation Π_p von $\mathfrak{A}$, d.h. mit $p \in P$, wie folgt, wobei $n \geq 1$ und $\alpha(p) = s_1 \ldots s_n$.

DEFINITION 4.1.2. Diagramm

1. $D^+(\Pi_p) =_{def} \{pT_1 \ldots T_n \mid \mathfrak{A} \models pT_1 \ldots T_n$ und $pT_1 \ldots T_n \in CPFORM(\Sigma, V)\}$.

2. $D^-(\Pi_p) =_{def} \{\sim pT_1 \ldots T_n \mid \mathfrak{A} \models \sim pT_1 \ldots T_n$ und

$pT_1 \ldots T_n \in CPFORM(\Sigma, V)\}$.

3. $D(\Pi_p) =_{def} D^+(\Pi_p) \cup D^-(\Pi_p)$.

BEMERKUNGEN

1. Die Menge $D(\mathfrak{A}) =_{def} \bigcup_{p \in P} D(\Pi_p)$ ist offenbar eine prädikativ vollständige Menge. Aber im Falle, daß $\mathfrak{A}$ kein DCA-System ist, kann $D(\mathfrak{A})$ 'metatheoretisch' nicht als vollständige Beschreibung der durch $\mathfrak{A}$ definierten relationalen Datenbasis $\mathfrak{A}'$ angesehen werden, da es in diesem Fall in den Individuenbereichen Δ_s $(s \in S)$ 'namenlose' Elemente gibt, über die bezüglich der Relationen Π_p $(p \in P)$ nichts 'ausgesagt' ist. Dieser Fakt bewirkt im Rahmen der betrachteten Formalisierung, daß schon sehr einfache, in $\mathfrak{A}'$ wahre Aussagen nicht aus $D(\mathfrak{A})$ gefolgert bzw., wenn wir THEOREM 2.3.1 anwenden, aus $D(\mathfrak{A})$ nicht abgeleitet (bewiesen) werden können. Ist etwa Π_p eine binäre reflexive Relation über Δ_s, dann kann man sehr einfach ein Modell $\mathfrak{B}$ von $D(\mathfrak{A})$ konstruieren, so daß nicht $\mathfrak{B} \models \forall x^s px^s x^s$.

2. Wenn man im Sinne der in Abschn. 3.3. eingeführten Terminologie als 'explizites Wissen' über die relationale Datenbasis $\mathfrak{A}'$ die Menge $THEORIE(\mathfrak{A}') =_{def} \{A \mid \mathfrak{A}' \models A$ und $A \in FORM(\Sigma', V)\}$ versteht, kann man sich die Aufgabe stellen, auf der Grundlage von $D(\mathfrak{A})$ möglichst 'viel' expliziertes Wissen herzuleiten, etwa mittels CONS in der Form $CONS(D(\mathfrak{A})) \subseteq THEORIE(\mathfrak{A}')$. Verwendet man $CONS_{DCA}$ anstelle von CONS, ist 'mehr' herleitbar; denn es gilt $CONS(D(\mathfrak{A})) \subseteq CONS_{DCA}(D(\mathfrak{A})) \subseteq$ $\subseteq THEORIE(\mathfrak{A}')$, insbesondere ist in dem oben erwähnten Beispiel

$\forall x^s px^s x^s \in CONS_{DCA}(D(\mathfrak{A}))$. Schließlich sei darauf hingewiesen, daß die Menge des aus der relationalen Datenbasis $\mathfrak{A}'$ herleitbaren expliziten Wissens nicht nur von dem verwendeten 'Herleitungsbegriff' (etwa CONS oder $CONS_{DCA}$ oder ein anderes Ψ) abhängt, sondern auf von dem algebraischen System $\mathfrak{A}$, in welches die relationale Algebra $\mathfrak{A}'$ eingebettet' ist.

3. Für die 'speichertechnische' Beherrschung einer Relation Π_p $(p \in P)$ ist es ganz wesentlich, daß man - abgesehen von 'Verkleinerungen' durch geeignete Zerlegungen - anstelle von $D(\Pi_p)$ nur $D^+(\Pi_p)$ oder $D^-(\Pi_p)$ abspeichert; denn in vielen Anwendungsfällen stellt $D^+(\Pi_p)$ nur einen geringen 'Prozentsatz" von $D(\Pi_p)$ gegenüber $D^-(\Pi_p)$ dar oder umgekehrt. Zwei Beispiele mögen dies verdeutlichen.

pxy: Von der Stadt x ist die Stadt y durch einen Flug ohne Zwischenlandung erreichbar.

pxy: Der Mensch x ist im Betrieb y angestellt.

Wenn nun für alle Relationen Π_p $(p \in P)$ der erste Fall zutrifft, wird man nur die Mengen $D^+(\Pi_p)$, also letztendlich $D^+(\mathfrak{A}) =_{def} \bigcup_{p \in P} D^+(\Pi_p)$, abspeichern und auf die Menge $D^-(\mathfrak{A}) = \bigcup_{p \in P} D^-(\Pi_p)$ verzichten.

Dies wird gerechtfertigt durch den folgenden Satz, dessen Beweis trivial ist, der aber zur Hinführung auf das Prinzip der Closed World Assumption eine grundlegende Bedeutung hat.

THEOREM 4.1.1

Für jede prädikative Aussage $A \in FORM(\Sigma, V)$ gilt: Wenn $A \notin CONS(D^{+}(\mathfrak{A}))$, so $\neg A \in D^{-}(\mathfrak{A})$.

Zum Beweis stellen wir fest, daß nach Definition von CONS aus $A \notin CONS(D^{+}(\mathfrak{A}))$ folgt, daß es ein $\mathcal{B} \in ALG(\Sigma)$ gibt mit $\mathcal{B} \models D^{+}(\mathfrak{A})$ und nicht $\mathcal{B} \models A$, also $\mathcal{B} \models \neg A$. Daraus folgt wegen $\mathcal{B} \models D^{+}(\mathfrak{A})$, daß $A \notin D^{+}(\mathfrak{A})$, also gilt nach Konstruktion von $D^{+}(\mathfrak{A})$ und $D^{-}(\mathfrak{A})$, daß $\neg A \in D^{-}(\mathfrak{A})$.

Kommt analog zur Bemerkung 1 der DEFINITION 4.1.2 in $\mathfrak{A}$ eine reflexive Relation π_p vor, kann $D^{+}(\mathfrak{A})$ noch weiter "verkleinert" werden, indem man darin alle prädikativen Aussagen der Form pTT streicht und dafür die Aussage $\forall x^s p x^s x^s$ aufnimmt, d.h. die Menge

$$D_p^{+}(\mathfrak{A}) =_{def} (D^{+}(\mathfrak{A}) - \{pTT \mid T \in CTERM_s(\Sigma)\}) \cup \{\forall x^s p x^s x^s\}, \text{ falls } \alpha(p) = ss,$$

konstruiert. Dann gilt offenbar $CONS(D'(\mathfrak{A})) \subseteq CONS(D_p^{+}(\mathfrak{A}))$, also folgt aus $A \notin CONS(D_p^{+}(\mathfrak{A}))$ mit THEOREM 4.1.4. wieder $\neg A \in D_p^{-}(\mathfrak{A})$.

Dieses Theorem und seine Ausdehnung auf den Fall, daß von einer Menge der Struktur $D^{+}(\mathfrak{A})$ (als Vereinigung aller "vollständigen" positiven Diagramme der vorkommenden Relationen π_p, $p \in P$) abgegangen wird, erheben wir nun zu einem "Adjunktionsprinzip" in dem folgenden Sinne: Gegeben sei eine beliebige Menge $X \subseteq FORM(\Sigma, V)$, jetzt deduktive Datenbasis genannt. Im Sinne der Theorie relationaler Datenbasen wünschen wir uns, daß X (wenigstens) prädikativ vollständig ist, d.h., daß für jede "Relation" $p \in P$ und jedes "passende" Tupel $[T_1, \ldots, T_n]$ von "Individuen" $T_1, \ldots, T_n$ gilt: $pT_1 \ldots T_n \in CONS(X)$ oder $\neg pT_1 \ldots T_n \in CONS(X)$. Dabei soll das "Individuen" besagen, daß $T_1, \ldots, T_n$ konstante Terme sind, und "passend" bedeutet, daß für jedes $\nu \in \{1, \ldots, n\}$ T_ν ein Term der Sorte s_ν ist, falls $\alpha(p) = s_1 \ldots s_n$ gilt. Schließlich für jedes $\nu \in \{1, \ldots, n\}$ T_ν ein Term der Sorte s ist, falls $\alpha(p) = s_1 \ldots s_n$ gilt. Schließlich sollte X widerspruchsfrei sein, da sonst wegen $CONS(X) = FORM(\Sigma, V)$ die Menge X als (deduktive) Datenbasis für die Anwendungen wertlos ist. Mit anderen Worten: Wenn X widerspruchsfrei und prädikativ vollständig ist, wird durch p mit $\alpha(p) = s_1 \ldots s_n$ eine Relation (Teilmenge von) über $CTERM_{s_1}(\Sigma) \times \ldots \times CTERM_{s_n}(\Sigma)$ beschrieben. Wird in dieser Forderung der Operator CONS durch $CONS_{DCA}$ ersetzt, sind die zum Folgern verwendeten Modelle "voll syntaktisch beschreibbar"; andernfalls jedoch nicht. In der logischen Programmierung sind die aus diesem Fakt resultierenden Konsequenzen für spezielle Mengen X (z.B. Horn-Theorien, universale Theorien; siehe dazu u.a. [GoHe87]) ziemlich genau untersucht; über beliebige Mengen X ist dagegen noch wenig bekannt, wobei man darüber streiten könnte, wie weit allgemeinere Mengen X, z.B. die nicht mehr universal sind, aus Anwendungsgründen studiert werden sollten.

Falls nun für eine prädikative Aussage $A \in FORM(\Sigma, V)$ sowohl $A \notin CONS(X)$ als auch $\neg A \notin CONS(X)$ gilt, wollen wir uns für den ersten Fall entscheiden (auch die Entscheidung für den zweiten Fall ist möglich, siehe dazu Abschn. 4.5.) und zu X die Aussage $\neg A$ adjungieren, d.h. zu $X \cup \{\neg A\}$ übergehen. Das ist zunächst unproblematisch, denn aus $A \notin CONS(X)$ folgt, daß ein $\mathcal{L} \in ALG(\Sigma)$ existiert mit $\mathcal{L} \models X$ und nicht $\mathcal{L} \models A$, also $\mathcal{L} \models \neg A$, also $\mathcal{L} \models X \cup \{\neg A\}$, d.h., daß die sich aus $A \notin CONS(X)$ ergebende Widerspruchsfreiheit der Menge X durch die Adjunktion von $\neg A$ nicht verlorengeht.

Da durch diese Prozedur X zu einer prädikativ vollständigen Menge gemacht werden soll, wird sie parallel für alle prädikativen Aussagen A mit $A \notin CONS(X)$ und $\neg A \notin CONS(X)$ realisiert. Dies führt aber sehr schnell zu Schwierigkeiten, wie das folgende Beispiel zeigt. Gegeben sei $X =_{def} \{A \vee B\}$, wobei A und B zwei (graphisch) verschiedene prädikative Aussagen aus $FORM(\Sigma, V)$ seien (wir setzen ihre Existenz voraus). Dann gilt $A \notin CONS(X)$ und $B \notin CONS(X)$, also müssen wir zu X sowohl $\neg A$ als auch $\neg B$ adjungieren, und $\{A \vee B, \neg A, \neg B\}$ ist widerspruchsvoll. Viele Anstrengungen sind unternommen worden, diese Schwierigkeiten zu überwinden, und letztendlich haben die verschiedenen Modifizierungen der (klassischen) Closed World Assumption darin ihren Ursprung.

Zum Schluß abstrahieren wir aus den Betrachtungen dieses Abschnitts den folgenden allgemeinen Begriff eines Komplettierungsprinzips für eine gegebene Klasse $\mathfrak{K}$ von deduktiven Datenbasen. Gegeben sei eine Klasse $\mathfrak{K} \subseteq \mathfrak{P}FORM(\Sigma, V)$ sowie eine eindeutige Abbildung COMP: $\mathfrak{P}FORM(\Sigma, V) \longrightarrow \mathfrak{P}FORM(\Sigma, V)$. Wir nennen COMP "Komplettierungsprinzip" für $\mathfrak{K}$ und definieren:

DEFINITION 4.1.3

1. COMP ist widerspruchsfrei bezüglich $\mathfrak{K}$ genau dann, wenn für jedes $X \in \mathfrak{K}$ aus der Widerspruchsfreiheit von X die von $X \cup COMP(X)$ folgt.

2. COMP ist prädikativ vollständig bezüglich $\mathfrak{K}$ genau dann, wenn für jedes $X \in \mathfrak{K}$ die Menge $X \cup COMP(X)$ prädikativ vollständig ist.

3. $\mathfrak{A} \models_{COMP} X =_{def} \mathfrak{A} \models X \cup COMP(X)$.

BEMERKUNG

In den nächsten Abschnitten werden wir einige Komplettierungsprinzipien, die aus dem Prinzip der Closed World Assumption abgeleitet sind, und davon erzeugte OCCAMsche Modellbegriffe kennenlernen.

4.2. Die Closed World Assumption

Gegeben sei eine beliebige Menge $X \subseteq FORM(\Sigma, V)$. Auf der Grundlage der Diskussion in Abschnitt 4.1. und von DEFINITION 4.1.3 definieren wir ein Komplettierungsprinzip CWAS und einen Folgerungsoperator CWA wie folgt.

DEFINITION 4.2.1

1. $CWAS(X) =_{def} \{\neg A \mid X \not\models A \text{ und } A \in PAFORM(\Sigma, V)\}$.

2. $CWA(X) =_{def} CONS(X \cup CWAS(X))$.

Dieses Komplettierungsprinzip, von R. REITER 1978 erstmals in [Rei78a] im Rahmen von Untersuchungen zu deduktiven Datenbasen präzisiert, läßt sich intuitiv auch folgendermaßen beschreiben: Es wird angenommen, daß die "Welt" (repräsentiert durch die betrachtete deduktive Datenbasis X) "abgeschlossen" ist ("Closed World Assumption") im folgenden Sinne: Wenn eine Aussage der Form $pT_1 \dots T_n$ aus X nicht gefolgert werden kann (nicht ableitbar ist), dann wird angenommen, daß sie falsch ist, d.h. $\neg pT_1 \dots T_n$ wahr ist, und demgemäß $\neg pT_1 \dots T_n$ zu X adjungiert werden muß.

Löst man in Punkt 2 die Definition von CONS auf, ist klar, daß CWA in der Form $CONS_{\models\!\approx}$ dargestellt werden kann, wobei $CONS_{\models\!\approx}$ im Sinne von DEFINITION 3.3.3 durch den folgenden OCCAMschen Modellbegriff erzeugt wird, der von J. A. MAKOWSKI 1987 in [Ma87] als "generisch" eingeführt und genauer untersucht wird.

DEFINITION 4.2.2

$\mathfrak{A}$ ist generisches Modell für X ($\mathfrak{A} \models\!\approx X$) genau dann, wenn

1. $\mathfrak{A} \models X$ und
2. für jede prädikative Aussage $A \in FORM(\Sigma, V)$ gilt: Wenn $X \not\models A$, so $\mathfrak{A} \models \neg A$.

Wir erinnern nun an einige Begriffsbildungen aus der Logischen Programmierung, die bei der Formulierung späterer Sätze verwendet werden.

DEFINITION 4.2.3

1. Ein Ausdruck C heißt Klausel genau dann, wenn er die Form $\neg A_1 \vee \dots \vee \neg A_m \vee B_1 \vee \dots \vee B_n$ hat, wobei $A_1, \dots, A_m$, $B_1, \dots, B_n$ prädikative Ausdrücke sind und $0 \leq m$, $0 \leq n$ gilt. - Im Falle von $n \leq 1$ wird C eine HORN-Klausel genannt. - Eine Menge von HORN-Klauseln heiße HORN-Datenbasis.

2. Ein Ausdruck C heißt universal genau dann, wenn es einen quantorenfreien Ausdruck B und Individuenvariablen $v_1^{s_1}, \dots, v_n^{s_n}$ mit $n \geq 0$ gibt mit $C = \forall v_1^{s_1} \dots \forall v_n^{s_n} B$. - Eine Menge von universalen Ausdrücken heiße universelle Datenbasis.

THEOREM 4.2.1

Ist eine HORN-Datenbank X widerspruchsfrei, dann ist auch $X \cup CWAS(X)$ widerspruchsfrei.

Dieser Satz ist eine Teillösung des Problems I (siehe Abschn. 3.3.) für den Operator CWA. Er kann direkt bewiesen werden, ergibt sich aber auch einfach aus dem folgenden Satz, der eine vollständige Lösung von Problem I darstellt und der 1984 von J.C. SHEPHERDSON in [She84] bewiesen wurde. Es ist interessant, daß erst 6 Jahre nach der Formulierung des Prinzips der Closed World Assumption diese (relativ einfach zu beweisende) Charakterisierung gefunden wurde.

THEOREM 4.2.2

$X \cup CWAS(X)$ ist widerspruchsfrei genau dann, wenn für jede natürliche Zahl $n \geq 2$ und jede prädikative Aussage $A_1,\ldots,A_n \in FORM(\Sigma,V)$ gilt: Wenn $X \models A_1 \vee \ldots \vee A_n$, so gibt es ein $\nu \in \{1,\ldots,n\}$ mit $X \models A_\nu$.

Die Richtung von links nach rechts wird indirekt bewiesen und folgt aus der Tatsache, daß $\neg A_1,\ldots,\neg A_n$ sämtlich in CWAS(X) liegen, also $\{\neg A_1,\ldots,\neg A_n, A_1 \vee \ldots \vee A_n\} \subseteq CWA(X)$ gilt und $\{\neg A_1,\ldots,\neg A_n, A_1 \vee \ldots \vee A_n\}$ widerspruchsvoll ist. (Man vgl. auch das entsprechende Beispiel $X=\{A \vee B\}$ am Ende von Abschn. 4.1.) - Die Umkehrung wird ebenfalls direkt bewiesen. Als erstes konstatiert man, daß auf Grund der Voraussetzung stets $X \cup CWAS(X) \models \sim(A_0 \rightarrow A_0)$ gilt, wobei A_0 ein beliebiger Ausdruck ist. Wendet man nun die Kompaktheit von ⊨ an, erhält man unmittelbar prädikative Aussagen $A_1,\ldots,A_n$ $(n \geq 2)$, so daß $X \models A_1 \vee \ldots \vee A_n$ und für jedes $\nu \in \{1,\ldots,n\}$ $X \not\models A$ gilt.

Zur Lösung von Problem III für CWA können wir das folgende Teilresultat beweisen [Thi87c], zu dessen Formulierung wir auf DEFINITION 3.2.1 und 3.3.5. verweisen.

THEOREM 4.2.3

Der Operator CWA ist reflexiv, identitär, abgeschlossen, kompakt und erfüllt die Deduktionseigenschaft für Aussagen; dagegen gilt im allgemeinen weder die Monotonie, noch die schwache Monotonie, noch die Ableitbarkeitseigenschaft.

Zum Beweis der Tatsache, daß CWA identitär ist, nimmt man unter der Voraussetzung $X \subseteq Y \subseteq CWA(X) \subset FORM(\Sigma,V)$ an, daß jede prädikative Aussage $A \in CONS(Y)$ auch in CONS(X) liegt. Daraus folgt dann unmittelbar $CWA(X) = CWA(Y)$. Die entgegengesetzte Annahme führt dagegen zum Widerspruch $CWA(X) = FORM(\Sigma,V)$. (Diesen Beweis verdanke ich J. GRABOWSKI.) - Die übrigen positiven Aussagen für CWA des Theorems folgen aus den entsprechenden für CONS und dem Fakt, daß das Komplettierungsprinzip CWAS eine dual-monotone Abbildung ist, d.h. für jedes $X,Y \subseteq FORM(\Sigma,V)$ aus $X \subseteq Y$ die Inklusion $CWAS(X) \supseteq CWAS(Y)$ folgt. - Die negativen Aussagen des Theorems werden durch geeignete Gegenbeispiele bewiesen.

Weitere Untersuchungen und Resultate zur Closed World Assumption findet man u.a. in [BaSi 85, Lif85a, Ma87, Min81, Min83, Min87, Rei78b, She84, She85].

4.3. Die Generalized Closed World Assumption

Die Sätze 4.2.1. und 4.2.2. besagen, daß die Closed World Assumption nur für HORN-Theorien sinnvoll ist, weil sie im entgegengesetzten Fall im allgemeinen zu widerspruchsvollen Vervollständigungen führt. Demgemäß sind Versuche gemacht worden, das CWA-Prinzip so abzuschwächen, daß es auch für allgemeinere Fälle funktioniert. Hierzu könnte man argumentieren, daß dies allein theoretisches Interesse beanspruche, weil HORN-Datenbasen für die Praxis ausreichen. Dem ist nicht so, wie wichtige Beispiele aus der Praxis zeigen, z.B. die Behandlung von sogen. null-values (siehe [Co79, Lip79, Vas77], insbesondere [YaHe85]).

Von J. MINKER wurde in [Min81] die folgende Verallgemeinerung des Prinzips der Closed World Assumption, "Generalized Closed World Assumption" genannt, eingeführt, wobei wir die MINKERsche Definition äquivalent umformulieren, um eine deutlichere Beziehung zur CWA und zu THEOREM 4.2.2. herstellen zu können.

DEFINITION 4.3.1

1. GCWAS(X)
$=_{def} \{ \neg A \mid A \in PAFORM(\Sigma, V)$ und für jedes $n \geq 0$ und jedes $B_1, \ldots, B_n \in PAFORM(\Sigma, V)$ gilt: Wenn $X \nvdash B_1 \vee \ldots \vee B_n$, so $X \nvdash A \vee B_1 \vee \ldots \vee B_n \}$.
2. $GCWA(X) =_{def} CONS(X \cup GCWAS(X))$.

Die Beziehung zwischen CWA und GCWA gibt das folgende unmittelbar einsichtige Theorem wieder, wobei $X \subseteq FORM(\Sigma, V)$ beliebig ist.

THEOREM 4.3.1

1. Ist X widerspruchsfrei, so $GCWAS(X) \subseteq CWAS(X)$.
2. $GCWA(X) \subseteq CWA(X)$.

Um Punkt 1 zu beweisen, wählen wir in der Definition von GCWAS(X) $B_1 \vee \ldots \vee B_n$ als "leere" Alternative, d.h., wir setzen dafür eine Kontradiktion, etwa $(A \longrightarrow A)$, ein.

Zum Beweis von Punkt 2 wenden wir im Fall, daß X widerspruchsfrei ist, Punkt 1 und die Monotonie von CONS an; ist X widerspruchsvoll, gilt die obige Inklusion trivial, weil in diesem Fall $CWA(X) = FORM(\Sigma, V)$ ist.

In einer Reihe von Arbeiten sind u.a. die modelltheoretischen Eigenschaften der Generalized Closed World Assumption genauer untersucht worden. Sehr einfach kann man nach dem Muster in [Ma87] den Begriff des generischen zu dem des verallgemeinert generischen Modells verallgemeinern. Viel wichtiger sind aber die Beziehungen zur Theorie der minimalen Modelle, in deren Rahmen sich die Closed World Assumption durch bestimmte Eindeutigkeitsforderungen charakterisieren läßt und die auch (siehe Abschnitt 4) Grundlage für das Prinzip der Circumscription ist. Zu den entsprechenden Untersuchungen verweisen wir auf die diesbezügliche Literatur, z.B. auf [Min81,Min83], insbesondere aber auf [Lif85a, Ma87, Vol87, Vol88, YaHe85].

Gilt $PAFORM(\Sigma, V) = \{A, B\}$ mit $A \neq B$, so ist für $X = \{A \vee B\}$ die Menge GCWAS(X) leer, jedoch $CWAS(X) = \{\neg A, \neg B\}$, also gibt es Mengen X mit $GCWA(X) \subset CWA(X)$.

Zum Problem I wurde schon in [Min81] der folgende Satz bewiesen.

THEOREM 4.3.2

Ist eine universale Menge X widerspruchsfrei, so ist auch $X \cup GCWAS(X)$ widerspruchsfrei.

Das folgende Theorem, das mit Hilfe der in der angegebenen Literatur enthaltenen Resultate über minimale Modelle bewiesen wird, besagt, daß die universalen Theorien die "Grenze" sind, für die das Prinzip der Generalized Closed World Assumption noch sinnvoll praktiziert werden kann.

THEOREM 4.3.3

Es gibt eine widerspruchsfreie (nicht-universale) Menge X, so daß $X \cup GCWAS(X)$ widerspruchsvoll ist.

Unmittelbar ist klar, daß man einen dem THEOREM 4.2.2 analogen Satz, mit dem die Widerspruchsfreiheit von $X \cup GCWAS(X)$ charakterisiert wird, formulieren und beweisen kann. Das sei dem Leser überlassen.

Es ist nicht bekannt, ob THEOREM 4.2.3 in allen Einzelaussagen für den Operator GCWA gilt. Ein Beweisversuch nach dem Muster für den Operator CWA scheitert daran, daß das Komplettierungsprinzip GCWAS im Gegensatz von CWAS keine dual-monotone Abbildung ist. Diese Beobachtung und auch Anwendungsgründe geben Anlaß zu dem Versuch, die Generalized Closed World Assumption wie folgt zu verschärfen.

DEFINITION 4.3.2

1. $GCWAS'(X)$
   $=_{def} \{\neg A \mid A \in PAFORM(\Sigma,V)$ und für jedes $n \geq 0$ und jedes $B_1,\ldots,B_n \in PAFORM(\Sigma,V)$ gilt: $X \not\models A \vee B_1 \vee \ldots \vee B_n\}$.
2. $GCWA'(X) =_{def} CONS(X \cup GCWAS'(X))$.

Man kann sich folgendes überlegen. Für GCWA' gilt ein dem THEOREM 4.2.2 analoger Satz. Für beliebiges $X \subseteq FORM(\Sigma,V)$ haben wir $GCWAS'(X) \subseteq GCWAS(X)$, also $GCWA'(X) \subseteq GCWA(X)$. Das Komplettierungsprinzip GCWAS' ist dual-monoton, demgemäß kann man für GCWA' die Reflexivität, Abgeschlossenheit, Kompaktheit und die Deduktionseigenschaften (für Aussagen) wie in THEOREM 4.2.3 für CWA beweisen. Die Nachprüfung der übrigen in THEOREM 4.2.3 angegebenen Eigenschaften für GCWA' sei dem Leser überlassen.

4.4. Die Sequential Closed World Assumption

Die folgenden Betrachtungen sind aus dem Bestreben heraus entstanden, eine widerspruchsfreie Vervollständigung auch für nicht-universale Datenbasen zu erreichen. Man könnte meinen, daß ein solches Vorhaben allein rein theoretisches Interesse habe, weil man mit nicht-universalen Datenbasen den Bereich dessen, was (heute!) für die logische Programmierung relevant ist, sicher verläßt. Aber zwei Gründe rechtfertigen eine solche Zielstellung: Erstens ist es von generellem wissenschaftlichem Interesse, wie weit sich sinnvolle Komplettierungsprinzipien verallgemeinern lassen; zweitens ist die Logische Programmierung, die bis heute im wesentlichen nur HORN-Datenbasen (als Spezialfall universeller) verwendet hat, sicher nicht der Endstand der Entwicklung von Programmierkonzepten und -praktiken.

Grundidee des vorzustellenden Ansatzes ist die Festlegung, daß die Entscheidung darüber, ob $\neg A$ adjungiert wird, von der 'Vorgeschichte' abhängig gemacht wird, der Komplettierungsprozeß also sequentiell abläuft. Die dabei verwendeten Grundprinzipien gehen auf den Vervollständigungssatz von A. LINDENBAUM und auf den HENKINschen Beweis des GÖDELschen Vollständigkeitssatzes zurück [Hen49, Göd30, Tar30, Tar36], siehe auch [As59, Seite 114; Grz74, Seite 314; RaSi63; Thi56]. Dieselben Ideen wurden auch von M. DAVIS in [Da80] verwendet, um den Ansatz besser verständlich zu machen, den D. McDERMOTT und J. DOYLE in [McDeDo80, McDe82a] im Rahmen der Modallogik zur Formalisierung nichtmonotoner Schließweisen entwickelt haben (siehe dazu auch [Tu84, Seite 63]).

Ausgangspunkt der angestrebten sequentiellen Konstruktion ist eine fixierte Aufzählung aller prädikativen Aussagen von Form(Σ,V), etwa in der Form

$$\eta : K_1, \ldots, K_t, \ldots$$

mit $K_t \in \mathrm{PAFORM}(\Sigma, V)$, wobei Wiederholungen durchaus zugelassen sind.

DEFINITION 4.4.1

0. $\mathrm{SCWAS}_0^{\eta}(X) =_{def} \emptyset$.

1. $\mathrm{SCWAS}_{t+1}^{\eta}(X)$.

$$=_{def} \begin{cases} \mathrm{SCWAS}_t^{\eta}(X), & \text{falls } X \cup \mathrm{SCWAS}_t^{\eta}(X) \models K_{t+1} \\ \mathrm{SCWAS}_t^{\eta}(X) \cup \{\neg K_{t+1}\}, & \text{falls } X \cup \mathrm{SCWAS}_t^{\eta}(X) \not\models K_{t+1}. \end{cases}$$

2. $\mathrm{SCWAS}^{\eta}(X) =_{def} \bigcup_{t=0}^{\infty} \mathrm{SCWAS}_t^{\eta}(X)$.

3. $\mathrm{SCWAS}_t'(X) =_{def} \bigcap_{\eta} \mathrm{SCWA}_t^{\eta}(X)$.

4. $\mathrm{SCWAS}'(X) =_{def} \bigcap_{\eta} \mathrm{SCWA}^{\eta}(X)$.

BEMERKUNGEN

1. Bedingung 0 besagt, daß nach 0 Schritten noch keine Adjunktion erfolgt ist. In Bedingung 1 wird nun die 'Vorgeschichte' des sequentiell ablaufenden Komplettierungsprozesses in der Form berücksichtigt, daß die Entscheidung darüber, ob $\neg K_{t+1}$ adjungiert wird oder nicht, nicht auf der Grundlage von X (wie z.B. bei CWA, ob $X \not\models K_{t+1}$ oder $X \models K_{t+1}$ gilt), sondern auf der Grundlage des nach dem t-ten Schritt erreichten 'aktuellen Zustandes' $X_t^{\eta} =_{def} X \cup \mathrm{SCWAS}_t^{\eta}(X)$ der zu vervollständigenden Menge X getroffen wird, nämlich ob aus $X \cup \mathrm{SCWAS}_t^{\eta}(X)$ die Aussage K_{t+1} nicht gefolgert werden kann oder doch.

2. Durch Punkt 2 wird die Menge aller bei der gegebenen Aufzählung η adjungierten prädikativen Aussagen festgelegt. Ist PAFORM(Σ,V) = = $\{A,B\}$, so erhält man in Abhängigkeit davon, ob für eine gegebene Aufzählung η K_1 = A oder K_1 = B ist, im Fall der Menge X = $\{A \vee B\}$ $SCWAS^{\eta}(X) = \{\neg A\}$ bzw. $SCWAS^{\eta}(X) = \{\neg B\}$, d.h. man erhält mit $\{A \vee B, \neg A\}$ und $\{A \vee B, \neg B\}$ zwar verschiedene (prädikative) Vervollständigungen der Menge $\{A \vee B\}$, die überdies beide widerspruchsfrei sind. Im Vergleich dazu gilt CWAS(X) = $\{\neg A, \neg B\}$ und GCWAS(X) = $\emptyset$. D.h. die Komplettierung mit dem CWA-Prinzip liefert die zwar prädikativ vollständige Menge $\{A \vee B, \neg A, \neg B\}$, die aber 'praktisch' unbrauchbar, weil widerspruchsvoll ist; dagegen liefert die Komplettierung mit dem GCWA-Prinzip die zwar widerspruchsfreie Menge $\{A \vee B\}$, die aber 'praktisch' ebenso unbrauchbar ist, weil sie prädikativ unvollständig ist, ja noch schlimmer, weil überhaupt keine Adjunktion erfolgt ist.

3. In den Punkten 3 und 4 wird der Adjunktionsprozeß von der gewählten Aufzählung unabhängig gemacht; inwiefern dies eine zu starke Einschränkung ist, wäre noch zu untersuchen und zu diskutieren. Man vergleiche die Diskussion der entsprechenden Problematik in [Da80, McDeDo80, McDe82, Tu84].

Nach dem Muster der Definitionen für CWA, GCWA und GCWA' führen wir nun die folgenden Folgerungsoperatoren ein.

DEFINITION 4.4.2

1. $SCWA_t^{\eta}(X) =_{def} CONS(X \cup SCWAS_t^{\eta}(X))$.
2. $SCWA^{\eta}(X) =_{def} CONS(X \cup SCWAS^{\eta}(X))$.
3. $SCWA_t(X) =_{def} \bigcap_{\eta} SCWA_t^{\eta}(X)$.
4. $SCWA(X) =_{def} \bigcap_{\eta} SCWA^{\eta}(X)$.
5. $SCWA_t'(X) =_{def} CONS(X \cup \bigcap_{\eta} SCWAS_t^{\eta}(X))$.
6. $SCWA'(X) =_{def} CONS(X \cup \bigcap_{\eta} SCWAS^{\eta}(X))$.

Das Problem I (der Widerspruchsfreiheit) wird für die so definierten Folgerungsoperatoren durch den folgenden Satz 'voll' gelöst, wobei dieser als ein Analogon des Satzes von SHEPHERDSON (siehe [She84], in dieser Arbeit THEOREM 4.2.2) aufzufassen ist.

THEOREM 4.4.1

Für jeden der in DEFINITION 4.4.2 eingeführten Folgerungsoperatoren Ψ gilt: Für jedes X $\subseteq$ FORM(Σ,V) ist Ψ(X) widerspruchsfrei genau dann, wenn X widerspruchsfrei ist.

Der Beweis von links nach rechts ist trivial, weil alle Operatoren reflexiv sind, d.h. stets X $\subseteq \Psi$(X) gilt. Die Umkehrung wird nach Anwendung der Kompaktheit für CONS auf Mengen der Form $X \cup SCWAS_t^{\eta}(X)$ reduziert, und für Mengen dieser Form beweisen wir die Widerspruchsfreiheit durch Induktion über t auf der Grundlage der DEFINITION 4.4.1.

Für jede fixierte Aufzählung der Menge PAFORM(Σ,V) gilt für den Operator $SCWA^{\eta}$ die prädikative Vollständigkeit und für jeden Operator

$SCWA_t^\eta$ eine relativierte prädikative Vollständigkeit im Sinne des folgenden Satzes, wobei $X \subseteq FORM(\Sigma,V)$ beliebig gewählt ist.

THEOREM 4.4.2

1. Für jede prädikative Aussage $A \in FORM(\Sigma,V)$ gilt: $A \in SCWA^\eta(X)$ oder $\neg A \in SCWA^\eta(X)$.

2. Für jede prädikative Aussage $A \in \{K_\tau \mid \tau = 1,\ldots,t\}$ gilt: $A \in SCWA_t^\eta(X)$ oder $\neg A \in SCWA_t^\eta(X)$.

Ein Beweis für diesen Satz ergibt sich unmittelbar aus der Konstruktion der Mengen $SCWAS^\eta(X)$ und $SCWAS_t^\eta(X)$. Es ist klar, daß analoge Vollständigkeitsaussagen für die übrigen Folgerungsoperatoren im allgemeinen nicht gelten. Überdies kann man zu der Meinung kommen, daß die Durchschnittsbildungen in den Punkten 3 bis 6 von DEFINITION 4.4.2 eine so starke Einschränkung bewirken, daß die definierten Operatoren mit dem CONS-Operator zusammenfallen. Dies kann in manchen Fällen passieren, in anderen wieder nicht; es hängt stark von X ab. Wir betrachten dazu zwei Beispiele.

BEISPIEL 1. $X = \emptyset$.

Dann gilt $SCWAS^\eta(\emptyset) = \{\neg A \mid A \in PAFORM(\Sigma,V)\}$, also ist $SCWAS^\eta(\emptyset)$ unabhängig von η, somit gilt

$SCWA(\emptyset) = SCWA'(\emptyset) = CONS(\{\neg A \mid A \in PAFORM(\Sigma,V)\})$.

Wie man sich leicht überlegen kann, ist dieser Effekt nicht daran gebunden, daß X leer ist; z.B. beobachten wir dasselbe, wenn X eine Menge unverneinter oder verneinter Aussagen ist.

BEISPIEL 2. $X = \{A \vee B\}$, $PAFORM(\Sigma,V) = \{A,B\}$.

In diesem Falle gilt $SCWA'(X) = CONS(X)$; dagegen erhalten wir

$$SCWA(X) = \{A \longrightarrow C \mid C \in FORM(\Sigma,V) \text{ und } \models A \longrightarrow C\} \cap \{B \longrightarrow C \mid C \in FORM(\Sigma,V) \text{ und } \models D \longrightarrow C\}.$$

Auf Grund der SÄTZE 4.4.1 und 4.4.2 könnte man zur Auffassung gelangen, daß mit der Sequential Closed World Assumption ein 'ideales' Komplettierungsprinzip gefunden ist, mit dem die Gefahr der Konstruktion widerspruchsvoller Komplettierung vermieden wird, im Gegensatz zur CWA bei Verwendung von Nicht-HORN-Datenbasen und zur GCWA bei Verwendung von Datenbasen, die nicht mehr universal sind; außerdem ist bei SCWA die (prädikative) Vollständigkeit 'automatisch' erfüllt. Diese Freude wird durch zwei Fakten gedämpft. So ist erstens die 'Theorie' dieses Komplettierungsprinzips relativ kompliziert, weil die zugrunde liegenden Konstruktionen verwickelt sind. Dies zeigt sich z.B. beim Versuch, einen dem THEOREM 4.2.3 entsprechenden Satz zu beweisen (siehe auch [Thi87d]). Zweitens dürften bei einer Implementation dieses Prinzip in der Form Schwierigkeiten auftauchen als es nicht genügt, die Menge X allein im Speicher zu haben, sondern man muß irgendwie über ihren 'Zustand' $X_t^\eta =_{def} X \cup SCWAS_t^\eta(X)$ im Takt t verfügen können. Schließlich dürfte die

Frage, welche Aufzählung η gewählt wird und woher man ein solches η nimmt, weitere Probleme aufwerfen.

Abschließend sei festgestellt, daß viele der genannten Eigenschaften der Sequential Closed World Assumption erhalten bleiben, der gesamte Ansatz jedoch wesentlich "elastischer" wird, wenn η nicht PAFORM(Σ,V), sondern eine beliebig (oder geeignet) gewählte Teilmenge von AFORM(Σ,V) aufzählt.

4.5. Modifikationen der CWA und verwandte Ansätze

4.5.1. Die Open World Assumption (OWA)

Die Open World Assumption beruht auf der folgenden "Komplettierungsphilosophie": Wenn die Negation $\neg A$ einer prädikativen Aussage $A \in \mathrm{FORM}(\Sigma,V)$ aus X nicht gefolgert werden kann, dann wird A als generell wahr angenommen, d.h. A wird zu X adjungiert. Formal wird dieses Komplettierungsprinzip wie folgt erfaßt.

DEFINITION 4.5.1

1. $\mathrm{OWAS}(X) =_{def} \{A \mid X \not\models \neg A \text{ und } A \in \mathrm{PAFORM}(\Sigma,V)\}$.
2. $\mathrm{OWA}(X) =_{def} \mathrm{CONS}(X \cup \mathrm{OWAS}(X))$.

Die formalen Eigenschaften der OWA können offenbar durch einen einfachen "Signaturwechsel" von Σ zu $\Sigma' = [S',F',P',\alpha']$, wobei $S' = S$, $F' =_{def} F$, $P' =_{def} \{p' \mid p \in P\}$, $\alpha'(p') =_{def} \alpha(p)(p \in P)$ definiert ist, auf die von CWA zurückgeführt werden, wenn man in jedem $B \in \mathrm{FORM}(\Sigma,V)$ jedes "unverneint" vorkommende Prädikatensymbol $p \in P'$ durch $\neg p'$ und jedes "verneint" vorkommende $p \in P$, d.h. in der Form $\neg p$ auftretende durch p' ersetzt.

Bei fixierter Signatur können in konkreten Anwendungen CWA und OWA sehr verschiedene Wirkungen und Bewertungen haben,wie die folgenden zwei Beispiele zeigen.

BEISPIEL 1

Es soll ein Verbrechen durch ein Gerichtsverfahren aufgeklärt und geahndet werden. Die prädikative Aussage A soll besagen: Peter ist der Täter. X sei die "juristische" Datenbasis, die bei Beginn des Prozesses auf Grund der vorhandenen Gesetze, gesammelter Erfahrungen aus vorausgegangenen Prozessen und den Ermittlungen zum anstehenden Fall vorliegt.

CWA: Die Beweislast liegt beim Ankläger. Er muß $X \models A$ zeigen. Geht das nicht, d.h. gilt $X \not\models A$, muß das Gericht $\neg A$ annehmen, d.h. es muß annehmen, daß Peter nicht der Täter ist und ihn dann freisprechen oder evtl. weitere Ermittlungen anstellen. Dies ist offenbar der Grundsatz "in dubio pro reo" der klassischen römischen Rechtssprechung.

OWA: Die Beweislast liegt beim Angeklagten (bzw. seinem Anwalt). Er muß $X \models \neg A$ zeigen, d.h. beweisen, daß er unschuldig ist. Kann er das nicht, d.h. gilt $X \not\models \neg A$, muß das Gericht annehmen, daß A gilt, d.h., daß Peter schuldig ist, und wird ihn als Täter verurteilen - eine Praxis, die gegenüber einem in Untersuchungshaft sitzenden und demgemäß in seinen Beweismöglichkeiten beschränkten Angeschuldigten sicher als unfair zu bezeichnen ist.

BEISPIEL 2

Die Situation ist eine völlig andere, wenn man das folgende Beispiel mit CWA und OWA diskutiert. Durch einen Ausschuß (oder ein Verwaltungsgericht) soll ein neu entwickeltes Medikament M zur allgemeinen Verwendung im Gesundheitswesen zugelassen werden. Notwendige Voraussetzung für die Zulassung soll sein, daß aus einer bereitgestellten medizinischen Datenbasis X die Aussage A gefolgert werden kann, wobei A besagen soll, daß das Medikament M keine wesentlichen schädlichen Nebenwirkungen hat.

CWA: Die Beweislast liegt bei der staatlichen Kontrollbehörde.

OWA: Die Beweislast liegt beim Hersteller.

Unmittelbar ist klar, daß im Sinne des Schutzes des Patienten vor wesentlichen schädlichen Nebenwirkungen (hierzu sei z.B. an den CONTERGAN-Skandal erinnert) die OWA zu bevorzugen ist.

4.5.2. Die Unique Name Assumption (UNA)

Unter Verweis auf DEFINITION 3.4.1 und auf Bemerkung 3 zu dieser Definition führen wir produktive Folgerungsoperatoren wie folgt ein.

DEFINITION 4.5.2

1. $CONS_{UNA}(X)$

$=_{def} \{ A \mid A \in FORM(\Sigma, V)$ und für jedes $\mathfrak{A} \in ALG(\Sigma)$ gilt: Wenn $\mathfrak{A} \models X$ und $\mathfrak{A}$ ist UNA-System, so $\mathfrak{A} \models A \}$.

2. $CONS'_{UNA}(X)$

$=_{def} \{ A \mid A \in FORM(\Sigma, V)$ und für jedes $\mathfrak{A} \in ALG(\Sigma)$ gilt: Wenn $\mathfrak{A} \models X$ und $\mathfrak{A}$ ist UNA-System bezüglich X, so $\mathfrak{A} \models A \}$.

Unmittelbar folgt, daß $CONS(X) \subseteq CONS_{UNA}(X) \subseteq CONS'_{UNA}(X)$ gilt; außerdem ist klar, daß $CONS'_{UNA}$ monoton ist, während das für $CONS'_{UNA}$ im allgemeinen nicht zutrifft.

Die definierten Operatoren stehen nun mit einem Komplettierungsprinzip, das aus dem CWA-Prinzip abgeleitet ist und erstmalig in [Rei80b] betrachtet wurde, in einer sehr einfachen Beziehung. Dazu gehen wir von $FORM(\Sigma, V)$ zu $FORM^{=}(\Sigma, V)$ über, nehmen also das (universelle) Gleichheitszeichen und damit den Gleichungsbegriff in unseren Aufbau von Syntax und Semantik auf. Sei $X \subseteq FORM = (\Sigma, V)$ beliebig gegeben.

DEFINITION 4.5.3

1. UNAS(X)

$= \{ \neg T_1 = T_2 \mid T_1 = T_2 \in PAFORM = (\Sigma, V)$ und $X \not\models T_1 = T_2 \}$.

2. UNAS'(X)

$=_{def} \{\neg T_1 = T_2 \mid T_1 = T_2 \in PAFORM^{=}(\Sigma,V),\ X \not\models T_1 = T_2$ und $T_1, T_2 \in CTERM(\Sigma,X)\}$.

Unmittelbar klar ist dann das folgende Theorem

THEOREM 4.5.1

1. $CONS(X \cup UNAS(X)) \subseteq CONS_{UNA}(X)$.

2. $CONS(X \cup UNAS'(X)) \subseteq CONS'_{UNA}(X)$.

Man kann sich überlegen, daß für eine gegebene Menge X die Inklusion $\subseteq$ genau in eine Gleichheit übergeht, wenn aus X nur triviale Gleichungen gefolgert werden können, d.h. aus $X \models T_1 = T_2$ folgt, daß T_1 und T_2 graphisch gleich sind.

4.5.3. Die gesteuerte gemischte Closed and Open World Assumption (COWA)

Wir möchten hier die folgende Kombination von CWA und OWA vorschlagen, die uns für viele Anwendungen als sehr anpassungsfähig erscheint. Gegeben sei dazu eine eindeutige Abbildung γ: $PAFORM(\Sigma,V) \rightarrow \{1,0,-1\}$. Gilt für $A \in PAFORM(\Sigma,V)$ die Bedingung $\gamma(L) = 1$ bzw. $\gamma(L) = 0$ bzw. $\gamma(L) = -1$, so soll auf A die CWA bzw. die OWA bzw. keine von beiden angewandt werden. Formal bedeutet dies, daß wir die folgenden Operatoren konstruieren und untersuchen.

DEFINITION 4.5.3

1. $COWAS_{\gamma}(X)$

$=_{def} \{\neg A \mid X \not\models A,\ A \in PAFORM(\Sigma,V)$ und $\gamma(A) = 1\} \cup \{A \mid X \not\models A,\ A \in PAFORM(\Sigma,V)$ und $\gamma(A) = 0\}$.

2. $COWA_{\gamma}(X)$

$=_{def} CONS(X \cup COWAS_{\gamma}(X))$.

BEMERKUNGEN

1. Zu dieser Definition ist zu beachten, daß darin offen bleibt, ob das Gleichheitszeichen vorkommt oder nicht.

2. Wollte man auf die Auswahl und Steuerungsfunktion γ verzichten und eine Menge von "kombinierten" Assumptions durch $COWAS(X) =_{def} CWAS(X) \cup OWAS(X)$ definieren, würde man das Komplettierungsproblem wie folgt trivialisieren. Ist X prädikativ unvollständig, also gibt es eine prädikative Aussage A mit $X \not\models A$ und $X \not\models \neg A$, dann gilt $\neg A \in CWAS(X)$ und $A \in OWAS(X)$, also ist COWAS(X) widerspruchsvoll; im entgegengesetzten Fall ist aber eine Vervollständigung nicht mehr erforderlich.

3. Eine wesentlich allgemeinere Form der gesteuerten Komplettierung ergibt sich, wenn beliebige Aussagen aus $AFORM(\Sigma,V)$ zugelassen werden und γ als Abbildung γ: $AFORM(\Sigma,V) \rightarrow \{1,0,-1\}$ gewählt wird.

4. Weitere Ansätze ergeben sich, wenn man zur GCWA und SCWA die dualen Open-World-Versionen einführt und dann mit einer Steuerungsfunktion entsprechende kombinierte Komplettierungsprinzipien definiert.

Es ist zu erwarten, daß der beschriebene Problemkreis interessante theoretische Untersuchungen und Resultate sowie fruchtbare Anwendungen in den verschiedensten Gebieten beinhaltet.

4.5.4. Die Domain Closure Assumption (DCA)

Unter Berufung auf DEFINITION 3.4.1 und auf Bemerkung 3 zu dieser Definition führen wir produktive Folgerungsoperatoren wie folgt ein. Dazu sei $X \subseteq FORM^{=}(\Sigma,V)$ gegeben.

DEFINITION 4.5.4

1. $CONS_{DCA}(X)$
$=_{def} \{A \mid A \in FORM^{=}(\Sigma,V)$ und für jedes $\mathfrak{A} \in ALG(\Sigma)$ gilt: Wenn $\mathfrak{A} \models X$ und $\mathfrak{A}$ ist DCA-System, so $\mathfrak{A} \models A\}$.

2. $CONS'_{DCA}(X)$
$=_{def} \{A \mid A \in FORM^{=}(\Sigma,V)$ und für jedes $\mathfrak{A} \in ALG(\Sigma)$ gilt: Wenn $\mathfrak{A} \models X$ und $\mathfrak{A}$ ist DCA-System bezüglich X, so $\mathfrak{A} \models A\}$.

Unmittelbar folgt wieder wie für das UNA-Prinzip, daß $CONS(X) \subseteq CONS_{DCA}(X) \subseteq CONS'_{DCA}(X)$ gilt und $CONS_{DCA}$ monoton ist, während $CONS'_{DCA}$ im allgemeinen nicht die Monotonie-Eigenschaft hat.

Wir wollen nun diskutieren, ob die definierten Operatoren sich durch Komplettierungsprinzipien erfassen lassen. Dies ist ohne Spracherweiterung nur in dem Fall möglich, daß $CTERM(\Sigma)$ bzw. $CTERM(\Sigma,X)$ endlich ist. In diesem Fall setzen wir zur bequemeren Schreibweise für $s \in S$

$$DCASS_s =_{def} \forall x^s (\bigvee_{T \in CTERM_s(\Sigma)} x^s = T)$$

$$DCASS_s(X) =_{def} \forall x^s (\bigvee_{T \in CTERM_s(\Sigma,X)} x^s = T)$$

und definieren dann für beliebiges $X \subseteq FORM^{=}(\Sigma,V)$.

DEFINITION 4.5.5

1. $DCAS(X) =_{def} \{DCASS_s \mid s \in S$ und $X \not\models \neg DCASS_s\}$.

2. $DCAS'(X) =_{def} \{DCASS_s(X) \mid s \in S$ und $X \not\models \neg DCASS_s(X)\}$.

Offenbar gilt analog zu THEOREM 4.5.1.

THEOREM 4.5.2

1. $CONS(X \cup DCAS(X)) \subseteq CONS_{DCA}(X)$.

2. $CONS(X \cup DCAS'(X)) \subseteq CONS'_{DCA}(X)$.

BEMERKUNGEN

1. In dem obigen Theorem gilt für ein gegebenes X anstelle von $\subseteq$ die Gleichheit genau dann, wenn für alle $s \in S$ die Beziehung $X \not\models \neg DCASS_s$

bzw. $X \not\models \neg DCASS_s(X)$ erfüllt ist, oder - wie in der Literatur - diese Bedingungen in DEFINITION 4.5.5 fehlen. Dazu vergleiche man die Originalarbeit [Rei80b] , in der neben dem UNA-Prinzip auch das DCA-Prinzip erstmalig eingeführt und untersucht wurde.

2. Bei der Domain Closure Assumption handelt es sich um ein Komplettierungsprinzip, das begrifflich zwischen der Closed World Assumption und dem Prinzip der Circumscription, das im nächsten Kapitel behandelt wird, anzusiedeln ist. Genauer gesagt, handelt es sich um eine spezielle Form von Domain Circumscription, weil durch das DCA-Prinzip die zugelassenen Individuenbereiche in einer bestimmten Weise eingeschränkt (minimiert) werden. Auf die Ausführungen in Abschnitt 4.4. vorgreifend, können wir feststellen, daß für die Formulierung von DEFINITION 4.5.5 ohne die Voraussetzung, daß CTERM(Σ) bzw. CTERM(Σ,X) endlich ist, eine Spracherweiterung auf unendliche Alternativen oder (stärker) auf die zweite Stufe angemessen wäre.

3. Beiläufig sei bemerkt, daß für universale Mengen X die Operatoren CONS und $CONS_{DCA}$ zusammenfallen (siehe dazu z.B. [GoHe87, Seite 47]). Gilt dies auch für CONS und $CONS'_{DCA}$?

4.5.5. Negation as Failure

Dieses Prinzip wurde 1978 von K.L. CLARK in [Cl78] eingeführt. Es hat mit dem CWA-Prinzip gemeinsam, daß zu einer Menge X eine verneinte prädikative Aussage $\neg A$ adjungiert werden soll genau dann, wenn A aus X nicht erschlossen werden kann. Der wesentliche Unterschied besteht jedoch darin, daß beim CWA-Prinzip die Formulierung "aus X kann A nicht erschlossen werden" durch $X \not\models A$ präzisiert wird, was dasselbe ist, daß $X \nvdash A$ gilt, also A mit dem in Abschnitt 2.3. eingeführten ("Hilbertschen") Beweisbarkeitsbegriff abgeleitet werden kann (siehe THEOREM 2.3.1). Durch CLARK hingegen, der von HORN-Datenbasen und der Logischen Programmierung ausgeht, wird die Formulierung" aus X kann A nicht erschlossen werden" durch den Begriff der Resolutionsableitung präzisiert. Die sich aus einem Vergleich beider Ansätze ergebenden Probleme, insbesondere die Frage, wann beide zu gleichen Resultaten führen, wurden in [She84a, She84b] genau untersucht.

4.5.6. Predicate Completion (PC)

Die Predicate Completion wurde ebenfalls in der Arbeit [Cl78] von K.L. CLARK erstmalig betrachtet, und zwar als Komplettierungsprinzip PCS für spezielle Mengen X von Klauseln. Die allgemeine Beschreibung von PCS(X) ist kompliziert (siehe dazu z.B. [GeNi87, Seite 122-128]); wir beschränken uns deshalb auf die Angabe einiger Beispiele. Gegeben seien dazu die einstelligen Prädikatensymbole p,q mit $p \neq q$, ferner konstante Terme T_1, T_2, die graphisch verschieden sein sollen. Dann wird gesetzt, falls $\alpha(p) = \alpha(p)$:

$PCS(\{pT_1\}) =_{def} \{\forall x(px \rightarrow x = T)\}$

$PCS(\{pT_1, pT_2\}) =_{def} \{\forall x(px \rightarrow x = T_1 \vee x = T_2)\}$

$PCS(\{pT_1, qT_2\}) =_{def} \{\forall x(px \rightarrow x = T_1),$
$\forall x(qx \rightarrow x = T_2)\}.$

Daraus leiten wir ab, daß Predicate Completion nichts anderes ist als (parallele) Predicate Circumscription, allerdings eingeschränkt auf Mengen, bei denen die in der zweiten Stufe zur Charakterisierung von Predicate Circumscription formulierte Komplettierungsformel durch eine Formel erster Stufe äquivalent ersetzt werden kann (siehe Abschnitt 5.4).

5. Circumscription. Minimale Modelle

5.1. Historisches. Motivationen

Das Prinzip der Circumscription wurde in den Jahren 1960 bis 1980 im wesentlichen von J. McCARTHY (weitere Ideen stammen von A. CHANDRA, P. HAYES und insbesondere von M. DAVIS; siehe dazu [McCa80]) in den Arbeiten [McCa60, McCaHay69, McCa77, McCa79a, McCa79b] entwickelt, und in [McCa80] findet sich die erste zusammenfassende Darstellung des bis 1980 erreichten Standes. Seitdem wurde dieses Prinzip in zahlreichen weiteren Arbeiten, unter denen [McCa84] eine 'Schlüsselfunktion' zukommt, weiter untersucht, ausgebaut und variiert (siehe Abschnitt 5.3.).

Circumscription hat das Ziel, logische Schlüsse zu präzisieren und schließlich zu formalisieren, bei denen Ausnahmen 'stören', wenn man im Sinne der klassischen Logik schließen will. McCARTHY hat diese Situation allgemein als 'Qualifikationsproblem' (einschließlich seiner Varianten und Modifikationen, z.B. als 'Frame-Problem') beschrieben [McCa80].

Zur Verdeutlichung greifen wir dazu auf das im ersten Abschnitt diskutierte 'Vogelbeispiel' zurück. Führen wir die einstelligen Prädikatensymbole VO, FL und AN ein mit der Interpretation

VO(x) : x ist ein Vogel

KF(x) : x kann fliegen

AN(x) : x ist eine Ausnahme (wobei dieses Prädikat mindestens alle Vögel, die nicht fliegen können, umfassen soll)

sowie die Individuenkonstante 'Hansi' (mit der Interpretation, daß Hansi ein Vogel ist) ein, so kann man die in diesem Beispiel verwendeten Prämissen formalisiert (und im Sinne der klassischen Logik korrekt, d.h. in der angedeuteten Interpretation gültig) aufschreiben in der Form:

$A =_{def} \forall x(VO(x) \wedge \neg AN(x) \rightarrow KF(x))$

$B =_{def} VO(Hansi),$

wobei wir der Klarheit wegen auch bei Prädikatensymbolen Klammern verwenden.

Daraus folgt nun klassisch

$\neg AN(Hansi) \rightarrow KF(Hansi)$,

also, falls Hansi keine Ausnahme ist, kann er fliegen. Das Circumscription-Prinzip besagt nun in diesem Fall: Wenn nicht explizit zum Ausdruck kommt, daß Hansi eine Ausnahme ist, dann soll angenommen werden, daß er keine Ausnahme ist. Unmittelbar ist klar, daß dieses Prinzip eine große Ähnlichkeit mit dem Prinzip der Closed World Assumption hat, und tatsächlich konnten zwischen den präzisierten und formalisierten Formen beider Prinzipien enge Beziehungen festgestellt werden [EthMeRei 85, Lif85a].

Beim CWA-Prinzip wird die Formulierung "es kommt nicht explizit zum Ausdruck, daß Hansi eine Ausnahme ist" in der Weise präzisiert, daß aus der gewählten Datenbasis X die betreffende prädikative Aussage klassisch nicht ableitbar ist, d.h. $X \not\models AN(Hansi)$ gilt, und dann wird $\neg AN(Hansi)$ zu X adjungiert. Setzt man in unserem Beispiel $X = \{A,B\}$, folgt dann $X \cup \{\neg AN(Hansi)\} \models KF(Hansi)$, d.h. aus der im Sinne des CWA-Prinzips vervollständigten Menge können wir (klassisch!) folgern, daß Hansi fliegen kann.

Beim Circumscription-Prinzip wird die obige Formulierung dagegen (modelltheoretisch) so präzisiert, daß beim Folgern aus X nicht mehr alle Modelle von X zugelassen sind, sondern nur noch solche, bei denen das "Prädikat" AN (genauer, die Teilmenge des Grundbereichs, die das einstellige Prädikatensymbol AN interpretiert) möglichst klein, also minimal ist. Wenn nun ein Modell $\mathfrak{A}$ von X minimaler Interpretation von AN gegeben ist, kann man hoffen, daß für eine Konstante c die Beziehung $\mathfrak{A} \models \neg AN(c)$ gilt (weil in diesem Falle das "Prädikat" $\neg AN$ maximal gewählt ist). Ob diese Hoffnung erfüllt ist, hängt natürlich von dem betrachteten konkreten Fall ab; so ist z.B. bei den Modellen $\mathfrak{A}$ der Menge $X = \{A,B\}$ mit minimaler Interpretation von AN diesem Prädikatensymbol stets die leere Menge zugeordnet, also gilt trivial stets $\mathfrak{A} \models \neg AN(Hansi)$, also gilt $X \models' KF(Hansi)$, wenn wir für das betrachtete Beispiel durch $\models'$ das semantische Folgern allein mit Modellen in dem beschriebenen eingeschränkten Sinne bezeichnen.

In den Anwendungen wird es häufig notwendig sein, mehrere Ausnahmeprädikate zu betrachten. Dazu betrachten wir nochmals unser Vogelbeispiel. Wir führen ein einstelliges Prädikatensymbol AN2 für ein weiteres Ausnahmeprädikat ein sowie ein weiteres einstelliges Prädikatensymbol ANTEX mit den Interpretationen

AN2(x): x ist eine Ausnahme zweiter Ordnung (wobei dieses Prädikat mindestens alle die x umfassen soll, die keine Ausnahmen sind),

ANTEX(x): x wurde von einer Antarktisexpedition mitgebracht.

Wir erweitern nun die Menge $X = \{A,B\}$ durch die folgenden Ausdrücke, die in der beschriebenen (erweiterten) Interpretation gültig sind.

$C =_{def} \forall x(VO(x) \wedge ANTEX(x) \wedge \neg AN2(x) \rightarrow AN(x))$

$C =_{def} ANTEX(Hansi)$.

Aus $Y = \{A,B,C,D\}$ folgt dann klassisch

$\neg AN(Hansi) \rightarrow KF(Hansi)$

$\neg AN2(Hansi) \rightarrow AN(Hansi)$.

Wir betrachten nun die Modelle $\mathfrak{A}$ der Menge Y, die 'gleichzeitig' (parallele Circumscription) minimal für AN und AN2 sind; offenbar folgt daraus, daß AN mit dem 'Prädikat' $\neg KF$ und AN2 mit der leeren Menge interpretiert ist, also folgt $\mathfrak{A} \models AN(Hansi)$ und $\mathfrak{A} \models \forall x(AN(x) \rightarrow \neg KF(x))$, somit $\mathfrak{A} \models \neg KF(Hansi)$, d.h., Hansi kann nicht fliegen, also ein Resultat, daß dem Schließen mit dem 'gesunden Menschenverstand' in folgender Weise entspricht: Wenn mitgeteilt wird, daß eine Antarktisexpedition den Vogel Hansi mitgebracht hat und darüber hinaus nichts weiter über Hansi festgestellt ist, wird man 'vernünftigerweise' bzw. 'dem gesunden Menschenverstand' folgend annehmen, daß es sich um einen Pinguin handelt und nicht die Ausnahme vorliegt, daß Hansi ein auf der Rückfahrt in Spanien gekaufter Kanarienvogel ist. Also wird man schlußfolgern, daß Hansi nicht fliegen kann.

5.2. Minimale Modelle. Folgern mit minimalen Modellen

Der klassische Begriff eines minimalen Modells beruht auf dem der Unterstruktur $\mathfrak{A}'$ eines algebraischen Systems $\mathfrak{A}$, wobei $\mathfrak{A}', \mathfrak{A} \in ALG(\Sigma)$ mit $\mathfrak{A}' = [\Sigma, \Delta', \Phi', \Pi']$ und $\mathfrak{A} = [\Sigma, \Delta, \Phi, \Pi]$ gegeben seien. 'Untergruppe', 'Unterring', 'Unterkörper' sowie, bezogen auf die 'relationalen Teile' von $\mathfrak{A}'$ und $\mathfrak{A}$, Begriffen wie 'Untergraph', 'Unterverband' nachgebildet. Um die Begriffsbildungen übersichtlicher formulieren zu können, definieren wir für jedes $f \in F$ und jedes $p \in P$ mit

$\alpha(f) = s_1, \ldots, s_n\ s_{n+1}$ bzw. $\alpha(p) = s_1 \ldots s_n$ die Abkürzungen

$\Phi_f \downarrow \Delta' =_{def} \Phi_f \cap (\Delta'_{s_1} \times \ldots \times \Delta'_{s_n} \times \Delta_{s_{n+1}})$ und

$\Pi_p \downarrow \Delta' =_{def} \Pi_p \cap (\Delta'_{s_1} \times \ldots \times \Delta'_{s_n})$, wobei Φ_f als (n+1)-stellige Relation behandelt wird. Man beachte, daß $\Phi_f \downarrow \Delta'$ im allgemeinen eine partielle eindeutige Abbildung aus $\Delta'_{s_1} \times \ldots \times \Delta'_{s_n}$ in $\Delta'_{s_{n+1}}$ ist; dies stört aber in den folgenden Definitionen nicht.

DEFINITION 5.2.1

$\mathfrak{A}'$ heiße Unterstruktur von $\mathfrak{A}$ (kurz $\mathfrak{A}'$ US $\mathfrak{A}$) genau dann, wenn die folgenden Bedingungen erfüllt sind:

1. $\Delta'_s \subseteq \Delta_s$ für jedes $s \in S$.
2. $\Phi'_f \subseteq \Phi_f \downarrow \Delta$ für jedes $f \in F$.
3. $\Pi'_p \subseteq \Pi_p \downarrow \Delta$ für jedes $p \in F$.

Zu dieser Definition beachte man, daß unter der Bedingung 1 als

Voraussetzung Bedingung 2 mit 2' und 3 mit 3' äquivalent ist, wobei

2'. $\Phi'_f = \Phi_f \downarrow \Delta'$ für jedes $f \in F$

3'. $\Pi'_p \subseteq \Pi_p$ für jedes $p \in P$.

Für die folgende Minimalitätsdefinition sei eine Klasse $\tilde{\mathfrak{K}} \subseteq ALG(\Sigma)$ fixiert.

DEFINITION 5.2.2

1. $\mathfrak{A}$ ist minimal in $\tilde{\mathfrak{K}}$ genau dann, wenn $\mathfrak{A} \in \tilde{\mathfrak{K}}$ und für jedes $\mathfrak{A} \in \tilde{\mathfrak{K}}$ gilt: Wenn $\mathfrak{A}'$ Unterstruktur von $\mathfrak{A}$ ist, dann $\mathfrak{A}' = \tilde{\mathfrak{K}}$. Die Menge aller $\mathfrak{A}$, die minimal in $\tilde{\mathfrak{K}}$ sind, deuten wir durch MIN($\tilde{\mathfrak{K}}$) an.

2. $\mathfrak{A}$ ist schwach-minimal in $\tilde{\mathfrak{K}}$ genau dann, wenn $\mathfrak{A} \in \tilde{\mathfrak{K}}$ und für jedes $\mathfrak{A}' \in \tilde{\mathfrak{K}}$ gilt: Wenn $\mathfrak{A}'$ Unterstruktur von $\mathfrak{A}$, so sind $\mathfrak{A}'$ und $\mathfrak{A}$ isomorph ($\mathfrak{A}' \approx \mathfrak{A}$). Die Menge aller $\mathfrak{A}$, die schwach-minimal in $\tilde{\mathfrak{K}}$ sind, deuten wir durch $MIN_{\approx}(\tilde{\mathfrak{K}})$ an.

Wir führen nun ein eingeschränktes semantisches Folgern unter alleiniger Verwendung minimaler bzw. schwach-minimaler Modelle einer Menge ein.

DEFINITION 5.2.3

1. $CONS_{US}(X)$
$=_{def} \{A \mid A \in FORM(\Sigma, V)$ und für jedes $\mathfrak{A} \in MIN(MOD(X))$ gilt $\mathfrak{A} \models A\}$.

2. $CONS_{US,\approx}(X)$
$=_{def} \{A \mid A \in FORM(\Sigma, V)$ und für jedes $\mathfrak{A} \in MIN_{\approx}(MOD(X))$ gilt $\mathfrak{A} \models A\}$.

Man sieht sofort, daß mit MIN(MOD(X)) und $MIN_{\approx}(MOD(X))$ OCCAMsche Modellbegriffe vorliegen und damit $CONS_{US}$ und $CONS_{US,\approx}$ produktiv sind. Die in Abschnitt 3.3. definierten Problemklassen I, II und III sind für diese Folgerungsbegriffe noch weitgehend unbearbeitet.

Im Hinblick auf die Anwendung dieser Operatoren zur Modellierung von logischen Schlußfiguren, die man in der Nähe des Qualifikationsproblems (und dessen Varianten) findet, sind diese Folgerungsbegriffe zu starr und zu wenig anpassungsfähig. Die vielen Varianten der Präzisierungen des Circumscription-Prinzips, die letztendlich sämtlich auf Varianten und Modifikationen der Begriffe 'Unterstruktur' und 'minimal' beruhen, sind unmittelbar aus konkreten Anwendungen abstrahiert. Sie lassen sich dem folgenden allgemeinen Prinzip unterordnen. Gegeben seien binäre Relationen $\prec$ und $\sim$ über ALG(Σ). Wir betonen, daß wir zunächst keine weiteren Voraussetzungen über diese Relationen machen, und wir definieren für beliebiges $\tilde{\mathfrak{K}} \subseteq ALG(\Sigma)$.

DEFINITION 5.2.4

1. $MIN_{\precsim}(\tilde{\mathfrak{K}}) =_{def} \{\mathfrak{A} \mid \mathfrak{A} \in \tilde{\mathfrak{K}}$ und für jedes $\mathfrak{A}' \in \tilde{\mathfrak{K}}$: Wenn $\mathfrak{A}' \prec \mathfrak{A}$ so $\mathfrak{A}' \sim \mathfrak{A}\}$.

2. $CON_{\precsim}(X) =_{def} \{A \mid A \in FORM(\Sigma, V)$ und für jedes $\mathfrak{A} \in MIN_{\precsim}(MOD(X))$ gilt $\mathfrak{A} \models A\}$.

Unmittelbar ist klar, daß durch $MIN_{\precsim}(MOD(X))$ wieder ein OCCAMscher

Modellbegriff festgelegt ist und $CONS_{\precsim}$ somit die Produktivitätseigenschaft hat. Es ist interessant, daß $CONS_{\precsim}$ ohne zusätzliche Voraussetzungen für $\prec$ und $\sim$ die in dem folgenden Theorem zusammengefaßten Eigenschaften hat, wobei $A,B \in FORM(\Sigma,V)$ und $X \subseteq FORM(\Sigma,V)$ beliebig gewählt sind.

THEOREM 5.2.1

1. Reflexivität und Produktivität:
   $X \subseteq CONS(X) \subseteq CONS_{\precsim}(X)$.
2. Abgeschlossenheit:
   $CONS_{\precsim}(CONS_{\precsim}(X)) \subseteq CONS_{\precsim}(X)$.
3. Deduktionseigenschaft:
   Wenn $A \in CONS_{\precsim}(X \cup \{B\})$ und B eine Aussage ist, dann $B \rightarrow A \in CONS_{\precsim}(X)$.

BEMERKUNG

Y. SHOHAM betrachtet in [Sho87] unter Verwendung des Terminus "preferred models" einen Spezialfall dieses Ansatzes, indem er $\prec$ als irreflexive und transitive Relation wählt und als $\sim$ diejenige Relation (implizit) verwendet, die durch $\prec$ "kanonisch" wie folgt definiert wird: $\mathfrak{A}' \sim \mathfrak{A} =_{def} \mathfrak{A}' = \mathfrak{A}$ oder $(\mathfrak{A}' \prec \mathfrak{A}$ und $\mathfrak{A} \prec \mathfrak{A}')$. Er übersieht dabei jedoch, daß er die für $\prec$ getroffenen Voraussetzungen für die von ihm bewiesenen Sätze im allgemeinen gar nicht braucht. (Ausgenommen sind dabei natürlich die Betrachtungen, in denen zusätzlich die Minimum-Bedingung für $\prec$-Ketten gefordert wird.) Schließlich soll nicht unerwähnt bleiben, daß SHOHAM genau genommen den "dualen" Ansatz untersucht, indem er die Relation $\prec$ "umdreht", d.h. eine irreflexive und transitive Relation $\sqsubset$ betrachtet und dabei "minimal" durch "maximal" ersetzt; aber diese Variante bringt auf der gewählten abstrakten Ebene keine neuen Aspekte, vielmehr ist sie mit dem "Minimalansatz" äquivalent.

5.3. Modelltheoretisch definierte Arten von Circumscription

5.3.1. Domain Circumscription

Domain Circumscription ist die zeitlich erste (formalisierte) Form von Circumscription, 1977 von J. McCARTHY in [McCa77] eingeführt. Sie beruht auf dem "klassischen" Begriff der Unterstruktur im Sinne der Algebra (Untergruppe, Unterring, Unterkörper usw.), wobei die "relationalen" Bestandteile der Unterstruktur aus den betreffenden der gegebenen Struktur durch Einschränkung auf die Individuenbereiche der Unterstruktur hervorgehen, also in einem gewissen Sinne maximal sind. M. DAVIS hat in [Da80] diesen Ansatz genauer untersucht und einen bereits von McCARTHY vermuteten Hauptsatz bewiesen.

In unserem allgemeinen Ansatz läßt sich Domain Circumscription durch die folgende Definition einordnen, wobei wir die Begriffsbildungen auf eine Teilmenge $D \subseteq S$ aller Sorten relativieren; der klassische, von McCARTHY und DAVIS betrachtete Fall ergibt sich als $D = S$.

DEFINITION 5.3.1

$\mathfrak{A}'$ heiße Domain-Unterstruktur von $\mathfrak{A}$ bezüglich D (kurz $\mathfrak{A}' \preceq_D \mathfrak{A}$) genau dann, wenn die folgenden Bedingungen erfüllt sind:

1. $\Delta'_d \subseteq \Delta_d$ für alle $d \in D$ und
   $\Delta'_d = \Delta_s$ für alle $s \in S \setminus D$.
2. $\Phi_f = \Phi_f \downarrow \Delta'$ für alle $f \in F$.
3. $\Pi_p = \Pi_f \downarrow \Delta'$ für alle $p \in P$.

$\mathfrak{A}' \sim \mathfrak{A}$ wird genau dann gesetzt, wenn $\mathfrak{A}'$ und $\mathfrak{A}$ identisch sind.

Die Maximalität der 'relationalen Bestandteile' von $\mathfrak{A}'$ in $\mathfrak{A}$ kommt dadurch zum Ausdruck, daß im Unterschied zum allgemeinen Unterstrukturbegriff, wo nur $\Pi_p \subseteq \Pi_f \downarrow \Delta'$ für $p \in P$ gefordert wird (siehe DEFINITION 5.2.1), jetzt die Gleichung $\Pi'_p = \Pi_f \downarrow \Delta'$ gelten soll.

5.3.2. Predicate Circumscription

Diese Form wurde 1980 von J. McCARTHY in [McCa80] als Alternative zur Domain Circumscription eingeführt, um bestimmte Anwendungen (Qualifikationsproblem und verwandte Fragestellungen; siehe unser 'Vogelbeispiel') besser in den Griff zu bekommen. Es wird hier ein Begriff von Unterstruktur zugrunde gelegt, wie er z.B. aus der Graphentheorie als Teilgraph entsteht, wenn man bei festgehaltener Knotenmenge gewisse Bögen streicht, wobei Bögen als Elemente einer binären Relation über der Knotenmenge aufgefaßt werden. Wir fixieren dazu eine Menge $Q \subseteq P$ von Prädikatensymbolen.

DEFINITION 5.3.2

$\mathfrak{A}'$ heiße Predicate-Unterstruktur von $\mathfrak{A}$ bezüglich Q (kurz $\mathfrak{A}' \preceq_Q \mathfrak{A}$) genau dann, wenn die folgenden Bedingungen erfüllt sind:

1. $\Delta'_s = \Delta_s$ für alle $s \in S$;
2. $\Phi'_f = \Phi_f$ für alle $f \in F$;
3. $\Pi'_q \subseteq \Pi_q$ für alle $q \in Q$ und
   $\Pi'_p = \Pi_p$ für alle $p \in P \setminus Q$.

Die Relation $\sim$ wird wieder als Identität gewählt.

BEMERKUNGEN

1. Enthält Q genau ein Symbol, liegt die ursprüngliche Form der Predicate Circumscription vor, wie sie in [McCa80] definiert worden ist.

2. Enthält Q mehr als ein Symbol, spricht man auch von 'Parallel Predicate Circumscription', was im Sinne der Optimierungstheorie zum Ausdruck bringt, daß in diesem Fall nach mehreren Parametern 'gleichzeitig' optimiert (minimiert) wird.

3. Domain Circumscription läßt sich als ein Spezialfall auf Predicate Circumscription reduzieren, indem zu jedem $s \in D$ ein neues Prädikaten-

symbol q_d eingeführt wird und dann bezüglich der Menge $Q_D =_{def} \{q_d | d \in D\}$ (Parallel) Predicate Circumscription gemacht wird. Dabei sind zwei Dinge zu beachten. Erstens bedeutet die Einführung der Menge Q_D eine Signaturerweiterung, d.h. den Übergang von $\Sigma = [S,F,P,\alpha]$ zur Signatur $\Sigma^D =_{def} [S,F,P \cup Q_D, \alpha^D]$, wobei $\alpha^D(p) =_{def} \alpha(p)$ für $p \in P$ und $\alpha^D(q_d) =_{def} d$ für $d \in D$ gesetzt wird. Zweitens werden die Prädikatensymbole q_d aus Q_D stets durch den vollen entsprechenden Grundbereich interpretiert, d.h., ist $\mathfrak{A} \in ALG(\Sigma^D)$, dann soll $\Pi q_d = \Delta_d$ für alle $d \in D$ gelten.

5.3.3. Varying Predicate Circumscription.

Dies ist eine Verallgemeinerung der Predicate Circumscription [McCa84], wie sie durch Anwendungsfälle nahegelegt wird, wenn bei Abhängigkeiten zwischen den betrachteten Prädikaten das Festhalten des einen eine 'hinreichende' Minimierung des anderen verhindert. Somit wählt man in der Menge P zwei disjunkte Teilmengen P_m und P_c, wobei die Interpretation der Symbole $p \in P_m$ zu minimieren sind, während die der $p \in P_c$ festgehalten wird und schließlich die Interpretation der Symbole $p \in P \setminus (P_m \cup P_c)$ beliebig gewählt werden darf. Mit $Q =_{def} [P_m, P_c]$ definiert man dann:

DEFINITION 5.3.3

$\mathfrak{A}'$ ist Varying-Predicate-Unterstruktur von $\mathfrak{A}$ bezüglich Q (kurz $\mathfrak{A}' \lesssim_Q \mathfrak{A}$) genau dann, wenn die folgenden Bedingungen erfüllt sind:

1. $\Delta'_s = \Delta_s$ für alle $s \in S$;
2. $\phi'_f = \phi_f$ für alle $f \in F$;
3. $\Pi'_p \subseteq \Pi_p$ für alle $p \in P_m$;
   $\Pi'_p = \Pi_p$ für alle $p \in P_c$.

Ferner setzt man $\mathfrak{A}' \sim_Q \mathfrak{A}$ genau dann, wenn $\mathfrak{A}'|Q = \mathfrak{A}|Q$ gilt, wobei für $\mathfrak{B} \in ALG(\Sigma)$ durch $\mathfrak{B}|Q$ dasjenige algebraische System bezeichnet wird, das man erhält, wenn man in Σ alle Prädikatensymbole aus $P \setminus (P_m \cup P_c)$ streicht (die so erhaltene Signatur sei $\Sigma|Q$) und dasselbe in dem algebraischen System $\mathfrak{A}$ tut. Offenbar gilt dann $\mathfrak{B}|Q \in ALG(\Sigma|Q)$.

Beispiele zu dieser Verallgemeinerung findet man in [Br88, GeNi87].

5.3.4. Varying Signature Circumscription

Aus den Betrachtungen in Abschnitt 5.3.3. wollen wir das allgemeine Prinzip der Varying Signature Circumscription ableiten und hier erstmalig vorstellen. Wir sagen, daß Σ' eine Teilsignatur von Σ ist genau dann, wenn $S' \subseteq S$, $F' \subseteq F$, $P' \subseteq P$ gilt und die Funktion α' auf $F' \cup P'$ mit α übereinstimmt. Σ' und Σ heißen disjunkt genau dann, wenn $S' \cap S = \emptyset$, $F' \cap F = \emptyset$ und $P' \cap P = \emptyset$ gilt. Sind Σ' und Σ disjunkt, ist $\Sigma' \sqcup \Sigma =_{def} [S' \cup S, F' \cup F, P' \cup P, \alpha' \cup \alpha]$ wieder eine Signatur, wobei $\alpha' \cup \alpha$ die mengentheoretische Vereinigung der Funktionen α' und α,

als Relationen betrachtet, bezeichnet. Für $\mathfrak{A} \in ALG(\Sigma)$ und eine Teilsignatur Σ' von Σ werde in Analogie zur Konstruktion $\mathfrak{A}|Q$ in Abschnitt 5.3.3. durch $\mathfrak{A}|\Sigma'$ dasjenige algebraische System bezeichnet, das durch Anwendung des durch Σ' definierten "Vergeßfunktors" auf $\mathfrak{A}$ entsteht, d.h. $\mathfrak{A}|\Sigma'$ ist dasjenige algebraische System, das aus $\mathfrak{A}$ entsteht, wenn man nur das beibehält, was in Σ' ausgewiesen ist. Offenbar gilt in Analogie zu $\mathfrak{A}|Q \in ALG(\Sigma|Q)$ jetzt $\mathfrak{A}|\Sigma' \in ALG(\Sigma')$. Es seien nun zwei disjunkte Teilsignaturen Σ_m und Σ_c von Σ gegeben. Über die Interpretation der Symbole von Σ_m soll minimiert werden, während die Interpretation der Symbole von Σ_c festgehalten wird und schließlich die Interpretation der Symbole von Σ, die nicht in der Signatur $\Sigma_m \sqcup \Sigma_c$ liegen beliebig variiert. ("Symbol" bedeutet hier neben Funktions- und Prädikatensymbol auch Element der betreffenden Menge von Sorten.)
Für $\Theta = [\Sigma_m, \Sigma_c]$ definieren wir:

DEFINITION 5.3.4

$\mathfrak{A}'$ ist Varying-Signature-Unterstruktur von $\mathfrak{A}$ bezüglich Θ (kurz $\mathfrak{A}' \precsim_\Theta \mathfrak{A}$) genau dann, wenn die folgenden Bedingungen erfüllt sind:
1. $\mathfrak{A}'|\Sigma_m$ ist Unterstruktur von $\mathfrak{A}|\Sigma_m$.
2. $\mathfrak{A}'|\Sigma_c = \mathfrak{A}|\Sigma_c$.

Ferner setzt man: $\mathfrak{A}' \sim_\Theta \mathfrak{A}$ genau dann, wenn $\mathfrak{A}'|\Sigma_m \sqcup \Sigma_c = \mathfrak{A}|\Sigma_m \sqcup \Sigma_c$.

Abschließend sei darauf verwiesen, daß die Konstruktion $\mathfrak{A}|\Sigma'$ ($\mathfrak{A} \in ALG(\Sigma)$, Σ' Teilsignatur von Σ) in [Thi87a, Thi87b, Thi88] zur Formalisierung gewisser Formen analogen Schließens verwendet worden ist.

Im Anschluß an die grundlegenden Arbeiten [McCa80, McCa84] wurden zahlreiche weitere Formen von Circumscription entwickelt und untersucht, wobei sie häufig als Komplettierungsprinzip im Sinne des folgenden Abschnitts 5.4. eingeführt wurden und eine modelltheoretische Charakterisierung im Sinne von DEFINITION 5.2.4 zum Teil noch aussteht:
- Formula Circumscription [McCa84]
- Protected Circumscription [MinPer84]
- Prioritized Circumscription [McCa84, Lif85b]
- Computing Circumscription [Lif85b]
- General Circumscription [Lif85b]
- Pointwise Circumscription [Lif87b]
- Circumscribing with Sets [Per87a].

5.4. Circumscription als Komplettierungsprinzip

Um einen Folgerungsbegriff $CONS_{\precsim}$, der auf der Grundlage binärer Relationen $\prec$ und $\sim$ über $ALG(\Sigma)$ definiert ist, besser "handhabbar" zu machen, kann man fragen, ob es für gegebenes $\mathfrak{K} \subseteq FORM(\Sigma, V)$ ein Komplettierungsprinzip $COMP_{\precsim} : \mathfrak{K} \longrightarrow \mathfrak{P}FORM(\Sigma, V)$ gibt, so daß für alle $X \in \mathfrak{K}$ die Gleichung $CONS_{\precsim}(X) = CONS(X \cup COMP_{\precsim}(X))$ gilt, also daß das nichtklassische Folgern aus X äquivalent durch klassisches Folgern (bzw. Ableiten) aus $X \cup \mathrm{COMP}_{\lesssim}(X)$ ersetzt werden kann, und zwar wenigstens für alle Mengen $X \in \mathcal{K}$.

Da es sich bei der Definition von $\mathrm{CONS}_{\lesssim}(X)$ häufig um eine Variation der Interpretation von Prädikaten- und/oder Funktionssymbolen handelt, muß man befürchten, daß ein solches Komplettierungsprinzip sich nicht in der ersten Stufe ausdrücken läßt, also $\mathrm{COMP}_{\lesssim}(X) \subseteq \mathrm{FORM}(\Sigma,V)$ gilt, sondern man zur zweiten Stufe übergehen muß, d.h. Funktions- und Prädikatenvariablen einführen und deren Quantifizierung zulassen muß.

Wir setzen hier als bekannt voraus, wie die Syntax und Semantik eines Prädikatenkalküls der zweiten Stufe aufgebaut wird, insbesondere wie der (klassische!) Modellbegriff und das (klassische!) semantische Folgern (in naheliegender) Weise auf die zweite Stufe ausgedehnt werden.

Schließlich weisen wir schon jetzt darauf hin, daß die hier behandelten (und außerdem die meisten der darüber hinaus in der Literatur studierten) Komplettierungsprinzipien nur für endliche Mengen $X \subseteq \mathrm{FORM}(\Sigma,V)$ funktionieren, d.h. als Menge $\mathcal{K} \subseteq \mathcal{P}\mathrm{FORM}(\Sigma,V)$ die Menge $\mathcal{K}_{fin}$ aller endlichen Teilmengen zugrunde gelegt wird.

5.4.1. Domain Circumscription als Komplettierungsprinzip

Entsprechend unseren vorbereitenden Bemerkungen sei eine endliche Menge $X \subseteq \mathrm{FORM}(\Sigma,V)$ gegeben, etwa $X = \{A_1,\ldots,A_m\}$ mit $m \geq 1$, also $X \neq \emptyset$. (Die Diskussion des Falles $X = \emptyset$ sei dem Leser überlassen.) Ferner sei ein $D \subseteq S$ mit $D = \{d_1,\ldots,d_n\}$ und $n \geq 1$ fixiert, also ebenfalls $D \neq \emptyset$. (Für $D = \emptyset$ gilt offenbar $\mathrm{CONS}_{\lesssim_D}(X) = \mathrm{CONS}(X)$ für jedes $X \subseteq \mathrm{FORM}(\Sigma,V)$.) Wir führen nun für jedes $d \in D$ eine einstellige Prädikatenvariable q_d mit $\alpha(q_d) = d$ ein und definieren $A =_{def} A_1 \wedge \ldots \wedge A_n$. Durch A^D bezeichnen wir denjenigen Ausdruck, der aus A entsteht, indem man darin (in festgelegter Reihenfolge) für jedes $d \in D$ jeden Teilausdruck der Form $\forall x^d B$ durch $\forall x^d(q_d x^d \rightarrow B)$ ersetzt. Schließlich definieren wir ein Komplettierungsprinzip COMP^2_D ('zweiter Stufe') wie folgt.

DEFINITION 5.4.1

$$\mathrm{COMP}^2_D(X) =_{def} \{\forall q_{d_1} \ldots \forall q_{d_n} (A^D \rightarrow \bigwedge_{r=1}^{n} \forall x^d \, q_d \, x^d)\}.$$

THEOREM 5.4.1

Für alle $X \in \mathcal{P}_{fin}$ gilt

$$\mathrm{CONS}_{\lesssim_D}(X) = \mathrm{CONS}(X \cup \mathrm{COMP}^2_D(X)) \cap \mathrm{FORM}(\Sigma,V).$$

Mit diesem Satz ist zwar der Operator $\mathrm{CONS}_{\lesssim_D}$ (für endliche Mengen X) durch ein Komplettierungsprinzip charakterisiert, jedoch zu dem 'Preis', daß man in der zweiten Stufe semantisch folgern muß, dieses Folgern jedoch generell nicht (auch generell nicht für endliche Mengen X) syntaktisch charakterisierbar im Sinne von THEOREM 2.3.1 ist, genauer, durch ein rekursiv-aufzählbares System rekursiver Schlußregeln erfaßbar ist.

Demgemäß hat schon McCARTHY das folgende in der 'ersten Stufe' formulierbare Komplettierungsprinzip eingeführt und betrachtet [McCa77]. Dazu bezeichnen wir durch A_C^D denjenigen Ausdruck, der aus A entsteht, indem man darin (in festgelegter Reihenfolge) für jedes $d \in D$ jeden Teilausdruck der Form $\forall x^d B$ durch $\forall x^d (C \rightarrow B)$ ersetzt. Wir definieren dann ein Komplettierungsprinzip 'erster Stufe' wie folgt.

DEFINITION 5.4.2

$$COMP_D^1(X) =_{def} \{A_C^D \rightarrow \forall x^d C \mid C \in FORM(\Sigma, V)\}.$$

THEOREM 5.4.2

$$CONS_{\lesssim}(X) \supseteq CONS(X \cup COMP_D^1(X)).$$

Dieses sich völlig 'in der ersten Stufe bewegende' Theorem wurde von McCARTHY erstmalig in [McCa77] formuliert und später dann von M. DAVIS in [Da80] bewiesen. Es besagt, daß das Komplettierungsprinzip $COMP_D^1$ im allgemeinen 'unvollständig' in dem Sinne ist, daß im allgemeinen nicht alle Ausdrücke, die aus X mit $CONS_{\lesssim}$ gefolgert werden können, aus $X \cup COMP_D^1(X)$ klassisch gefolgert werden können. Wendet man noch THEOREM 2.3.1 an, so besagt THEOREM 5.4.2, daß im allgemeinen nicht alle Ausdrücke der Menge $CONS_{\lesssim_D}(X)$ aus $X \cup COMP_D^1(X)$ mit den klassischen Schlußregeln ableitbar sind. Es entsteht nun die interessante Frage, für welche X dies tatsächlich der Fall ist, d.h., wann in dem obigen Theorem die Gleichheit gilt, oder mit anderen Worten, wann das Komplettierungsprinzip $COMP_D^2$ zweiter Stufe gleichwertig durch das Komplettierungsprinzip $COMP_D^1$ erster Stufe ersetzt werden kann.

Schließlich sei noch die interessante Tatsache mitgeteilt, daß - wie M. DAVIS in [Da80] gezeigt hat - für geeignete Formalisierungen der elementaren Arithmetik durch $COMP_{\lesssim_D}^2$ bzw. $COMP_{\lesssim_D}^1$ das Induktionsaxiom zweiter Stufe bzw. das Schema der Induktionsaxiome erster Stufe der Arithmetik erzeugt wird.

5.4.2. Predicate Circumscription als Komplettierungsprinzip

Auch hier setzen wir voraus, daß X die Form $X = \{A_1, \ldots, A_n\}$ mit $n \geq 1$ hat, also endlich und nichtleer ist. Wir definieren wieder $A =_{def} A_1 \wedge \ldots \wedge A_n$ und nehmen zur Vereinfachung an, daß die Menge $Q \subseteq P$ genau ein Prädikatensymbol, etwa p, enthält. Wir führen nun die Prädikatenvariable q mit $\alpha(p) = \alpha(p)$ ein und bezeichnen durch $A(p|q)$ denjenigen Ausdruck, der aus A entsteht, indem man darin das Symbol p an jeder Stelle, wo es vorkommt, durch q ersetzt. Im Fall $\alpha(p) = s_1 \ldots s_n$, $n \geq 1$, definieren wir ein Komplettierungsprinzip zweiter Stufe $COMP_Q^2$ wie folgt (dem Leser sei die Diskussion des Falles $n = 0$ überlassen).

DEFINITION 5.4.3

$COMP_Q^2(X)$

$$=_{def} \{\forall q\ [A(p|q) \wedge \forall x^{s_1}\ldots\forall x^{s_n}(qx^{s_1}\ldots x^{s_n} \rightarrow px^{s_1}\ldots x^{s_n}) \rightarrow \forall x^{s_1}\ldots\forall x^{s_n}(px^{s_1}..x^{s_n} \rightarrow qx^{s_1}\ldots x^{s_n})]\}.$$

THEOREM 5.4.3

Für jedes $X \in \mathcal{K}_{fin}$ gilt

$CONS_{\preccurlyeq_Q}(X) = CONS(X \cup COMP_Q^2(X)) \cap FORM(\Sigma, V)$.

Mit einer Begründung, die der für die Domain Circumscription gegebenen entspricht, definiert man auch hier ein Komplettierungsprinzip erster Stufe, und zwar wie folgt.

Gegeben sei ein Ausdruck B, in welchem (mindestens) die paarweise verschiedenen Individuenvariablen $x^{s_1},\ldots,x^{s_n}$ frei vorkommen, wobei wir diese Tatsache durch $B(x^{s_1},\ldots,x^{s_n})$ andeuten und außerdem an $\alpha(p)=s_1,\ldots s_n$ erinnern. Ist nun $y^{s_1},\ldots,y^{s_n}$ ein beliebiges Tupel von Individuenvariablen, so deuten wir durch $B(x^{s_1},\ldots,x^{s_n}/y^{s_1},\ldots,y^{s_n})$ den Ausdruck an, der aus B entsteht, indem man darin simultan jede Individuenvariable x^{s_ν} durch y^{s_ν} ($\nu \in \{1,\ldots,n\}$) ersetzt und dabei Variablenkonfusion vermeidet, d.h. vorher geeignet gebundene Individuenvariablen so umbenennt, daß beim Einsetzen keines der y^{s_ν} gebunden wird.

Wir bezeichnen nun durch $A(p|B)$ denjenigen Ausdruck, der aus A entsteht, indem man darin für jedes n-Tupel $y^{s_1}\ldots y^{s_n}$ (in einer festgelegten Reihenfolge) jeden prädikativen Ausdruck der Form $py^{s_1}\ldots y^{s_n}$ durch $B(x^{s_1}\ldots x^{s_n}/y^{s_1}\ldots y^{s_n})$ ersetzt, wobei wiederum Variablenkonfusion vermieden wird, und zwar diesmal in dem Sinne, daß beim Einsetzen von $B(x^{s_1}\ldots x^{s_n}/y^{s_1}\ldots y^{s_n})$ außer evtl. $y^{s_1},\ldots,y^{s_n}$ keine weitere Individuenvariable gebunden wird. (Manchmal wird auch gesagt, daß $A(p|B)$ durch eine Bernaysche Einsetzung von B für p aus A entstehe [Ass72] .)

DEFINITION 5.4.4

$COMP_Q^1(X)$

$$=_{def} \{A(p|B) \wedge \forall x^{s_1}\ldots\forall x^{s_n}(B(x^{s_1},\ldots,x^{s_n}) \rightarrow px^{s_1}\ldots x^{s_n}) \rightarrow \forall x^{s_1}\ldots\forall x^{s_n}(px^{s_1}\ldots x^{s_n} \rightarrow B(x^{s_1},\ldots,x^{s_n})) \mid B(x^{s_1},\ldots,x^{s_n}) \in FORM(\Sigma, V)\}$$

THEOREM 5.4.4

Für jedes $X \in \mathcal{K}_{fin}$ gilt:

$CONS_{\preccurlyeq_Q}(X) \supseteq CONS(X \cup COMP_Q^1(X))$.

Auch entsteht wieder das wichtige Problem, in welchen Fällen sich $COMP_Q^2$ äquivalent durch $COMP_Q^1$ ersetzen läßt und inwiefern sich diese

Komplettierungsprinzipien als Induktionsprinzipien deuten lassen.

5.4.3. Pointwise Circumscription als Komplettierungsprinzip

Hierbei handelt es sich um ein Verfahren, das direkt als Komplettierungsprinzip, d.h. ohne modelltheoretische Grundlage, eingeführt wurde, und zwar von V. LIFSCHITZ in [Lif87b].

Gegeben sei abermals eine Menge X mit $X = \{A_1, \ldots, A_n\}$, und wir setzen $A =_{def} A_1 \wedge \ldots \wedge A_n$. Wir zeichnen (zur Vereinfachung) genau ein Prädikatensymbol p aus mit $\alpha(p) = s^1 \ldots s^n$, welches (um den Trivialfall auszuschließen) in A vorkommen möge. Es seien $x^s \ldots x^s$ und $z^s \ldots z^s$ n-Tupel von jeweils paarweise verschiedenen Individuenvariablen, die auch untereinander keine gemeinsamen Komponenten haben sollen. Wir definieren nun

$$B_p^{z^{s_1} \ldots z^{s}}(x^{s_1}, \ldots, x^{s_n}) =_{def} p x^{s_1} \ldots x^{s_n} \wedge (x^{s_1} \neq z^{s_1} \vee \ldots \vee x^{s_n} \neq z^{s_n}).$$

LIFSCHITZ definiert nun Pointwise Circumscription durch das folgende Komplettierungsprinzip

$$\mathrm{COMP}_p^{PW}(X)$$
$$=_{def} \{\forall z^{s_1} \ldots \forall z^{s_n}(p z^{s_1} \ldots z^{s_n} \rightarrow \neg A(p \mid B^{z^{s_1} \ldots z^{s_n}}))\}.$$

Dieses Prinzip läßt sich modelltheoretisch wie folgt interpretieren: Gilt $\mathfrak{A} \models X \cup \mathrm{COMP}_p^{PW}$ und entsteht $\mathfrak{A}'$ aus $\mathfrak{A}$ dadurch, daß in der Relation Π_p ein n-Tupel weggelassen wird, d.h. gilt $\Pi'_p \subseteq \Pi_p$ und $\Pi_p \setminus \Pi'_p$ ist eine Einermenge, so erhalten wir, daß $\mathfrak{A}' \not\models X$.

Diese Beobachtung gibt Anlaß, durch "Verfeinerung" des Begriffs "Unterstruktur" auf modelltheoretischer Basis weitere Variationen der Circumscription zu definieren bzw.- wie im vorliegenden Fall - eine direkt als Komplettierungsprinzip eingeführte Form von Circumscription im nachhinein modelltheoretisch zu interpretieren.

Bezugnehmend auf DEFINITION 5.2.1. könnte man folgende Gruppen von zusätzlichen Forderungen formulieren:

a) $\Delta_s \setminus \Delta'_s$ und/oder $\Pi_p \setminus \Pi'_p$ höchstens einelementig;
b) $\Delta_s \setminus \Delta_s$ und/oder $\Pi_p \setminus \Pi'_p$ stets endlich;
c) $\Delta_s \setminus \Delta'_s$ und/oder $\Pi_p \setminus \Pi'_p$ stets durch $\mathfrak{A}$ mit $\mathrm{FORM}(\Sigma, V)$ semantisch definierbar.

Zur Präzisierung der Formulierung c) definieren wir: Gegeben sei eine Relation $R \subseteq \Delta_{s_1} \times \ldots \times \Delta_{s_n}$ $(n \geq 1)$. Wir sagen, daß R durch $\mathfrak{A}$ bezüglich $\mathrm{FORM}(\Sigma, V)$ semantisch definierbar sei genau dann, wenn es ein $A \in \mathrm{FORM}(\Sigma, V)$ und paarweise verschiedene Individuenvariablen $x^{s_1}, \ldots, x^{s_n}$ derart gibt, daß die Variablen $x^{s_1}, \ldots, x^{s_n}$ genau diejenigen sind, die in A frei vorkommen und daß für jedes $\xi^{s_1} \in \Delta_{s_1}, \ldots, \xi^{s_n} \in \Delta_{s_n}$ gilt: $[\xi^{s_1}, \ldots, \xi^{s_n}] \in R$ genau dann, wenn es einen Zustand σ gibt mit $\sigma(x^{s_1}) = \xi^{s_1}, \ldots, \sigma(x^{s_n}) = \xi^{s_n}$ und $\sigma, \mathfrak{A} \models A$.

Weiter ist in a) bis c) festzulegen, wie s und p variieren; d.h., man hat dies im Sinne der Definitionen 5.3.1., 5.3.2. und 5.3.3. zu fixieren.

Generell wollen wir folgende Vermutungen aussprechen, die zu präzisieren und durch entsprechende Sätze zu untermauern wären.

a') Bedingung a) führt zu einer modelltheoretischen Charakterisierung (im Sinne von DEFINITION 5.2.4) der Pointwise Circumscription.

b') Will man die durch b)(modelltheoretisch charakterisierte) Form von Circumscription durch ein Komplettierungsprinzip erfassen, wird man auf die 'schwache' zweite Stufe geführt, bei der die Belegung der Prädikatenvariablen (einschließlich der Interpretation der entsprechenden Quantoren) auf endliche Relationen eingeschränkt ist. Querverbindungen zur Theorie der endlichen Automaten wären zu studieren (siehe z.B. [Bü60, RaSc59, Sta69]).

c') Durch c) könnte sich ein Weg eröffnen, das in der ersten Stufe formulierte Komplettierungsprinzip $COMP_Q^1$ (siehe DEFINITION 5.4.2.) modelltheoretisch zu erfassen.

6. Default Reasoning

Default Reasoning wurde 1980 von R. REITER in [Rei80a]eingeführt, und zwar als regelbasierter Ansatz ohne semantische Interpretation. Inhaltlicher Anlaß war u.a. der Wunsch - wie beim Prinzip der Circumsciption-, die beim Schließen 'störenden' Ausnahmen (siehe unser 'Vogelbeispiel') formal in den Griff zu bekommen.

Grundsätzlich ist festzustellen, daß REITER bei seinen Unternehmungen im Hinblick auf die Ausdruckfähigkeit der Sprache sich in den Mengen TERM(Σ,V) und FORM(Σ,V) bewegt, also keine Erweiterung auf die zweite Stufe (wie teilweise bei Circumscription) und auch keine Erweiterung durch pseudomodale oder modale Konnektoren (wie im nächsten Abschnitt) vornimmt.

Neben den klassischen Axiomen und Schlußregeln führt er jedoch eine neue Form von nichtklassischen Schlußregeln (Default-Regeln, default rules) ein, die zwar eine unmittelbare Verallgemeinerung klassischer Schlußregeln darstellen, die sich jedoch bei der Definition entsprechender Ableitungsoperatoren wesentlich komplizierter verhalten.

Allgemein kann man sagen, daß eine klassische Schlußregel die Form

$$A_1, \ldots, A_n \Rightarrow C \quad (n \geq 0)$$

habe, und sie geht in die Definition eines entsprechenden Ableitungsoperators in der Form ein, daß auf Grund der Ableitbarkeit der Prämissen $A_1, \ldots, A_n$ die Ableitbarkeit der Konklusion C gefordert wird. Präzisierend wäre noch zu unterstreichen, daß klassische Schlußregeln stets (ohne Beschränkung der Allgemeinheit) als totale eindeutige Abbildungen der Form

$$\varphi: FORM(\Sigma,V)^n \rightarrow FORM(\Sigma,V)$$

betrachtet werden können, wobei FORM(Σ,V)^n das n-fache Cartesische Produkt von FORM(Σ,V) bezeichnet. Dies gibt u.a. die Möglichkeit, das klassische regelbasierte Schließen im Rahmen der Theorie operationaler Algebren algebraisch zu behandeln (siehe Abschnitt 3.5., insbesondere THEOREM 3.5.1).

Default-Regeln zeichnen sich nun durch zwei Besonderheiten gegenüber klassischen Schlußregeln aus.

Erstens ist eine Default-Regel ein einzelnes (m+n+1)-Tupel ($m \geq 0$, $n \geq 0$) von Ausdrücken aus FORM(Σ,V), notiert durch

$$A_1,\ldots,A_m : B_1,\ldots,B_n \Rightarrow C,$$

wobei $A_1,\ldots,A_m$ wieder Prämissen heißen, C wieder Konklusion genannt wird und die $B_1,\ldots,B_n$ Bedingungen (Ausnahmen) beschreiben, unter denen die gegebene Default-Regel anwendbar ist. Ein Default-Ableitungsbegriff wird nun durch eine (nicht notwendig endliche) Menge D derartiger Default-Regeln festgelegt, d.h. durch ein beliebiges D mit

$$D \subseteq \bigcup_{m,n=0}^{\infty} \mathrm{FORM}(\Sigma,V)^m \times \mathrm{FORM}(\Sigma,V)^n \times \mathrm{FORM}(\Sigma,V).$$

Inwieweit sich eine solche Menge D in Analogie zum klassischen Schließen durch eine Menge totaler Abbildungen δ der Form

$$\delta : \mathrm{FORM}(\Sigma,V)^m \times \mathrm{FORM}(\Sigma,V)^n \rightarrow \mathrm{FORM}(\Sigma,V)$$

im Hinblick auf die Erzeugung eines Default-Ableitungsbegriffs gleichwertig ersetzen läßt, ist ein wichtiges Problem, das aber hier nicht diskutiert werden kann.

Zweitens wird eine Default-Regel

$$A_1,\ldots,A_m : B_1,\ldots,B_n \Rightarrow C$$

bei der Definition eines sie verwendenden Default-Ableitungsbegriffs wie folgt interpretiert: Wenn aus X die Ausdrücke $A_1,\ldots,A_m$ (default-) ableitbar sind, die Ausdrücke $\neg B_1,\ldots,\neg B_n$ jedoch sämtlich aus X nicht (default-)ableitbar sind, dann ist aus X der Ausdruck C (default-)ableitbar.

Ausgehend von konkreten Untersuchungen zum Frame-Problem und seiner Implementation, die E. SANDEWALL in [San72] publiziert hat, präzisierte I. KRAMOSIL in der Arbeit [Kra75] das obige Problem der 'Verwendung von Deduktionsregeln mit negativen Prämissen' folgendermaßen.

Gegeben eine Menge D von Default-Regeln. Eine Menge $Z \subseteq$ FORM(Σ,V) heißt D-abgeschlossen, falls für jede Default-Regel $A_1,\ldots,A_m$: $B_1,\ldots,B_n \Rightarrow C \in D$ gilt: Wenn $A_1,\ldots,A_m \in Z$ und $\neg B_1,\ldots,\neg B_m \notin Z$, so $C \in Z$. KRAMOSIL definiert dann die Menge aller Ausdrücke $\mathcal{D}_D(X)$, die aus X mit Hilfe von D herleitbar sind, wie folgt.

DEFINITION 6.1

$$\mathcal{D}_D(X) =_{def} \bigcap \{Z \mid X \subseteq Z \subseteq \mathrm{FORM}(\Sigma,V) \text{ und } Z \text{ ist D-abgeschlossen}\}.$$

Hier bemerkt man sehr deutlich das 'klassische' Vorbild; und in dem Fall, daß in D alle Regeln 'klassisch' sind (d.h. n = 0 ist, also keine 'Bedingungen' oder 'Ausnahmen' auftreten) kommen die in Abschnitt 3.5.

entwickelten "klassischen" Begriffsbildungen und Theoreme heraus. Jedoch bemerkt KRAMOSIL in [Kra78], daß mit dieser Definition nicht die üblichen Intensionen von Default-Schließen formalisiert werden. Als Ursache ist zu nennen, daß beim Vorliegen "echter" Default-Regeln in D (also $n \geq 1$) das System aller D-abgeschlossenen Mengen im allgemeinen nicht abgeschlossen ist gegenüber beliebigen Durchschnittsbildungen, also die Menge $\mathcal{D}_D(X)$ der aus X ableitbaren "D-Theoreme" im allgemeinen nicht D-abgeschlossen ist, also nicht $D_D(D_D(X)) \subseteq D_D(X)$ gilt. KRAMOSIL hat aus diesen Ergebnissen den pessimistischen Schluß gezogen, daß die Verwendung von Schlußregeln mit "negativen Prämissen" nichts bringt, ja sogar sinnlos ist.

Daß diese Schlußfolgerung falsch war, zeigen der REITERsche Ansatz und die darauf beruhenden Untersuchungen und Resultate sehr instruktiv. Dabei ist entscheidend, daß REITER eine gegebene Default-Regel $A_1,\ldots,A_m : B_1,\ldots,B_n \Longrightarrow C$ folgendermaßen allgemeiner interpretiert: Wenn aus X die Ausdrücke $A_1,\ldots,A_m$ ableitbar sind und für jedes $\nu \in \{1,\ldots,n\}$ der Ausdruck B_ν mit X verträglich ist, dann soll aus X der Ausdruck C herleitbar sein. Während bei KRAMOSIL diese Verträglichkeit (implizit) als Nichtableitbarkeit von $\neg B_\nu$ aus X präzisiert wird, führt REITER eine zweite (zunächst von X völlig unabhängig gewählte) Menge Y ein und präzisiert die Verträglichkeit als $\neg B_\nu \notin Y$. Somit definiert er einen zweistelligen Operator DFR (DeFault Reasoning) wie folgt.

DEFINITION 6.2

$DFR_D(X;Y) =_{def} \bigcap_{Z \in \mathfrak{Z}} Z$, wobei $Z \in \mathfrak{Z}$ genau dann gelten soll, wenn die folgenden Bedingungen erfüllt sind:

1. $X \subseteq Z$;
2. $BEW(Z) \subseteq Z$;
3. für jede Default-Regel $A_1,\ldots,A_m : B_1,\ldots,B_n \Longrightarrow C \in D$ gilt: Wenn $A_1,\ldots,A_m \in Z$ und $\neg B_1,\ldots,\neg B_n \notin Y$, so $C \in Z$.

Auf der Grundlage dieser Definition erhalten wir unmittelbar den folgenden Satz.

THEOREM 6.1

1. Für jedes fixierte Y ist DFR_D in X ein kompakter Hüllenoperator, der die Ableitbarkeitseigenschaft und für Aussagen die Deduktionseigenschaft erfüllt.

2. Für jedes fixierte X ist DFR_D in Y ein dual-monotoner Operator.

BEMERKUNG

1. REITER beschränkt sich bei seinem Ansatz generell auf Default-Regeln mit genau einer Prämisse, also $m = 1$, obwohl er in Beispielen auch den Fall $m = 0$ zuläßt. Das ist möglich, weil der Fall $m = 0$ äquivalent auf den Fall $m = 1$ mit einer Prämisse der Form $A_0 \rightarrow A_0$ zurückge-

führt werden kann, weil aus BEW(Z) = Z folgt $A_0 \rightarrow A_0 \in Z$ (A_0 beliebig, aber fest gewählt). Der Fall $m \geq 2$ kann ebenfalls auf den Fall $m = 1$ zurückgeführt werden, weil für Z mit BEW(Z) = Z die Forderung $A_1, \ldots, A_m \in Z$ mit $A_1 \wedge \ldots \wedge A_m \in Z$ gleichwertig ist. Dies ist jedoch vom gewählten Beweisbarkeitsbegriff abhängig, es muß für einen anderen nicht gelten; ähnliches trifft zu, wenn die Konjunktion $\wedge$ nicht vorkommt oder nicht definierbar ist.

2. REITER formuliert DEFINITION 6.2 in 'erster Instanz' allein für abgeschlossene Default-Regeln, d.h. für die alle darin vorkommenden Ausdrücke Aussagen sind. Diese Einschränkung ist jedoch unnötig.

3. Klassische Schlußregeln sind offenbar spezielle Default-Regeln (n=0). So kann man Modus ponens und die Generalisierungsregel in der Form

$$D_{MP} =_{def} \{A, A \rightarrow B \ : \Rightarrow B \ / \ A, B \in FORM(\Sigma, V)\}$$
$$D_G = \{A \ : \Rightarrow \forall \ x^s A \ / \ A \in FORM(\Sigma, V) \text{ und } s \in S\}$$

darstellen. Setzt man in DEFINITION 6.2 $D_{MP} \cup D \subseteq D$ voraus und ändert man 1. zu $ax \cup X \subseteq Z$ ab, kann Bedingung 2 entfallen.

4. Aus THEOREM 6.1 folgt unmittelbar, daß stets $BEW(X) \subseteq DFR_D(X,Y)$ und $BEW(DFR_D(X,Y)) = DFR_D(X,Y)$ gilt. Für gegebenes X kann man Y nun als 'Lieferanten' für Bedingungen $B_1, \ldots, B_n$ interpretieren, die 'erfüllt' sein müssen, damit eine Default-Regel angewendet werden kann. Dies wir z.B. durch die Spezialfälle $Y = \emptyset$ und $Y = FORM(\Sigma, V)$ deutlich. Im ersten Fall ist wegen $\neg B_1, \ldots, \neg B_n \notin \emptyset$ jede Default-Regel $A_1, \ldots, A_m : B_1, \ldots, B_n \Rightarrow C$ stets anwendbar und arbeitet als klassische Schlußregel der Form $A_1, \ldots, A_m \Rightarrow C$ zusätzlich zu den Schließregeln, aus denen BEW aufgebaut ist. - Im zweiten Fall dagegen ist stets $\neg B_1, \ldots, \neg_n \notin FORM(\Sigma, V)$ falsch, also kann nie eine ('echte', $n \geq 1$) Default-Regel angewendet werden, also folgt, falls D nur echte Default-Regeln enthält, $DFR_D(X, FORM(\Sigma, V)) = BEW(X)$.

5. Daß die Bedingungen $B_1, \ldots, B_n$ 'erfüllt' sind, kann man versuchen dadurch zu charakterisieren, daß sie aus X und Y mit DFR_D ableitbar sind, also in $DFR_D(X,Y)$ liegen. Somit wird man allgemein $Y \subseteq DFR_D(X,Y)$ fordern, was nicht immer gelten muß, wenn man im Spezialfall $Y = FORM(X,Y)$ die Menge X als widerspruchsfrei wählt, d.h. $BEW(X) \subset FORM(\Sigma, V)$ und D nur echte Default-Regeln enthält.

6. Schließlich wird man sich bei gegebenem X nur für solche 'Lieferanten' Y von Bedingungen interessieren, die über Y hinaus keine weiteren Ableitungen zulassen, d.h. für die nicht $Y \subset DFR_D(X,Y)$ gilt, also die Menge $DRF_R(X,Y)$ möglichst klein (minimal) ist. Diese Forderung wird aber durch $DFR_D(X,Y) \subseteq Y$ ausgedrückt.

Faßt man die Argumentation in Punkt 5 und Punkt 6 zusammen, wird man sich bei gegebenem fixierten X für die Fixpunkte des Operators DFR_D in Y interessieren. Demgemaß definiert man für $E \subseteq FORM(\Sigma, V)$

DEFINITION 6.3

1. E ist eine Extension von X bezüglich D genau dann, wenn $DFR_D(X,E) = E$ gilt.

2. $EXT_D(X) =_{def}$ Menge der Extensionen E von X bezüglich D.

Der weitere Ausbau der Theorie des Default Reasoning besteht nun in einem Hauptteil (besser: in ihrem "syntaktischen" Hauptteil) darin, die Struktur der Menge $EXT_D(X)$ in Abhängigkeit von X und auch von der Menge D der zugrunde gelegten Default-Regeln zu studieren. Den Einstieg dazu gibt das folgende unmittelbar einsichtige Theorem.

THEOREM 6.2

1. Ist E eine Extension von X bezüglich D, dann erfüllt E die fol- Bedingungen:

a) $X \subseteq E$.

b) $BEW(E) \subseteq E$.

c) für jede Default-Regel $A_1,\ldots,A_m:B_1,\ldots,B_n \Rightarrow C \in D$ gilt: Wenn $A_1,\ldots,A_m \in E$ und $\neg B_1,\ldots,\neg B_n \notin E$, so $C \in E$.

2. $EXT_D(X)$ ist eine Anti-Kette, d.h., für jedes $E,E' \in EXT_D(X)$ gilt: Wenn $E \subseteq E'$, so $E = E'$.

BEMERKUNGEN

1. Eine Extension E von X bezüglich D ist offenbar D-abgeschlossen. Man kann leicht zeigen, daß jede Extension E von X bezüglich D minimal ist im System der D-abgeschlossenen Mengen, die X umfassen. Durch die Umkehrung, daß jede im System der X umfassenden D-abgeschlossenen Mengen minimale Menge auch Extension von X bezüglich D ist, erhält man eine neue Charakterisierung der Extensionen einer Menge X bezüglich D [Thi87d].

2. Das System $EXT_D(X)$ kann man als System paarweise unvergleichbarer (minimaler) "Welten" interpretieren, die man, ausgehend von X, durch monotones Schließen mittels BEW und nichtmonotones Schließen mittels D "aufbaut" und die gegenüber beiden Schlußverfahren abgeschlossen sind.

3. Jedes $E \in EXT_D(X)$ kann man als "eine" Ableitungsmenge zu X auffassen; enthält D nur "unechte" Default-Regeln (d.h. ist stets n=0), dann besteht $EXT_D(X)$ aus genau einer Menge, und dies ist die klassisch definierte Ableitungsmenge (siehe auch Abschnitt 3.5.). Dies stimmt überein mit der Tatsache, daß für derartige spezielle D das System der X umfassenden D-abgeschlossenen Mengen stets genau ein minimales Element enthält, und dieses Element ist die gewöhnliche Ableitungsmenge.

4. In Analogie zu THEOREM 3.5.1 entsteht das Problem, Operatoren der Form EXT_D, die wir im Sinne von Bemerkung 2 zu THEOREM 3.5.1 als "algebraisch erzeugt" definieren wollen, durch funktionale oder andere Eigenschaften zu charakterisieren (siehe auch [Thi87d]).

BEISPIELE

Sie sind [Rei80a]entnommen und sollen dazu dienen, den Begriff "Extension" zu erläutern. Es seien $A, B, C, A_1, A_2, \ldots, A_6 \in FORM(\Sigma, V)$ fest gegeben.

1. $X =_{def} \Phi$; $D =_{def} \{: A \Rightarrow \neg A / A \in FORM(\Sigma, V)\}$.

Offenbar hat X keine Extension bezüglich D.

2. $X =_{def} \Phi$; $D =_{def} \{: A_1 \Rightarrow \neg A_2; : A_2 \Rightarrow \neg A_3; : A_3 \Rightarrow \neg A_1\}$.

X hat genau eine Extension E bezüglich D, sie läßt sich in der Form $E = BEW(\{\neg A_2, \neg A_4\})$ darstellen.

3. $X =_{def} \{B \rightarrow \neg A \wedge \neg C\}$

$D =_{def} \{:A \Rightarrow A; :B \Rightarrow B; :C \Rightarrow C\}$.

X hat genau zwei Extensionen, nämlich $E_1 = BEW(X \cup \{A, C\})$ und $E_2 = BEW(X \cup \{B\})$.

4. $X =_{def} \{A_2; A_3 \rightarrow A_1 \quad A_4; A_1 \wedge A_3 \rightarrow \neg A_5\}$

$D =_{def} \{:A_1 \Rightarrow A_1; A_2 : A_3 \Rightarrow A_3; A_1 \ A_4 : A_5 \Rightarrow A_5; A_3, A_5 : \neg A_1, A_1 \vee A_4 \Rightarrow A_6\}$.

X hat genau drei Extensionen, nämlich $E_1 = BEW(X \cup \{A_1, A_3\})$, $E_2 = BEW(X \cup \{A_1, A_5\}$ und $E_3 = BEW(X \cup \{A_3, A_5, A_6\})$.

5. Die Closed World Assumption läßt sich durch D mit

$D =_{def} \{: \neg A \Rightarrow \neg A / A \in PAFORM(\Sigma, V)\}$

erfassen. X ist beliebig gewählt.

6. Die Open World Assumption ergibt sich analog mit

$D =_{def} \{: A \Rightarrow A / A \in PAFORM(\Sigma, V)$.

Die Menge X ist wieder beliebig gewählt.

7. Unser "Vogelbeispiel" wird wie folgt formalisiert: $X = \{VO(Hansi)\}$ $D = \{VO(Hansi) : KF(Hansi) \Rightarrow KF(Hansi)\}$.

Man prüfe, welche Extensionen in den Fällen 5 bis 7 existieren, in den Fällen 5 und 6 auch z.B. unter der Einschränkung, daß X eine universelle Menge oder gar eine HORN-Datenbasis ist.

Eine Default-Regel $A_1, \ldots, A_m : B_1, \ldots, B_n \Rightarrow C$ heißt normal (quasinormal) falls $n = 1$ ist und $B_1 = C$ (bzw. B_1 die Form $B_1 = C \wedge B$ hat). Offenbar sind in den Beispielen 3,5,6 und 7 alle Default-Regeln normal.

Operatoren DFR_D, für die alle Default-Regeln in D normal sind, haben besonders angenehme Eigenschaften, z.B. gilt stets $EXT_D(X) \neq \Phi$. Viele Anwendungen führen auf normale Default-Regeln, und manchmal findet man in der Literatur die Meinung, daß alle interessanten Anwendungen sich durch normale (oder wenigstens quasinormale) Default-Regeln formalisieren lassen. Für weitere Einzelheiten sei auf [Rei80a] verwiesen.

Zu einer semantischen Interpretation des (regelbasierten!) Default-Schließens sei auf die Arbeiten [Eth82, Eth83, Luk85, Eth86, Eth87a, Eth87b] verwiesen.

7. Modale Formalisierungen nichtmonotonen Schließens

7.1. Motivierungen, Hilfsmittel

Die hier bisher diskutierten Ansätze zeichneten sich dadurch aus, daß – wenn man von dem teilweisen Gebrauch von Quantoren zweiter Stufe bei der Formalisierung gewisser Formen von Cicumscription absieht – die Ausdrucksmittel unverändert bleiben, d.h., daß stets mit den Mengen TERM(Σ,V) und FORM(Σ,V) bzw. FORM*(Σ,V) gearbeitet wurde.

Jetzt werden zwei neue ausdruckserzeugende Konnektoren $\Box$ oder $\Diamond$ (oder auch nur einer von beiden) eingeführt und das System der Regeln zur Erzeugung von Ausdrücken (siehe DEFINITION 2.1.3) um die folgende Regel erweitert:

5. Ist A ein Ausdruck, so sind auch $\Box$A und $\Diamond$A Ausdrücke (bzw. der betreffende von beiden).

Die Menge TERM(Σ,V) bleibt unverändert, d.h. wird weder erweitert noch modifiziert.

Wir betonen, daß wir die Symbole $\Box$ und $\Diamond$ anstelle von L und M (wie in manchen Arbeiten üblich) gewählt haben; wir wollen damit die Zusammenhänge mit der 'klassischen' modalen Logik und auch mit der dynamischen Logik deutlicher aufzeigen.

In der 'klassischen' (oder auch 'alethischen') modalen Logik soll durch $\Box$ bzw. $\Diamond$ das formalisiert werden, was umgangssprachlich 'notwendig' bzw. 'möglich' bezeichnet, d.h. genauer, daß $\Box$A wahr sein soll genau dann, wenn A 'unter allen Umständen' wahr ist. Um das letztere zu präzisieren, läßt man zu, daß der Wahrheitswert des (zweiwertigen) Ausdrucks A von 'verborgenen' Parametern ('Welten', 'Zuständen', 'Zeitpunkten', 'Raumpunkten' usw.) abhängen kann, und 'unter allen Umständen' soll dann für alle Werte aus einem fixierten Bereich der verborgenen Parameter bedeuten. Dementsprechend soll $\Diamond$ A wahr sein, wenn es ein zugelassenes Wertesystem der Parameter gibt, bei dem A wahr ist. Daraus folgt unmittelbar, daß $\Box$A bzw. $\Diamond$A mit $\neg\Diamond\neg$A bzw. $\neg\Box\neg$A äquivalent ist, wobei der Äquivalenzbegriff auf die (logische) Gültigkeit von $\Box A \leftrightarrow \neg\Diamond\neg A$ bzw. $\Diamond A \leftrightarrow \neg\Box\neg A$ zurückgeführt wird und 'logisch gültig' noch zu präzisieren wäre.

Ist, wie in der Dynamischen Logik üblich, ein Programmbegriff (mit 'Input-Output-Semantik') definiert, wird Regel 5 wie folgt modifiziert:

5'. Ist α ein Programm und ist A ein Ausdruck, so sind $[\alpha]$A und $\langle\alpha\rangle$ A Ausdrücke.

Ist ein $\mathfrak{A} \in$ ALG(Σ) gegeben, so soll R(α ,$\mathfrak{A}$) die durch das Programm α bezüglich $\mathfrak{A}$ definiert binäre (Input-Output-) Relation über der Menge aller $\mathfrak{A}$-Zustände σ bezeichnen. Man setzt dann:

σ ,$\mathfrak{A} \models [\alpha]$ A $=_{def}$ Für alle σ': Wenn $[\sigma,\sigma'] \in$ R(α ,$\mathfrak{A}$), so σ', $\mathfrak{A} \models$ A

σ ,$\mathfrak{A} \models \langle\alpha\rangle$ A $=_{def}$ Es gibt ein σ' mit $[\sigma,\sigma'] \in$ R(α,$\mathfrak{A}$) und σ', $\mathfrak{A} \models$ A.

Daraus folgt unmittelbar wie in der alethischen modalen Logik, daß $[\alpha]$A bzw. $\langle\alpha\rangle$ A mit $\neg\langle\alpha\rangle\neg$A bzw. $\neg[\alpha]\neg$A äquivalent ist, wobei wir hier diese Äquivalenz korrekt durch $\mathfrak{A} \models [\alpha]A \leftrightarrow \neg \langle\alpha\rangle \neg A$ bzw. $\mathfrak{A} \models \langle\alpha\rangle A \leftrightarrow \neg [\alpha] \neg A$ ausdrücken können.

Die alethische modale Logik kann man, wenn man die übliche Kripke-Semantik etwas modifiziert, unmittelbar als Spezialfall der dynamischen Logik auffassen, bei dem die verwendete Relation $R(\alpha, \mathfrak{A})$ nur noch von der Interpretation $\mathfrak{A}$, aber nicht mehr von einem gegebenen Programm abhängt.

In der deontischen modalen Logik bezeichnen Ausdrücke A Handlungen, und $\Box A$ bzw. $\Diamond A$ wird in der Weise interpretiert, daß es geboten bzw. erlaubt ist, die Handlung A auszuführen. Auch hier erhalten wir wieder, daß $\Box A$ bzw. $\Diamond A$ mit $\neg\Diamond\neg A$ bzw. $\neg\Box\neg A$ äquivalent ist, wobei in diesem Falle ebenfalls der Äquivalenzbegriff zu präzisieren wäre.

In der epistemischen modalen Logik, die für modale Formalisierungen nichtmonotonen Schließens von besonderer Bedeutung ist, liegen die Verhältnisse wesentlich komplizierter. Hier soll das Konstrukt $\Box A$ dazu dienen, umgangssprachliche Formulierungen wie "es ist bewiesen (oder verfiziert oder bekannt), daß A gilt" zu präzisieren. Für $\Diamond A$ wird nun nicht einfach gefordert (wie es in den 3 oben diskutierten Fällen möglich wäre), daß es äquivalent mit $\neg\Box\neg A$ sein soll; sondern es wird unabhängig von $\Box A$ interpretiert, und zwar zur Präzisierung von Redeweisen wie "es wird vermutet (oder angenommen oder geglaubt), daß A gilt". Man spricht von autoepistemischer Logik, falls in den obigen Formulierungen das Wort "es" durch "ich" (einschließlich der erforderlichen grammatischen Korrektur) ersetzt wird.

Man kann sich leicht klarmachen, daß in der epistemischen modalen Logik die diskutierten "Dualitäten" zwischen $\Box$ und $\Diamond$ im allgemeinen nicht mehr gelten. Wir betrachten dazu das folgende Beispiel einer autoepistemischen Interpretation

$\Box A$: Ich weiß, daß A gilt.

$\Diamond A$: Ich glaube, daß A gilt.

Dann kann man ohne weiteres davon ausgehen, daß in dem betreffenden System $\Box A \rightarrow \neg\Diamond\neg A$ gelten muß (Axiom ist, ableitbar ist bzw. Theorem ist); denn wenn ich weiß, daß A gilt, dann glaube ich nicht, daß A nicht gilt. Die Umkehrung $\neg\Diamond\neg A \rightarrow \Box A$ wird jedoch im allgemeinen nicht gelten; denn aus der Tatsache, daß ich nicht glaube, daß A nicht gilt, folgt keineswegs, daß ich weiß, daß A gilt.

Wir haben hier nicht den Platz, um die verschiedenen Semantiken exakt entwickeln zu können; demgemäß werden wir die nötigen Präzisierungen durch zusätzliche Axiome und "regelbasierte" Konsequenzenbegriffe vornehmen.

7.2. Eine pseudo-modale Formalisierung

Dieser Ansatz wurde 1978 von D. McDERMOTT und J. DOYLE in [McDeDo78] publiziert und untersucht (siehe auch [McDeDo80]). Der verwendete Kalkül geht aus dem hier betrachteten Prädikatenkalkül (der ersten Stufe)

dadurch hervor, daß allein das Symbol ◇ hinzugefügt wird und gemäß Regel 5 in Abschnitt 7.1. neue Ausdrücke erzeugt werden. Die neue Ausdrucksmenge deuten wir durch FORM(Σ,V,◇) an. TERM(Σ,V) bleibt unverändert. Das prädikatenlogische Axiomensystem ax (siehe Abschnitt 2.3.) wird auf FORM(Σ,V,◇) bezogen, jedoch bleiben die einzelnen Schemata unverändert; dasselbe gilt für den Beweisbarkeitsbegriff BEW, d.h., es werden keine neuen Schlußregeln hinzugenommen. Da somit für den Funktor ◇ weder neue Axiome (oder Axiomenschemata) noch neue Schlußregeln aufgenommen werden, er also in seinen Eigenschaften kaum an einen modalen Konnektor erinnert, nennen wir den Ansatz "pseudo-modal". Er dient, wie die folgende grundlegende Definition zeigt, lediglich als "Marke" zur Kennzeichnung derjenigen Ausdrücke, die im Sinne einer bestimmten Komplettierungsphilosophie adjungiert werden. Gegeben seien beliebige Mengen X, Y $\subseteq$ FORM(Σ,V,◇). Wir definieren nun (wieder wie in Abschnitt 6) einen zweistelligen Operator MNR_p (Pseudo Modal Nonmonotonic Reasoning), und zwar folgendermaßen

DEFINITION 7.2.1

$MNR_p(X,Y) =_{def} BEW(X \cup \{\Diamond A \mid \neg A \in FORM(\Sigma, V, \Diamond) \setminus Y\})$.

BEMERKUNGEN

1. In der Originalliteratur wird anstelle MNR_R der Operator $MNR_p^{\cdot}$ mit

$MNR_p^{\cdot}(X,Y)$

$=_{def} BEW(X \cup (\{\Diamond A \mid \neg A \in FORM(\Sigma, V, \Diamond) \setminus Y\} \setminus BEW(X))$

verwendet [McDeDo78, McDeDo80]. Auf Grund der Beziehung $BEW(X \cup (Z - BEW(X)) = BEW(X \cup Z)$ stimmen aber beide Operatoren generell überein, und wir verwenden die einfachere DEFINITION 7.2.1.

2. Die obige Definition "besagt", daß genau diejenigen Ausdrücke A, und zwar in markierter Form ◇A, zu X adjungiert werden, deren Negation ¬A nicht in Y liegt. Hier liegt ein Vergleich mit der OWA nahe, wenn man Y = BEW(X) wählt. Setzt man $X = \{\neg A \vee \neg B\}$, dann gilt offenbar ◇A, $\neg B \notin Y$, also werden ◇A und ◇B adjungiert. Würde man, wie im Fall der OWA anstelle ◇A, ◇B die Ausdrücke A,B adjungieren, würde man sofort die widerspruchsvolle Menge $\{\bar{A} \vee \bar{B}, A, B\}$ erhalten. Diese Beobachtung läßt auch die Modifikation der Definition des Operators MNR zweifelhaft erscheinen, die M. DAVIS in [Dav80] vorgenommen hat. Löst man seine Konstruktionen auf, ergibt sich, daß er zu den prädikatenlogischen Axiomen das Axiomenschema

$$\Diamond A \wedge \neg A \rightarrow A \qquad (A \in FORM(\Sigma, V, \Diamond))$$

hinzufügt. In diesem Fall ist $\{\bar{A} \vee \bar{B}, \Diamond A, \Diamond B\}$ widerspruchsvoll, wobei hinzugefügt werden muß, daß Axiome dieser Form in den üblichen modalen Systemen im allgemeinen nicht gelten. Eine genaue Untersuchung der sich aus diesem Axiomenschema ergebenden Änderungen steht noch aus.

Analog zu THEOREM 6.1 gilt für MNR_p

THEOREM 7.2.1

1. Für jedes fixierte Y ist MNR_p in X ein kompakter Hüllenoperator, der die Ableitbarkeitseigenschaft und für Aussagen die Deduktionseigenschaft erfüllt.

2. Für jedes fixierte X ist MNR_p in Y ein dual-monotoner Operator.

In Analogie zur Definition des Operators DFR_D durch DEFINITION 6.2 kann man für ein fixiertes X eine gegebene Menge Y als 'Lieferant' von Annahmen (Assumptions) betrachten, die zu X adjungiert werden, d.h. mit denen X komplettiert wird. Entsprechend DEFINITION 6.3 und den dazu formulierten motivierenden Bemerkungen definieren wir analog für MNR_p und beliebiges $X, E \subseteq FORM(\Sigma, V, \Diamond)$.

DEFINITION 7.2.2

1. E ist eine pseudo-modale Extension von X genau dann, wenn $MNR_p(X,E) = E$ gilt.

2. $EXT_p(X) =_{def}$ Menge aller pseudo-modalen Extensionen von X.

Der weitere Ausbau der Theorie dieser pseudo-modalen Formalisierung besteht nun - wie beim Default Reasoning - in ihrem 'syntaktischen' Hauptteil darin, den Operator EXT_p zu studieren. Analog zu THEOREM 6.1 gilt

THEOREM 7.2.2

1. Ist E eine pseudo-modale Extension von X, dann erfüllt E die folgenden Bedingungen:

a) $X \subseteq E$,

b) $BEW(E) \subseteq E$,

c) für jedes $A \in FORM(\Sigma, V, \Diamond)$: Wenn $\neg A \notin E$, so $\Diamond A \in E$.

2. $EXT_p(X)$ ist eine Anti-Kette, d.h., für jedes E', $E \in EXT_p(X)$ gilt: Wenn $E' \subseteq E$, so $E' = E$.

Die zu THEOREM 6.2 formulierten Bemerkungen treffen - in entsprechend modifizierter Form - auch auf THEOREM 7.2.2 zu.

BEISPIELE

Diese Beispiele sind [McDeDo78, McDeDo80] entnommen.

1. $X =_{def} \{\Diamond A \rightarrow \neg A \mid A \in FORM(\Sigma, V, \Diamond)\}$.

Es existiert keine pseudo-modale Extension E von x.

2. $X =_{def} \{\Diamond A \rightarrow A\}$, $A \in FORM(\Sigma, V, \Diamond)$.

X hat genau eine pseudo-modale Extension.

3. $X =_{def} \{\Diamond A \rightarrow \neg B, \Diamond B \rightarrow \neg A\}$, $A, B \in FORM(\Sigma, V, \Diamond)$.

X hat genau zwei pseudo-modale Extensionen E_1, E_2, wobei $\neg A \in E_1$, $\neg B \notin E_1$ und $\neg B \in E_2$, $\neg A \notin E_2$.

4. In diesem Beispiel setzen wir das Vorhandensein des Gleichheitszeichens voraus, arbeiten also anstelle von $FORM(\Sigma, V, \Diamond)$ mit der Menge $FORM^{=}(\Sigma, V, \Diamond)$. Wir nehmen ferner an, daß es eine Sorte $s \in S$ gibt, für die die Menge $CTERM_s(\Sigma)$ der konstanten Terme unendlich ist. Schließlich sei ein einstelliges Prädikatensymbol $p \in P$ mit der Arität s vor-

handen, d.h., es sei $\alpha(p) = s$.

$$X =_{def} \{\forall x^s[\Diamond px^s \rightarrow (px^s \wedge \forall y^s(x^s \neq y^s \rightarrow \neg py^s))]\}.$$

X hat unendlich viele pseudo-modale Extensionen.

5. Das in dieser Form formalisierte pseudo-modale Schließen ist insofern nicht monoton, als es Mengen X, Y $\subseteq$ FORM(Σ,V,$\Diamond$) mit $X \subset Y$ derart gibt, daß X pseudo-modale Extensionen hat, die in keiner pseudo-modalen Extension von Y enthalten sind.

Für weitere Einzelheiten, insbesondere zu einer semantischen Interpretation des pseudo-modalen Schließens, sei auf [McDeDo78, McDeDo80] verwiesen.

Leider ist die pseudo-modale Formalisierung zu schwach, um bestimmte intuitive Forderungen erfüllen zu können. So kann man z.B. leicht nachprüfen, daß für gegebenes $A \in$ FORM(Σ,V,$\Diamond$) die Menge $X =_{def} \{\Diamond A, \neg A\}$ eine pseudo-modale Extension hat, $Y =_{def} \{\neg\Diamond A\}$ dagegen nicht. Wäre nämlich E eine solche von Y, würde $\Diamond A \in E$ gelten, weil $\neg A \notin E$. Damit wäre E widerspruchsvoll, also E = FORM(Σ,V,$\Diamond$) im Widerspruch zu $\neg A \notin E$.

Diese Ungereimtheit tritt nicht mehr auf, wenn man $A \rightarrow \Diamond A$ als Axiom oder ableitbares Theorem zur Verfügung hat; also entstand die (im nächsten Kapitel diskutierte) Idee, den pseudo-modalen Ansatz durch Hinzufügen von Teilen der klassischen Modalitätenlogik zu 'verbessern'.

7.3. Verschiedene modale Formalisierungen

Dieser Ansatz wurde 1982 von J. McDERMOTT in [McDe82a] publiziert und untersucht. Er geht aus dem pseudo-modalen Zugang dadurch hervor, daß Axiome und Schlußregeln der Modalitätenlogik hinzugefügt werden. Der Einfachheit halber gehen wir von den Ausdrucksmitteln FORM(Σ,V,$\Diamond$) des pseudo-modalen Ansatzes aus, definieren aber $\Box A$ als $\neg\Diamond\neg A$.

Zu den in 2.3. fixierten Axiomenschemata (1) bis (6) formulieren wir, wobei $A,B \in$ FORM(Σ,V,$\Diamond$) bzw. $A,B \in$ FORM$^=$(Σ,V,$\Diamond$) beliebig gewählt werden:

(7) $\Box(A \rightarrow B) \rightarrow (\Box A \rightarrow \Box B)$

(8) $\Box A \rightarrow A$

(9) $\Box A \rightarrow \Box\Box A$

(10) $\Diamond A \rightarrow \Box\Diamond A$.

Die in 2.3. fixierten Schlußregeln werden generell durch die Regel

$$\frac{A}{\Box A}$$

ergänzt.

Von McDERMOTT werden nun die folgenden (in üblicher Notation) durch T, S_4 bzw. S_5 bezeichneten modalen Systeme betrachtet, die aus dem in Abschnitt 2 formalisierten Prädikatenkalkül dadurch entstehen, daß man außer der zusätzlichen Schlußregel die Axiomenschemata (7), (8) bzw. (7), (8), (9) bzw. (7), (8), (9), (10) hinzufügt.

BEMERKUNGEN.

1. Verwendet man die übliche KRIPKE-semantische Interpretation der modalen Logik, so entspricht Axiomenschema (8) der Reflexivität, (9) der Transitivität und (10) der Symmetrie der in einer solchen Interpretation auftretenden (binären) Erreichbarkeitsrelation. Somit werden S_5-Systeme durch Erreichbarkeitsrelationen charakterisiert, die Äquivalenzrelationen sind.

2. Schon in einem T-System ist die Formel $\Box \forall x^s A \rightarrow \forall x^s \Box A$ ableitbar. McDERMOTT fordert als weiteres Axiom die sogenannte BARCAN-Formel [Bar46] $\forall x^s \Box A \rightarrow \Box \forall x^s A$, die aus den bisherigen Axiomen, selbst in S_5-Systemen, nicht ableitbar ist und die in der KRIPKE-Semantik der Unabhängigkeit der Individuenbereiche Δ_s $(s \in S)$ von der gewählten 'Welt' entspricht.

3. In der Arbeit [McDe82a]wird nicht diskutiert, welche Unterschiede sich ergeben, wenn man die BARCAN-Formel als Axiom benutzt oder nicht. Das muß hier als Problem offen bleiben.

Der weitere Aufbau der modalen Formalisierungen wird von McDERMOTT in der Weise vorgenommen, daß er nach dem Vorbild des Beweisbarkeitsbegriffs BEW die (klassischen monotonen) modalen Beweisbarkeitsbegriffe BEW_T, BEW_{S_4} und BEW_{S_5}, die durch die modalen Systeme T, S_4 bzw. S_5 definiert sind, benutzt, um zweistellige Operatoren MNR_T, MNR_{S_4}, MNR_{S_5} (siehe DEFINITION 7.2.1) zu definieren. Gilt dann $MNR_T(X,E) = E$, $MNR_{S_4}(X,E) = E$ bzw. $MNR_{S_5}(X,E) = E$, spricht man von modalen T-, S_4- bzw. S_5-Extensionen der Menge X.

Als interessantes Resultat sei allein genannt, daß für S_5-Systeme der nicht-monotone Ansatz 'nichts Neues' bringt, d.h., es gilt der Satz, daß jedes $X \subseteq FORM(\Sigma,V,\Diamond)$ genau eine S_5-Extension E hat, und daraus folgt, daß $E = BEW_{S_5}(X)$ ist, d.h., daß E die (klassische, monotone) Ableitungsmenge von X im S_5-System ist.

Für weitere Einzelheiten sei auf [McDe82] verwiesen.

Bekanntlich ist das modale S_4-System mit der üblichen Formalisierung der Intuitionistischen Logik äquivalent [McKinTar48] . Das legt nahe, zum Aufbau einer nicht-monotonen Logik anstelle des S_4-Systems das intuitionische System zu verwenden. Man vergleiche dazu [Ga 82].

7.4. Eine autoepistemische Formalisierung

Dieser Ansatz wurde 1983 von R.C. MOORE in [Moo83] publiziert. Wie bei der pseudo-modalen Formalisierung wird wieder mit der Ausdrucksmenge $FORM(\Sigma,V,\Diamond)$ bzw. $FORM^{=}(\Sigma,V,\Diamond)$ gearbeitet, jedoch wird die Abkürzung $\Box A =_{def} \neg \Diamond \neg A$ eingeführt. Wie beim pseudo-modalen Ansatz werden keine zusätzlichen Axiome oder Schlußregeln eingeführt, im Unterschied zu Abschnitt 7.3. In Modifizierung des Operators MNR_P, der in DEFINITION 7.2.1 durch

$MNR_p(X,Y) =_{def} BEW(X \cup \{\Diamond A \mid \neg A \in FORM(\Sigma,V,\Diamond) \setminus Y\})$

eingeführt wurde, definieren wir, G. BREWKA in [Br 88] folgend, einen zweistelligen Operator AER wie folgt

DEFINITION 7.4.1

$AER(X,Y)$

$=_{def} BEW(X \cup \{\neg \Diamond A \mid \neg A \in Y\} \cup \{\Diamond A \mid \neg A \in FORM(\Sigma,V,\Diamond) \setminus Y\})$.

BEMERKUNGEN

1. $AER(X,Y)$ geht aus $MNP_p(X,Y)$ offenbar dadurch hervor, daß beim Ableiten mit dem (klassischen!) Beweisbarkeitsbegriff BEW zusätzlich die Menge $\{\neg\Diamond A \mid \neg A \in Y\}$ zur Verfügung steht.

2. "Autoepistemisch" soll hier bedeuten, daß $\Box A$ als "ich glaube (oder ich bin überzeugt oder ich habe mich überzeugt oder ich habe verifiziert oder ich habe bewiesen), daß A gilt" interpretiert wird.

3. Die Konstruktion der Menge $\{\Diamond A \mid \neg A \in FORM(\Sigma,V,\Diamond) \setminus Y\}$ präzisiert nun die folgende Argumentation: Wenn auf der Grundlage von Y nicht "gerechtfertigt" werden kann, daß A falsch ist (d.h., daß $\neg A \notin Y$ oder genauer, daß $\neg A \in FORM(\Sigma,V,\Diamond) \setminus Y$ gilt), dann werde ich nicht glauben, daß A falsch ist (was formalisiert durch $\neg \Box \neg A$ ausgedrückt wird), also werde ich den logisch äquivalenten Ausdruck $\Diamond A$ adjungieren.

4. Der "autoepistemische Charakter" des Operators AER kommt nun durch die folgende Argumentation zum Ausdruck. Offenbar wird durch den Operator MNR_p der folgende Fall nicht erfaßt, der zu dem in Punkt 3 beschriebenen dual ist: Wenn auf der Grundlage von Y jedoch "gerechtfertigt" werden kann, daß A falsch ist (d.h., daß $\neg A \in Y$ gilt), dann werde ich glauben, daß A falsch ist (was formalisiert durch $\Box \neg A$ ausgedrückt wird), also werde ich den logisch äquivalenten Ausdruck $\neg \Diamond A$ adjungieren.

THEOREM 7.4.1

1. Für jedes fixierte Y ist AER in X ein kompakter Hüllenoperator, der die Ableitbarkeitseigenschaft und für Aussagen die Deduktionseigenschaft erfüllt.

2. Für fixiertes X ist AER in Y im allgemeinen nicht dual-monoton.

3. Stets gilt $MNR_p(X,Y) \subseteq AER(X,Y)$.

Mit einer Argumentation, die den entsprechenden Ausführungen in den Abschnitten 6, 7.2. und 7.3. analog ist, interessiert sich MOORE für die Fixpunkte des Operators AER in Y bei festem X. Demgemäß definieren wir

DEFINITION 7.4.2

1. E ist autoepistemische Extension von X genau dann, wenn $AER(X,E) = E$ gilt.

2. $EXT_{AE}(X) =_{def}$ Mengen aller autoepistemischen Extensionen von X.

Zur Charakterisierung der Menge $EXT_{AE}(X)$ führt MOORE die folgenden Begriffe ein.

DEFINITION 7.4.3

1. Y ist gegründet (grounded) in X genau dann, wenn Y $\subseteq$ AER(X,Y) gilt.

2. Y ist autoepistemisch stabil genau dann, wenn die folgenden Bedingungen erfüllt sind, wobei $A \in$ FORM(Σ,V,$\Diamond$) beliebig gewählt ist:

a) BEW(Y) $\subseteq$ Y.

b) Wenn $A \in Y$, so $\Box Y \in Y$.

c) Wenn $A \notin Y$, so $\neg \Box Y \in Y$.

3. Y heißt stabile Expansion von X genau dann, wenn X $\subseteq$ Y gilt, Y in X gegründet ist und Y autoepistemisch stabil ist.

THEOREM 7.4.2

E ist eine autoepistemische Extension von X genau dann, wenn E eine stabile Expansion von X ist.

Zum weiteren Ausbau der Theorie vergleiche man [Moo83, Moo84, Moo85, Ko87a, Sho87].

8. Abschließende Bemerkungen

Aus dem inzwischen zu großem Umfang angewachsenen Gebiet der Formalisierungen nicht-monotonen Schließens konnte vieles nur sehr kursorisch angesprochen werden, vieles steht zusammenhanglos nebeneinander.

Ein ähnliches Bild bietet auch die gegenwärtige Situation auf diesem Gebiet schlechthin.

Viele der einzelnen Ansätze sind, gemessen mit den Maßstäben der (klassischen) mathematischen Logik, theoretisch noch unzureichend durchgearbeitet und in etablierte Gebiete, wie Modelltheorie und Beweistheorie, eingeordnet. Außerdem fehlt ein systematisches Studium der gegenseitigen Beziehungen, wenngleich es bereits eine Reihe wichtiger Resultate gibt, wie z.B. zwischen Circumscription und Closed World Assumption [EthMeRei84, Lif85a], zwischen Default Reasoning und Autoepistemischer Logik [Ko87a]. Die Verwendung intuitionischer und mehrwertiger Logik sowie von partieller Logik (im Sinne des Vorkommens partieller Funktionen und insbesondere partieller Prädikate) ist noch weitgehend ungeklärt.

Im Hinblick auf die Anwendungen gibt es zwei große Problemklassen. Erstens muß weiter untersucht werden, welche der vorliegenden Formalisierungen welche Intensionen in welchem Gebiet am besten erfaßt. Zweitens ist es für die Anwendungen grundlegend wichtig, wirklich "lauffähige", d.h. implementierbare Systeme zur Verfügung zu haben. Hier gibt es nun bei den bisher entwickelten Formalisierungen ernsthafte Schwierigkeiten. Bei den modelltheoretischen Folgerungsbegriffen bestehen sie darin, daß für eine entscheidbare oder rekursiv aufzählbare Menge X die Folgerungsmenge Ψ(X) häufig nicht mehr rekursiv aufzählbar ist, also durch ein rekursiv aufzählbares System rekursiver Regeln nicht mehr erfaßbar ist, also wird jedes derartige System unvollständig und/oder widerspruchsvoll sein, d.h. nicht alle Ausdrücke von $\Psi(X)$ und/oder gewisse Ausdrücke der Komplementmenge von $\Psi(X)$ liefern. Man könnte nun, was bisher noch nicht geschehen ist, untersuchen, ob es sinnvoll ist, auch in der nicht-monotonen Logik Limes-Rekursion und Lernprozeduren, evtl. sogar ω-Regeln zu verwenden. Bei den regelbasierten Formalisierungen entsteht das Problem, welches Element aus der Menge EXT(X) aller Extensionen als 'Ableitungsmenge' einer Menge X ausgewählt werden soll und wie ein solches durch Regeln erfaßbar ist. Anhand der Arbeiten [San72,Kra75] wird von REITER in [Rei80a]kurz die Frage angeschnitten, ob es sinnvoll ist, eine 'nichtmonotone Ableitungsmenge' in der

$$\Psi_{min}(X) =_{def} \bigcap_{E \in EXT(X)} E$$

zu definieren, und McDERMOTT und DOYLE erweitern diese Frage auf die Menge

$$\Psi_{max}(X) =_{def} \bigcup_{E \in EXT(X)} E ,$$

wobei sie auf [Resch64] verweisen. Hier ergibt sich nun die Schwierigkeit, daß sowohl $\Psi_{min}(X)$ als auch $\Psi_{max}(X)$ im allgemeinen keine Extensionen von X sind, also aus dieser Sicht nicht als 'Ableitungsmengen' interpretiert werden können. Außerdem besteht für sie ebenfalls die Frage, ob und gegebenenfalls wie sie rekursiv aufzählbar sind.

Ein neuer, wesentlich schwierigerer Problemkreis liegt vor, wenn Schließen mit dem 'gesunden Menschenverstand' (commonsense reasoning) in 'dynamischen Bereichen' formalisiert werden soll, wie es z.B. ein 'intelligenter' Roboter benötigt. Die Problematik haben St. HANKS und D. McDERMOTT in [HanMcDe86] an dem folgenden kleinen Beispiel verdeutlicht, das als 'Yale shooting problem' bekannt geworden ist (siehe auch [Lif8a]): Ein Jäger nimmt eine Position ein, lädt sein Gewehr, er wartet, das Wild erscheint, er schießt auf das Wild. Wenn nichts weiter mitgeteilt ist, wird man annehmen, daß keine Ausnahme vorliegt, also wird man (mit dem 'gesunden Menschenverstand') schließen, daß das Wild erlegt ist. Formalisiert man diesen Vorgang (etwa unter Verwendung des von J. McCARTHY und P.J. HAYES geschaffenen Situationskalküls, siehe dazu [McCaHa69] etwa im Rahmen von Circumscription, läßt sich nicht herleiten, daß das Wild erlegt ist. Somit sind neue Ideen gefragt; vielleicht hilft die stärkere Integration der 'klassischen' dynamischen Logiken, wie sie als 'dynamische Erweiterungen' von üblichen Aussagen- oder Prädikatenkalkülen im Rahmen der algorithmischen Programmierung entwickelt worden sind. Weitere Ideen und Resultate zu diesem Problemkreis findet man in [Sho86, GiSm8a, GiSm87b,Per84b].

Die automatische Fehlerdiagnose in technischen und anderen Systemen ist ein wichtiges Anwendungsgebiet von Formalisierungen nichtmonotoner Schließweisen. Dazu vergleiche man Arbeiten wie [Rei87b, deKiWi87] .

Truth Maintenance Systems (manchmal auch Reason Maintenance Systems genannt) wurden 1977 von J. DOYLE [Do77,Do79] eingeführt. Sie sind keine formalen Systeme zur Erfassung nichtmonotonen Schließens, sondern sollen einen übergeordneten Problemlöser bei seiner Arbeit unterstützen, d.h. genauer, ein Truth Maintenance System hat die Aufgabe, "Abhängigkeiten zwischen Fakten zu speichern und zu verwalten und die jeweils als gültig akzeptierten Fakten zu bestimmen" und "neue Rechtfertigungen, die der Problemlöser ihm liefert, in das vorhandene Netz zu integrieren und die jeweils akzeptierten Überzeugungen (beliefs) zu bestimmen" [Br88]. Während die von DOYLE eingeführten Truth Maintenance Systems allgemein nichtmonotone Schlußfolgerungen verwalten, beziehen sich die 1986 von J. deKLEER definierten Assumption-based Truth Maintenance Systems [deKl86a] allein auf den monotonen Fall. Weiteres zu diesem Komplex findet man in [Do83, deKl86b, deKl86c].

Literatur

[Ab80] ABRAHAMSON, K.:Decidability and Expressiveness of Logics of Processes. Ph. D. thesis, Tech. Rep. 80-08-01, Dept. of Comput. Sci., Univ. of Washington, Seattle, WA.

[Am71] AMAREL, S.: On representation of problems of reasoning about actions. Machine Intelligence 3(1971), 131-171.

[Ar74] ARMSTRONG, W.W.: Dependency structure of data base relationship. IFIP 74, Information Processing 74, North Holland, Amsterdam, 1974, 580-583.

[As59] ASSER, G.: Einführung in die mathematische Logik. Teil I: Aussagenkalkül. Leipzig: B.G. Teubner Verlagsgesellschaft 1959.

[As72] ASSER, G.: Einführung in die mathematische Logik. Teil II: Prädikatenkalküle der ersten Stufe. Leipzig: B.G. Teubner Verlagsgesellschaft 1972.

[As81] ASSER, G.: Einführung in die mathematische Logik. Teil III: Prädikatenlogik der höheren Stufe. Leipzig: B.G. Teubner Verlagsgesellschaft 1981.

[Ba74] BARWISE, K.J.: Axioms for abstract model theory. Annals of Mathematical Logic 7(1974), 221-265.

[Be80] BENTHEM, J. Van: The Logic of Time. Dordrecht: D. Reidel Pub. Comp. 1983.

[BeKr71] BERKA, K. und L. KREISER: Kommentierte Auswahl zur Geschichte der modernen Logik. Berlin: Akademie-Verlag 1971.

[Bib86] BIBEL, W.: Methods of Automated Reasoning. LNCS 232 (1986), 171-217. Springer-Verlag.

[BoSi85] BOSSU, G. and P. SIEGEL: Saturation, nonmonotonic reasoning and the closed-world assumption. Artifical Intelligence 25 (1985), 13-63.

[BrWi84] BREWKA, G. und K. WITTUR: Nichtmonotone Logiken. Universität Bonn; Informatik Berichte 40, 1984.

[Br86] BREWKA, G.: Tweety-Still Flying: Some Remarks on Abnormal Birds, Applicable Rules and a Default Prover. Proc. AAAI-86, 1986.

[Br87] BREWKA, G.: The Logic of Inheritance in Frame Systems. Proc. IJCAI 87, 1987.

[Br88] BREWKA, G.: Nonmonotonic Logics, Nonmonotonic Inference Systems and Truth Maintenance - Some Clarifying Remarks. Internes GMD-Papier, Sankt Augustin 1988.

[Br88] BREWKA, G.: Formalisierungen nichtmonotoner Schlußweisen. KISS'88. Sommerschule für Künstliche Intelligenz. Georgenthal/Thür., Mai 1988.

[Bu86] BURMEISTER, P.: A Model Theoretic Oriented Approach to Partial Algebras. Berlin: Akademie-Verlag 1986.

[Bu69] BURSTALL, R.M.: Proving properties of programs by structural induction Comp. Journal 12(1969), 41-48.

[Bü60] BÜCHI, J.R.: Weak second order arithmetic and finite automata. Zeitschrift für Mathematische Logik und Grundlagen der Mathematik 6(1960), 66-92.

[Cl78] CLARK, K.L.: Negation as failure. In: H. Gallaire and J. Minker (Eds.), Logic and Date Bases. New York: Plenum Press 1978, 293-322.

[Co70] CODD, E.F.: A relational model of data for large shared data banks. Comm. ACM 13(1970)6, 377-387.

[Co65] COHN, P.M.: Universal Algebra. Harper and Row 1965.

[Co87] COHN, A.G.: A more expressive formulation of Many Sorted Logic. Journal of Automated Reasoning 3(1987), 113-200.

[Dav80] DAVIS, M.: The mathematics of non-monotonic reasoning. Artifical Intelligence 13(1980), 73-80.

[deKl86a] deKLEER, J.: An Assumption-based TMS. Artificial Intelligence 28(1986), 127-162.

[deKl86b] deKLEER, J.: Extending the ATMS. Artificial Intelligence 28 (1986), 163-196.

[deKlWi87] deKLEER, J. und B.C. WILLIAMS: Diagnosing multiple facts. Artificial Intelligence 32(1987), 97-130.

[De80] DELOBEL, C.: An overview of the relational data theory. Information Processing 80, North-Holland, (1980), 413-426.

[Di76] DIJKSTRA, E.W.: A Discipline of Programming. Prentice-Hall 1976.

[Di187] DILGER, W.: Nichtmonotones Schließen. In: Neuere Themen aus der Expertensystem-Forschung und -Entwicklung. Interner Bericht des Fraunhofer-Instituts Karlsruhe.

[Do79] DOYLE, J.: A Truth Maintenance System. MIT Artificial Intelligence Laboratory, Memo 521, 1979, Also in: Artificial Intelligence 12(1979), 231-272.

[Do83] DOYLE, J.: The ins and outs of reason maintenance. Proceedings of 8th. International Joint Conference on Artificial Intelligence, 1983, 349-351.

[DuEp75] DUNN, J.H. and G. EPSTEIN: Modern uses of multiple-valued logics. D. Reidel Publ. Co. Invited Papers from the 5th. International Symposium on Multiple-valued Logic.

[Eb69] EBBINGHAUS, H.-D.: Über eine Prädikatenlogik mit partiell definierten Prädikaten und Funktionen. Archiv math. Logik 12(1969), 39-53.

[Eth82] ETHERINGTON, D.W.: Finite default theories. M. Sc. Thesis, Dept. Computer Science, University of British Columbia.

[Eth83] ETHERINGTON, D.W.: Formalizing non-monotonic reasoning systems. TR-83-1, Dept. Computer Science, University of British Columbia.

[Eth86] ETHERINGTON, D.W.: Reasoning With Incomplete Information, University of British Columbia, Vancouver, Dep. of Computer Science, Technical Report 86-14, 1986.

[Eth87a] ETHERINGTON, D.W.: A Semantics for Default Logic, Proc. IJCAI, 87, 1987.

[Eth87b] ETHERINGTON, D.W.: Relating Default Logic and Circumscription, Proc. IJCAI 87, 1987.

[Eth87c] ETHERINGTON, D.W.: Formalizing non-monotonic reasoning systems. Artificial Intelligence 31(1987), 41-85.

[EthMe86] ETHERINGTON, D.W. und R.E. MERCER: Domain circumscription revisited. Proc. Canadian Society for computational Studies of Intelligence-86, Montreal, May 1986.

[EthMe87] ETHERINGTON, D.W. und R.E. MERCER: Domain circumscription: a re-evaluation. Computational Intelligence 3(1987).

[EthMeRei84] ETHERINGTON, D.W.; R. MERCER und R. REITER: On the adequary of predicate circumscription for closed-world reasoning. Proc. AAAI-Workshop Non-Monotonic Reasoning, 1984. Also in: Computational Intelligence 1(1985), 11-15.

[EthRei83] ETHERINGTON, D.W. und R. REITER: On inheritance hierarchies with exceptions. Proc. Third National Conference Artificial Intelligence 1983, 104-108.

[FaVa84] FAGIN, R. und M.Y. VARDI: The theory of data dependencies. - a survey. Report RJ 4321 (47149) 6/13/84. IBM Research Laboratory, San Jose, California, 1984.

[Fe65] FEYS, R.: Modal Logics. Paris 1965.

[Fi87] FINGER, J.J.: Exploiting Constraints in Design Synthesis. PhD thesis, Stanford University, Stanford, CA, 1987.

[FiLa77] FISCHER, M.J. und R.E. LADNER: Propositional Modal Logic of Programms. Proceedings of 9th ACM Symposium Theory of Computing, 1977, 286-294.

[FiLa79] FISCHER, M.J. und R.E. LADNER: Propositional Dynamics Logic of Regular Programs. Journal of Comput. Syst. Sci. 18(1979), 194-211.

[Fl86] FLANNAGAN, T.: The consistency of Negation as Failure. The Journal of Logic Programming 2(1986), 93-114.

[Fl67] FLOYD, R.W.: Assigning meanings to programs. Proc. Symp. on Appl. Math. 19 (Math. Aspects of Computer Sc.), American Math. Society, New York, 1967.

[Fr87] FREITAG, H.: An Admissible Extension Theory-Based Non-Monotonic Reasoning System: Siemens Report INF2ARM-2-87, München, 1987.

[Ga81] GABBAY, D.M.: Semantical investigations in Heyting's Intuitionistic Logic. Dordrecht: D. Reidel Pub. Comp. 1981.

[Ga82] GABBAY, D.M.: Intuitionistic basis for Nonmonotonic Logic. Proceedings of the 6th Conference on Automated Deduction. Lecture Notes in Computer Sciences 138(1982), 260-273.

[Ga85] GABBAY, D.M.: Theoretical foundations for non-monotonic reasoning in expert systems. Logics and Models of Concurrent Systems. Edited by K.R. APT. NATO ASI Series. Séries F.: Computer and System Sciences 13(1985), 439-457, Heidelberg: Springer Verlag.

[GaMiNi84] GALLAIRE, H., J. MINKER und J.-M. NICOLAS: Logic and databasis: a deductive approach. Computing Surveys 16(1984), 153-185.

[Gel86] GELFOND, M.: On Stratified Autoepistemic Theories. Technical Report, Department of Computer Science, University of Texas at El Paso, 1986.

[GelPr86] GELFOND, M. und H. PRZYMUSINSKA: On the Relationship between Autoepistemic Logic and Parallel Circumscription. Technical Report, Department of Computer Science, University of Texas at El Paso, 1986.

[GelPrPr86] GELFOND, M.; H. PRZYMUSINKA und T. PRZYMUSINSKI: The extended closed world assumption and its relationship to parallel circumscription. In: Proceedings of ACM SIGACT-SIGMOD Symposium on Principles of Database Systems, 1986, 133-139.

[GelPr86] GELFOND, M. and H. PRZYMUSINKA: Negation as failure: Careful closure procedure. Artificial Intelligence 30(1987), 273-287.

[GeNi87] GENESERETH, M.R. and N. NILSON: Logical Foundations of Artificial Intelligence. Los Altos, California: Morgan Kaufmann Publishers, Inc., 1987.

[Ge34] GENTZEN, G.: Untersuchungen über das logische Schließen. Mathematische Zeitschrift 39(1934), 176-210 und 405-431.

[Gi84] GINSBERG, L.M.: Non-monotonic reasoning using Dempster's rule. Proceedings of the Fourth National Conference on Artificial Intelligence, 1984, 126-129.

[Gi85] GINSBERG, M.L.: Does probability have a place in non-monotonic reasoning? Proceedings of the Ninth Internation Joint Conference on Artificial Intelligence, 1985, 107-110.

[Gi86a] GINSBERG, M.L.: Counterfactuals. Artificial Intelligence 30 (1986), 35-79.

[Gi86b] GINSBERG, M.L.: Multi-valued logics. Proceedings of the Fifth National Conference on Artificial Intelligence, 243-247.

[Gi87a] GINSBERG, M.L.: A Circumscriptive Theorem Prover. Technical Report 87-8, Logic Group, Stanford, CA, 1987.

[Gi87b] GINSBERG, M.L.: Multi-valued Logics I: Formal Description. Technical Report 87-4, Logic Group, Stanford University, Stanford, CA, 1987.

[Gi87c] GINSBERG, M.L.: Multi-valued Logics II: Inference. Technical Report 87-5, Logic Group, Stanford University, Stanford, CA, 1987.

[Gi87d] GINSBERG, M.L.: Multi-valued Logics III: Applications. Technical Report 87-6, Logic Group, Stanford University, Stanford, CA, 1987.

[Gi87e] GINSBERG, M.L. (Editor): Readings in Nonmonotonic Reasoning. Los Altos, California: Morgan Kaufmann Publishers, Inc., 1987.

[GiSm87a] GINSBERG, M.L. and D.E. SMITH: Reasoning about action I: A possible worlds approach. In: F. BROWN (ed.), The Frame Problem in Artificial Intelligence: Proceedings of the 1987 Workshop, 233-258, Morgan Kaufmann Publishers, Los Altos, CA, 1987. Also in [Gi87e], 433-463.

[GiSm87b] GINSBERG, M.L. and D.E. SMITH: Reasoning about action II: The qualification problem. In: F. BROWN (ed.), The Frame Problem in Artificial Intelligence: Proceedings of the 1987 Workshop, 259-287, Morgan Kaufmann Publishers, Los Altos, CA, 1987.

[Goo87] GOODWIN, J.W.: A Theory and System for Non-Monotonic Reasoning. PhD thesis, Linkoping University, Linkoping, Sweden, 1987.

[GoHe87] GOLTZ, J. und H. HERRE: Mathematische Grundlagen der logischen Programmierung. iir (Informatik, Informationen, Reporte), Band 5, 1987.

[GrMi84] GRANT, J. and J. MINKER: Answering queries in indefinite datebases and the null value problem. Tech. Report 1374, University of Maryland, 1984.

[Gro84] GROSOF, B.N.: Default reasoning as circumscription. Workshop on Nonmonotonic Reasoning, New Paltz, NY, Oct. 1984.

[Gro86] GROSOF, B.N.: Non-monotonicity in probalistic reasoning. Proc, 1986 Workshop on Uncertainity in Artificial Intelligence, Philadelphia, PA, 1986, 91-98.

[Grz74] GRZEGORCZYK, A.: An Outline of Mathematical Logic. Dordrecht: D. Reidel Publishing Company 1974.

[Haa87] HAAS, A.R.: The case for domain-specific frame axioms. Proc. 1987 Workshop on the Frame Problem in Artificial Intelligence Lawrence, KS, 1987, 343-348.

[HalMo84] HALPERN, J.Y. and Y. MOSES: Towards a theory of knowledge and ignorance. Proc. 1984 Non-Monotonic Reasoning Workshop, New Paltz, 1984, 165-193.

[HanMcDe86] HANKS, S. and D. McDERMOTT: Default reasoning, nonmonotonic logics, and the frame problem. Proc. Fifth National Conference on Artificial Intelligence, 1986, 328-333.

[HanMcDe87] HANKS, S. and D. McDERMOTT: Nonmonotonic logic and temporal projection. Artificial Intelligence 33(1987).

[Hao52] HAO WANG: Logic of many-sorted theories. The Journal of Symbolic Logic 17(1952), 105-116.

[Hao62] HAO WANG: A Survey of mathematical Logic. Peking 1962.

[Ha79] HAREL, D.: First-order Dynamic Logic. Lecture Notes in Computer Science 68(1979). Springer-Verlag.

[HaKoPa80] HAREL, D., D. KOZEN and R. PARIKH: Process Logic: Expressiveness, Decidability, Completeness. Proceedings of 21th IEEE Symposium Foundations of Computer Science, 1980, 129-142.

[Has53] HASENJAEGER, G.: Eine Bemerkung zu Henkin's Beweis für die Vollständigkeit des Prädikatenkalküls der ersten Stufe. The Journal of Symbolic Logic 18(1953), 42-48.

[Hen49] HENKIN, L.: The completeness of the first-order calculus. The Journal of Symbolic Logic 14(1949), 159-166.

[Her61] HERMES, H.: Aufzählbarkeit, Entscheidbarkeit, Berechenbarkeit.- Eine Einführung in die Theorie der rekursiven Funktionen. Berlin/Göttingen/Heidelberg: Springer-Verlag 1961.

[Hew72] HEWITT, C.E.: Description and theoretical analysis (using schemata) of PLANNER: a language for proving theorems and manipulating models in a robot. MIT Artificial Intelligence Laboratory, TR-258, 1972.

[Hey30] HEYTING, A.: Die formalen Regeln der intuitionistischen Logik. Sitzungsber. d. Preußischen Akad. d. Wiss., Phys.-math. Kl. 1930, 42-56.

[Hey56] HEYTING, A.: Intuitionism: An Introduction. Amsterdam: North-Holland 1956.

[Hoa69] HOARE, C.A.R.: An axiomatic basis of computer programming. Comm. ACM 12(1969), 576-583.

[HuCr72] HUGHES, G.E. and M.J. CRESSWELL: An Introduction to Modal Logic. London: Methuen and Co. Ltd. 1972.

[Im85] IMIELINSKI, T.: Results on translating defaults to circumscription. Proc. IJCAI85, 1985.

[Is80] ISRAEL, D.: What's wrong with non-monotonic logic? Proc. First National Conference on Artificial Intelligence, 1980, 99-101. Also in [Gi87e], 53-55.

[Jae86] JAEGER, G.: Some contributions to the logical analysis of circumscription. Eigth International Conference on Automated Deduction, Oxford, England, 1986, 154-171.

[Ko82] KONOLIGE, K.: Circumscriptive ignorance. Proc. AAAI-82, 202-204.

[Ko84] KONOLIGE, K.: Belief and incompleteness. SRI Tech. Note 319.

[Ko87] KONOLIGE, K.: On the relation between default theories and autoepistemic logic. SRI preprint. Also in [Gi87], 195-226.

[Ko87] KONOLIGE, K.: A Deduction Model of Belief, Pitman, London 1987.

[Kow78] KOWALSKI, R.: Logic for data description. In: H. GALLAIRE and J. MINKER (Eds.), Logic and Data Bases. Plenum Press, New York, 1978, 77-103.

[Kra75] KRAMOSIL, I.: A note on deduction rules with negative premises. Proc. of the Fourth Internat. Joint Conference on Artificial Intelligence, 1975, 53-56.

[Kr59] KRIPKE, S.A.: A completeness theorem in modal logic. Journal of Symbolic Logic 24(1959), 1-14.

[Kr63] KRIPKE, S.A.: Semantical analysis of modal logic I. Normal modal propositional calculi. Zeitschrift für Mathematische Logik und Grundlagen der Mathematik 9(1963), 67-96.

[Kr65] KRIPKE, S.A.: Semantical analysis of modal logic II: Non-normal modal propositional calculi. The Theory of Models. Proceedings of the 1963 International Symposium at Berkely, Amsterdam, North-Holland, 1965, 206-220.

[Lif84] LIFSCHITZ, V.: Some Results on Circumscription. AAAI Workshop on Non-Monotonic Reasoning, 1984, 151-164.

[Lif85a] LIFSCHITZ, V.: Closed-world databases and circumscription. Artificial Intelligence 27(1985), 229-235.

[Lif85b] LIFSCHITZ, V.: Computing circumscription. Proc. 9th International Joint Conference of Artificial Intelligence 1, 1985, 121-127.

[Lif86a] LIFSCHITZ, V.: On the declarative semantics of logic programs with negation. In: J. MINKER (ed.), Foundation of Deductive Databases and Logic Programming. Morgan Kaufmann Publishers, Inc., Los Altos, CA, 1987.

[Lif86b] LIFSCHITZ, V.: On the satisfiability of circumscription. Artificial Intelligence 28(1986), 17-27.

[Lif86c] LIFSCHITZ, V.: Pointwise circumscription. Preliminary report. Proc. 5th National Conference on Artificial Intelligence 1, 1986, 406-410.

[Lif87a] LIFSCHITZ, V.: Formal theories of action. In: F. BROWN (ed.), The Frame Problem in Artificial Intelligence. Proc. 1987 Workshop, 1987, 35-58. Also in [Gi87], 410-432.

[Lif87b] LIFSCHITZ, V.: Pointwise circumscription. Readings in Nonmonotonic Reasoning. Morgan Kaufmann Publishers, Inc., Los Altos, California, 1987, 179-193.

[Lip79] LIPSKI, W.Jr.: On semantic issues connected with incomplete information databases.ACM Transactions on Database Systems 4(1979), 262-301.

[LoeSie84] LOECKX, J. and K. SIEBER: The Foundations of Program Verification. B.G. Teubner and John Wiley, 1984.

[Luk83] LUKASZIEWISZ, W.: General approach to non-monotonic logics. Proceedings of 8th International Joint Conference on Artificial Intelligence, 1983, 352-354.

[Luk84] LUKASIEWICZ, W.: Considerations on default logic. Proc. Nonmonotonic Reasoning Workshop, New Paltz, NY, 1984, 165-193.

[Luk85] LUKASIEWICZ, W.: Two results on default logic. Proc. IJCAT 1985.

[Mai83] MAIER, D.: The theory of relational databases. Computer Science Press, Inc. 1983.

[Ma87] MAKOWSKI, J.A.: Why Horn formulas matter in computer science: initial structures and generic examples. Journal of Computer and System Sciences 34(1987), 266-287.

[McAr79] McARTHUR, J.: Tense Logic. Reidel 1979.

[McCa60] McCARTHY, J.: Programs with common sense. Proc. of the Teddington Conference on the Mechanization of Thought Processes. H.M. Stationary Office, London 1960.

[McCa77] McCARTHY, J.: Epistemilogical problems of artificial intelligence. Proc. of the 5th International Joint Conference of Artificial Intelligence. MIT, Cambridge, Mass., 1977, 1038-1044.

[McCa79a] McCARTHY, J.: Ascribing mental qualities to machines. Philosophical Perspectives in Artificial Intelligence. Harvester Press, July 1979.

[McCa79b] McCARTHY, J.: First-order theories of individual concepts and propositions. Machine Intelligence 9. University of Edinburgh Press, Edinburgh 1979.

[McCa80] McCARTHY, J.: Circumscription - a form of non-monotonic reasoning. Artificial Intelligence 13(1980), 27-39.

[McCa82] McCARTHY, J.: Common Business Communication Language. In: A. ENDRES and J. REETZ (eds.), Textverarbeitung und Bürosysteme. Oldenbourg, Munich 1982.

[McCa84] McCARTHY, J.: Applications of circumscription to formalizing common sense knowledge. Workshop on Nonmonotonic Reasoning, New Paltz, NY, Oct. 1984.

[McCa86] McCARTHY, J.: Applications of circumscription to formalizing common sense knowledge. Artificial Intelligence 28(1986), 89-116.

[McCa87] McCARTHY, J.: The frame problem today. Proc. 1987 Workshop on the Frame Problem in Artificial Intelligence, Lawrence, KS.

[McCaHay69] McCARTHY, J. and P.J. HAYES: Some philosophical problems from the standpoint of artificial intelligence. Machine Intelligence 4(1969), 463-502.

[McCarty84] McCARTY, T.: Programming directly in a non monotonic logic. Proc. 1984 Nonmonotonic Reasoning Workshop, New Paltz, NY, 1984 325-336.

[McDe82a] McDERMOTT, D.: Non-monotonic Logic II: Non-monotonic Modal Theories. Journal of the Association of computing Machinery 29, Nr. 1(1982), 33-57.

[McDe82b] McDERMOTT, D.: A temporal logic for reasoning about process and plans. Cognitive Science 6(1982), 101-155.

[McDe86] McDERMOTT, D.: A critique of pure reason. Yale University, Comp. Sci. Dept., Research Report 480, 1986.

[McDe87] McDERMOTT, D.: AI, logic, and the frame problem. Proc. 1987 Workshop on the Frame Problem in Artificial Intelligence, Lawrence, KS, 1987, 105-118.

[McDeDo78] McDERMOTT, D. and J. DOYLE: Non-monotonic Logic I. MIT Artificial Intelligence Laboratory, Memo 486b, August 1978, revi-
[McDeDo80] sed July 1979. Also in: Artificial Intelligence 13(1980), 27-39.

[Men64] MENDELSON, E.: Introduction to Mathematical Logic. New York: Van Nostrand Reinhold 1964.

[MerRei82] MERCER, R.E. and R. REITER: The representation of presuppositions using defaults. Proc. 4th Nat. Conf. Can. Soc. for Computational Studies of Intelligence, Saskatoon, May 1982, 103-107.

[MeyStrMir81] MEYER, A.R., R.S. STREET and G. MIRKOWSKA: The Deducibility Problem in Propositional Dynamic Logic. Proc. Workshop on Logics of Programs. Lecture Notes in Computer Science 125 (1981), 12-22.

[Min81] MINKER, J.: On indefinite databases and the closed world assumption. Technical Report, University of Maryland, College Park, Maryland (July, 1981). Siehe auch in LNCS 138(1982), 292-308.

[Min83] MINKER, J.: On theories of definite and indefinite databases. Technical Report, University of Maryland, College Park, Maryland (1983).

[Min87] MINKER, J.: Deductive databases: An overview of some alternative theories. In: Z.W. RAS and M. ZEMANKOVA (eds.), Methodologies for Intelligent Systems. Elsevier Science Publishing Co., Inc., 1987, 148-158.

[MinPer84a] MINKER, J. and D. PERLIS: Protected circumscription. Proc. 1984 Non-monotonic Reasoning Workshop, New Paltz NY, 1984, 337-343.

[MinPer84b] MINKER, J. and D.PERLIS: Applications of protected circumscription. Lecture Notes in Computer Science 170 (1984), 414-425 (7th Conference on Automated Deduction).

[MinPer85] MINKER, J. and D. PERLIS: Computing protected circumscription. Logic Programming Journal 4(1985), 235-249.

[Moo75] MOORE, R.: Reasoning from incomplete knowledge in a procedural deduction system. MIT AI Lab. Memo 347.

[Moo79] MOORE, R.: Reasoning about knowledge and action. Ph.D. Dissertation, MIT, Cambridge, Mass. 1979.

[Moo83] MOORE, R.: Semantical considerations on Non-monotonic Logic. Proceedings of 8th International Joint Conference on Artificial Intelligence, 1983, 272-279.

[Moo84] MOORE, R.: Possible-world semantics for autoepistemic logic. Proc. 1984 Nonmonotonic Reasoning Workshop, New Paltz,NY, 1984, 344-354.

[Moo85] MOORE, R.: Semantical considerations on nonmonotonic logic Artificial Intelligence 25(1985), 75-94.

[Nil80] NILSSON, N.J.: Principles of Artificial Intelligence. Morgan Kaufmann Publishers, Los Altos, CA, 1980.

[Pa81] PARIKH, R.: Propositional Dynamic Logic of Programs: A Survey. Proc. Workshop on Logics of Programs. Lecture Notes in Computer Science 125(1981), 102-144.

[Per84a] PERLIS, D.: Bibliography of literature on nonmonotonic reasoning. In: Proceedings 1984. Non-monotonic Reasoning Workshop, New Paltz,NY, 1984, 396-401.

[Per84b] PERLIS, D.: Non-monotonicity and real-time reasoning. In: Proceedings 1984 Nonmonotonic Reasoning Workshop, New Paltz, NY, 1984, 363-372.

[Per86] PERLIS, D.: On the consistency of commonsense reasoning. Computational Intelligence 2(1986), 180-190.

[Per87a] PERLIS, D.: Circumscribing with sets. Artificial Intelligence 31(1987), 201-211.

[Per87b]. PERLIS, D.: Circumscription as introspection. Technical Report, University of Maryland.

[PerMin86] PERLIS, D. and J. MINKER: Completeness results for circumscription. Artificial Intelligence 28(1986), 29-42

[Pr76] PRATT, V.R.: Semantical Considerations on Floyd-Hoare Logics. Proc. 17th IEEE Symp. Found. Comput. Sci., 1976,109-121.

[RaSc59] RABIN, M.O. and D. SCOTT: Finite automata and their decision problem. IBM J. Res. Dev. 3(1959), 114-125.

[Rei77] REITER, R.: An application to deductive question-answering. BBN Report No. 3649, Bolt, Beranek and Newman, Inc., Cambridge, Mass., Sept. 1977.

[Rei78a] REITER, R.: On closed world data bases. In: H. GALLAIRE and J. MINKER (Eds.), Logic and Data Bases. Plenum Press, New York 1978, 55-76.

[Rei78b] REITER, R.: Deductive question-answering on relational data bases. In: H. GALLAIRE and J. MINKER (Eds.), Logic and Data Bases. Plenum Press, New York, 1978, 149-177.

[Rei80a] REITER, R.: A logic for default reasoning. Artificial Intelligence 13, No. 1/2 (1980), 81-132.

[Rei80b] REITER, R.: Equality and domain closure in first-order data bases. Journal of the Association for Computing Machinery 27, No. 2(1980), 235-249.

[Rei82] REITER, R.: Circumscription implies predicate completion (sometimes). Proc. of the National Conference on Artificial Intelligence, Pittsburg, PA, 1982. Morgan Kaufmann Publishers, Inc., Los Altos, California, 1982, 418-420.

[Rei87a] REITER, R.: Nonmonotonic reasoning. Annual Reviews of Computer Science 2(1987), 147-187.

[Rei87b] REITER, R.: A theory of diagnosis from first principles. Artificial Intelligence 32(1987), 57-95.

[Rei83] REITER, R. and G. CRISCUOLO: Some representational issues in default reasoning. International Journal of Computers and mathematics. Special Issue on Computational Linguistics 9, No.1 (1983), 15-27.

[Rein85] REINFRANK, M.: An Introduction to Non-Monotonic Reasoning. Universität Kaiserslautern, Memo SEKI-85-02, 1985.

[Resch64] RESCHER, N.: Hypothetical Reasoning. North-Holland, Amsterdam 1964.

[ReschUr71] RESCHER, J. and A. URQUHART: Temporal Logic. Springer-Verlag, 1971.

[Rog67] ROGERS, H.(Jr.): Theory of Recursive Functions and Effective Computability. McGraw-Hill Book Company, 1967.

[RoTu52] ROSSER, J.B. and A.R. TURQUETTE: Many-valued Logics. North-Holland Publ. Comp., Amsterdam, 1952.

[San72] SANDEWELL, E.: An approach to the frame problem and its implementation. In: B. MELTZER and D. MICHIE (eds.) Machine Intelligence 7, 1972, 195-204. Edinburgh University Press.

[Schm38] SCHMIDT, A.: Über deduktive Theorien mit mehreren Sorten von Grunddingen. Math. Annalen 115(1938), 485-506.

[Schm51] SCHMIDT, A.: Die Zulässigkeit der Behandlung mehrsortiger Theorien mittels der üblichen Prädikatenlogik. Math. Annalen 123 (1951), 187-200.

[Schr55] SCHRÖTER, K.: Theorie des logischen Schließens (I). Zeitschrift f. math. Logik und Grundl. d. Mathematik 1(1955), 37-86.

[Schr58] SCHRÖTER, K.: Theorie des logischen Schließens (II). Zeitschrift f. math. Logik und Grundl. d. Mathematik 4(1958), 10-65.

[Schü68] SCHÜTTE; K.: Vollständige Systeme modaler und intuitionistischer Logik. Ergebnisse der Mathematik und ihrer Grenzgebiete 42, 1968.

[She84] SHEPHERDSON, J.C.: Negation as Failure: A comparision of CLARK's Completed Data Base and REITER's Closed World Assumption. Journal of Logic Programming 1(1984), 51-79.

[She85] SHEPHERDSON, J.C.: Negation as Failure II. Journal of Logic Programming 3(1985), 185-202.

[Sho86] SHOHAM, Y.:Chronological ignorance. Proc. Fifth National Conference on Artificial Intelligence, 1986, 389-393.

[Sho87] SHOHAM, Y.: A semantical approach to nonmonotonic logics. Proc. Tenth International Joint Conference on Artificial Intelligence, 1987, 388-392. Also in [Gi87], 227-250.

[Sta69] STARKE, P.H.: Abstrakte Automaten. Berlin: Deutscher Verlag der Wissenschaften 1969.

[Str81] STREETT, R.S.: Propositional Dynamic Logic of Looping and Converse. Proc. 13th. ACM Symp. Theory of Comput., 1981,375-381.

[Tar30] TARSKI, A.: Über einige fundamentale Begriffe der Metamathematik. Compt. rend. Soc. Sci. lettra Varsovic, Cl. III, 23(1930), 22-29.

[Tar36] TARSKI, A.: Über die Erweiterung der unvollständigen Systeme des Aussagenkalküls. Ergebnisse eines mathematischen Kolloquiums, Heft 7(1936), 51-57.

[Thi56] THIELE, H.: Eine Axiomatisierung der zweiwertigen Prädikatenkalküle der ersten Stufe, welche die Implikation enthalten. Zeitschr. f. math. Logik und Grundlagen d. Math. 2 (1956), 93-106.

[Thi66] THIELE, H.: Wissenschaftstheoretische Untersuchungen in algorithmischen Sprachen. I. Theorie der Graphschemata-Kalküle. Berlin: Deutscher Verlag der Wissenschaften 1966.

[Thi87a] THIELE, H.: A Model Theoretic Oriented Approach to Analogy. Analogical and Inductive Inference. International Workshop AII '86, Wendisch-Rietz, GDR, October 1986, Proceedings. LNCS 265, 1987, 196-208.

[Thi87b] THIELE, H.: Zur algebraisch-logischen Begründung analogen Schließens. VIII. Internationaler Kongreß für Logik, Methodologie und Philosophie der Wissenschaften, 17.-22.8. 1987, Moskau. DDR-Beiträge, Berlin 1987, 73-92.

[Thi87c] THIELE, H.: Sequential Closed World Assumption. Symposium on Computation Theory. Wendisch-Rietz, Dez. 1987. Erscheint demnächst.

[Thi87d] THIELE, H.: Default Algebras. Vortrag, Mathem. Institut d. Universität Warschau, Dez. 1987. Erscheint demnächst.

[Thi88] THIELE, H.: Modelltheoretische Betrachtungen zum nichtmonotonen analogen Schließen. Vortrag, Colloquium Logicum (Logik in Mathe matik, Philosophie und Informatik, Kiel, 2.-4. Juni 1988.)

[Tu84] TURNER, R.: Logics for Artificial Intelligence. Chichester: Ellis Horwood Limited 1984.

[Ul180] ULLMAN, J.D.: Principles of Database Systems. Computer Science Press, Inc. 1980.

[Vas77] VASSILIOU, Y.: Null values in database management: a denotational semantic approach. ACM/SIGMOD International Symposium on Management of Data, 1977, 162-169.

[Vol87] VOLGER, H.: On theories which admit initial models. MIP 8708, Univ. Passau, 1987, 12 pages.

[Vol88] VOLGER, H.: Model theory of deductive databases. Preprint, Univ. Passau, 1988.

[vonWr51] von WRIGHT, G.H.: An Essay in Modal Logic. Amsterdam: North-Holland 1951.

[YaHe85] YAHYA, A. and L.J. HENSCHEN: Deduction in non-Horn databases Journal of Automated Reasoning 1, No. 2(1985), 141-160.

Literaturnachtrag

[Bar46] BARCAN, R.C.: A functional calculus of first order based on strict implication. Journal of Symbolic Logic 11(1946), 1-16.

[Co79] CODD, E.F.: Extending the database relational model to capture more meaning: ACM Transactions on Database Systems 4, 4(1979), 339-434.

[Do77] DOYLE, J.: Truth maintenance systems for problem solving. Proc. 5th IJCAI, p. 247.

[Du77] DUMMETT, M.: Elements of Intuitionism. Oxford, 1977.

[Gö30] GÖDEL, K.: Die Vollständigkeit der Axiome des logischen Funktionenkalküls. Monatshefte Math. Phys. 32(1930), 349-360.

[GoJoMe85] GOGUEN, J.A., J.-P. JOUANNAUD, and J. MESEGUER: Operational Semantics for Order-Sorted Algebra. TR, SRI International, Computer Science Lab., 1985.

[GoMe85] GOGUEN, J.A. and J. MESEGUER: Order-Sorted Algebra I: Partial and Overloaded Operations, Errors and Inheritance. TR, SRI International, Computer Science Lab., 1985.

[Ma75] MARTIN-LÖF, P.: An intuitionistic theory of types: predicative part. In: Logic colloquium 1973, ed. ROSE, H.E. and J.C. SHEPHERDSON. Amsterdam: North-Holland, 73-118.

[Ma82] MARTIN-LÖF, P.: Constructive Mathematics and Computer Programming. In: Logic, Methodology and Philosophy of Science. Proc. of the 6th Int. Cong., Hannover, 1979. Amsterdam: North-Holland, 153-175.

[McKinTar48] McKINSEY, J.C.C. and A. TARSKI: Some theorems about the sentential calculi of Lewis and Hayting. Journal of Symbolic Logic 13(1948), 1-15.

[Mins75] MINSKY, M.: A framework for representing knowledge. In: P. WINSTON (ed.), The Psychology of Computer Vision, 1975, 211-275. McGraw-Hill.

[RaSi63] RASIOWA, H. and R. SIKORSKI: Mathematics of Metamathematics. Warschau 1963.

[Ris63] RISSANEN, J.: Theory of relations for databases - a tutorial survey. LNCS64, 1978, 537-551.

[Tha85a] THALHEIM, B.: Abhängigkeiten in Relationen. Dissertation B, TU Dresden, 1985.

[Tha85b] THALHEIM, B.: Bibliographie zur Theorie der Abhängigkeiten in Relationen (relationalen Datenbasen). Manuskript, TU Dresden, Sektion Mathematik, 1985.

[vanEm78] van EMDE BOAS, P.: The connection between Modal Logic and Algorithmic Logics. LNCS64, 1978, 1-15.

[Ze73] ZEMAN, J.J.: Modal Logic. Oxford, 1973.

DAS INFERENZPROBLEM IN DER LOGISCHEN PROGRAMMIERUNG

Heinrich Herre

1. Einleitung

Die logische Programmiersprache PROLOG gewinnt zunehmende Bedeutung für Anwendungen in der Künstlichen Intelligenz; eine Reihe von Autoren sieht in PROLOG ein ausdrucksfähiges Werkzeug für die Entwicklung von Expertensystemen /Clark 82/, /Szeredi 84/. Andrerseits werden gegen gewisse Eigenschaften von PROLOG Argumente geltend gemacht, die sich auf die Grenzen der (heute existierenden) PROLOG-Implementationen beziehen. Zu diesen gehören:

. fehlende Flexibilität der Ableitungsstrategie /Naish 85/,
. fehlende Konzepte für die Strukturierung der Daten und des Wissens.

Zur Lösung dieser Probleme ist es notwendig, PROLOG in geeigneter Weise zu erweitern, wobei folgende Eigenschaften erfüllt sein sollten:

. es existiert eine präzise Semantik, die die Komprehensibilität der Programme verbessert,
. reines PROLOG ist eine Teilmenge der Erweiterung,
. Konzepte der Wissensrepräsentation und Inferenzstrategien lassen sich leicht implementieren,
. der Overhead der implementierten KI-Systeme ist niedrig.

In dem vorliegenden Beitrag werden die Möglichkeiten analysiert, welche die Metaprogrammierung für die Implementation von Inferenzstrategien bietet. Hierbei wird die Inferenzstrategie syntaktisch von dem Objektprogramm getrennt und als Metaprogramm formuliert. Mittels eines derartigen Metaprogramms werden Objektprogramme als Daten manipuliert; dieses Programm kann als ein Metainterpreter aufgefaßt werden. Es wird hier die These vertreten, daß dieses Konzept zusammen mit der Methode der Programmtransformationen in der Lage ist, einige der noch offenen Probleme zu lösen und durch eine geeignete Erweiterung von PROLOG einen ausdrucksfähigen Formalismus für die Implementation von Expertensystemen zu schaffen.

2. Grundbegriffe der logischen Programmierung

2.1. Grundkonzepte

Wir setzen im folgenden die Grundbegriffe des Prädikatenkalküls der 1. Stufe voraus. Unter einem <u>Literal</u> werde eine atomare oder negierte atomare Formel verstanden. Eine <u>Klausel</u> ist eine Disjunktion von Literalen. Eine Klausel $\neg A_1 \vee \ldots \vee \neg A_m \vee B_1 \vee \ldots \vee B_n$ heiße

- negativ, wenn $m > 0$ und $n=0$ ist,
- definit, wenn $n=1$ ist,
- indefinit, wenn $n > 1$ ist,
- Kontradiktion, wenn $n=0, m=0$ zutrifft (leere Klausel); die leere Klausel sei durch $\square$ bezeichnet.

Eine Formel ohne freie Variablen möge Grundformel heißen; also entsprechend Grundatom, Grundliteral, Grundklausel. Eine Substitution θ ist eine Abbildung, die jeder Variablen einen Term zuordnet und für fast alle Variablen identisch ist. Die Formel $G\theta$ entstehe aus G, indem die in G vorkommenden Variablen durch die entsprechenden Terme ersetzt werden, die durch die Substitution θ festgelegt sind.
Das Herbrand-Universum einer Signatur, notiert $U(\Sigma)$, sei die Menge aller variablenfreien Terme dieser Signatur; die zu Σ gehörige Herbrand-Basis, notiert durch $B(\Sigma)$, ist die Menge aller variablenfreien Atome dieser Signatur. Eine Σ-Struktur $\mathcal{O}\!\mathcal{l} = (U, \underline{f}_1, \ldots, \underline{f}_l, \underline{R}_1, \ldots, \underline{R}_m, \underline{c}_1, \ldots, \underline{c}_n)$ heiße kanonisches Modell (Skolem-Struktur, Herbrand-Struktur), wenn gilt:

- $U = U(\Sigma)$,
- die Funktionen $\underline{f}_i$ sind auf folgende Weise definiert
  $\underline{f}_i(t_1, \ldots, tk) = f_i(t_1, \ldots, t_k)$.

Unter einer <u>definiten Theorie</u> S werde eine endliche Menge von definiten Klauseln verstanden. Eine definite Klausel $A \vee \neg B_1 \vee \ldots \vee \neg B_n$ sei im folgenden durch $A\text{:-}\ B_1, \ldots, B_n$ notiert. Kanonische Modelle von S lassen sich durch Teilmengen von B(S) darstellen; B(S) sei die Herbrand-Basis der Signatur der definiten Theorie S. Für eine Teilmenge $I \subseteq B(S)$ läßt sich die Gültigkeitsrelation $I \models S$ in der für den PK1 üblichen Weise definieren. Wenn A Grundatom ist, so $I \models A$ gdw. $A \in I$.
Wenn A Atom, so $I \models A$ gdw. für alle variablenfreien Substitutionen θ gilt $A\theta \in I$.
Wenn $H = A\text{:-}B_1, \ldots, B_n$, so $I \models H$ gdw. für jede variablenfreie Substitution θ gilt: wenn $I \models B_1\theta, \ldots, I \models B_n\theta$, so $I \models A\theta$.
Mit KMod(S) sei die Menge aller kanonischen Modelle von S bezeichnet, d.h. $KMod(S) = \{I : I \models S\}$. Für eine Formel H des PK1 sei $S \models_k H$ gdw. $KMod(S) \subseteq Mod(H)$; Mod(H) sei die Klasse aller Modelle von H. Mit $\models$ sei die klassische Folgerungsrelation des Prädikatenkalküls bezeichnet.

Eine definite Theorie S besitzt stets ein kleinstes kanonisches Modell $I_0(S)$. Dies impliziert die folgende Konstruktivitätseigenschaft:

wenn $H(\bar{x})$ eine Konjunktion von atomaren Formeln ist und $S \models \exists \bar{x}\, H(\bar{x})$ gilt, so existiert eine Substitution θ, so daß $S \models H\theta$; θ kann als Ergebnis einer Berechnung angesehen werden. Die verschiedenen Formen der Berechnung der Substitution θ hängen von der verwendeten Ableitungsrelation ab, die der Folgerungsrelation jeweils äquivalent ist (z.B. Frege-Hilbert-Kalküle, natürliches Schließen, Sequenzen-Schließen, Tableau-Methode). Für PROLOG wird die SLD-Resolution als Ableitungsverfahren verwendet.

S sei eine definite Theorie und $N = {:-}B_1,\ldots,B_n$ eine negative Klausel, auch <u>Zielklausel</u> genannt. Eine SLD-Ableitungskette $\mathcal{D}$ für (S,N) ist eine Folge

$\mathcal{D} = ((N_0,D_1,\theta_1),\ldots,(N_{k-1},D_k,\theta_k))$ von Tripeln mit folgenden Eigenschaften:

(1) $N_0 = N$;

(2) für alle $i<k$: D_i ist eine Variante einer Klausel aus S (d.h., D_i entsteht aus einer Klausel aus S durch Umbenennung der Variablen), deren Variablenmenge mit der Menge der bis zum $(i-1)$-ten Schritt verwendeten Variablen disjunkt ist;

(3) jedes N_i, $i<k$, ist eine Zielklausel, und wenn $N_{i-1} = {:-}A_1,\ldots,A_s,\ldots,A_m$ und $D_i = A{:-}\ B_1,\ldots,B_q$, dann ist θ_i ein größter Unifikator für $\{A,A_s\}$, A_s ist ein im i-ten Schritt ausgewähltes Atom, und es gilt

$$N_i = {:-}\ (A_1,\ldots,A_{s-1},B_1,\ldots,B_q,A_{s+1},\ldots,A_m)\theta_i .$$

Ein Unifikator θ für $\{A,B\}$ ist eine Substitution θ, die die Bedingung $A\theta = B\theta$ erfüllt; θ ist größter Unifikator für $\{A,B\}$, wenn zu jedem Unifikator σ für $\{A,B\}$ eine Substitution λ existiert, so daß $\sigma = \theta \circ \lambda$.

Wenn eine derartige SLD-Ableitungskette $\mathcal{D}$ für (S,N) mit der leeren Klausel endet, d.h. wenn $N_k = \square$, so heiße $\mathcal{D}$ eine SLD-Widerlegung von (S,N); $\theta = \theta_1 \circ \ldots \circ \theta_k$ heiße Antwortsubstitution von $\mathcal{D}$.

Es gilt nun

<u>Satz</u>1/5/

Es sei S eine definite Theorie und N eine Zielklausel. Wenn $\mathcal{D}$ eine SLD-Widerlegung von (S,N) ist, so gilt für die durch $\mathcal{D}$ erzeugte Antwortsubstitution θ die Bedingung $S \models (B_1 \& \ldots \& B_n)\theta$, $N = {:-}B_1,\ldots,B_n$.

Umgekehrt gilt auch

<u>Satz 2</u> /5/

Es sei S eine definite Theorie, $H = B_1 \& \ldots \& B_n$ eine Konjunktion von Atomen; es existiere eine Substitution θ, so daß $S \models H\theta$. Dann existiert eine SLD-Widerlegung von (S,N), $N = {:-}B_1,\ldots,B_n$, mit abgeleiteter Antwortsubstitution σ und eine Substitution λ, so daß

$\theta \restriction Var(H) = (\sigma \circ \lambda) \restriction Var(H)$.

Gegeben seien eine Signatur Σ und eine Relation $R \subseteq U(\Sigma)^k$. R ist repräsentierbar in einer definiten Theorie S, wenn ein Relationssymbol $D_R(x_1,\ldots,x_k) \in Rel(S)$ existiert, so daß für alle variablenfreien Terme $t_1,\ldots,t_k \in U(\Sigma)$ gilt:
$(t_1,\ldots,t_k) \in R$ gdw. $(S, :-D_R(t_1,\ldots,t_k))$ besitzt eine SLD-Widerlegung.
R ist definit-repräsentierbar, wenn eine definite Theorie S existiert, so daß R in S repräsentierbar ist.

Satz 3. Eine Relation ist definit-repräsentierbar genau dann, wenn sie rekursiv aufzählbar ist.

Die Sätze 1-3 konstituieren die Menge der endlichen definiten Theorien als Programmiersprache; hierzu muß allerdings noch eine Inferenzstrategie für die Erzeugung der Antwortsubstitutionen festgelegt werden.

2.2 Inferenzstrategien

Der SLD-Baum für (S,N), S eine definite Theorie, N eine Zielklausel, nach einer Selektionsfunktion f, notiert durch SLD(S,N,f), ist wie folgt definiert.

(1) Jeder Knoten des Baumes ist eine negative Klausel, und N ist die Wurzel des Baumes.
(2) Es sei $:-A_1,\ldots,A_k = G$ ein Knoten des Baumes und $f(A_1,\ldots,A_k)=A_i$. Dann hat dieser Knoten einen unmittelbaren Nachfolger für jede Klausel $A:-B_1,\ldots,B_n$, für die die Menge $\{A_i,A\}$ einen größten Unifikator θ besitzt; der dieser Klausel zugeordnete Nachfolger von C hat dann die Gestalt: $:-(A_1,\ldots,A_{i-1},B_1,\ldots,B_m,A_{i+1},\ldots,A_k)\theta$; die Kante, welche G mit C verbindet, wird mit θ markiert.
(3) Jeder von der Wurzel verschiedene Knoten des Baumes ist Nachfolger eines Knotens gemäß (2).

Der volle SLD-Baum von (S,N), notiert durch SLD(S,N), ergibt sich, indem die Bedingung (2) durch die folgende ersetzt wird: der Knoten $C= :-A_1,\ldots,A_k$ hat einen unmittelbaren Nachfolger für jede Klausel $A:-B_1,\ldots,B_m$ und jedes Atom A_i, $i \leq k$, für die die Menge $\{A_i,A\}$ einen größten Unifikator besitzt. Der dieser Klausel und dem Atom A_i zugeordnete Nachfolger von C hat dann die in (2) beschriebene Gestalt.
Offensichtlich gilt $SLD(S,N,f) \subseteq SLD(S,N)$.
Die Widerlegungen von (S,N,f) sind charakterisiert durch die Zweige des Baumes SLD(S,N,f), die mit der leeren Klausel enden; aus einem solchen Zweig läßt sich dann auch die Antwortsubstitution extrahieren.
Der Baum SLD(S,N,f) ist für jede fixierte Selektionsfunktion f vollständig, d.h., die Widerlegungszweige dieses Baumes erzeugen bereits alle möglichen Antwortsubstitutionen. Etwas genauer gilt der folgende, auf CLARK zurückgehende Satz.

Satz /5/

S sei eine definite Theorie, N eine Zielklausel, f eine beliebige Selektionsfunktion. Wenn $S \models (B_1 \& \ldots \& B_n)\theta$, $N = :- B_1, \ldots, B_n$, so existiert eine SLD-Widerlegung von (S,N) nach f mit abgeleiteter Antwortsubstitution σ , so daß $\theta \restriction Var(N) = (\sigma \circ \lambda) Var(N)$ für eine gewisse Substitution λ .

Eine Inferenzstrategie ist nun ein Algorithmus für die Suche nach den leeren Klauseln in den Bäumen SLD(S,N) bzw. SLD(S,N,f). Wir betrachten im folgenden Suchstrategien in SLD(S,G,f) bzw. SLD(S,G). T_c bezeichne den vollen Ableitungsbaum, T_s den Baum nach einer Selektionsfunktion, T^+ bezeichne einen dieser beiden Bäume. Ein abgeschlossener Teilbaum $T \subseteq T^+$ ist eine Teilmenge, die mit jedem Knoten dessen Vorgängerknoten enthält. Zu jedem Knoten $a \in T^+$ ist eine Sequenz von Substitutionen eindeutig festgelegt; diese sei mit env(a) bezeichnet (Bindungsumgebung von a). Es sei $Env(T) = \{ env(a) : a \in T \}$.

Ein <u>Ableitungszustand</u> in T^+ ist definiert durch ein Tripel $(T, env, (a_1, \ldots, a_k))$, wobei

. $T \subseteq T^+$ ist abgeschlossener und endlicher Teilbaum;

. $env \subseteq Env(T)$ und es gilt $\{env(a_i) : i \leq k\} \subseteq env$;

. $\{a_1, \ldots, a_k\} \subseteq T$, $\{a_1, \ldots, a_k\} \neq \emptyset$.

$\{a_1, \ldots, a_k\}$ ist die Menge der aktuellen Entscheidungsknoten; env die Bindungsumgebung des Zustands. Es gibt einen Anfangszustand, der die Form $(\{G\}, \{env(G)\}, (G))$ hat; hierbei ist G die Input-Zielklausel. Der Anfangszustand sei mit Λ bezeichnet; $Stat(T^+)$ sei die Menge aller Zustände über T^+.

Eine Strategie Φ sei eine partiell-rekursive Funktion aus $Stat(T^+)$ in $Stat(T^+)$. Eine Strategie Φ habe den Grad k, wenn für die Folge $\Phi(\Lambda) = \mathcal{T}_1$, $\Phi(\mathcal{T}_1) = \mathcal{T}_2, \ldots, \Phi(\mathcal{T}_i) = \mathcal{T}_{i+1}, \ldots$ für alle $i < \omega$, $\mathcal{T}_i = (T_i, env_i, (a_1, \ldots, a_{k(i)}))$ stets gilt $k(i) \leq k$; die Zahl der Entscheidungsknoten ist also in jedem Schritt nicht größer als k. Wir beschäftigen uns im folgenden nur mit Strategien vom Grad 1; diese Strategien mögen sequentiell heißen. Strategien vom Grad $k > 1$ gehören in das Gebiet der Parallelverarbeitung.

Es sei $\Phi((T, env, a)) = (T1, env1, a1)$. Dann sind folgende Fälle möglich:

(1) a1 ist Nachfolger von a, $a1 \in T^+ - T$;
    es gilt $T \subseteq T1$ $(T1 = T \cup \{a1\})$, $env1 = (env - \{env(a)\}) \cup env(a1)$.

(2) (a) $a1 \in T$ und a1 liegt auf dem Backtrackpfad von a, T=T1 und
        $env1 = (env - \{env(a)\}) \cup \{env(a1)\}$.

    (b) $a1 \in T$, a1 liegt auf dem Backtrackpfad von a, $T1 = T - (Suc(a1) \cap T)$, $env1 = (env - \{env(a1)\}) \restriction T1 \cup \{env(a1)\}$.

Hierbei sei der Backtrackpfad von a der Zweig, welcher a mit der Wurzel des Baumes verbindet; Suc(a1) ist die Teilmenge von T^+, die a1 enthält und mit jedem Knoten dessen Nachfolgerknoten. $env \restriction T1$ ist die

Einschränkung einer Bindungsumgebung env auf den abgeschlossenen Teilbaum T1. Wir wollen im folgenden voraussetzen, daß die untersuchten Strategien die Bedingungen (1) oder (2) erfüllen.

(1) heiße Expansionsschritt und (2) Backtrackschritt. Der Einfachheit halber setzen wir voraus, daß keine zwei Backtrackschritte hintereinander ausgeführt werden. Eine Strategie heiße simpel, wenn stets card(env)=1 gilt; andernfalls heiße sie multipel. Φ heiße monoton, wenn gilt: falls $\Phi((T,env,a)) = (T1,env1,a1)$, so $T \subseteq T1$. Φ heiße selektionsfixiert, wenn eine Funktion f existiert, so daß Φ nur in SLD(S,G,f) operiert.
Ein Knoten von T^+ heiße Failure-Knoten, wenn er keine Nachfolger hat; die Höhe eines Baumes $T \subseteq T^+$, height(T), ist die Länge des längsten in T auftretenden Zweiges. Φ ist eine Tiefe-Zuerst-Strategie, wenn gilt: wenn (T,env,a) gegeben ist und a kein Failure-Knoten ist, so muß ein Expansionsschritt eintreten.
Wir betrachten im folgenden einige Beispiele zur Veranschaulichung der eingeführten Begriffe.

Beispiel 1 (SLD-Bäume nach verschiedenen Selektionsfunktionen)

Es sei S = 1. r(X,Z):-s(X,Y),r(Y,Z).
2. r(b,c).
3. s(a,b).

SLD(S,G,f_1), G= :-r(X,Y) hat folgende Gestalt:

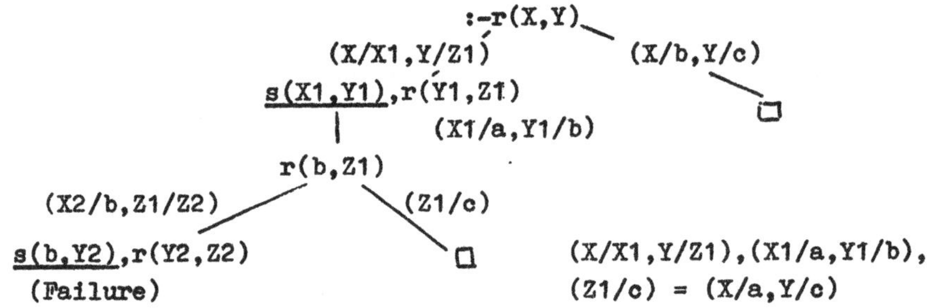

Der Baum SLD(S,G,f_1) ist endlich; die Selektionsfunktion f_1 ist durch die unterstrichenen Literale definiert. Die Antwortsubstitutionen stehen bei den jeweiligen leeren Klauseln. Es gibt zwei Lösungen: {(X/a,Y/c), (X/b,Y/c)} .

Beispiel 2. Die Wahl der Funktion f für die Selektion der Atome beeinflußt in hohem Maße die Gestalt des entsprechenden Ableitungsbaumes. Wie das folgende Beispiel zeigt, kann der Baum SLD(S,G,f) für das Programm aus Beispiel 1 unendlich werden, sofern die Funktion f geeignet gewählt wird.

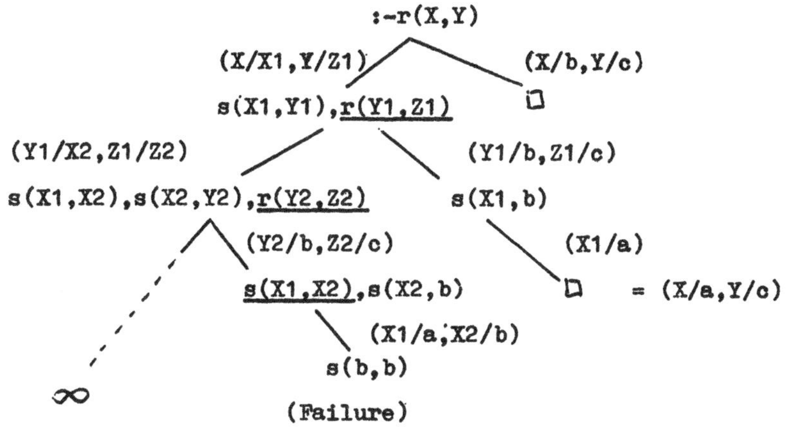

Beipsiel 3. Es sei S das folgende aussagenlogische Programm:
{p:- q,r,s., p:-u,v,w., q:-l,m., s:-q1,r1, l.,m.,u.,v.,w.} .
Dann ist SLD(S,p,f) folgender Baum

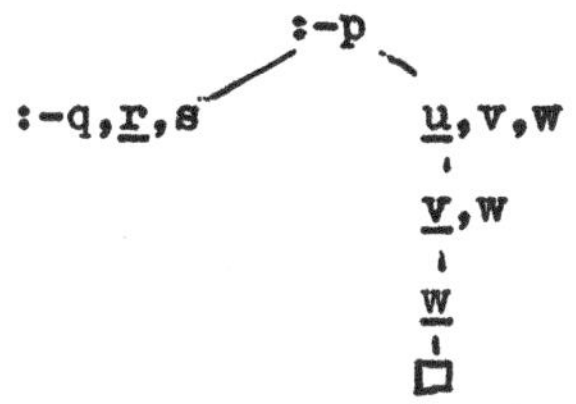

Der vollständige Baum SLD(S,p) hat die folgende Gestalt:

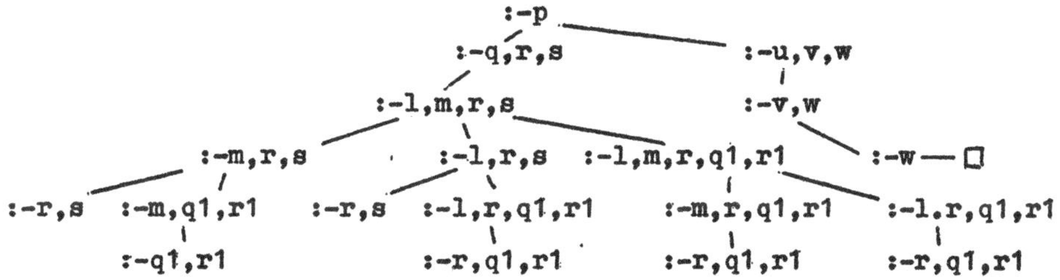

Offensichtlich ist die Suche nach der leeren Klausel in dem Baum SLD(S,p,f) wesentlich effektiver als in dem vollen SLD-Baum. Die Selektionsfunktion bestimmt die Größe des Ableitungsbaumes.

2.3. Standard-Prolog

Die Ideen und Konzepte aus 2.1., 2.2. sind in verschiedenen Programmiersprachen realisiert worden. Unter Standard-Prolog, notiert durch SProlog, werde eine Sprache verstanden, die bezüglich Syntax und prozeduraler Semantik in etwa mit DecProlog oder CProlog übereinstimmt. Für unsere Zwecke unterscheiden wir noch zwei Teilsprachen: PProlog (Pure Prolog); diese Teilsprache von SProlog enthält folgende

Grundprädikate:

+,-, *, >=, =< , is (Arithmetik),

= (Unifikationsrelation)

== (Identität von Termen),

| (Listenoperation).

PProlog(!): diese Teilsprache ergibt sich aus PProlog durch Hinzunahme des Cut-Prädikats "!".

SProlog enthält dann noch eine Reihe von Metaprädikaten, die eine Manipulation von Termen erlauben und eine Grundlage für die in Abschnitt 3 untersuchte Metaprogrammierung bilden. Zu diesen Prädikaten gehören: clause/2, functor/3, =../2, var/1, call/1, assert/1, retract/1, current_predicate/2 u.a.

Programmklauseln haben die Gestalt A:-B1,...,Bk., Fakten werden durch A. notiert und Zielklauseln (Frageklauseln) durch ?- A1,...,Ak.; für ein Programm, bestehend aus einer Menge von Programmklauseln und Fakten, erzeugt das System dann für jede Frageklausel ?-A1,...,Ak. die möglichen Antwortsubstitutionen. Dieses erfolgt durch Suche in einem SLD-Baum. Die für SProlog verwendete Ableitungsstrategie ist fixiert und ist durch folgende Eigenschaften eindeutig festgelegt:

(1) es existiert eine feste Selektionsfunktion, die aus jeder Zielklausel stets das am weitesten links stehende Atom auswählt (Links-Rechts-Regel),

(2) wenn A das ausgewählte Atom ist, so wird gemäß der Ordnung der Programmklauseln in dem Programm die erste Klausel gesucht, deren Kopf mit A unifizierbar ist,

(3) die Standard-Strategie ist eine Tiefe-Zuerst-Strategie,

(4) wenn ein Failure-Knoten erreicht wird, dann wird auf den unmittelbaren Vorgänger zurückgegangen (Standard-Backtracking).

In SProlog tritt ferner das cut-Prädikat "!" auf, das keine logische Interpretation besitzt. Es dient dazu, gewisse Teilbäume zu eliminieren, so daß der Suchraum kleiner wird; hierdurch kann die Effektivität der Abarbeitung erhöht werden.

2.4 Das Inferenzproblem

Bei einem Prolog-Programm in SProlog können drei Arten von Fehlern auftreten:

(1) das Programm terminiert nicht,

(2) es werden falsche Lösungen ausgegeben,

(3) es fehlen Lösungen.

Zur Präzisierung dieser Fehler sei mit I der intendierte Weltausschnitt bezeichnet, und S sei das Programm, das I axiomatisieren soll; ferner sei G eine Zielklausel.

SLD(S,G,f) ist ein Finite-Failure-Baum (FF-Baum), wenn jeder Zweig in diesem Baum in einem Failure-Knoten endet. Ein solcher Baum ist dann stets endlich. (S,G) besitze einen FF-Baum, wenn eine Selektionsfunktion f existiert, so daß SLD(S,G,f) ein FF-Baum ist.

(ad 1) (S,G) möge nicht terminieren.

a) Es gibt keine Antwortsubstitution, d.h., für jede variablenfreie Substitution θ gilt $S \not\models G\theta$.

a1) (S,G) besitzt keinen FF-Baum; dann terminiert (S,G) essentiell nicht, d.h., (S,G) terminiert nicht für jede Ableitungsstrategie.

a11) Es gibt einen periodischen Failure-Baum.

a12) Jeder Baum ist nicht periodisch.

a2) (S,G) besitzt einen FF-Baum. Dann existiert keine Antwortsubstitution, und bei Wahl einer geeigneten Inferenzstrategie läßt sich ein FF-Baum erzeugen. (S,G) terminiert also nur bezüglich der Standard-Strategie nicht.

b) Es gibt eine Antwortsubstitution, d.h., es existiert eine Substitution θ, so daß $S \models G\theta$. In diesem Fall lassen sich Lösungen durch Wahl einer geeigneten Ableitungsstrategie erzeugen.

(ad2) Es werden falsche Lösungen generiert. Da für jede generierte Lösung θ gilt $S \models G\theta$, so folgt, daß bereits die Axiomatisierung S falsch ist, d.h., S ist keine Axiomatisierung für I.

(ad 3) Es fehlen Lösungen. Es gelte $S \models G\theta$, aber die Standardstrategie liefert diese Lösung nicht. Hierzu sind wieder zwei Fälle möglich:

a) (S,Gθ) terminiert nicht; dann liegt wieder der Fall 1b) vor;

b) (S,Gθ) terminiert, und es wird die Antwort "no" ausgegeben. Dies ist der Fall, wenn die Standard-Strategie für (S,Gθ) einen FF-Baum erzeugt. Aber dann gilt $S \not\models G\theta$, und damit ist die Axiomatisierung S für I nicht korrekt.

Die Fehler (2) und (3b) mögen semantische Fehler heißen; sie drücken aus, daß die Axiomatisierung des Weltausschnitts I nicht korrekt ist. Die Fehler (1a2) und (1b) werden durch die Standard-Strategie verursacht; sie lassen sich daher grundsätzlich beheben. Der Fall (1a11) läßt sich noch behandeln, wenn die Ableitungsstrategie durch zusätzliche Eigenschaften verfeinert wird (z.B. Erkennen von unendlichen Loops). Der Fall (1a12) läßt sich grundsätzlich nicht lösen, da die Menge der aus S folgenden Grundatome nicht entscheidbar sein kann.
Eine Inferenzstrategie Φ heiße vollständig für (S,G), wenn alle möglichen Lösungen $S \models G\theta$ erzeugt werden; Nicht-Terminierung tritt also nur dann ein, wenn überhaupt keine Lösung existiert und kein FF-Baum existiert oder wenn keine weitere Lösung existiert und der noch abzusuchende Restbaum nicht die FF-Eigenschaft besitzt.
Neben der Vollständigkeit ist aber auch die Effektivität der Inferenzstrategie von Bedeutung; es muß gesichert werden, daß der Zeitaufwand für das Auffinden von Lösungen nicht zu groß wird. Die Effektivität wird ganz wesentlich durch die geeignete Inferenzstrategie bestimmt.

Für die logische Programmierung ergeben sich folgende Grundprobleme.

(1) Axiomatisierungsproblem
Es ist eine semantisch korrekte Axiomatisierung S für den intendierten Weltausschnitt anzugeben.

(2) Inferenzproblem 1: Es ist eine vollständige und effektive Inferenzstrategie für die im Rahmen der Axiomatisierung zu lösenden Probleme anzugeben.

(3) Inferenzproblem 2: Die in (2) entwickelte Inferenzstrategie ist im Rahmen der Konzepte einer logischen Programmiersprache so zu formalisieren, daß
   a) das Inferenzprogramm komprehensibel und von dem Objektprogramm separiert ist,
   b) der Overhead bei der Abarbeitung niedrig ist.

Das Inferenzproblem 1 ist ein Grundproblem der Künstlichen Intelligenz überhaupt und tritt bei allen Problemlösungsprozessen auf; es gehört daher nicht unmittelbar zur Methodologie der logischen Programmierung. Die Argumente gegen Prolog beziehen sich auf (3). Wenn nämlich nur <u>eine</u> Strategie verwendet wird, die Standard-Strategie, können Vollständigkeit und Effektivität verletzt werden. Wie lassen sich aber vom Programmierer entworfene problemorientierte Inferenzstrategien programmieren, ohne die Grundidee der logischen Programmierung zu verletzen? Und wie kann der hierbei entstehende Overhead, der möglicherweise durch mehrere Interpretationsebenen verursacht wird, reduziert werden? Eine Möglichkeit für eine partielle Lösung dieses Problems liefert das Integrationskonzept. Durch folgende Maßnahmen läßt sich nämlich die Strategie beeinflussen:

. Berücksichtigung der Ordnung der Klauseln und der Literale in den Klauseln,
. Verwendung des cut-Prädikats.

Diese Ausdrucksmöglichkeiten sind jedoch viel zu eng, da man die Strategie nur geringfügig beeinflussen kann und außerdem das Cut-Prädikat die deklarative Semantik des Programms zerstören kann.

Die folgenden Ausführungen sind dem Inferenzproblem 2 gewidmet, und es wird die These vertreten, daß die Metaprogrammierung zusammen mit der Methode der Programmtransformationen wesentlich zur Lösung dieses Inferenzproblems beiträgt.

3. Metaprogrammierung

3.1. Grundbegriffe

Bei dem Separationskonzept wird die Inferenzstrategie syntaktisch von dem Objektprogramm getrennt und als Metaprogramm formuliert. Mittels eines derartigen Metaprogramms werden Objektprogramme als Daten manipuliert; dieses Programm kann als ein Metainterpreter aufgefaßt werden. Wir untersuchen speziell die Möglichkeiten der Formalisierung von Inferenzstrategien durch Metainterpreter auf der Grundlage des Separationskonzepts.

Im folgenden wird der in 2.2. eingeführte Begriff einer Inferenzstrategie in SLD-Bäumen verwendet. Es ist nun eine wichtige Aufgabe, "Normal-Form-Darstellungen" für die verschiedenen Kategorien von Strategien zu entwickeln. Hierzu nehmen wir zunächst an, daß die Bindungsumgebung von dem Basissystem verwaltet wird, d.h., die Manipulation der Bindungsumgebung wird nicht in dem Metaprogramm expliziert. Diese Strategien sind dann stets simpel, da die Basisstrategie simpel ist.
Die simplen Strategien zerfallen in monotone und nicht-monotone Strategien. Die monotonen Strategien lassen sich weiter klassifizieren:

```
                              monoton
                            /         \
      selektionsfixiert                     selektionsvariabel
             /   \
  Tiefe-Zuerst    Nicht-Tiefe-Zuerst
SB  /      \  NSB  SB   /       \   NSB            . . .
```

Hierbei bedeute:

SB: Standard-Backtracking (wenn Backtracking eintritt, wird auf den unmittelbaren Vorgänger zurückgegangen);

NSB: Nicht-Standard-Backtracking (es wird nicht notwendig auf den unmittelbaren Vorgänger zurückgegangen, z.B. intelligentes Backtracking).

Eine Strategie heiße selektionsfixiert, wenn nach einem Backtrackschritt aus dem entsprechenden Vorgängerknoten stets das gleiche Atom für den Unifikationsprozeß ausgewählt wird, d.h., wenn für den gesamten SLD-Baum eine Selektionsfunktion fixiert wird.
Für die Klasse der monotonen simplen Strategien lassen sich gewisse Normalformen der Darstellung finden.

3.2. Darstellung von Inferenzstrategien

Monotone Strategien lassen sich aus gewissen Grundoperationen aufbauen; zu diesen gehören select, choice, backtracking. Für diese Strategien ergibt sich eine Reihe von Vereinfachungen, die zu einer gewissen genormten Darstellung führen. Für ein Programm S und eine Zielklausel G könnte ein monotoner Metainterpreter folgenden informalen Aufbau haben.

```
prove([ ]).
prove(G):-
      select(G1,G,Rest,_),
      clauses(G1,Clauses), choice(C,Clauses,_),
      unify(G1,head(C)), prove(Rest+body(C)).
```

Hierbei werden Zielklauseln und Klauselmengen durch Listen dargestellt. select ist ein Prädikat, das aus der Zielklausel G ein Atom Goal auswählt; Rest entsteht aus G, indem Goal gestrichen wird. Mittels clauses werden alle diejenigen Klauseln aus der aktuellen Theorie S in einer Liste Clauses zusammengefaßt, deren head den gleichen Namen hat, wie der Name von Goal. Das Prädikat choice wählt aus Clauses eine Klausel C aus, deren Kopf mit Goal unifiziert wird. Wenn die Unifikation erfolgreich ist, wird body(C)+Rest gebildet und dann prove auf dieses neue Ziel angewandt. Die Zielklausel body(C)+Rest entsteht aus G, indem in G Goal durch body(C) ersetzt wird. Die Bindungsumgebung wird von dem Basissystem verwaltet und tritt daher in dem Programm nicht explizit auf. Ebenso wird das aktuelle Programm S nicht genannt; es ist mit dem prove-Programm durch das Prädikat clauses verbunden.

Die durch prove definierten Strategien sind Tiefe-Zuerst-Strategien; hierbei sind die Prädikate select und choice noch zu spezifizieren, wodurch eine Anpassung an das entsprechende Problem erfolgt. Diese Prädikate lassen sich nach verschiedenen Gesichtspunkten klassifizieren, wobei folgende Eigenschaften grundlegend sind: deterministisch oder nicht-deterministisch, dynamisch oder statisch, backtrackbar. select(G1,G,Rest,X) ist deterministisch bezüglich (G,X), wenn zu jedem (G,X) höchstens ein G1 ausgewählt wird; ebenso wird definiert "deterministisch bezüglich". select(G1,G,Rest,X) ist dynamisch, wenn sich X während der Ableitung ändert und die Auswahl von G1 von dem jeweiligen Zustand X abhängt. In X können verschiedene Informationen repräsentiert sein,z.B.

- Eigenschaften des Objektprogramms (dieses kann sich ändern, wenn z.B. memo-Funktionen verwendet werden),
- Eigenschaften der Bindungsumgebung,
- Eigenschaften des SLD-Baumes.

Die oben angegebene Grundform einer Tiefe-Zuerst-Strategie wird nun zu verschiedenen konkreten Programmen spezialisiert; dies geschieht durch die Festlegung der noch nicht definierten Prädikate select und choice.

1° Standard-Interpreter

Der einfachste Metainterpreter ist eine Simulation des Basisinterpreters; er läßt sich auf verschiedene Weise programmieren, wobei der Feinheitsgrad ein charakteristisches Maß ist. Der gröbste Metainterpreter hätte die Gestalt prove(G):- call(G).

Der Interpreter SI1 ist für PProlog definiert und hat einen größeren Feinheitsgrad, da bestimmte Zwischenschritte expliziert sind.

SI1:

```
prove([ ]).
prove([Goal|Goals] ):-
          clause(Goal,Body),
```

```
            list(Body,Body1),
            prove(Body1),
            prove(Goals).

list((P,Q),X):-
            list(Q,Y),
            X=[P|Y].
list(true,[ ]).
list(X,[X]).
```

Das Prädikat list(T,X) dient dazu, einen konjunktiven Term T = (T1,...,Tk) in die Liste [T1,...,Tk] umzuwandeln.
Der folgende Metainterpreter SI2 hat einen größeren Feinheitsgrad, da das choice-Prädikat explizit formuliert wird.
SI2:

```
prove([ ]).
prove([Goal|Goals]):-
             clauses(Goal,Clauses),
             member(C,Clauses),
             copy(C,Cp),
             head(Cp,C1),body(Cp,C2),
             unify(C1,Goal),
             append(C2,Goals,D),
             prove(D).

clauses(Goal,L):-
             bagof(X,cl(Goal,X),L).

cl(G,C):-
             functor(G,F,N),
             functor(NG,F,N),
             clause(NG,P),
             C=(NG:-P).

head((X:-Y),X).

body((X:-Y1,Y2),U):-
             body((X:-Y2),U1),
             U=[Y1|U1],!.
body((X:-true),[ ]):-!.
body((X:-Y),[Y]).
```

Diese Interpreter SI1 und SI2 lassen sich auf eine umfassendere Sprache erweitern; hierbei bedarf das cut-Prädikat einer gesonderten Behandlung.

2° Interpreter mit Standard-Selektion und neu definiertem choice-Prädikat

Durch die Einführung von nutzerdefinierten choice-Prädikaten kann die Reihenfolge des Aufrufs der Klauseln verändert werden; hierdurch kann ein besseres Terminierungsverhalten des Programms erreicht werden. Die Grundstruktur eines derartigen Metainterpreters ist:

```
prove([ ]).
prove([Goal| Goals] ):-
              clauses(Goal,Clauses),
              choice(C,Clauses,_),
              head(C,C1),
              body(C,C2),
              C1=Goal,
              append(C2,Goals,D),
              prove(D).
```

Das choice-Prädikat wird als backtrackbar vorausgesetzt; d.h., wenn Backtracking eintritt, so werden nach und nach alle Klauseln aus Clauses ausgewählt, wobei keine Klausel zweimal ausgewählt wird. Es erhebt sich dann die Frage nach einer Klassifikation der backtrackbaren choice-Prädikate. Es läßt sich vermuten, daß zu jedem Objektprogramm S ein programmierbares choice-Prädikat existiert, so daß für den darauf aufbauenden Interpreter prove für jedes in S vorkommende Prädikat p(X1,...,Xk) das Programm bei Eingabe von ?- prove(p(...)) terminiert und eine Lösung liefert, sofern überhaupt eine Lösung existiert.

<u>Beispiel 1</u>

Es sei S das folgende Objektprogramm

1. p(a,b), 2. p(c,b)., 3. p(X,Z):-p(X,Y),p(Y,Z).,4. p(X,Y):-p(Y,X).

S terminiert nicht bei Eingabe von ?-p(a,c) /15/.

Wir definieren das folgende choice-Pradikat:

```
choice(G,C,Goal):-
            Goal=p(b,c),
            last(G,C).
choice(G,C,Goal):-
            member(G,C).
```

Das Programm terminiert dann bei Eingabe von ?-prove([p(a,c)]).

3° Interpreter mit Standard-choice und nutzerdefinierter Selektionsfunktion

Eine mögliche Grundform für derartige Interpreter ist die folgende:

```
prove([ ]).
prove(G):-
      select(goal,G,Rest1,Rest2),
```

```
            clause(Goal,Body),
            list(Body,Body1),
            append(Rest1,Body1,D1),
            prove(D2).
```

Das Prädikat select kann deterministisch gewählt werden; dies bedeutet keine Einschränkung bezüglich der Vollständigkeit. Wir betrachten zwei Beispiele von Selektionsfunktionen.

Beispiel 2

```
prove([ ]).
prove([Goal|Goals]):-
        clause(Goal,Body),
        list(Body,Body1),
        append(Goals,Body1,Goals1),
        prove(Goals1).
```

Durch dieses Programm wird implizit eine neue Selektionsfunktion festgelegt.

Das folgende Beispiel liefert eine Formalisierung der Query-Optimierung nach Warren /14/. Die Regel lautet: Das Teilziel mit der kleinsten von Null verschiedenen Anzahl von unifizierenden Klauseln wird zuerst gewählt.

Beispiel 3

```
prove([ ]).
prove(G):-
      select_min(C,G,R1,R2),
      clause(C,Body),
      list(Body,Body1),
      append(R1,Body1,S1),
      append(S1,R2,S2),
      prove(S2).

select_min(C,[C],[ ],[ ]):-
      deg(C,N),N > 0.
select_min(X,[X|Y],[ ],Y):-
      deg(X,N1),N1 >0,
      select_min(Z,Y,_,_),
      deg(Z,N2),N2 >0,
      N1>= N2.
select_min(X,[Z|Y],U,V):-
      select_min(X,Y,U1,V),
      deg(X,N1),N1 > 0,
      deg(Z,N2),N2 > 0,
      N1 < N2, append([Z],U1,U).
```

```
deg(C,N):-
    findall(Y,clause(C,Y),L),
    length(L,N).
```

Ähnlich läßt sich die wait-Deklaration nach /17/ durch einen Metainterpreter programmieren.

4° Allgemeinere Strategien

Im allgemeinsten Fall können das select- und choice-Prädikat gleichzeitig geändert werden; für die Tiefe-Zuerst-Strategien läßt sich dann ein Grundschema angeben. Damit ist die Klasse der Tiefe-Zuerst-Strategien mit Standard-Backtracking grundsätzlich beschrieben. Weitere Klassen von interessanten Strategien sind die folgenden:

(1) Tiefe-Zuerst-Strategien mit Nicht-Standard-Backtracking,
(2) monotone Nicht-Tiefe-Zuerst-Strategien,
(3) nicht-monotone Strategien.

Eine Klassifikation der nicht-monotonen Strategien ist weitestgehend unklar. Wir zeigen, daß sich unter diesen wichtige Strategien befinden, z.B. eine abgeschwächte Simulation der Breite-Zuerst-Suche. Hierbei wird mittels der Standard-Strategie der SLD-Baum bis zu einer gewissen Tiefe N abgesucht, und wenn kein Ergebnis erreicht wird, dann wird N1 = N+1 gesetzt und anschließend vom Anfangsknoten des Baumes dieser bis zu der neuen Tiefe abgesucht. Diese Strategie ist nicht-monoton, da bei dem Rücksprung zu dem Anfangsknoten der bereits abgesuchte Teil des Baumes wieder gelöscht wird.
Das folgende Programm realisiert diese Idee.

```
prove([ ]).
prove(G):-
      asserta(s(0)),repeat,s(X),N is X+1, asserta(s(N)),
      retract(s(X)), abolish(t,1),prove1(G,[ ],N).

prove1([ ],L,N):-
      lh(L,M),M  N.
prove1( [Goal|Goals] ,L,N):-
      clause(Goal,X), lsc(X,X1), append(X1,Goals,NewGoals),
      L1=[NewGoals|L] , lh(L1,M),asserta(t(M)),M< N,
      prove1(NewGoals,L1,N).
prove1(G,L1,N):-
      setof(X,t(X),L),max(L,M),M < N-1,
      write('no'),abolish(t,1).
```

```
max([N],N).
max([N|L],M):-
      max(L,M), N=< M.
max([N|L],N):- !.
```

Eine echte Breite-Zuerst-Suche kann nur realisiert werden, wenn das Basissystem multiple Bindungsumgebungen verwaltet oder wenn die Bindungsumgebungen in dem Programm explizit dargestellt werden. Letzteres ist in einer amalgamierten Sprache möglich. Eine Strategie heiße k-multipel, wenn während der Ableitung in der Bindungsumgebung höchstens k Substitutionssequenzen verwaltet werden. Es ist offensichtlich von Interesse, für die k-multiplen Strategien parallele Modelle zu entwickeln; der Fall der Parallelisierung von unbeschränkt-multiplen Strategien scheint nicht sinnvoll zu sein. Aber bereits die Untersuchung der 2-multiplen Strategien ist eine schwierige Aufgabe.
Eine weitere Verallgemeinerung besteht darin, daß mehrere verschiedene Metainterpreter miteinander kommunizieren. Ein solches System könnte folgende Gestalt haben:

```
prove(G):- prop_0(G,_),prove_0(G).
...
prove(G):-prop_m(G,_),prove_m(G).
prove_0(G):-call(G).
prove_1(G):-Body(1).
...
prove_m(G):-Body(m).
```

3.3 Metaprädikate

Die Darstellung von Metainterpretern gemäß 3.2. ist noch zu kompliziert und uneffektiv; es scheint daher erforderlich, weitere Metaprädikate zu finden, die das Programmieren von Metainterpretern erleichtern, zu effektiveren Programmen führen sowie die Ausdrucksmöglichkeiten der der Sprache erhöhen. So ist es wünschenswert, auf folgende Entscheidungen Einfluß nehmen zu können:

(1) Auswahl der Literale und Klauseln für die Unifikation,
(2) Backtracking und Failure,
(3) Faktorbildung.

(1) ist in 3.2. behandelt worden und führt zu einer Klassifikation der Tiefe-Zuerst-Strategien. Die Möglichkeiten für die Einflußnahme auf(2) und (3) sind in verschiedenen Arbeiten untersucht worden, z.B. /8/, /13/,/4/. Von besonderem Interesse sind hier die Metaprädikate backfail und factor in METALOG /8/. Diese werden im folgenden analysiert.

Ein wichtiges Metaprädikat für die Manipulation von Klauseln ist subsume(X,Y). Wenn X und Y Listen von Termen sind, so gelte subsume(X,Y)

gdw. es existiert ein m.g.U. θ ,so daß $Y\theta$ Teilliste von X ist.
Gegeben sei das METALOG-Programm

S (Objektprogramm)

backfail(P,R)<-- Cond(1),...,Cond(k).

Dieses Programm hat folgende Semantik. Falls das aus der aktuellen Zielklausel G ausgewählte Atom A mit keiner Prozedur-Klausel (d.h. Klausel aus S) unifizierbar ist, wird überprüft, ob A durch P subsumiert wird. Ist dies der Fall, wird auf dem Backtrackpfad der aktuellen Zielklausel die erste Klausel C gesucht, die mittels θ von R subsumiert wird, und dann wird (Cond(1),...,Cond(k))θ ausgewertet. Ist die Auswertung erfolgreich, dann ist C der nächste Entscheidungspunkt. Ist die Auswertung nicht erfolgreich, dann wird die nächste Klausel C1 des Backtrackpfades gesucht, die von R subsumiert wird u.s.w. Falls keine Klausel des Backtrackpfades von R subsumiert wird oder alle Auswertungen des Bodys fehlschlagen, dann wird die Default-Strategie (=Basisstrategie) angewandt.
Das sogenannte intelligente Backtracking läßt sich dann durch folgende Metaklausel darstellen:

backfail(P,R) <-- not(member(P1,R),subsume(P1,P)).

D.h. im Falle P ein Failure-Atom ist, wird auf dem Backtrackpfad der aktuellen Zielklausel G die erste Klausel G1 gesucht, die kein Literal P1 enthält, das von P subsumiert wird.
Diese Idee läßt sich durch folgendes Programm simulieren.

```
prove_back([ ],L).
prove_back([Goal|Goals],L):-
                    succ(Goal),
                    clause(Goal,X),
                    list(X,X1),
                    append(X1,Goals,NewGoals),
                    L1=[NewGoals|L] ,
                    prove_back(NewGoals,L1).
prove_back([Goal|Goals],L):-
                    member(D,L),
                    findall(X,(member(X,D),subsume(X,Goal)),M),
                    M=[ ],
                    section(D,L,L1),
                    prove_back(D,L1).
prove_back([Goal|Goals]):-
                    L=[L1|L2],
                    prove_back(L1,L2).

succ(G):- findall(X,clause(G,X),L),
        not(L=[ ]).
```

```
section(T,[T|L],L).
section(T,[X|Y],L):-
            section(T,Y,L).

subsume(L,M):-
            copy(M,M1),
            numbervars(L,0,N),
            sublist(L,L2),
            L2=M1.
```

Abschließend betrachten wir noch die Faktor-Regel; diese hat in METALOG die allgemeine Gestalt factor(G,L1,L2) -> Condition. Das aus der aktuellen Zielklausel G ausgewählte Literal G1 werde von L1 subsumiert; dann wird das erste Literal G2 $\neq$ G1 aus G ausgewählt, das mit G1 unifizierbar ist und von L2 subsumiert wird. Dann wird die Condition ausgewertet; wenn diese erfolgreich ist, wird der Faktor von G bezüglich G1,G2 gebildet. Die entstehende Klausel G^{+} ist die neue Zielklausel. Eine Variante dieser Idee ist in dem folgenden Programm repräsentiert.

```
prove_fac([ ]).
prove_fac([Goal|Goals]):-
                select(G1,Goals,R1,R2),
                unify(Goal,G1),
                append(R1,R2,D),
                prove_fac([Goal|D] ).
prove_fac([Goal|Goals]):-
                clause(Goal,X),
                append(X,Goals,NewGoals),
                prove_fac(NewGoals).
```

3.4 Amalgamierungskonzept und Quotierung

Wir diskutieren zunächst das Amalgamierungskonzept in /2/ und stellen einige Anwendungsmöglichkeiten zusammen. Grundlegend ist der Begriff der Repräsentierbarkeit. L sei eine Sprache des PK1 und cd: L $\rightarrow$ Term(L) eine berechenbare eineindeutige Abbildung, die jedem Ausdruck aus L einen konstanten Term aus L zuordnet.
Es sei S $\subseteq$ L eine axiomatisierbare Theorie und R $\subseteq$ L $\times \ldots \times$ L = L^n, n $\geq$ 1, eine Relation zwischen Ausdrücken von L. R ist repräsentierbar in S genau dann, wenn eine Formel H(x1,...,xn) existiert, so daß für beliebige Ausdrücke expr(1),...,expr(n) $\in$ Expr(L) gilt:
(expr(1),...,expr(n)) $\in$ R gdw. S $\vdash$ H(cd(expr(1)),...,cd(expr(n))).

Es sei nun $\vdash_L$ die Ableitungsrelation in L. Wenn eine endliche Folge von Formeln fm(1),...,fm(k) durch einen Term tm(fm(1),...,fm(k))

dargestellt wird, dann ist
$tm(fm(1),\ldots,fm(k)) \vdash_L H \quad (\subseteq L \times L)$ eine 2-stellige Relation.
Die Ableitungsrelation "$\vdash_L$" ist in L mittels $\vdash_L$ und S repräsentierbar genau dann, wenn
$tm(fm(1),\ldots,fm(k)) \vdash_L H$ gdw. $S \vdash_L$ prove(cd(tm(...),cd(H)).
Hierbei ist prove(X,Y) eine 2-stellige Relation, die durch die Theorie S axiomatisiert wird.

Im folgenden setzen wir voraus, daß L die Sprache der Hornklauseln ist, $\vdash_L$ die SLD-Resolution mit der Standardstrategie und cd(X,Y) ein built-in-Prädikat, das beliebige Ausdrücke kodiert. Wir schreiben auch manchmal cd(X,"X") und bezeichnen "X" als die Quotierung von X; die inverse Operation von cd sei dec(X,Y). Das Prädikat prove(X,Y) läßt eine Vielzahl von Modifikationen zu. Wir betrachten zunächst S1.

```
prove(Theory,[ ]).
prove(Theory,G):-
          select(Goal,G,R1,R2),
          clauses(Goal,Theory,Theory1),
          choice(C,Theory1),
          dec(C,C1),
          rename(C1,G,C2),
          head(C2,C3),
          unify(C3,Goal),
          body(C2,D),
          append(R1,D,D1),
          append(D1,R2,D2),
          prove(Theory,D2).
```

Hierbei ist Theory die Kodierung einer Sequenz von Hornklauseln, d.h., Theory cd(tm(h1,...,hk)); tm(...) kann als Liste dargestellt werden: [h1,...,hk] . Die Zielklausel G(X1,...,Xm) ist jedoch nicht kodiert. Folglich ist prove eine zweistellige Relation $\subseteq$ KonstTerm(L)$\times$Fm(L); Fm(L) sei die Menge aller Ausdrücke von L. In der Theorie S1 ist die Bindungsumgebung nicht explizit dargestellt; die Verwaltung der Bindungsumgebung wird an den Basisinterpreter delegiert. Eine Konkretisierung von S1 durch Spezifikation der Prädikate select und choice sei durch S1(select,choice) bezeichnet.

Satz 1. Es sei T eine definite Theorie und G eine Zielklausel.

a) (T,G) möge eine SLD-Widerlegung mit der Antwortsubstitution θ haben, dann gilt $T \models G\theta$; dann existiert eine Spezialisierung S1(select,choice) von S1, so daß die Anwendung des Basisinterpreters auf (S1(select,choice),G) die gleiche Antwortsubstitution θ liefert, d.h., es gilt S1(select,choice) $\models$ prove("T",G)θ .

b) Die Anwendung des Standardinterpreters auf (S1(select,choice),G) möge die Antwortsubstitution θ liefern; dann gilt T $\models$ Gθ .

b) drückt die Korrektheit von S1 aus; es können keine falschen Antworten abgeleitet werden. a) sagt aus, daß die Familie der Programme S1(T,select,choice) in einem gewissen Sinne vollständig ist für T; d.h., man erhält alle Antworten für die Theorie T mittels geeigneter Programme aus dieser Familie.

Das folgende Programm S2 axiomatisiert ein Prädikat prove(Theory,G, Ans), in dem auch die Substitutionen expliziert sind. Wir setzen voraus, daß die Ausdrücke aus L durch Listen konstanter Terme repräsentiert werden; der Aufbau dieser Listen erfolgt induktiv, so daß man auch auf die einzelnen Komponenten des Ausdrucks zugreifen kann.

S2:

```
prove(Theory,[ ],Ans).
prove(Theory,G,Subst):-
              select(Goal,G,R1,R2,_),
              clauses(Goal,Theory,Theory1),
              choice(C,Theory1),
              rename(C,Goal,VariantC),
              head(VariantC,C1),
              body(VariantC,C2),
              unify(Goal,C1,Subst1),
              append(R1,C2,D1),append(D1,R2,D2),
              apply(D2,Subst1,NewG),
              compose(Subst,Subst1,Subst2),
              prove(Theory,NewG,Subst2).
```

Die Interpreter vom Typ S2 haben eine größere Ausdrucksfähigkeit als diejenigen vom Typ S1, da Informationen über die erzeugten Substitutionen mit in die Steuerstrategie integriert werden können. Andrerseits sind die Interpreter vom Typ S1 wesentlich effektiver in der Abarbeitung, da die Verwaltung der Bindungsumgebung durch den Basisinterpreter erfolgt. Im Rahmen des Amalgamierungskonzepts lassen sich schließlich auch multiple Strategien darstellen. Dann gilt der folgende

Satz 2. Jede sequentielle Strategie ist im Rahmen des Amalgamierungskonzepts durch einen Metainterpreter programmierbar.

Im folgenden werde mit QProlog ("QuoteProlog") eine Erweiterung von SProlog verstanden, in der ein Kodierungsprädikat cd(X,Y) als built-in-Prädikat enthalten ist. Für ein derartiges Prädikat gibt es eine Vielzahl von Lösungen, so daß es notwendig ist, die Anforderungen an cd(X,Y) genauer zu präzisieren. Der Kode eines Ausdrucks expr, cd(expr,T), kann als dessen Quotierung angesehen werden, d.h. "expr"= T. Es gibt eine Vielzahl von Situationen bei der Wissensrepräsentation, wo ein derartiger Quotierungsmechanismus notwendig ist. In SProlog fehlt ein solcher Mechanismus selbst in einer rudimentären Form für die Behandlung von Variablen.

Eine partielle Lösung des Quotierungsproblems für Variablen liefern die Prädikate melt und freeze in /25/. Durch freeze(Term,X) wird zu Term eine Kopie X erzeugt, in der alle freien Variablen inaktiviert werden; X hat dann die Eigenschaften eines Grundterms. Die Variablen eines so eingefrorenen Terms können als quotiert angesehen werden. Der Unterschied zwischen einem eingefrorenen Term und einem gewöhnlichen Term besteht darin, daß ersterer in den ursprünglichen Term "Term" retransformiert werden kann, und zwar durch ein Prädikat melt(X,Term); melt ist also ein Dequotierungsprädikat. In QProlog lassen sich freeze und melt explizit definieren. Z.B. ist freeze(f(X),f("X")); f("X") ist natürlich verschieden von "f(X)". Mittels freeze und melt läßt sich jedoch noch kein vollständiges Quotierungsprädikat definieren.

4. Programmtransformationen

Unter einem Programmtransformator werde ein Algorithmus Φ verstanden der Programme S einer Programmiersprache L in Programme Φ(S) derselben Sprache transformiert, wobei S und Φ(S) semantisch äquivalent sind; Φ(S) heiße Programmtransformation von S. Ein Ziel der Programmtransformationen besteht darin, Compile-Zeit zu verwenden, um Programme mit effektiverem Laufzeitverhalten zu erzeugen. Die partielle Evaluierung ist ein Spezialfall einer Programmtransformation.
Zwei Prologprogramme S_1 und S_2 mögen deklarativ äquivalent heißen, wenn ihre minimalen Modelle übereinstimmen; bei Programme beschreiben also den gleichen Weltausschnitt. Unter einer Transformationsregel R werde eine entscheidbare zweistellige Relation zwischen Prologprogrammen verstanden, welche die Bedingung erfüllt, daß zu R gehörende Paare von Programmen deklarativ äquivalent sind. Demnach wäre z.B. die Relation $R^+ = \{(S_1,S_2)$: S_1 und S_2 sind deklarativ äquivalent$\}$ keine Transformationsregel, da diese Relation nicht entscheidbar ist.

Als Beispiel einer Transformationsregel betrachten wir die Entfaltungsregel (Unfolding). Es sei S ein definites Programm, C:-$B_1,\ldots,B_n$ eine Programmklausel aus D und B_j ein ausgewähltes Atom. $D_1,\ldots,D_m$ sei die Menge aller Klauseln aus S, $D_i = C_i$:-Body(i), i=1,...,m, so daß C_i mit B_j mittels des größten Unifikators θ_i unifizierbar ist. Dann sei $S^+ = S - \{C\} \cup \{A\theta_i$:-$(B_1,\ldots,B_{j-1},\mathrm{Body}(i),B_{j+1},\ldots,B_n)\theta_i : i=1,\ldots,m\}$.
S^+ geht dann aus S durch Entfalten der Klausel C an der Stelle B_j her-

vor. S und S^+ sind deklarativ äquivalent.
Wir betrachten ein Beispiel.
Es sei S = {p(X):-r(Y,X),q(Y).
r(X,Z):-r(X,Y),r(Y,Z).
r(a,b).
r(b,c).
q(a). }
Nun werde die Regel R = p(X):-r(Y,X),q(Y) entfaltet. Wird die Entfaltung nach dem Atom q(Y) vorgenommen, so ergibt sich
S^+ = S - {R} ∪ { p(X):-r(a,X) } .
Die Entfaltung nach r(Y,X) ergibt:
S^+ = S-{R}∪{p(X):-r(Y,Z),r(Z,X),q(Y).,p(b):-q(a).,p(c):-q(b).}

Es sei nun S ein Programm und G ein Atom. Dann läßt sich durch Iteration der Entfaltungsregel eine Sequenz $S_1,S_2,\dots,S_k,\dots$ von Programmen erzeugen, so daß alle S_i untereinander deklarativ äquivalent sind; der Baum SLD(S_{i+1},G) hat im allgemeinen eine für die Ableitung günstigere Struktur als SLD(S_i,G), da zur Compile-Zeit bereits gewisse Zweige ausgewertet und damit verkürzt wurden. Wenn die Folge $S_1,\dots,S_k$ mit S_k abbricht, dann enthält S_k die in S gültigen Instanzen von G; dieser Extremfall liefert den für die Ableitung der Antwortsubstitutionen günstigsten SLD-Baum. SLD(S_k,G) kann natürlich auch ein Finite-Failure-Baum sein.
Die Konstruktion der Sequenz $S_1,S_2,\dots$ ist nicht eindeutig, da die Entfaltungsregel nicht-deterministisch ist.

Wir betrachten als Beispiel ein Verfahren zur Erzeugung einer solchen Sequenz und führen hierzu zwei Prädikate ein:
peval_goal(Goal,NewDef,S,S1) und peval_clause(C,NewDef,S,S1). Wir sagen dann, daß diese Programme durch partielle Evaluierung entstehen.
Es sei proc(Goal) die Liste aller Klauseln aus S, deren Kopf den gleichen Namen hat wie das Atom Goal; head_unify(Goal,proc(Goal),Cls) gelte genau dann, wenn Cls (als Liste) diejenigen Klauseln aus proc(Goal) enthält, deren Kopf mit Goal unifizierbar ist. Dann gelte peval_goal(Goal,NewDef,S,S1) genau dann, wenn
NewDef= { Cθ : Cθ∈ Cls und θ ist der entsprechende Unifikator }
und S1= (S - proc(Goal)) ∪ NewDef.
Die Mengen NewDef,S,S1 lassen sich durch Listen repräsentieren.

Für das Prädikat peval_clause(C,NewDef,S,S1) ist C eine Klausel aus S, C= B:-$A_1,\dots,A_m$. Es sei $C_1,\dots,C_n \in$ S die Menge aller Klauseln C_i = B_i:-Body(i), so daß unify(A_1,B_i, θ_i), d.h., $A_1\theta_i=B_i\theta_i$, θ_i ist der größte Unifikator.
Dann gelte:
NewDef= { (B:-Body(1),$A_2,\dots,A_m$)θ_1,...,(B:-Body(n),$A_2,\dots,A_m$)θ_n } und

$S_1 = (S - \{C\}) \cup NewDef.$

Für ein Programm S und ein Atom Goal läßt sich nun eine Folge $S_1, S_2, \ldots$ definieren. S_1 ist definiert durch die Bedingung peval_goal(Goal, NewDef(1),S,S(1)); für $i > 1$ ist die Bedingung peval_clause(C(i-1), NewDef(i),S(i-1),S(i)) erfüllt. Stets gilt NewDef(i) $\subseteq$ S(i), und C(i) ist die erste Klausel aus NewDef(i). Das Prädikat peval(S,Goal,T,i) definiert für das vorgegebene Programm S und ein Atom Goal die nach obigem Verfahren im i-ten Schritt erzeugte Theorie T, d.h. T = S(i).

Wir betrachten nun die partielle Evaluierung von Metainterpretern. Gegeben seien ein Objektprogramm S mit den Prädikaten $p_1, \ldots, p_k$ und ein Metainterpreter MI, der das Prädikat prove(_) axiomatisiert; wir notieren $S^+ = S \cup MI$ und $\Delta(S^+) = \{A$: A ist Grundatom, und (S,A) hat eine Widerlegung nach der Standard-Strategie$\}$. Es sei $\Delta(MI, S^+) = \{A$: A ist Grundatom, und (S^+,prove([A])) hat eine Widerlegung nach der Standard-Strategie $\}$. MI heiße korrekt für S, wenn $\Delta(S^+) \subseteq (MI, S^+)$. MI ist vollständig für S, wenn $\Delta(MI, S^+) = \{A: S \models A, A \text{ Grundatom}\}$. Durch prove(_) wird eine weitere Interpretationsebene eingeführt; hierdurch kann bei einem Aufruf von ?-prove([A]) die Abarbeitung verlangsamt werden. Die größere Flexibilität von MI wird also mit einem größeren Overhead bezahlt; dadurch können die Vorteile wieder zunichte gemacht werden.

Wir betrachten hierzu ein Beispiel.
Es sei S das folgende Programm.

```
p:-q,r,s.
p:-u,v,w.                          Objektprogramm S
q:l. l:-m. m:-q.
u. v. w.

prove(true).
prove((P,Q)):-                     Metainterpreter MI
        prove(Q),
        prove(P).

prove(P):-
        clause(P,Y),
        prove(Y).
```

$S^+ = S \cup MI$.
Wir betrachten zunächst den SLD-Baum für (S,?-p) nach der Standard-Strategie.

Tr1:

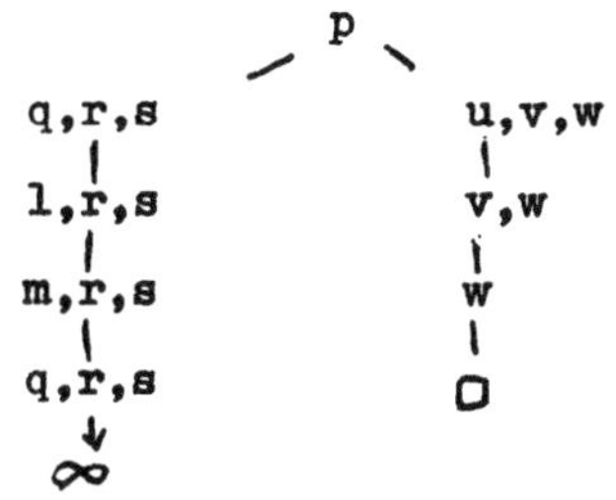

Bei Eingabe von ?-p kommt der Standard-Interpreter in eine unendliche Schleife; das Programm terminiert nicht.
Bei einer anderen Selektionsfunktion, nämlich bei Wahl der Atome von rechts nach links, ergibt sich folgender SLD-Baum:

Tr2:

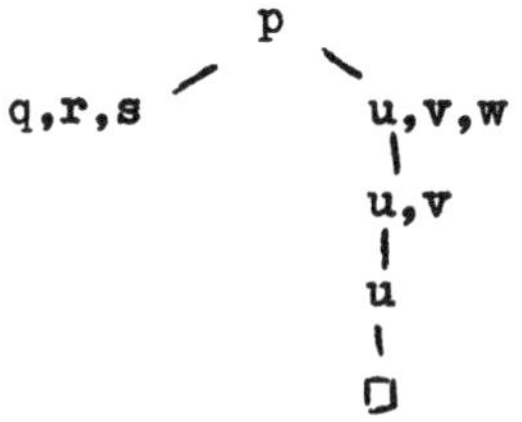

Bei diesem Interpreter (Wahl der Atome von rechts nach links) kommt das Programm nicht in eine unendliche Schleife, da der Knoten (q,r,s) ein Failure-Knoten ist und deshalb Backtracking eintritt.
Wenn nun ?-p über prove(_) aufgerufen wird, so terminiert das Programm ebenfalls, da die Rechts-Links-Selektionsfunktion simuliert wird. Der SLD-Baum für (S,?-prove([p])) nach der Standard-Strategie, notiert durch Tr3, ist jedoch wesentlich komplizierter als Tr2; in Tr3 wird der Overhead (im Vergleich zu Tr2) unmittelbar sichtbar.
Unter Benutzung des oben eingeführten Prädikats peval sei für ein Programm $S^+ = S \cup MI$, MI ein Metainterpreter, definiert:
$S^+(j,p)=X$ gdw. peval(S^+,prove([p]),X,J) und
$S^+(j) = \bigcup$ {X: peval(S^+,prove([p]),X,J) und p ist ein in S definiertes Prädikat}.
Wendet man dieses Verfahren auf das Programm S an, so ergibt sich für $S^+(3)$ das folgende Programm:

```
prove(p):-
        prove(s),prove(r),prove(q).
prove(p):-
        prove(w),prove(v),prove(u).
prove(q):-
        prove(l).
prove(m):-
        prove(q).
prove(l):-
        prove(m).
```

prove(u).
prove(v).
prove(w).
Der SLD-Baum für ($S^+(3)$,?-prove(p)) ist dann isomorph zu Tr2, d.h., der Overhead des Metainterpreters wurde reduziert.

Literatur

/1/ Apt,K., M.H. van Emden: Contribution to the Theory of Logic Programming; Journal of ACM 29 (1982), 841-862.

/2/ Bowen,K.: Meta-Level Programming and Knowledge Representation; New Generation Computing 3 (1985), 359-383.

/3/ Bowen,K.A., R.A. Kowalski: Amalgamating Language and Metalanguage in Logic Programming; Preprint 4/81, School of Computer and Information Sciences, Syracuse University, 1981.

/4/ Bruynooghe,M.,L.M. Pereira: Deduction Revision by Intelligent Backtracking; Report CW 32 (1983), Department of Computer Science Katholieke Universiteit Leuven, Belgien.

/5/ Clark,K.L.: Predicate Logic as a Computational Formalism, Research Report 79/59, Department of Computing, Imperial College, London.

/6/ Clark,K.L., McCabe,F.G.: PROLOG: A Language for Implementing Expert Systems; Machine Intelligence 10 (eds. J.E.Hayes,D. Michie), 1982, 455-476.

/7/ Clocksin,W.F., Mellish,C.S.: Programming in Prolog, Berlin-Heidelberg-New York 1981.

/8/ Dincbas,M., J.P. Le Pape: Metalevel Control of Logic Programs in Metalog; Note Technique NT/LAA/SLC/170 (1984), Centre National d'Etudes de Telecomm.

/9/ Ershov,A.P.: Mixed Computation: Potential Applications and Problems for Study; Theoretical Computer Science 18 (1982), 41-67.

/10/ Futamura,Y.: Partial Evaluation of computation process - an approach for a compiler-compiler. Systems-Comput.-Controls 2 (1971), 45-50.

/11/ Goltz,H.-J., Herre,H.: Mathematische Grundlagen der logischen Programmierung; IIR 5, 1987 (Akademie der Wissenschaften der DDR, Institut für Informatik und Rechentechnik).

/12/ Goltz,H.-J.: Unifikationstheorie, dieser Band

/13/ Gallaire,H., Lasserre,C.: A Control Metalanguage for Logic Programming; Logic Programming Workshop (1980), Ed. S. A. Tarnlund.

/14/ Gallaire,H., Lasserre,C.: Controlling Backtracking in Horn Clause Programming; Logic Programming Workshop (1980), Ed. S.A. Tarnlund.

/15/ Lloyd,J.W.: Foundations of Logic Programming, Berlin-Heidelberg-New York-Tokyo 1984.

/16/ Malzew,A.: Algorithmen und rekursive Funktionen (in russisch), Moskau 1965.

/17/ Naish,L.: Negation and Control in Prolog, Techn. Report 85/12 (1985), Department of Computer Science, University of Melbourne.

/18/ Rogers,H.: Theory of Recursive Functions and Effective Computability, McGraw Hill, New York 1967.

/19/ Rossi,G.: Uses of Prolog in Implementing of Expert Systems, New Generation Computing 4 (1986) No 3.

/20/ Sterling,L.: Expert Systems = Knowledge + Metainterpreter, TR CS84-17, Weizmann Institut, Israel 1984.

/21/ Szeredi,P.,E.Santane-Toth, Prolog Applications in Hungary, in: MPROLOG: Collection of Papers on Logic Programming, SZKI, 1984, Budapest

/22/ Tamaka,H.,T. Sato: Unfold/Fold Transformation of Logic Programs, in: Second Logic Programming Conference, 1984, 127-137.

/23/ Takeuchi,A., K. Furukawa: Partial Evaluation of Prolog Programs and its Application for Meta Programming, TR-126 (185), ICOT (Institute for New Generation Computer Technology).

/24/ Warren,D.H.D.: Efficient Processing of Interactive Relational Database Queries Expressed in Logic; Proc. Seventh Int. Conf. on Very Large Data Bases, Cannes, France, 1981, 272-281.

/25/ Nakashima,H. Ueda,K.: What is a Variable in Prolog? Proc. FGCS'84 (1984), 327-332.

UNIFIKATIONSTHEORIE

Hans-Joachim Goltz

EINLEITUNG

Das Unifikationsproblem gehört zu den wichtigsten Problemstellungen der Künstlichen Intelligenz. Im wesentlichen besteht das Unifikationsproblem darin, für zwei gegebene Terme festzustellen, ob eine solche Substitution der Variablen existiert, daß aus einer Gleichungstheorie die Gleichheit der substituierten Terme gefolgert werden kann (d.h. Gleichheit modulo Gleichungstheorie).

Zur Einführung möchten wir als Beispiel die Terme $t = f(g(x,a),y)$ und $u = f(y,g(x,z))$ betrachten. Mit x,y,z werden die Variablen bezeichnet. Zunächst suchen wir eine Ersetzung der Variablen, so daß diese Terme nach der Ersetzung syntaktisch identisch sind. Offensichtlich muß die Variable y durch den Term $g(x,a)$ und die Variable z durch den Term a (eine Konstante) ersetzt werden, um das gewünschte Ziel zu erreichen. Durch diese Ersetzung wird eine Substitution σ charakterisiert, die durch $\sigma = \{y/g(x,a), z/a\}$ definiert wird. Dann ist $\sigma(t) = f(g(x,a),g(x,a))$ und $\sigma(u) = f(g(x,a),g(x,a))$. Somit ist σ ein Unifikator für die Terme t und u. Da $\sigma(t)$ und $\sigma(u)$ syntaktisch identisch sind, wird σ auch als syntaktischer Unifikator für diese beiden Terme bezeichnet.

Nun setzen wir voraus, daß die Funktion f kommutativ ist, d.h., $f(x,y) = f(y,x)$ gilt für jede Variablenbelegung von x und y. Wir betrachten die Substitution τ, die nur die Variable z durch die Konstante a ersetzt, d.h., τ wird durch $\tau = \{z/a\}$ definiert. Dann ist $\tau(t) = f(g(x,a),y)$ und $\tau(u) = f(y,g(x,a))$. Da die Funktion f kommutativ ist, folgt die Gleichheit der Terme $\tau(t)$ und $\tau(u)$. Somit ist τ ein Unifikator für die Terme t und u bez. der Gleichungstheorie $\{f(x,y) = f(y,x)\}$.

Das Unifikationsproblem bez. einer Gleichungstheorie T (die Hauptproblemstellung der Unifikationstheorie) besteht aus den folgenden Teilproblemen

(1) Sind zwei gegebene Terme unifizierbar ?

(2) Ist es möglich, alle Unifikatoren zu erzeugen und darzustellen ?

(3) Ist die Unifizierbarkeit zweier beliebiger Terme entscheidbar ?

Auch das bekannte zehnte Hilbertsche Problem (existiert für ein gegebenes Polynom $P[x_1,\ldots,x_n]$ eine ganzzahlige Lösung der Gleichung $P[x_1,\ldots,x_n] = 0$) ist ein Unifikationsproblem. Wie gut bekannt ist, ist dieses Problem unentscheidbar.

Die Unifikationstheorie ist eine Theorie über das Lösen von Gleichungen und die Konstruktion von Algorithmen für solche Lösungsmethoden. Der Forschungsgegenstand der Unifikationstheorie beinhaltet somit Teilgebiete der Algebra (Lösen von Gleichungen), der mathematischen Logik (Gleichungstheorie) und der Informatik (Konstruktion von Algorithmen zur automatischen Lösung von Gleichungen).

Der wichtigste grundlegende Bestandteil der Unifikationstheorie ist die syntaktische Unifikation (d.h. Unifikation bez. der leeren Gleichungstheorie). Die bedeutungsvollste Arbeit in diesem Zusammenhang ist /Robinson 65/. Für die Entwicklung der Unifikationstheorie waren vor allem die Forschungen auf dem Gebiet des automatischen Theorembeweisens von entscheidender Bedeutung.

Zur Unterscheidung von syntaktischer Unifikation und Unifikation modulo Gleichungstheorie werden wir die Begriffe unifizierbar, Unifikator nur bez. der syntaktischen Unifikation und die Begriffe T-unifizierbar, T-Unifikator bez. der Unifikation modulo Gleichungstheorie T benutzen.

In diesem Artikel wird eine Einführung in die Unifikationstheorie gegeben. Da dieses Gebiet sehr umfangreich ist, können wir nur einige Aspekte der Forschung dieses Zweiges berücksichtigen. Die wichtigsten Ergebnisse der syntaktischen Unifikation werden im zweiten Abschnitt relativ umfangreich dargestellt. Einige Ergebnisse der T-Unifikation bez. spezieller Theorien und wichtige Ergebnisse der universellen T-Unifikation werden im dritten Abschnitt genannt. Im ersten Abschnitt werden wichtige Grundlagen bereitgestellt.

1. GRUNDLAGEN

In diesem Abschnitt werden die wichtigsten Grundlagen für die folgenden Abschnitte bereitgestellt. Nachdem in 1.1. einige Grundbegriffe eingeführt und erläutert werden, werden in 1.2. grundlegende Definitionen und Eigenschaften von Substitutionen zusammengestellt. Anschließend wird in 1.3. eine kurze Einführung in die Gleichungstheorie und in 1.4. in Termersetzungssysteme gegeben. Eine ausführliche Einführung in Termersetzungssysteme ist in /Huet 80/ enthalten. Für ein weitergehendes Studium von Substitutionen in Zusammenhang mit Unifikatoren ist /Eder 85/ zu empfehlen.

1.1. Grundbegriffe

Seien F eine Menge von Funktionssymbolen fester Stelligkeit und VAR = $\{x, y, z, x_1, y_1, \ldots\}$ eine abzählbare Menge von Variablen, wobei F und VAR disjunkt sind. 0-stellige Funktionen werden auch als Konstanten bezeichnet. Die Menge T(F,VAR) der Terme ist die kleinste Menge von Zeichenreihen, die die Menge VAR und die Konstanten aus F enthält und abgeschlossen ist gegenüber der folgenden Bedingung: Wenn $t_1, \ldots, t_n \in T(F,VAR)$ und $f \in F$ ein n-stelliges Funktionssymbol $(n > 0)$ ist, so ist auch $f(t_1, \ldots, t_n)$ in T(F,V) enthalten. Var(t) bezeichnet die Menge der Variablen, die in einem Term t vorkommen. Wenn M eine Menge von Termen ist, so ist Var(M) die Menge der Variablen, die in den Termen von M vorkommen. Ein Term t ist ein Grundterm, falls Var(t) = $\emptyset$. Die Menge der Grundterme wird mit T(F) bezeichnet. Damit T(F) $\neq \emptyset$, setzen wir voraus, daß in F ein 0-stelliges Funktionszeichen enthalten ist. Wenn s ein Teilterm von t ist, so kennzeichnen wir dies mit t = t[s]. Mit $t[s \leftarrow u]$ bezeichnen wir den Term, der aus dem Term t dadurch entsteht, daß der Teilterm s von t durch den Term u ersetzt wird. Dabei ist zu beachten, daß ein ganz bestimmter Teilterm gemeint ist. Korrekterweise müßte diese Ersetzung mit Hilfe des Vorkommens eines Teilterms definiert werden. Eine irreflexive binäre Relation heiße noethersch oder wohlfundiert in einer Menge, wenn keine unendlich aufsteigende Ketten existieren. Die Mengen F und VAR werden im folgenden generell als gegeben vorausgesetzt.

1.2. Substitutionen

Eine Substitution σ ist eine Funktion σ: VAR$\longrightarrow$T(F,VAR), die jeder Variablen einen Term zuordnet, so daß für fast alle x aus VAR gilt $\sigma(x) = x$. Eine Substitution kann durch eine endliche Menge $\{x_1/t_1,\ldots,x_n/t_n\}$ dargestellt werden; hierbei gilt $x_i \neq x_j$ für $i \neq j$ und $x_i \neq t_i$ für $i \leq n$, sowie für alle $x \in VAR \setminus \{x_1,\ldots,x_n\}$ $\sigma(x) = x$. Die Menge $Dom(\sigma) = \{x \in VAR: \sigma(x) \neq x\}$ wird als Definitionsbereich von σ bezeichnet.

Eine Substitution σ läßt sich in kanonischer Weise zu einer Abbildung σ_1: T(F,VAR)$\longrightarrow$T(F,VAR) erweitern:

$\sigma_1(t) = \sigma(t)$, falls $t \in VAR$,

$\sigma_1(f(t_1,\ldots,t_n)) = f(\sigma_1(t_1),\ldots,\sigma_1(t_n))$, andernfalls.

Im folgenden werden wir in der Bezeichnung nicht zwischen einer Substitution σ und ihrer kanonischen Erweiterung unterscheiden.

Wenn $M = \{t_1,t_2,\ldots\}$ eine Menge von Termen und $N = \{(t_1,u_1),(t_2,u_2),\ldots\}$ eine Menge von Termpaaren sind, so sei $\sigma(M) = \{\sigma(t_1),\sigma(t_2),\ldots\}$ und $\sigma(N) = \{(\sigma(t_1),\sigma(u_1)),(\sigma(t_2),\sigma(u_2)),\ldots\}$.

$Vcod(\sigma)$ bezeichne die Menge der Variablen, die in den Termen von $\sigma(Dom(\sigma))$ vorkommen, d.h., $Vcod(\sigma)$ ist die Menge der durch die Substitution σ eingeführten Variablen. Mit SUBST wird die Menge aller Substitutionen bezeichnet.

Die Komposition $\sigma_1 \circ \sigma_2$ zweier Substitutionen σ_1 und σ_2 wird durch $\sigma_1 \circ \sigma_2(x) = \sigma_2(\sigma_1(x))$ (für alle x aus VAR) definiert. Offensichtlich gilt für beliebige Substitutionen $\sigma_1,\sigma_2,\sigma_3$ die Gleichung $(\sigma_1 \circ \sigma_2) \circ \sigma_3 = \sigma_1 \circ (\sigma_2 \circ \sigma_3)$. Folglich bildet die Menge der Substitutionen bez. der Komposition $\circ$ und der Identitätssubstituion I ($Dom(I)=\emptyset$) eine Halbgruppe mit Einselement. Mit σ^n sei die n-fache Komposition von σ bezeichnet.

DEFINITION

Eine Substitution σ heiße

(1) einfach, wenn $\sigma(Dom(\sigma)) \subseteq VAR$;

(2) Umbenennung, wenn sie einfach und injektiv ist;

(3) variablenfrei (oder Grundsubstitution), wenn $Vcod(\sigma) = \emptyset$;

(4) idempotent (oder abgeschlossen), wenn $\sigma \circ \sigma = \sigma$;

(5) einelementig, wenn $Dom(\sigma)$ einelemnetig ist;

(6) umbenennungsfrei, wenn außer der Identitätssubstitution keine Umbenennung σ_1 existiert, die in σ enthalten ist;

(7) zyklenfrei, wenn eine Umbenennung σ_1, eine umbenennungsfreie Substitution σ_2 und eine natürliche Zahl n existiert, so daß $\sigma = \sigma_1 \cup \sigma_2$ und $Dom(\sigma_2) \cap Vcod(\sigma_2^n) = \emptyset$.

Bemerkungen und Beispiele

1. Jede Substitution ist Vereinigung von einelementigen Substitutionen.

2. Jede Substitution ist Vereinigung einer Umbenennung und einer umbenennungsfreien Substitution.

3. {x/y, y/z, z/x} ist eine Umbenennung;
   {x/z} ist einelementig und einfach;
   {x/f(a), y/g(z)} ist idempotent und zyklenfrei;
   {x/z, z/f(x)} ist umbenennungsfrei, aber nicht zyklenfrei.

4. Wenn σ_1 eine Substitution, σ_2 eine Umbenennung, σ_3 eine umbenennungsfreie Substituion ist und $\sigma_1 = \sigma_2 \cup \sigma_3$, so gilt $\sigma_1 = \sigma_2 \circ \sigma_3$ (es gilt im allgemeinen nicht $\sigma_1 = \sigma_3 \circ \sigma_2$). Es sei z.B. σ_1 = {x/f(y), y/z, z/y}; dann gilt {x/f(y)} ∘ {y/z,z/y} = σ_1 = = {y/z, z/y} ∘ {x/f(y)}, aber $\sigma_1 \neq$ {x/f(y)} ∘ {y/z, z/y}.

5. Wenn σ eine zyklenfreie und umbenennungsfreie Substitution ist, so existiert kein x aus Dom(σ), so daß x in Var(σ^m(x)) für ein m > 0 enthalten ist.

Wenn t ein Term ist, und wenn σ eine solche Umbenennung ist, daß Var(t) ∩ Var(σ(t)) = $\emptyset$, so ist σ(t) eine Variante des Terms t .

In der Menge SUBST aller Substitutionen definieren wir die folgenden zweistelligen Relationen $\leq$, $<$, $\Longleftrightarrow$.

DEFINITION
Es seien σ_1 und σ_2 Substitutionen.
(1) $\sigma_2 \leq \sigma_1$ (σ_1 ist größer oder allgemeiner als σ_2), falls eine Substitution σ_3 existiert, so daß $\sigma_2 = \sigma_1 \circ \sigma_3$.
(2) $\sigma_1 \Longleftrightarrow \sigma_2$ (σ_1 und σ_2 sind äquivalent), falls $\sigma_1 \leq \sigma_2$ und $\sigma_2 \leq \sigma_1$.
(3) $\sigma_2 < \sigma_1$ (σ_1 ist echt größer oder allgemeiner), falls $\sigma_2 \leq \sigma_1$ und σ_1 und σ_2 nicht äquivalent sind.

Bei dieser Definition ist zu beachten, daß in der Literatur auch die Definition "$\sigma_1 \leq \sigma_2$ (σ_1 allgemeiner als σ_2), wenn $\sigma_2 = \sigma_1 \circ \sigma_3$" gebräuchlich ist.

Da (SUBST, ∘ , I) eine Halbgruppe ist, ist die Relation $\Longleftrightarrow$ eine Äquivalenzrelation auf SUBST, und in SUBST/$\Longleftrightarrow$ induziert $\leq$ eine partielle Ordnung. Die Relation $\Longleftrightarrow$ ist jedoch bez. der Komposition keine Kongruenzrelation.

Beispiel. Wenn σ_1 = {x/y}, σ_2 = {y/x} und σ_3 = {x/z}, so gilt $\sigma_1 \Longleftrightarrow \sigma_2$, aber nicht $\sigma_3 \circ \sigma_1 \Longleftrightarrow \sigma_3 \circ \sigma_2$.

SATZ 1.1
Die Relation < ist noethersch in SUBST.

Ein Beweis dieser Behauptung ist in /Eder 85/ enthalten.

SATZ 1.2
Es seien σ_1 und σ_2 äquivalente Substitutionen. Dann existieren Umbenennungen λ_1 und λ_2, so daß $\sigma_1 = \sigma_2 \circ \lambda_2$ und $\sigma_2 = \sigma_1 \circ \lambda_1$.

Beweis (/Eder 85/). Es sei $\sigma_1 \Longleftrightarrow \sigma_2$. Dann existieren Substitutionen τ_1 und τ_2, so daß $\sigma_1 = \sigma_2 \circ \tau_2$ und $\sigma_2 = \sigma_1 \circ \tau_1$. Die Mengen $V_1 = VAR\backslash Var(\sigma_1(VAR))$ und $V_2 = VAR\backslash Var(\sigma_2(VAR))$ sind endlich. O.B.d.A. sei $Dom(\tau_1) \cap V_1 = \emptyset$, $Dom(\tau_2) \cap V_2 = \emptyset$ und $card(V_1) \leq card(V_2)$. Somit existiert eine injektive Abbildung $P: V_1 \longrightarrow V_2$. Da $\sigma_1 = \sigma_1 \circ \tau_1 \circ \tau_2$, ist $\tau_1 \circ \tau_2(x) = x$ für alle x aus der Menge $Var(\sigma_1(VAR))$. Sei x eine Variable aus $Var(\sigma_1(VAR))$. Dann ist $\tau_1(x)$ auch eine Variable. Wenn $\tau_1(x) = x$, so ist natürlich auch $x \in Var(\sigma_1 \circ \tau_1(VAR))$. Andererseits, wenn $\tau_1(x) = y$ mit $x \neq y$, so ist $\tau_2(y) = x$ und $y \in Dom(\tau_2)$ (somit $y \notin V_2$). Also ist für jede Variable x aus $Var(\sigma_1(VAR))$ $\tau_1(x)$ ein Element aus $Var(\sigma_1 \circ \tau_1(VAR)) = Var(\sigma_2(VAR))$. Folglich bildet τ_1 die Menge $Var(\sigma_1(VAR))$ injektiv in die Menge $Var(\sigma_2(VAR))$ ab. Die Substitution λ_1 wird dann wie folgt definiert:

$$\lambda_1(x) = \begin{cases} \tau_1(x), & x \in Var(\sigma_1(VAR)), \\ P(x) & \text{sonst.} \end{cases}$$

Somit ist λ_1 eine Umbenennung (und bijektiv), und, da λ_1 auf $Var(\sigma_1(VAR))$ mit τ_1 übereinstimmt, gilt $\sigma_1 \circ \lambda_1 = \sigma_2 \circ \tau_1 = \sigma_2$. Für λ_2 können wir die inverse Substitution von λ_1 wählen. □

SATZ 1.3
Wenn σ eine Substitution ist, so sind die folgenden Aussagen äquivalent:

(1) σ ist idempotent;
(2) $Var(\sigma(VAR))$ und $Dom(\sigma)$ sind disjunkt;
(3) $Dom(\sigma)$ und $Vcod(\sigma)$ sind disjunkt.

Beweis. Da $Var(\sigma(VAR)) = Vcod(\sigma) \cup VAR\backslash Dom(\sigma)$, sind (1) und (2) äquivalent. Offensichtlich folgt aus (3) die Aussage (1). Wenn σ idempotent ist und ein $x \in Dom(\sigma) \cap Vcod(\sigma)$ existiert, so ist x aus $Var(\sigma(y))$ für ein $y \in Dom(\sigma)$. Dann ist aber $\sigma(\sigma(y)) \neq \sigma(y)$, was sofort zum Widerspruch führt. Also folgt aus (1) auch (3). □

Aus Satz 1.3 ergibt sich unmittelbar das folgende Korollar.

KOROLLAR 1.4
Jede idempotente Substitution ist zyklenfrei.

DEFINITION
Sei M eine Menge von Substitutionen. Eine Teilmenge N von M ist eine <u>vollständige Teilmenge</u> von M, wenn für jede Substitution σ_1 aus M eine Substitution σ_2 aus N existiert, so daß $\sigma_1 \leq \sigma_2$.

DEFINITION
Eine Teilmenge N einer Menge M von Substitutionen ist eine <u>minimale vollständige Teilmenge</u> von M, wenn N eine vollständige Teilmenge von M ist und keine echte Teilmenge von N vollständig ist.

Wenn N eine minimale vollständige Teilmenge einer Menge von Substitutionen ist, existieren folglich keine Substitutionen σ_1 und σ_2 aus N, so daß $\sigma_1 \neq \sigma_2$ und $\sigma_1 \leq \sigma_2$.

Es sei M eine Menge von einelementigen Substitutionen. In M wird die Relation $<*$ als die transitive Hülle der Relation $<*'$ definiert, wobei für $\sigma_1 = \{x/t\} \in M$, $\sigma_2 = \{y/u\} \in M$ gilt: $\sigma_1 <*' \sigma_2$ gdw $y \in Var(t)$. Da jede Substitution eine Vereinigung von einelementigen Substitutionen ist, ist die Relation $<*$ für jede Substitution definiert.

SATZ 1.5

Es seien $\sigma = \{\sigma_1,\ldots,\sigma_n\}$ eine umbenennungsfreie Substitution und $\sigma_i = \{x_i/t_i\}$ jeweils einelementige Substitutionen. Dann gilt:
σ ist zyklenfrei gdw ($\{\sigma_1,\ldots,\sigma_n\}$, $<*$) ist eine irreflexive Halbordnung.

Beweis (induktiv über n). Offensichtlich gilt die Behauptung für n = 1.
Es sei ($\{\sigma_1,\ldots,\sigma_n\}$, $<*$) eine irreflexive Halbordnung. Dann existiert ein σ_i , so daß kein σ_j mit $\sigma_j <* \sigma_i$ existiert. O.B.d.A. sei i = 1. Folglich existiert kein t_j , so daß x_1 in t_j vorkommt. Da ($\{\sigma_2,\ldots,\sigma_n\}$, $<*$) auch eine irreflexive Halbordnung ist, ist nach Induktionsvoraussetzung $\sigma' = \{\sigma_2,\ldots,\sigma_n\}$ eine zyklenfreie Substitution. Somit ist auch σ zyklenfrei (da $x_1 \notin Vcod(\sigma)$).
Es sei nun σ eine zyklenfreie und umbennenungsfreie Substitution. Dann existiert ein x_i , so daß x_i nicht in $Vcod(\sigma)$ enthalten ist (sonst wäre $Dom(\sigma) \cap Vcod(\sigma^m) = \emptyset$ für ein m nicht möglich). O.B.d.A. sei i = 1. Nach Induktionsvoraussetzung ist ($\{\sigma_2,\ldots,\sigma_n\}$, $<*$) eine Halbordnung. Da kein σ_j mit $\sigma_j <* \sigma_1$ existiert, ist auch ($\{\sigma_1,\ldots,\sigma_n\}$, $<*$) eine irreflexive Halbordnung. □

DEFINITION

Wenn $\sigma = \{\sigma_1,\ldots,\sigma_n\}$ eine zyklenfreie und umbenennungsfreie Substitution ist (σ_i einelementig), so ist <u>Folge(σ)</u> := ($\sigma_1,\ldots,\sigma_n$), wobei kein i,j mit $i \leq j$ und $\sigma_j = \sigma_i$ existiert.

KOROLLAR 1.6

Wenn σ eine zyklenfreie und umbenennungsfreie Substitution ist und Folge(σ) = ($\sigma_1,\ldots,\sigma_n$), so ist $\sigma_1 \circ \ldots \circ \sigma_n$ eine idempotente Substitution.

1.3. Gleichungstheorie

Eine <u>Gleichung</u> ist ein Ausdruck der Form t = u mit $t,u \in T(F,VAR)$. Unter einer <u>Gleichungstheorie</u> verstehen wir eine Theorie der Prädikatenlogik (ohne Identität) mit dem Relationszeichen = . Generell werden die folgenden Axiome vorausgesetzt (Axiome einer Kongruenzrelation):

(i) $x = x$
(ii) $x = y \longrightarrow y = x$
(iii) $x = y \wedge y = z \longrightarrow x = z$
(iv) für alle n-stelligen Funktionssymbole $f \in F$ mit $n > 0$
$x_1 = y_1 \wedge \ldots \wedge x_n = y_n \longrightarrow f(x_1,\ldots,x_n) = f(y_1,\ldots,y_n)$.

Durch eine Menge von Gleichungen wird dann eine Gleichungstheorie T definiert. Ein Modell einer Gleichungstheorie T ist eine algebraische Struktur $\mathcal{A}$ der entsprechenden Signatur, so daß die Axiome der Gleichungstheorie und alle Gleichungen aus T in $\mathcal{A}$ gültig sind (Bezeichnung: $\mathcal{A} \models T$). Zwei Terme t und u sind bez. einer Gleichungstheorie T gleich (Bezeichnung: $t =_T u$), wenn t = u in allen Modellen von T gültig ist. Dies wird auch mit $T \models t = u$ bezeichnet. Von besonderem Interesse sind kanonische Modelle, d.h. Modelle, deren Grundmenge die Menge der Grundterme T(F) ist. Diese Modelle werden durch eine Menge von variablenfreien Atomformeln repräsentiert. Herbrandmodell ist eine andere Bezeichnung für ein solches Modell. Eine definite Klausel ist eine Alternative von Literalen mit genau einem positiven Literal, d.h. ein Ausdruck der Form $p \vee \neg q_1 \vee \ldots \vee \neg q_n$ (bzw. p für n = 0), wobei p und die q_i Atomformeln sind. Eine definite Theorie ist eine Theorie, die durch eine Menge von definiten Klauseln definiert werden kann. Es ist leicht zu sehen, daß eine Gleichungstheorie eine definite Theorie ist. Folglich besitzt jede Gleichungstheorie ein kleinstes kanonisches Modell $\mathcal{A}_0$ (Beweise dieses Faktes sind z.B. in /Lloyd 84/ oder /Goltz 87/ enthalten). Somit ist eine Grundgleichung t = u (t,u Grundterme) genau dann in allen Modellen einer gegebenen Gleichungstheorie gültig, wenn diese Gleichung in dem entsprechenden kleinsten kanonischen Modell gültig ist. Da $\mathcal{A}_0$ durch eine Menge A_0 von Gleichungen zwischen Termen aus T(F) repräsentiert wird, kann $\mathcal{A}_0$ mit A_0 identifiziert werden.

SATZ 1.7
Es seien t und u Terme aus T(F,VAR), T eine Gleichungstheorie, A_0 das kleinste kanonische Modell von T und $\exists\bar{x}(t=u)$ der existentielle Abschluß von t=u . Dann gilt:

(i) $T \models \exists\bar{x}(t=u)$ gdw $A_0 \models \exists\bar{x}(t=u)$
(ii) $T \models \exists\bar{x}(t=u)$ gdw es existiert eine Grundsubstitution σ, so daß die Gleichung $\sigma(t) = \sigma(u)$ in A_0 enthalten ist.

Ein Beweis dieses Satzes ergibt sich aus Satz 3.9 und Korallar 5.3 in /Goltz 87/.

Die Definition der Gleichheitsbeziehung kann auch auf Substitutionen erweitert werden.

DEFINITION
Es seien σ_1 und σ_2 Substitutionen, T eine Gleichheitstheorie und $W \subseteq VAR$.

(1) $\sigma_1 =_T \sigma_2$ (σ_1 und σ_2 sind bez. T gleich), wenn $\sigma_1(x) =_T \sigma_2(x)$ für alle $x \in VAR$.
(2) $\sigma_1 =_T \sigma_2\ [W]$ (σ_1 und σ_2 sind bez. T gleich über W), wenn $\sigma_1(x) =_T \sigma_2(x)$ für alle $x \in W$.
(3) $\sigma_1 \leq_T \sigma_2\ [W]$ (σ_2 ist größer oder allgemeiner als σ_1 bez. T über W), wenn eine Substitution σ_3 existiert, so daß $\sigma_1 =_T \sigma_2 \circ \sigma_3\ [W]$.
(4) $\sigma_1 \Longleftrightarrow_T \sigma_2\ [W]$ (σ_1 und σ_2 sind bez. T äquivalent über W), wenn $\sigma_1 \leq_T \sigma_2\ [W]$ und $\sigma_2 \leq_T \sigma_1\ [W]$.

Wenn W = VAR , so schreiben wir anstatt $\sigma_1 \leq_T \sigma_2\ [W]$ auch $\sigma_1 \leq_T \sigma_2$. Entsprechend wird dann auch die Bezeichnung $\sigma_1 \Longleftrightarrow \sigma_2$ verwendet.

1.4. Termersetzungssysteme

Ein Termersetzungssystem ist eine binäre Relation R über der Menge der Terme T(F,VAR), wobei Var(r) in Var(u) für alle (u,r) aus R enthalten ist. Die Elemente der Menge R werden auch Ersetzungsregeln genannt und mit u => r für (u,r) $\in$ R bezeichnet. Die Ersetzungsregeln können auch als gerichtete Gleichungen betrachtet werden. In der Menge der Terme T(F,VAR) kann bez. eines Termersetzungssystems R die zweistellige Reduzierbarkeitsrelation $\rightarrow$ wie folgt definiert werden:

$t \rightarrow t_1$ (t ist reduzierbar zu t1) gdw es existieren eine Ersetzungsregel u => r aus R, eine Substitution σ und ein Teilterm v von t, so daß $\sigma(u) = v$ und $t_1 = t[v \leftarrow \sigma(r)]$.

Da die Ersetzungsregeln als universell abgeschlossene Axiome betrachtet werden müssen, wird bez. der Definition vorausgesetzt, daß Var(u) und Var(v) disjunkt sind. Andernfalls wird eine geeignete Variante dieser Regel betrachtet, d.h. $\tau(u) \Rightarrow \tau(r)$ für eine entsprechende Umbenennung τ. Den reflexiven und transitiven Abschluß dieser Relation bezeichnen wir mit $\stackrel{*}{\rightarrow}$. Ein Term u ist eine Normalform eines Terms t, wenn $t \stackrel{*}{\rightarrow} u$ und u ist durch keine Ersetzungsregel reduzierbar. Die Normalform eines Terms t wird mit $t\downarrow$ bezeichnet.

DEFINITION

Ein Termersetzungssystem heiße

(1) konfluent, wenn aus $t \stackrel{*}{\rightarrow} u$ und $t \stackrel{*}{\rightarrow} s$ folgt, daß ein Term v existiert, so daß $u \stackrel{*}{\rightarrow} v$ und $s \stackrel{*}{\rightarrow} v$;

(2) lokal konfluent, wenn aus $t \rightarrow u$ und $t \rightarrow s$ folgt, daß ein Term v existiert, so daß $u \stackrel{*}{\rightarrow} v$ und $s \stackrel{*}{\rightarrow} v$;

(3) noethersch (oder wohlfundiert), wenn die Relation $\rightarrow$ noethersch ist (d.h., es existiert keine unendliche Kette der Form $t_1 \rightarrow t_2 \rightarrow$ $\rightarrow t_3 \rightarrow \ldots$).

(4) kanonisch, wenn für jeden Term eine eindeutig bestimmte Normalform existiert.

SATZ 1.8

Die Normalform eines Terms ist bez. eines konfluenten Termersetzungssystems eindeutig bestimmt, falls sie existiert.

Beweis. Wenn angenommen wird, daß ein Term t existiert, so daß u und v zwei verschiedene Normalformen dieses Terms sind, so folgt aus der Konfluenz sofort ein Widerspruch. □

Aus diesem Satz und den Definitionen ergibt sich sofort der folgende Satz.

SATZ 1.9

Ein Termersetzungssystem ist genau dann noethersch und konfluent, wenn es kanonisch ist.

Eine Substitution $\sigma = \{x_1/t_1,\ldots,x_n/t_n\}$ heißt normalisiert bez. eines gegebenen Termersetzungssystems R, wenn die Terme $t_1,\ldots,t_n$ bez. R nicht reduzierbar sind, d.h. $t_i = t_i\downarrow$.

Wenn die Menge der Ersetzungsregeln eines Termersetzungssystems R als

Gleichungen aufgefaßt werden, wird in T(F,VAR) eine Gleichungsrelation definiert, die mit $=_R$ bezeichnet wird, d.h., $\{t =_R u : (t,u) \in R\}$ definiert eine Gleichungstheorie.

DEFINITION
Ein Termersetzungssystem R besitzt die Church-Rosser Eigenschaft, wenn für alle Terme t,u die Relation $t =_R u$ genau dann gilt, wenn ein Term v existiert, so daß t -*-> v und u -*-> v .

Eine äquivalente Charakterisierung für die Church-Rosser Eigenschaft ist die Konfluenz.

Es ist unentscheidbar, ob ein beliebiges Termersetzungssystem konfluent oder noethersch ist. Für noethersche Termersetzungssysteme ist aber die Konfluenz entscheidbar. Grundlage für diese Entscheidbarkeit ist das Theorem von Newman (/Newman 42/).

SATZ 1.10 (Newman)
Ein noethersches Termersetzungssystem ist genau dann konfluent, wenn es lokal konfluent ist.

Für die praktische Realisierung eines solchen Entscheidungsalgorithmus ist das Theorem von Knuth-Bendix (/Knuth 70/) von großer Bedeutung. Bevor wir diesen Satz formulieren können, benötigen wir noch die folgende Definition.

DEFINITION
Seien $t_1 \Rightarrow u_1$ und $t_2 \Rightarrow u_2$ zwei Ersetzungsregeln eines Termersetzungssystems. Das Paar ($\sigma(t_1[s \leftarrow u_2])$, $\sigma(u_1)$) ist ein kritisches Paar des Termersetzungssystems, wenn ein Teilterm s von t und eine Substitution σ existieren, so daß s keine Variable ist und σ ein allgemeinster Unifikator von s und t_2 ist.

SATZ 1.11 (Knuth-Bendix)
Ein noethersches Termersetzungssytem ist genau dann konfluent, wenn die beiden Terme jedes kritischen Paares zu einem gleichen Term reduzierbar sind.

Folglich kann die Konfluenz eines noetherschen Termersetzungssystems, das aus endlich vielen Ersetzungsregeln besteht, dadurch überprüft werden, daß von den Termen aller kritischen Paare die Normalformen erzeugt werden. Ein solches Termersetzungssystem ist nur dann nicht konfluent, wenn ein solches kritische Paar existiert, daß die Normalformen dieser beiden Terme nicht übereinstimmen.

Von besonderer Bedeutung für die Unifikation modulo Gleichungstheorie ist die Narrowing-Relation -^-> , die wie folgt bez. eines Termersetzungssystems R definiert ist:

> t -^-> t_1 gdw es existieren eine Ersetzungsregel $u \Rightarrow r$ aus R, eine Substitution σ und ein Teilterm v von t, so daß v keine Variable ist, σ ein allgemeinster Unifikator für u und v ist (somit $\sigma(u) = \sigma(v)$) und $t_1 = \sigma(t[v \longleftarrow r])$.

Analog zu der Definition der Reduzierbarkeitsrelation wird auch bei dieser Definition vorausgesetzt, daß Var(v) und Var(u) disjunkt sind. Andernfalls wird eine geeignete Variante der Ersetzungsregel betrachtet. Die Narrowing-Relation unterscheidet sich von der Reduzierbarkeitsrelation nur dadurch, daß die Unifikation des Teilterms mit dem linken Term einer Regel bez. der Reduzierbarkeitsrelation nur ein Pattern-Matching (eine einseitige Unifikation) ist.

Um zu kennzeichnen, daß für $t \overset{\wedge}{\longrightarrow} t_1$ die Substitution σ verwendet wird, verwenden wir auch die Bezeichnung $t \overset{\wedge}{\longrightarrow}_{\sigma} t_1$.
Eine Narrowing-Folge von Termpaaren ist eine Folge der Form $(t_1,u_1) \overset{\wedge}{\longrightarrow}_{\sigma_1} (t_2,u_2) \overset{\wedge}{\longrightarrow}_{\sigma_2} \dots \overset{\wedge}{\longrightarrow}_{\sigma_n} (t_n,u_n)$, wobei für $(t_i,u_i) \overset{\wedge}{\longrightarrow}_{\sigma_i} (t_{i+1},u_{i+1})$ gilt: entweder $t_i \overset{\wedge}{\longrightarrow}_{\sigma_i} t_{i+1}$ oder $u_i \overset{\wedge}{\longrightarrow}_{\sigma_i} u_{i+1}$.

2. SYNTAKTISCHE UNIFIKATION

Die syntaktische Unifikation ist in vielen Bereichen der Künstlichen Intelligenz von großer Bedeutung (logische Programmierung, Theorembeweisen, Expertensysteme,...) und ist die Voraussetzung für die Unifikation modulo Gleichungstheorie.

Die Anwendung effektiver Unifikationsalgorithmen ist besonders wichtig für die logische Programmierung. So kann z.B. eingeschätzt werden, daß bei der Abarbeitung von PROLOG-Programmen mehr als die Hälfte der Rechenzeit auf die Unifikation entfällt. Aus Effektivitätsgründen arbeiten viele bisher implementierten PROLOG-Systeme mit unvollständigen Unifikationsalgorithmen. In diesen wurde der Zyklentest (Occur-check) weggelassen, d.h., es wird nicht getestet, ob eine Variable an einem Term gebunden wird, in dem diese Variable direkt oder indirekt vorkommt. Wie in diesem Abschnitt ausgeführt wird, existieren aber auch effektive Unifikationsalgorithmen, die den Zyklentest umfassen.

Unifikationsalgorithmen, die für zwei Terme formuliert sind, lassen sich leicht auf die Unifikation einer endlichen Menge von Termen oder einer endlichen Menge von Formeln des Prädikatenkalküls verallgemeinern. Deshalb werden wir oft nur Unifikationsprobleme für zwei Terme betrachten.

Nachdem im Abschnitt 2.1. wichtige Grundbegriffe zusammengestellt werden, wird in 2.2. das Unifikationstheorem bewiesen. Dazu wird ein Unifikationsalgorithmus angegeben, der auf der Verwendung von Transformationsregeln beruht. Die Unifikation ohne Zyklentest wird im Abschnitt 2.4. diskutiert. Anschließend werden zwei wichtige Unifikationsalgorithmen, die den Zyklentest effektiv enthalten, kurz beschrieben.

2.1. Einführung und Grundbegriffe

Eine endliche Menge M von Termen heißt unifizierbar, wenn eine Substitution σ existiert, so daß für alle Terme t und u aus M die syntaktische Gleichheitsbeziehung $\sigma(t) = \sigma(u)$ gilt. σ heißt dann Unifikator für M . Ein Unifikator σ für M heißt allgemeinster oder größter Unifikator für M, falls für jeden Unifikator σ_1 für M eine Substitution σ_2 existiert, so daß $\sigma_1 = \sigma \circ \sigma_2$, d.h. $\sigma_1 \leqslant \sigma$. Ein endliches Mengensystem $\{M_1,\dots,M_n\}$ endlicher Mengen von Termen ist unifizierbar, wenn eine Substitution σ existiert, so daß $\sigma(M_i)$ für alle i einelementig ist.

SATZ 2.1
Es sei M eine endliche Menge von Termen, die unifizierbar ist. Wenn σ_1 und σ_2 allgemeinste Unifikatoren für M sind, so existieren Umbenennungen τ_1 und τ_2 , so daß $\sigma_1 = \sigma_2 \circ \tau_2$ und $\sigma_2 = \sigma_1 \circ \tau_1$.

Beweis. Da $\sigma_1 \Longleftrightarrow \sigma_2$, folgt die Behauptung aus Satz 1.2 . □

Eine Menge von Gleichungen $\{t_1 = u_1,\dots,t_n = u_n\}$ kann auch als eine Menge von Termpaaren $\{(t_1,u_1),\dots,(t_n,u_n)\}$ betrachtet werden, wobei wir für jedes Paar (t_i,u_i) o.B.d.A. voraussetzen können, daß die Beziehung

wenn u_i eine Variable ist, so ist auch t_i eine Variable

erfüllt ist (sonst können t_i und u_i vertauscht werden). Eine endliche Menge von Termpaaren $\{(t_1,u_1),\dots,(t_n,u_n)\}$ ist unifizierbar, wenn das Mengensystem $\{\{t_1,u_1\},\dots,\{t_n,u_n\}\}$ unifizierbar ist. Ein Termpaar (x,t) einer Menge M von Termpaaren ist ein Lösungspaar, wenn x eine Variable ist und x weder in Var(t) noch in einem anderen Term aus M vorkommt. Eine Menge von Termpaaren ist ein Lösungssystem, wenn alle Termpaare Lösungspaare sind.

SATZ 2.2
Wenn $M = \{(x_1,t_1),\dots,(x_n,t_n)\}$ ein Lösungssystem ist, so ist $\sigma = \{x_1/t_1,\dots,x_n/t_n\}$ ein allgemeinster Unifikator für M und σ ist eine idempotente Substitution.

Beweis. Offenbar ist σ ein Unifikator für M. Aus Satz 1.3 folgt, daß σ idempotent ist. Es sei τ ein weiterer Unifikator für M, und es sei (x,t) ein Element aus M. Dann gilt $\tau(x) = \tau(t)$ und $\sigma \circ \tau(x) = \tau(\sigma(x)) = \tau(t)$. Folglich ist $\tau = \sigma \circ \tau$ und somit $\tau \leqslant \sigma$. □

Unser Ziel ist es, Transformationsregeln anzugeben, die eine Menge von Termpaaren in ein Lösungsystem überführt, falls dies möglich ist. Dann kann die Unifizierung zweier Terme t und u darauf zurückgeführt werden, daß die Transformationsregeln auf die Menge $\{(t,u)\}$ angewendet werden. Wenn eine endliche Menge $M=\{t_1,\dots,t_n\}$ von Termen zu unifizieren ist, so kann dieses Problem darauf reduziert werden, eine Menge von Termpaaren $\{(x,t_1),\dots,(x,t_n)\}$ zu betrachten, wobei x eine Variable ist, die in keinem Term von M vorkommt. Aus formalen Gründen werden wir eine Menge M von Termpaaren in Lösungspaare und Paare, die diese Eigenschaft nicht besitzen, unterteilen. Wir werden dies mit M = N + L bezeichnen, wobei L die Menge der Lösungspaare aus M und N die Menge der restlichen Paare ist.

Wir definieren zunächst die folgenden Transformationsregeln:

(R1) $\{(x,x)\} \cup N + L \Longrightarrow N + L$

(R2) Termzerlegung

$$\{(f(t_1,\ldots,t_n),f(u_1,\ldots,u_n)\} \cup N + L \Longrightarrow \{(t_1,u_1),\ldots,(t_n,u_n)\} \cup N + L$$

(R3) Variablensubstitution

$$\{(x,t)\} \cup N + L \Longrightarrow \sigma(N) + \sigma(L) \cup \{(x,t)\},$$

wobei $x \notin Var(t)$ und $\sigma = \{x/t\}$.

DEFINITION

Seien M_1 und M_2 Mengen von Termpaaren. Die Relationen $\Longrightarrow_{Rn}$ ($n \in \{1,2,3\}$) und $\Longrightarrow$ werden zwischen solchen Mengen wie folgt definiert:

$M_1 \Longrightarrow_{Rn} M_2$ gdw M_2 entsteht aus M_1 durch eine einmalige Anwendung der Transformationsregel (Rn).

$M_1 \Longrightarrow M_2$ gdw M_2 entsteht aus M_1 durch eine einmalige Anwendung einer der Transformationsregeln.

Es ist leicht zu überprüfen, daß für $N_1 + L_1 \Longrightarrow N_2 + L_2$ gilt: Wenn L_1 ein Lösungssystem ist, so ist auch L_2 ein Lösungssystem.

2.2. Unifikationstheorem

In diesem Abschnitt möchten wir das bedeutungsvolle Unifikationstheorem (/Robinson 65/) beweisen.

SATZ 2.3 (Unifikationstheorem)

Es sei M eine nichtleere endliche Menge von Termen. Es existiert ein Algorithmus, der feststellt, ob M unifizierbar ist und der, im Fall der Unifizierbarkeit, einen allgemeinsten Unifikator angibt.

Um dieses Theorem zu beweisen, werden wir einen Unifikationsalgorithmus angeben, der die Transformationsregeln benutzt und der die gewünschten Eigenschaften besitzt. Bevor wir diesen Algorithmus angeben, werden wir wichtige Eigenschaften der Transformationsregeln beweisen.

LEMMA 2.4

Wenn M eine unifizierbare Menge von Termpaaren ist und M_1 aus M durch Anwendung einer Transformationsregel entsteht, so ist eine Substitution genau dann ein Unifikator für M, wenn sie ein Unifikator für M_1 ist.

Beweis. Wenn $M \Longrightarrow_{R1} M_1$, so ist die Behauptung trivial. Da für einen Term $t = f(t_1,\ldots,t_n)$ und eine Substitution σ die Gleichung $\sigma(t) = f(\sigma(t_1),\ldots,\sigma(t_n))$ gilt, folgt die Behauptung, falls $M \Longrightarrow_{R2} M_1$. Wir setzen nun voraus, daß M_1 durch die Anwendung der Transformationsregel (R3) aus M entstand, und sei $(x,u) \in M$ das ausgewählte Termpaar. Sei σ_x die Substitution $\{x/u\}$, und sei (r,t) ein Termpaar aus $(M \cup M_1)\setminus\{(x,u)\}$. Wenn $(r,t) \in M$, so ist $(\sigma_x(r),\sigma_x(t)) \in M_1$, und wenn $(r,t) \in M_1$, so existiert ein Termpaar $(r_1,t_1) \in M$, so daß $\sigma_x(r_1) = r$ und

$\sigma_x(t_1) = t$. Da (x,u) sowohl in M als auch in M_1 enthalten ist, folgt aus der Unifizierbarkeit einer dieser beiden Mengen durch eine Substitution σ, daß die Gleichung $\sigma(x) = \sigma(u)$ gilt. Somit gilt $\sigma(t) = \sigma(\sigma_x(t))$ für einen beliebigen Term t. Daraus folgt dann sofort die Behauptung. □

LEMMA 2.5
Sei $M = N + L$ eine Menge von Termpaaren. Wenn in N ein Termpaar existiert, auf das keine Transformationsregel anwendbar ist, kann M nicht unifizierbar sein.

Beweis. Sei (t,u) ein Termpaar aus N, so daß auf (t,u) keine Transformationsregel anwendbar ist. Wenn t keine Variable ist (folglich ist auch u keine Variable wegen der generellen Voraussetzung), müssen die Hauptfunktoren von t und u oder die Stellenzahl verschieden sein, d.h. $t = f(t_1,\dots,t_n)$, $u = g(u_1,\dots,u_m)$ und $f \neq g$ oder $n \neq m$. Wenn t eine Variable ist, so kommt t in dem Term u vor, wobei $t \neq u$. Offensichtlich kann M in beiden Fällen nicht unifizierbar sein. □

LEMMA 2.6
In der Menge der Mengen der Termpaare ist $\Longrightarrow$ eine noethersche Relation, d.h., es existiert keine unendliche Kette der Form $M_1 \Longrightarrow M_2 \Longrightarrow \dots$.

Beweis. Es sei G eine Funktion, die einer Menge von Termpaaren M ein Tripel natürlicher Zahlen wie folgt zuordnet.
$G(M) = (n_1,n_2,n_3)$ gdw
 n_1 ist die Anzahl der verschiedenen Variablen, die in M vorkommen;
 n_2 ist die totale Anzahl der Funktionszeichen, die in M vorkommen;
 n_3 ist die Anzahl der Elemente von M .
In der Menge der Tripel von natürlichen Zahlen sei die Relation > definiert:
$(m_1,m_2,m_3) > (n_1,n_2,n_3)$ gdw

$m_1 > n_1$
<u>oder</u> $m_1 = n_1$ und $m_2 > n_2$
<u>oder</u> $m_1 = n_1$ und $m_2 = n_2$ und $m_3 > n_3$.

Offenbar ist > noethersch in der Menge dieser Tripel. Um zu zeigen, daß die Relation $\Longrightarrow$ noethersch ist, genügt es zu zeigen, daß für $N_1 + L_1 \Longrightarrow N_2 + L_2$ die Bedingung $G(N_1) > G(N_2)$ gilt.
Es sei $G(N_1) = (n_1,n_2,n_3)$. Wenn Regel (R1) für die Transformation verwendet wurde, verringert sich n_3 und zusätzlich eventuell n_1. Bei der Anwendung der Regel (R3) verringert sich n_1 und bei der Anwendung der Regel (R2) verändert sich n_1 nicht, aber n_2 verringert sich. Also ist $G(N_1) > G(N_2)$. □

Wir betrachten den folgenden Algorithmus, der eine modifizierte Variante des Unifikationsalgorithmus von Robinson (/Robinson 65/) darstellt. Wie bereits im Abschnitt 2.1. erläutert wurde, kann vorausgesetzt werden, daß die zu unifizierenden Terme als Menge von Termpaaren dargestellt sind. Falls die eingegebene Menge N von Termpaaren unifizierbar ist, wird eine Menge L von Termpaaren ausgegeben, die ein Lösungssystem ist.

```
begin   L := Nil ; Bool := true ;
   while  N ≠ Nil  &  Bool = true   do
       if  auf N + L ist eine Transformationsregel anwendbar und
            N + L ⟹ N1 + L1
       then  N := N1 ;
             L := L1
       else  Bool := false
   end while ;
   if  Bool = true  then  RETURN(L)
                      else  RETURN("keine Unifikation")
end
```

Aus Lemma 2.6 folgt, daß der angegebene Algorithmus terminiert. Wenn die eingegebene Menge von Termpaaren nicht unifizierbar ist, wird dies vom Algorithmus erkannt (Lemma 2.4, Lemma 2.5). Im anderen Fall wird ein Lösungssystem ausgegeben, aus dem sich dann sofort ein allgemeinster Unifikator für die Ausgangsmenge von Termen ergibt (Lemma 2.4, Satz 2.2). Bemerkenswert ist, daß dieser allgemeinste Unifikator eine idempotente Substitution ist. Somit haben wir das Unifikationstheorem bewiesen.

Wir möchten noch bemerken, daß sich die allgemeinsten Unifikatoren einer endlichen Menge von Termen nur durch Variablenumbenennungen unterscheiden (Satz 2.1).

2.3. Darstellung allgemeinster Unifikatoren

Die allgemeinsten Unifikatoren, die durch die bekannten Unifikationsalgorithmen ermittelt werden, sind immer idempotente Substitutionen. Deshalb besteht nicht die Notwendigkeit, den allgemeinsten Unifikator vollständig anzugeben. Es existieren im wesentlichen drei Möglichkeiten, um den allgemeinsten Unifikator darzustellen:

(1) als Menge von einelementigen Substitutionen $\{x_1/t_1,\ldots,x_n/t_n\}$;

(2) als Folge von Substitutionen $(\sigma_1,\ldots,\sigma_n)$ mit $\sigma_i = x_i/t_i$;

(3) als Bindungsumgebung $BU(\{x_1/t_n,\ldots,x_n/t_n\})$.

Aus den Ergebnissen des Abschnittes 1.2 ergeben sich die folgenden Zusammenhänge. Die eigentliche Darstellung eines allgemeinsten Unifikators ist (1). Dabei gilt $x_i \neq x_j$ für $i \neq j$. Da der allgemeinste Unifikator eine idempotente Substitution ist, kommt außerdem kein x_i in einem t_k vor (Satz 1.3). Zwischen (1) und (2) existiert die Beziehung:

$$\{x_1/t_1,\ldots,x_n/t_n\} = \{y_1/u_1\} \circ \ldots \circ \{y_m/u_m\} .$$

Die Darstellung (3) kann als eine zyklenfreie und umbenennungsfreie Substitution betrachtet werden. Aus dieser kann dann, wie im angegebenen Abschnitt beschrieben wurde (Satz 1.5, Korollar 1.6), eine Folge einelementiger Substitutionen, d.h. die Darstellung (2), gebildet werden. Die Darstellung als Folge der Substitutionen ist allgemein nicht eindeutig.

Beispiel. Zu unifizieren sind die Terme $t = f(f(h(x),g(x)),x)$ und $u = f(f(y_1,y_2),f(a,y_3))$. Eine mögliche Darstellung des allgemeinsten Unifikators als Bindungsumgebung ist $BU(\{x/f(a,y_3),y_1/h(x),y_2/g(x)\})$. Aus dieser Darstellung ergeben sich zwei mögliche Darstellungen als Folge von

Substitutionen: einerseits $(y_1/h(x), y_2/g(x), x(f(a,y_3))$ und andererseits $(y_2/g(x), y_1/h(x), x/f(a,y_3))$. Damit ergibt sich als eigentliche Darstellung des allgemeinsten Unifikators die folgende Substitution: $\{y_1/h(f(a,y_3)), y_2/g(f(a,y_3)), x/f(a,y_3)\}$.

2.4. Unifikation ohne Zyklentest

Um einen Unifikationsalgorithmus ohne Zyklentest angeben zu können, werden zwei weitere Transformationsregeln angegeben, die die Regel (R3) ersetzen, da in dieser Regel der Zyklentest enthalten ist.

(R3.1)

$$\{(x,t)\} \cup N + L \implies N + L \cup \{(x,t)\},$$
falls $x \neq t$ und $(x,u) \notin L$ für einen Term u

(R3.2)

$$\{(x,t)\} \cup N + L \implies N \cup \{(t,u)\} + L,$$
falls $x \neq t$ und $(x,u) \in L$ für einen Term u

Zu beachten ist jetzt aber, daß bei der Anwendung der Regel (R3.1) das Termpaar (x,t) kein Lösungspaar sein muß und folglich L kein Lösungssystem. Bez. der Zerlegung N + L besitzt L die folgende Eigenschaft:

Wenn $(t,u) \in L$, so ist t eine Variable und es existiert kein weiteres Element (t_1,u_1) aus L, so daß $t = t_1$.

Wenn die Regel (R3) durch die Regeln (R3.1) und (R3.2) ersetzt wird, so kann ein Unifikationsalgorithmus ohne Zyklentest analog zu dem gegebenen Algorithmus im Abschnitt 2.2. formuliert werden. Die ausgegebene Menge L von Termpaaren kann als Bindungsumgebung betrachtet werden, d.h., wenn $L = \{(x_1,t_1),\ldots,(x_n,t_n)\}$, so ist $BU(\{x_1/t_1,\ldots,x_n/t_n\})$ eine Darstellung der notwendigen Bindungen für einen Unifikator der eingegebenen Menge von Termpaaren. Natürlich ist nun möglich, daß eine Variable direkt oder indirekt an einen Term gebunden wird, in dem diese Variable selbst vorkommt. Dabei können unendliche, rationale Terme (d.h. diese Terme können durch endliche, gerichtete Graphen, die Zyklen enthalten können, dargestellt werden) entstehen. PROLOG-II ist ein PROLOG-System, das die Behandlung solcher unendlichen Terme ermöglicht (/Colmerauer 82/, /Colmerauer 84/, /van Emden 84/, /Giannesini 86/). Folglich entfällt in diesem System der Zyklentest innerhalb der Unifikation. In seinem Wesen wird der angegebene Unifikationsalgorithmus ohne Zyklentest auch in den meisten implementierten PROLOG-Systemen verwendet. Dabei können beim Auftreten von Zyklen Fehler verschiedenster Art entstehen, die wir hier nicht diskutieren möchten.

In ihrem Kern enthalten eigentlich alle bekannten Unifikationsalgorithmen diesen Unifikationsalgorithmus ohne Zyklentest. Diese Algorithmen unterscheiden sich im wesentlichen in der Art und Weise der Durchführung des Zyklentests.

Der Unifikationsalgorithmus von Boyer/Moore erzeugt den Unifikator als Bindungsumgebung analog zum Unifikationsalgorithmus ohne Zyklentest. Der Zyklentest besteht darin, in der Regel (R3.1) zusätzlich zu testen, ob x in t oder indirekt in t (bez. der bereits in t gebundenen Variablen) vorkommt.

Der Unifikationsalgorithmus von Baxter erzeugt zunächst die Bindungsumgebung BU, wie es in dem Unifikationsalgorithmus ohne Zyklentest erfolgt. Der Zyklentest besteht nun darin, zu überprüfen, ob (BU, <*) eine Halbordnung ist (siehe Satz 1.5). Dazu kann der bekannte topologische Sortieralgorithmus von D. Knuth (/Knuth 68/) verwendet werden. Bei diesem Test wird BU umsortiert, so daß der Unifikator als Substitutionsfolge ausgegeben werden kann, falls der Test positiv ist.

Der Unifikationsalgorithmus von Robinson wurde bereits im Abschnitt 2.2. angegeben. In den beiden folgenden Abschnitten werden zwei weitere Unifikationsalgorithmen etwas ausführlicher beschrieben.

2.5. Der Unifikationsalgorithmus von MARTELLI/MONTANARI

In diesem Abschnitt wird der Unifikationsalgorithmus von Martelli/Montanari (/Martelli 82/) beschrieben. Der Zyklentest ist in diesem Algorithmus indirekt enthalten. In der genannten Orginalarbeit wird auch eine Implementation in PASCAL angegeben.

Es sei M eine endliche unifizierbare Menge von Termen und σ ein Unifikator für M (d.h., $\sigma(M)$ ist einelementig). Wenn M keine Variable als Element enthält, so existiert ein n-stelliges Funktionszeichen f , so daß alle Terme aus M die Form $f(t_1,\ldots,t_n)$ haben (andernfalls wäre M nicht unifizierbar). Es sei M_i die Menge aller Terme, die als i-tes Argument in den Termen $f(t_1,\ldots,t_n)$ vorkommen. Offensichtlich ist σ ein Unifikator für das endliche Mengensystem $MT = \{M_1,\ldots,M_n\}$, d.h., $\sigma(M_i)$ ist für jedes i einelementig. Somit ist M genau dann unifizierbar, wenn MT unifizierbar ist.

Wir betrachten nun ein Mengensystem $MT = \{M_1,\ldots,M_k\}$ endlicher Mengen von Termen, das unifizierbar ist. O.B.d.A. kann angenommen werden, daß für jedes i die Menge M_i wenigstens eine Variable als Element enthält. Andernfalls kann die oben beschriebene Reduzierung durchgeführt werden (es ist dabei auch möglich, daß sich ein M_i zur leeren Menge reduziert, z.B.: $M_i = \{t\}$ und t ist ein Term, in dem keine Variable vorkommt). Weiterhin sei (für jedes i) V_i die Menge der Variablen, die in M_i als Element vorkommen. In MT wird nun die folgende Relation R definiert: $R(M_i,M_j)$ gdw der Durchschnitt von V_i und V_j ist nicht leer. Es ist leicht zu sehen, daß der transitive Abschluß von R eine Äquivalenzrelation in MT ist. Es seien $N_1,\ldots,N_m$ jeweils die Mengen, die sich aus der Vereinigung äquivalenter Mengen aus MT ergeben. Weiterhin sei V_i die Menge der Variablen, die in N_i als Element vorkommen, und sei $NT = \{N_1,\ldots,N_m\}$. Auf Grund der Konstruktion sind V_i und V_j disjunkt, falls i und j verschieden sind. Diesen Vorgang werden wir, wie in /Martelli 82/, als <u>Kompaktifizierung</u> bezeichnen.

Für jedes i sei $T_i = N_i \backslash V_i$ und $V = \{V_1,\ldots,V_m\}$ und $T = \{T_1,\ldots,T_m\}$. Die Relation $< \subseteq V \times V$ wird als transitiver Abschluß der Relation $<_1$ definiert, wobei $V_i <_1 V_j$ gdw es existieren $v \in V_i$ und $u \in T_j$, so daß v in u vorkommt. Sei $|V_i|$ die Anzahl, wie oft eine Variable aus V_i in T vorkommt. $|V_i|$ wird auch als Wert der Variablenmenge V_i bezeichnet werden.

SATZ 2.7

Sei $NT = \{N_0, \ldots, N_m\}$ wie oben definiert, und sei NT unifizierbar. Dann gilt:

(1) $(V , <)$ ist eine Halbordnung,

(2) es existiert ein i, so daß $\neg(V_i <_1 V_j)$ für alle $j \leq m$,

(3) es existiert ein i, so daß $|V_i| = 0$.

Da es algorithmisch aufwendig ist, die syntaktische Gleichheit zweier Terme zu überprüfen, und da es ohne Bedeutung sein wird, ob ein Term in einer Menge von Termen mehrfach auftritt, werden wir T_i jeweils als Multimenge von Termen betrachten. Weiterhin werden wir im folgenden N_i als Multigleichung der Form $V_i = T_i$ ansehen.

Wir benötigen nun die Begriffe <u>gemeinsamer</u> <u>Teil</u> (GT) und <u>Restgleichungen</u> (RG) einer Multimenge M von Termen. GT(M) ist ein Term, und RG(M) ist eine Menge von Multigleichungen. Wenn in M eine Variable x als Element enthalten ist, so ist $GT(M) = x$ und $RG(M) = \{V = N\}$, wobei V die Menge der Variablen aus M ist und $N = M \setminus V$. Wenn ein Funktionszeichen f und eine natürliche Zahl n existieren, so daß alle Terme aus M die Form $f(t_1, \ldots, t_n)$ besitzen, so sei M_i die Menge aller Terme, die als i-tes Argument in den Termen aus M vorkommen, und es ist $GT(M) = f(GT(M_1), \ldots, GT(M_n))$ und $RG(M) = RG(M_1) \cup \ldots \cup RG(M_n)$. GT(M) und RG(M) existieren nicht, falls einer dieser Bedingungen nicht erfüllt ist.

Beispiel:

Sei $M = (f(x_1, g(a, f(x_5, b))),\ f(h(c), g(x_2, f(b, x_5))),\ f(h(x_4), g(x_6, x_3)))$.

Dann ist:

$GT(M) = f(x_1, g(x_2, x_3))$

$RG(M) = \{ \{x_1\} = (h(c), h(x_4)),\ \{x_2, x_3\} = (a),\ \{x_3\} = (f(b, x_5), f(x_5, b)) \}$.

Eine algorithmische Definition dieser Begriffe ist in /Martelli 82/ enthalten.

Nun kann der Unifikationsalgorithmus von Martelli/Montanari angegeben werden. Seien t und u zwei zu unifizierende Terme, und sei z eine Variable, die in t und u nicht vorkommt. Als Anfangsproblem betrachten wir die Menge der Multigleichungen MT, die aus der Multigleichung $\{z\} = (t, u)$ und allen Gleichungen der Form $\{x\} = \emptyset$ für alle Variablen x, die in t oder u vorkommen, besteht.

```
begin Wertberechnung der Variablenmenge durchführen; MS := Nil ;
  while  MT ≠ Nil  do
     wähle V = T aus MT, so daß |V| = 0 ;
     wenn dies nicht möglich ist: STOP - "keine Unifikation" (Zyklus !)
     if  T = Nil
     then  MS := MS ⊕ V=T ; MT := MT\{V=T}
     else  C := GT(T) ; wenn C nicht existiert: STOP-"keine Unifikation";
           F := RG(T) ; MT := MT\{V=T} ∪ F ; MS := MS ⊕ V=C ;
           Kompaktifizierung und neue Wertberechnung von MT
     end if
  end while ;
    STOP -"mit Erfolg"
end
```

Aus MS ergibt sich dann sofort der allgemeinste Unifikator, der zunächst als Folge der Substitutionen vorliegt.

Bemerkung: Die neue Wertberechnung der Variablenmengen in MT ergibt sich fast ohne zusätzlichen Aufwand während des Abarbeitungsprozesses.

BEISPIEL

Zu unifizieren sind die Terme $t = f(g(x_1),x_1,g(h(b)))$ und $u = f(x_2,h(x_3),x_2)$.

Sei z eine Variable, die in t und in u nicht vorkommt. Als Anfangsproblem kann dann die Menge der Multigleichungen MT = $\{\{z\} = (t,u), \{x_1\} = \emptyset, \{x_2\} = \emptyset, \{x_3\} = \emptyset\}$ betrachtet werden. Die Bewertung der Variablenmengen ist $|\{z\}| = 0$, $|\{x_1\}| = 2$, $|\{x_2\}| = 1$, $|\{x_3\}| = 2$. Da nur für {z} der Wert 0 ist, muß zuerst die Multigleichung $\{z\} = (t,u)$ betrachtet werden.

(1) Der gemeinsame Teil von (t,u) ist $f(x_2,x_1,x_2)$, und die Restgleichungen sind $\{x_2\} = (g(x_1))$, $\{x_1\} = (h(x_3))$, $\{x_2\} = (g(h(b)))$. Nach der Kompaktifizierung erhält man die folgenden Multigleichungen als noch zu lösende Probleme:

a) $\{x_1\} = (h(x_3))$,

b) $\{x_2\} = (g(x_1),g(h(b)))$,

c) $\{x_3\} = \emptyset$.

Die neue Bewertung ist $|\{x_1\}| = 1$, $|\{x_2\}| = 0$, $|\{x_3\}| = 1$. Da $|\{x_2\}| = 0$, kann das Verfahren mit der Multigleichung b) fortgesetzt werden.

(2) Der gemeinsame Teil von $(g(x_1),g(h(b)))$ ist natürlich $g(x_1)$, und die Restgleichung ist $\{x1\} = (h(b))$. Folglich ist $x_2/g(x_1)$ das erste Element der gesuchten Substitutionsfolge. Nach der Kompaktifizierung ergeben sich als restliche Multigleichungen d) $\{x_1\} = (h(x_3),h(b))$ und e) $\{x_3\} = \emptyset$. Da bez. der neuen Wertberechnung $|\{x_1\}| = 0$, kann das Verfahren mit d) fortgesetzt werden. Der gemeinsame Teil ist $h(x_3)$, und $x_1/h(x_3)$ ist das nächste Element der Substitutionsfolge.

(3) Nun ist noch die Multigleichung $\{x_3\} = (b)$ mit $|\{x_3\}| = 0$ zu betrachten. Als letztes Element der Substitutionsfolge ergibt sich x_3/b.

Die Unifizierung konnte somit erfolgreich beendet werden, und die Substitutionsfolge $(x_2/g(x_1), x_1/h(x_3), x_3/b)$ ist eine Darstellung für den allgemeinsten Unifikator der Terme t und u.

Der Algorithmus von Martelli/Montanari kann noch effektiver implementiert werden, wenn die Terme als Multiterme dargestellt werden. Bei der Bildung des Multiterms kann ein möglicher syntaktischer Widerspruch eher erkannt werden (siehe /Martelli 82/).

DEFINITION

T ist ein <u>Multiterm</u>, wenn T = Nil oder $T = f(P_1,\ldots,P_n)$, wobei $P_i = \langle V_i,M_i\rangle$, V_i Menge von Variablen und M_i Multiterm.

Beispiel. Die Menge der Terme {f(x,g(a,y)), f(b,x), f(x,y)} kann durch den Multiterm f(<{x},b>,<{x,y},g(<Nil.a>,<{y},Nil>)>) dargestellt werden.

2.6. Der Unifikationsalgorithmus von PATERSON/WEGMAN

Der Unifikationsalgorithmus von Paterson/Wegman (/Paterson 78/) enthält einen effektiven Zyklentest und besitzt eine lineare Zeit-Komplexität. Die Terme werden als gerichtete azyklische Graphen dargestellt.

Beispiel: Die Terme f(g(x),h(x),g(a)) und f(g(a),y,z) werden dargestellt als

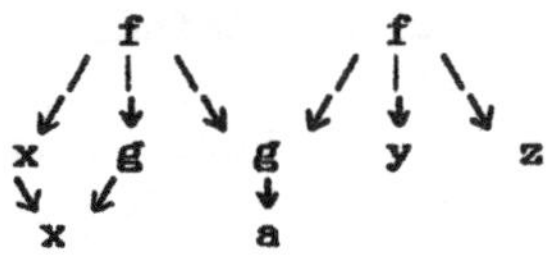

DEFINITION
Ein <u>Termgraph</u> ist ein gerichteter azyklischer Graph, dessen Knoten nur aus <u>Funktionsknoten</u> (FK) und <u>Variablenknoten</u> (VK) bestehen.

DEFINITION
Es sei G ein Termgraph, R eine Äquivalenzrelation auf der Menge der Knoten von G. R ist <u>gültig</u> in G, wenn folgende Bedingungen gelten.

(i) Wenn $f,g \in FK$ und $R(f,g)$, so sind die Argumente von f und g auch paarweise R-äquivalent.

(ii) Jede R-Äquivalenzklasse ist homogen, d.h., sie enthält keine Knoten verschiedener Funktionssymbole.

(iii) Die R-Äquivalenzklassen können partiell geordnet werden (bez. der durch G induzierten Ordnung).

DEFINITION

(i) Zwei Knoten eines Termgraphen sind <u>unifizierbar</u>, wenn die Terme, die sie repräsentieren, unifizierbar sind.

(ii) Eine <u>Wurzel</u> ist ein Knoten ohne Vorgänger. Eine Äquivalenzklasse eines Termgraphen ist eine <u>Wurzelklasse</u>, wenn sie nur Wurzeln enthält.

SATZ 2.8 (/Paterson 78/)

(i) Die Knoten u,v eines Termgraphen sind genau dann unifizierbar, wenn eine gültige Äquivalenzrelation mit $u = v$ existiert.

(ii) Jede nichtleere Äquivalenzklasse, die die Bedingung (iii) der Gültigkeit erfüllt, besitzt eine Wurzelklasse.

Die Bedingung (iii) der Gültigkeit und die Behauptung (ii) dieses Satzes bilden bei diesem Unifikationsalgorithmus die Grundlage des enthaltenden Zyklentestes.

Nun läßt sich der Unifikationsalgorithmus von Paterson/Wegman angeben. Die Eingabe besteht aus zwei Terme t und u ; die Ausgabe ist, falls die Unifikation erfolgreich war, der allgemeinste Unifikator (mgu), der als Substitutionsfolge ausgegeben wird.

```
begin setze t = u ; MS := Nil ;
   while  existiert Wurzelklasse W   do
      begin
        wenn W nicht homogen: STOP-"keine Unifikation",
        sei W = {W1,...,Wk} und sei W1 Funktionsknoten, falls W einen
        solchen enthält ;
        for  i = 2  step  1  until  k  do
        begin wenn Wi Variablenknoten, so MS := MS ⊕ Wi/W1,
                 wenn Wi Funktionsknoten, so
                 for  j = 1  step  1  until  (outdegree(W1))  do
                 setze j-ten Nachfolger von Wi = j-ten Nachfolger von W1
          end
        streiche die Knoten von W und die entsprechenden Kanten
      end
    end while;
   if   ein Knoten wird nicht gestrichen
   then  "keine Unifikation"  STOP
   else  mgu := MS
 end
```

Die Operation $\oplus$ ist das Anfügen einer Substitution an das Ende einer Folge von Substitutionen. Eine Verfeinerung dieses Unifikationsalgorithmus, besonders bez. der effektiven Suche der Wurzelklasse, wird in /Paterson 78/ angegeben.

BEISPIEL

Zu unifizieren sind die Terme $t = f(g(x_1), x_1, g(h(b)))$ und $u = f(x_2, h(x_3), x_2)$ (dies ist das gleiche Beispiel wie im Abschnitt 2.5.). Die entsprechenden Äquivalenzklassen, die schrittweise erzeugt werden, seien durch "...." markiert.

(0)

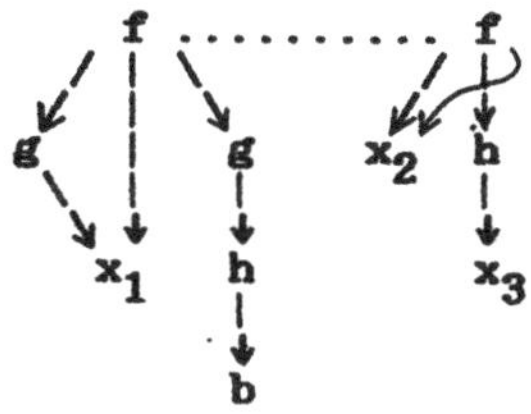

(1)

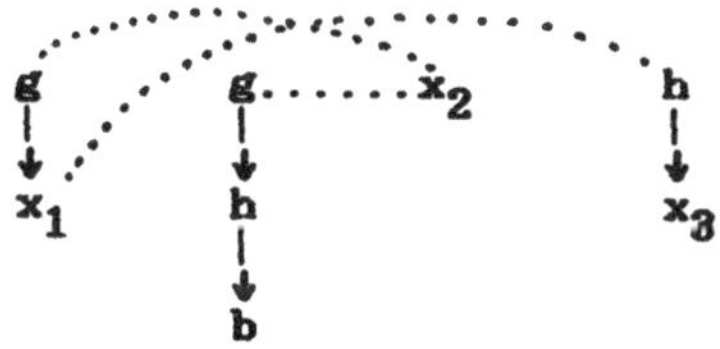

Von diesen beiden Äquivalenzklassen ist nur die eine Wurzelklasse, die die beiden Knoten x_2 und g enthält. Folglich ist $MS := (x_2/g(x_1))$.

(2)

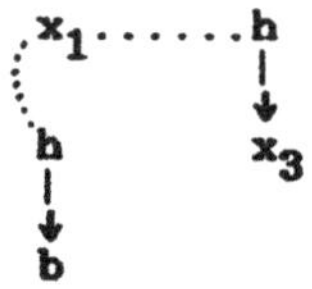

Da die Äquivalenzklasse eine Wurzelklasse ist, ist $x_1/h(b)$ das nächste Element der Substitutionsfolge, und das Verfahren kann fortgesetzt werden.

(3) Im letzten Schritt wird dann noch x_3/b an die Substitutionsfolge angefügt. Somit ist die Unifikation erfolgreich, und eine Darstellung des gesuchten allgemeinsten Unifikators ist $(x_2/g(x_1), x_1/h(b), x_3/b)$.

2.7. Bemerkungen und Beispiele

1. Welcher Unifikationsalgorithmus bei einer konkreten Anwendung der effektivste ist, hängt von vielen Faktoren ab. So wird z.B. in /Corbin 83/ gezeigt, daß ein modifizierter Unifikationsalgorithmus von Robinson bei bestimmten Testdaten etwa genau so effektiv arbeitet wie der von Martelli/Montanari, falls die Terme nicht als Bäume, sondern als Graphen dargestellt werden. Dies bedeutet, daß gleiche Teilterme nur einmal registriert werden. Außerdem ist zu beachten, daß zwar der Unifikationsalgorithmus von Paterson/Wegman eine lineare Komplexität besitzt, daß aber der Linearitätsfaktor relativ groß ist. Folglich wird dieser Algorithmus nur effektiver sein, wenn die zu unifizierenden Terme sehr komplex sind.

2. P.Trum und G.Winterstein haben verschiedene Unifikationsalgorithmen in PASCAL implementiert und durch praktische Versuche verglichen (siehe /Trum 78/). Bei diesen Vergleichen wurden nur erfolgreiche Unifikationen untersucht. Es ergaben sich u.a. folgende Ergebnisse:
a) Der Unifikationsalgorithmus von Martelli/Montanari ist in allen betrachteten Fällen der schnellste (auch noch schneller als der Unifikationsalgorithmus ohne Zyklentest).
b) Der Unifikationsalgorithmus ohne Zyklentest ist dann allgemein besser als die restlichen Algorithmen.
c) Der Unifikationsalgorithmus von Baxter erwies sich als der bessere von den restlichen.

3. Als Beispiel möchten wir die Realisierung eines einfachen Unifikationsalgorithmus ohne Occur-check in LISP angeben. Terme werden in LISP durch Listen repräsentiert. Die Funktion UNIFY hat als Argumente die beiden zu unifizierenden Terme Term1 und Term2. Die Bindungsumgebung *Env* wird durch eine A-Liste repräsentiert, wobei *Env* als globale Variable deklariert wird. Falls die Terme nicht unifizierbar sind, ist NIL der Wert der Funktion UNIFY. Andernfalls ist die aktualisierte Bindungsumgebung *Env* dieser Wert. VARIBLEP ist eine Testfunkon, die feststellt, ob ein Term eine Variable ist. (NLISTP Arg) ergibt nur dann NIL, wenn Arg eine Liste ist.

```
(DEFVAR *Env*)

(DEFUN ULT (Term)
   (IF (ASSOC Term *Env*) (ULT (CDR (ASSOC Term *Env*))) Term}

(DEFUN UNIFY (Term1 Term2)
   (IF (UNIFY1 Term1 Term2) *Env* NIL))
```

```
(DEFUN UNIFY1 (T1 T2)
   (COND ((EQUAL T1 T2))
         ((VARIABLEP T1)
            (SETQ *Env* (CONS (CONS T1 T2) *Env*)))
         ((VARIABLEP T2)
            (SETQ *Env* (CONS (CONS T2 T1) *Env*)))
         ((NLISTP T1) NIL)
         ((NLISTP T2) NIL)
         ((UNIFY1 (ULT (CAR T1)) (ULT (CAR T2)))
          (UNIFY1 (ULT (CDR T1)) (ULT (CDR T2}
```

4. Wie bereits erwähnt, wurde die Unifikation in den meisten PROLOG-Systemen ohne Zyklentest implementiert. In solchen Systemen können aber auch Programme geschrieben werden, die diesen Test zusätzlich enthalten. Dazu muß eine zweistellige Prozedur 'unify' verwendet werden, die die Unifizierung mit Zyklentest durchführt. Diese Prozedur kann in PROLOG selbst definiert werden (siehe unten). Außerdem müssen die Programmklauseln eine bestimmte Form haben. Im Kopf einer solchen Klausel darf jede Variable höchstens einmal vorkommen. Die Variablen, die im Kopf gleich sein müßten, müssen innerhalb der Klausel mit Hilfe der Prozedur 'unify' unifiziert werden. So muß z.B. anstatt "p(f(X),g(X)) :- q1,q2." die Klausel "p(f(X),g(Y)) :- unify(X,Y),q1,q2." geschrieben werden. Die Prozedur 'unify' wird in PROLOG wie folgt definiert.

```
unify(T,U) :- T==U,!.
unify(T,U) :- var(T),!,
              noccur(T,U),T=U.
unify(T,U) :- var(U),!,
              noccur(U,T),T=U.
unify(T,U) :- T=..[F|Lt],U=..[F|Lu],
              unifylist(Lt,Lu).

unifylist([],[]) :- !.
unifylist([T|Lt],[U|Lu]) :- unify(T,U),
                            unifylist(Lt,Lu).
```

Der Zyklentest (Occur-check) wird durch das Prädikat noccur(X,T) durchgeführt. Dieses Prädikat ist nur dann wahr, wenn die Variable X nicht in T vorkommt; es wird wie folgt definiert:

```
noccur(X,T) :- atomic(T),!.
noccur(X,T) :- var(T),!,
               X \== T.
noccur(X,[T|L]) :- !,
                   noccur(X,T),
                   noccur(X,L).
noccur(X,T) :- T =.. [F|L],
               noccur(X,L).
```

Die verwendeten built-in Prädikate haben die folgende Bedeutung:

T == U	T und U sind streng identisch,
T \== U	T und U sind nicht streng identisch,
var(T)	T ist eine Variable,

atomic(T) T ist eine Konstante oder eine Zahl,

T = U das Prädikat ist durch X=X definiert und bedeutet folglich die Unifizierung von T und U bez. dem im System implementierten Unifikationsalgorithmus,

T =.. L T ist ein Term, und L ist die Liste, die aus dem Funktionsnamen von T und den Argumenten besteht (Beispiel: f(t,u) =.. [f,t,u]).

3. UNIFIKATION MODULO GLEICHUNGSTHEORIE

Einige wichtige Aspekte der Forschung auf dem Gebiet der Unifikation modulo Gleichungstheorie werden in diesem Abschnitt dargestellt. Nachdem im Abschnitt 3.1. wichtige Grundbegriffe erläutert wurden, werden in 3.2. einige Ergebnisse der T-Unifikation bez. spezieller Gleichungstheorien genannt. Im Abschnitt 3.3. werden wichtige Ergebnisse der universellen T-Unifikation zusammengestellt.

3.1. Einführung und Grundbegriffe

Es sei T eine Gleichungstheorie. Zwei Terme t und u aus T(F,VAR) heißen T-unifizierbar, wenn eine Substitution σ existiert, so daß $\sigma(t) =_T \sigma(t)$. Diese Substitution σ heißt dann T-Unifikator für die Terme t und u . Die Menge der T-Unifikatoren zweier Terme t und u bezeichnen wir mit $U_T(t,u)$. Falls t und u nicht T-unifizierbar sind, ist $U_T(t,u)$ die leere Menge.

Aus Satz 1.7 folgt, daß zwei Terme t und u genau dann T-unifizierbar sind, wenn eine Grundsubstitution σ existiert, so daß die Gleichung $\sigma(t) = \sigma(u)$ im kleinsten kanonischen Modell von T enthalten ist. Eine vollständige Menge von T-Unifikatoren für zwei Terme t und u ist eine vollständige Teilmenge von $U_T(t,u)$. Analog ist eine minimale vollständige Menge von T-Unifikatoren für t und u eine minimale vollständige Teilmenge von $U_T(t,u)$, die wir mit $MGU_T(t,u)$ bezeichnen werden. Für $MGU_T(t,u)$ gilt folglich:

(i) $MGU_T(t,u) \subseteq U_T(t,u)$;

(ii) für alle $\sigma_1 \in U_T(s,t)$ existiert $\sigma_2 \in MGU_T(t,u)$, so daß $\sigma_1 \leq_T \sigma_2$;

(iii) es existieren keine zwei verschiedene Substitutionen σ_1, σ_2 aus $MGU_T(t,u)$, so daß $\sigma_1 \leq_T \sigma_2$.

Eine minimale vollständige Menge von T-Unifikatoren $MGU_T(t,u)$ wird auch als eine Menge allgemeinster T-Unifikatoren für t und u bezeichnet. Vom algebraischen Standpunkt ist $MGU_T(t,u)$ eine Basis für $U_T(t,u)$. Wenn es nicht zu Verwechslungen führen kann, werden wir für die Mengen $MGU_T(t,u)$ und $U_T(t,u)$ auch die Bezeichnungen U_T und MGU_T verwenden. Wenn eine Menge $MGU_T(t,u)$ existiert, so ist diese allgemein nur bis auf $\Longleftrightarrow_T$ eindeutig bestimmt.

Ein Unifikationsalgorithmus ist vollständig bez. einer Gleichungstheorie T, wenn für beliebige Terme t,u dieser Algorithmus eine vollständige Menge von T-Unifikatoren erzeugt, falls t und u T-unifizierbar sind. Wir setzen voraus, daß ein vollständiger Unifikationsalgorithmus auch korrekt ist, d.h. nur Substitutionen erzeugt, die auch T-Unifikatoren sind.

Im Unterschied zur syntaktischen Unifikation ist es bei der T-Unifikation von Bedeutung, ob zwei Terme oder eine endliche Menge von Termpaaren zu unifizieren sind. In /Bürckert 87/ wird eine solche Gleichungstheorie E angegeben, daß $MGU_E(t,u)$ immer existiert, aber es auch Terme s,t,u,v gibt, so daß $MGU_E(\{(s,t),(u,v)\})$ nicht existiert. Deswegen werden wir im folgenden die T-Unifikation nur bez. zweier Terme betrachten.

Sowohl für die Theorie als auch für die praktische Anwendung ist es sehr nützlich, wenn zusätzlich noch die folgende technische Bedingung bez. der Definition von MGU_T gefordert wird (sei $W \in VAR$ mit $Var(s) \cup Var(t) \subseteq W$):

(0) $Vcod(\sigma)$ und W sind disjunkt für alle $\sigma \in MGU_T(t,u)$.

Wenn die Bedingungen (0)-(iii) für MGU_T erfüllt sind, wobei jeweils $\sigma_1 \leq_T \sigma_2$ durch $\sigma_1 \leq_T \sigma_2$ [W] ersetzt wird, so heißt MGU_T eine Menge allgemeinster T-Unifikatoren disjunkt mit W (away from W).

Aus dem 2. Abschnitt ist bekannt, daß für $T = \emptyset$ eine Menge MGU_T immer einelementig ist, falls die Terme unifizierbar sind (Satz 2.1). Dies gilt aber nicht für beliebige Gleichungstheorien. Es existieren auch Gleichungstheorien und T-unifizierbare Terme t und u , so daß $MGU_T(t,u)$ unendlich ist, bzw. $MGU_T(t,u)$ nicht existiert.

Beispiel. Es sei $T = \{f(x,f(y,z)) = f(f(x,y),z)\}$. Für die Terme $t = f(a,x)$ und $u = f(x,a)$ existieren unendlich viele allgemeinste T-Unifikatoren:

$\sigma_1 = \{x/a\}$,
$\sigma_2 = \{x/f(a,a)\}$,
$\sigma_3 = \{x/f(a,f(a,a))\}$,
$\sigma_4 = \{x/f(a,f(a,f(a,a)))\}$,
...

DEFINITION
Eine Gleichungstheorie T ist vom Typ

(i) 1 (unitary), wenn MGU_T immer existiert und höchstens ein Element enthält;
(ii) ω (finitary), wenn MGU_T immer existiert und endlich ist (und T nicht vom Typ 1 ist);
(iii) ∞ (infinitary), wenn MGU_T immer existiert und Terme t, u existieren, so daß $MGU_T(t,u)$ unendlich ist;
(iv) 0 (nullary), sonst.

Ein interessantes Ergebnis, das das Verhältnis zwischen Theorien vom Typ ω und Theorien vom Typ ∞ charakterisiert, ist von R.Book und J.Siekmann.

SATZ 3.1 (/Book 86/)
Sei T eine geeignete Gleichungstheorie T. Wenn T vom Typ ω ist, so existiert keine natürliche Zahl n, so daß $card(MGU_T(t,u)) \leq n$ für alle Terme t,u aus T(F,VAR).

Eine Gleichungstheorie ist im Sinne dieses Satzes geeignet, wenn in F wenigstens ein n-stelliges Funktionszeichen mit $n > 1$ vorkommt.

Es existieren im wesentlichen vier Grundmethoden zur algorithmischen

Bestimmung von T-Unifikatoren.

(1) Es werden für bestimmte Gleichungstheorien spezielle Unifikationsalgorithmen entwickelt;

(2) Die Gleichungen, die T repräsentieren, werden zur Datenbasis hinzugefügt, und es wird eine spezielle Ableitungsregel, wie z.B. die Paramodulation, zusätzlich verwendet;

(3) Entwicklung spezieller Ableitungsregeln, die die entsprechenden Gleichungen enthalten;

(4) Verwendung spezieller Termersetzungssysteme.

Die Methode (1) hat den Nachteil, daß für jede neue Gleichungstheorie auch neue Unifikationsalgorithmen zu entwickeln sind. Die Methode (2) ist oft nicht effektiv. Die derzeitigen Forschungen konzentrieren sich hauptsächlich auf die Anwendung von (4) und die Anwendung einer Kombination von (3) und (4). So kann z.B. in einem kanonischen Termersetzungssystem nicht ausgedrückt werden, daß eine Funktion kommutativ ist. Deswegen ist es sinnvoll, Ableitungsregeln, die die Kommutativität bestimmter Funktionen direkt beinhalten, mit der Verwendung von Termersetzungssytemen zu kombinieren.

3.2. Ergebnisse für spezielle Theorien

In diesem Abschnitt werden einige Forschungsergebnisse auf dem Gebiet der Unifikationstheorie bez. spezieller Gleichungstheorien angegeben. Diese Theorien werden durch eine Kombination der folgenden Gleichungen definiert.

A (Assoziativität)	$f(f(x,y),z) = f(x,f(y,z))$
K (Kommutativität)	$f(x,y) = f(y,x)$
D (Distributivität)	$f(x,g(y,z)) = g(f(x,y),f(x,z))$ $f(g(x,y),z) = g(f(x,z),f(y,z))$
I (Idempotenz)	$f(x,x) = x$

Außerdem werden wir die folgenden Abkürzungen für die Axiome der entsprechenden Gleichungstheorien verwenden.

QG - Quasigruppen
AG - Abelsche Gruppen
BR - Boolesche Ringe

Die genannten Ergebnisse sind in einer entsprechenden Tabelle in /Siekmann 86b/ enthalten, in der noch weitere Gleichungstheorien betrachtet werden.

Theorie T	Typ von T	T-Unifikation entscheidbar?	A_T?	Literaturhinweise
∅	1	ja	ja	/Robinson 65/,/Huet 75/,/Martelli 82/, /Boyer 72/,/Baxter 75/,/Paterson 78/
A	∞	ja	ja	/Plotkin 72/,/Siekmann 75/, /Makanin 77/
K	ω	ja	ja	/Siekmann 76/
A+K	ω	ja	ja	/Stickel 81/,/Livesey 76/
A+I	0	ja	?	/Siekmann 82/,/Schmidt-Schauß 86a/
K+I	ω	ja	ja	/Raulefs 78/
A+K+I	ω	ja	ja	/Livesey 76/, /Büttner 86/
D	∞	?	ja	/Szabo 82/,/Arnberg 85/,/Mzali 86/
D+A	∞	nein	ja	/Szabo 82/
D+K	∞	?	ja	/Szabo 82/
D+A+K	∞	nein	ja	/Szabo 82/
D+A+I	?	ja	?	/Szabo 82/
QG	ω	ja	ja	/Hullot 80/
AG	ω	ja	ja	/Lankford 84/
BR	1	ja	ja	/Martin 86/

A_T? ist eine Abkürzung der folgenden Frage: Existiert ein Unifikationsalgorithmus A_T für die Gleichungstheorie T, so daß

(1) A_T erzeugt eine vollständige Menge von T-Unifikatoren;

(2) A_T terminiert, falls T vom Typ 1 oder ω ist;

(3) wenn T vom Typ ∞ ist, so erzeugt A_T eine minimale vollständige Menge von T-Unifikatoren.

3.3. Universelle Unifikationsalgorithmen

Besonders interessant sind Unifikationsalgorithmen, die nicht nur für eine spezielle Gleichungstheorie, sondern für eine bestimmte Klasse von Gleichungstheorien anwendbar sind. Die Klasse der Gleichungstheorien, die durch kanonische Termersetzungssysteme definiert werden können, ist dabei von besonderer Bedeutung. <u>Narrowing</u> ist eine universelle Unifikationsmethode für Gleichungstheorien dieser Klasse und verwendet die Narrowingrelation (siehe Abschnitt 1.4.). Diese Methode wurde in /Slagle 74/ eingeführt und in /Fay 79/ und /Hullot 80/ studiert. Inzwischen wurden verschiedene Unifikationsalgorithmen entwickelt, die diese Methode verwenden. In /Rety 87/ ist eine Übersicht solcher Unifikationsalgorithmen enthalten. Ein einfacher Algorithmus, der in /Rety 87/ als einfaches Narrowing bezeichnet wird, kann wie folgt formuliert werden:

> Wenn t und u zwei zu unifizierende Terme sind, so wende die Narrowing-Relation -^-> so lange auf diese Terme an, bis zwei Terme entstehen, die syntaktisch unifizierbar sind. Die gesuchte Substitution ergibt sich aus der Komposition der verwendeten Substitutionen.

Die Narrowing-Relation kann in diesem Algorithmus als Transformationsregel betrachtet werden. In /Hullot 80/ wird gezeigt, daß dies ein vollständiger Unifikationsalgorithmus für Gleichungstheorien dieser Klasse ist (siehe folgenden Satz). Aus diesem Satz ergibt sich auch, wie die T-Unifikatoren zu bilden sind.

SATZ 3.2 (/Hullot 80/)
Es sei T eine Gleichungstheorie, die durch ein kanonisches Termersetzungssystem R definiert wird, und es seien t und u Terme. Wenn M die Menge aller der Substitutionen σ ist, für die eine solche Narrowing-Folge $(t,u) = C_1 \,\text{-}\hat{}\!\!\rightarrow_{\sigma_2} C_2 \,\text{-}\hat{}\!\!\rightarrow_{\sigma_3} \dots \,\text{-}\hat{}\!\!\rightarrow_{\sigma_n} C_n = (t_n,u_n)$ existiert, daß t_n und u_n syntaktisch durch den allgemeinsten Unifikator τ unifizierbar sind, $\sigma_n \circ\dots\circ \sigma_2$ ist normalisiert und $\sigma = \tau \circ \sigma_n \circ\dots\circ \sigma_2$, so ist M eine vollständige Menge von T-Unifikatoren für die Terme t und u .

Einen anderen Unifikationsalgorithmus, der auf der Narrowing-Methode beruht, erhält man, wenn eine leicht veränderte Narrowing-Relation -n-> , die wir als normalisierte Narrowing-Relation bezeichnen möchten (siehe /Rety 87/), verwendet wird:

t-n->u gdw es existiert ein Term r , so daß t-^->r und $u = r\downarrow$.

Wenn -^-> im Unifikationsalgorithmus durch -n-> ersetzt wird, so erhält man einen veränderten Unifikationsalgorithmus, der als normalisiertes Narrowing bezeichnet werden kann. In /Rety 85/ wird gezeigt, daß dieser Algorithmus vollständig ist.

In /Gallier 87/ wird ein universeller Unifikationsalgorithmus für beliebige Gleichungstheorien angegeben. Dieser Algorithmus ist eine Erweiterung des im Abschnitt 2.2. angegebenen syntaktischen Unifikationsalgorithmus und benutzt folglich auch die Transformationsregeln (R1), (R2) und (R3) aus Abschnitt 2.1. Zusätzlich werden zwei weitere Transformationsregeln formuliert. Wir betrachten wieder eine Menge von Termpaaren M mit der generellen Voraussetzung (siehe Abschnitt 2.1.). Es sei T eine Gleichungstheorie. Die zusätzlichen Transformationsregeln sind:

(R4) $\{(u,v)\} \cup M \Longrightarrow \{(u,s),\ (v,t)\} \cup M$, wenn die folgenden Bedingungen erfüllt sind
- v ist keine Variable,
- wenn u eine Variable ist, so $u \in Var(v)$,
- s = t oder t = s ist eine Variante einer Gleichung aus T, so daß $Var(\{t,s\}) \cap (Var(M) \cup Var(\{u,v\})) = \emptyset$,
- wenn t keine Variable ist, so existiert ein $f \in F$, so daß $t = f(t_1,\dots,t_n)$ und $v = f(v_1,\dots,v_n)$.

Anschließend darf die Regel (R4) nicht auf das Termpaar (u,t) angewendet werden !

(R5) $\{(x,f(v_1,\dots v_n))\} \cup M \Longrightarrow$
$\{(x,f(y_1,\dots,y_n)),\ (f(y_1,\dots,y_n),f(v_1,\dots,v_n))\} \cup M,$
wenn $x \in Var(f(v_1,\dots,v_n))$ und $y_1,\dots,y_n$ neue Variablen sind.
Anschließend ist (R3) auf das Paar $(x,f(y_1,\dots,y_n))$ und dann (R2) auf das Paar $(f(y_1,\dots,y_n),f(v_1,\dots,v_n))$ anzuwenden!

Nun können wir einen nichtdeterministischen Unifikationsalgorithmus formulieren:

> Forme eine Menge von Termpaaren durch die wiederholte Anwendung der Transformationsregeln (R1)-(R5) unter Beachtung der Anwendungsbedingungen in (R4) und (R5) so um, daß ein Lösungssystem entsteht, falls dies möglich ist.

Analog zur syntaktischen Unifikation ergibt sich aus einem Lösungssystem sofort eine idempotente Substitution. Offensichtlich ist diese Substitution für das Lösungssystem ein T-Unifikator.

SATZ 3.3 (/Gallier 87/)
Die Menge der Substitutionen, die der angegebene Unifikationsalgorithmus erzeugt, ist eine vollständige Menge von T-Unifikatoren.

Ein interessanter universeller Unifikationsalgorithmus wird in /Martelli 86/ angegeben. Dieser Algorithmus ist vollständig für alle Gleichungstheorien, die durch kanonische Termersetzungssysteme definiert werden können. Grundlage dieses Algorithmus sind die Transformationsregeln (R1)-(R3) und eine Kombination der Transformationsregeln (R4) und (R5), die wir mit (R6) und (R7) bezeichnen. Es sei T eine Gleichungstheorie und R ein Termersetzungssystem, das T definiert.

(R6) Äußere Termersetzung

$\{(f(t_1,\ldots,t_n),s)\} \cup M \Longrightarrow \{(r,s),(t_1,u_1),\ldots,(t_n,u_n)\} \cup M$,
wobei $f(u_1,\ldots,u_n) \Rightarrow r$ eine Ersetzungsregel aus R ist.

(R7) Termersetzung

$\{(t,s)\} \cup M \Longrightarrow \{(w,s),(t_1,u_1),\ldots,(t_n,u_n)\} \cup M$,
wenn $v = f(t_1,\ldots t_n)$ ein Teilterm von t, $u \Rightarrow r$ mit $u = f(u_1,\ldots,u_n)$ eine Ersetzungsregel aus R und $w = t[v \leftarrow u]$.

Diese beiden Transformationsregeln können sowohl auf den linken als auch auf den rechten Term eines Termpaares angewendet werden. Bei der entstehenden Menge müssen eventuell die Terme eines Termpaares vertauscht werden, damit die generelle Voraussetzung bez. einer Menge von Termpaaren erfüllt bleibt (siehe Abschnitt 2.1.).

Mit Verwendung der Transformationsregeln (R1)-(R3), (R6) und (R7) kann nun ein nichtdeterministischer Unifikationsalgorithmus formuliert werden. Auch bei diesem Algorithmus wird eine Menge M von Termpaaren durch Anwendung der Transformationsregeln in ein Lösungssystem L umgeformt, falls dies möglich ist.

```
begin  L := Nil ;
  while  M ≠ Nil  do  wähle ein Termpaar (t,u) aus M aus ;
    if  t ∈ VAR  und  t = u
    then  M := M\{(t,u)}  (Anwendung von (R1))
    else
      if  t ∈ VAR  und t kommt in u vor
      then  M1  entsteht aus M durch Anwendung von (R7)  auf (t,u);
                wenn  (R7) nicht anwendbar ist:  STOP - "keine Unifikation"
      else  M1  entsteht aus M durch Anwendung der Regel (R2) oder (R3)
```

```
          oder  (R6) auf (t,u);  wenn keine dieser  Regeln  anwendbar
          ist: STOP - "keine Unifikation"
      endif;   M := M1
    endif
  endwhile;   RETURN(L)
end
```

Im folgenden werden wir diesen Algorithmus als Unifikationsalgorithmus von Martelli bezeichnen.

SATZ 3.4 (/Martelli 86/)
Der angegebene Unifikationsalgorithmus ist vollständig für Gleichungstheorien, die durch kanonische Termersetzungssysteme definiert werden können.

Dieser Algorithmus kann in PROLOG ohne Zyklentest wie folgt definiert werden (/Martelli 86/):

```
unify(X,X) :- !.
unify(X,Y) :-
   X=..[F|Lx], Y=..[F|Ly],
   unifylist(Lx,Ly).
unify(X,Y) :- rewrite(X,X1), unify(X1,Y).
unify(X,Y) :- rewrite(Y,Y1), unify(X,Y1).
unifylist([],[]).
unifylist([X|Lx],[Y|Ly]) :-
   unify(X,Y), unifylist(Lx,Ly).

rewrite(X,RX) :-
   functor(X,F,N), functor(Y,F,N),
   rule(Y,RX),
   X=..[F|Lx], Y=..[F|Ly],
   unifylist(Lx,Ly).
```

Dabei ist rule/2 ein Prädikat, das die linke und die rechte Seite einer Ersetzungsregel erzeugt und in Abhängigkeit der Darstellung dieser Ersetzungsregeln in PROLOG unter Verwendung des built-in Prädikates clause/2 definiert ist.

Wenn man diesen Unifikationsalgorithmus von Martelli mit Narrowing vergleicht, so existieren jeweils Beispiele, bei denen einer besser als der andere ist. Im allgemeinen ist der Unifikationsalgorithmus von Martelli bez. der Erkennbarkeit der Nichtunifizierbarkeit zweier Terme besser als Narrowing.

BEISPIEL
Sei 'append' die bekannte Funktion, die zwei Listen zusammenfügt. In einem Termersetzungssystem kann diese Funktion durch

append([],L) ⟹ L
append([X|Lx],L) ⟹ [X|append(Lx,L)]

definiert werden. Der Unifikationsalgorithmus von Martelli erkennt, daß für die Gleichung append(L,[2,1])=[0,1,2] keine Lösung existiert. Ein einfaches Narrowing würde nicht terminieren und würde bez. dieser Gleichung dem Verhalten nach der folgenden Zielklausel in PROLOG entsprechen (append/3 sei das bekannte PROLOG-Prädikat):

?- append(L,[2,1],R), R=[0,1,2].

Dagegen würde dem Verhalten des Unifikationsalgorithmus von Martelli die Zielklausel

?- append(L,[2,1],[0,1,2]).

entsprechen.

3.4. Schlußbemerkungen

Ein korrekter und vollständiger Unifikationsalgorithmus für die Klasse der Gleichungstheorien, die durch konfluente Termersetzungssysteme definiert werden können, wird in /Hölldobler 87/ gegeben.

Da bez. der Unifikation modulo Gleichungstheorie das Reflexivitätsaxiom vorausgesetzt wird, sind z.B. die Terme 'append(1,X)' und 'append(Y,2)' unifizierbar, obwohl die Funktion 'append' für diese Argumente nicht definiert ist und folglich diese Terme keine "definierten Terme" sind ('append' sei die im Abbschnitt 3.3. definierte Funktion). In /Goltz 88/ wird eine neue modelltheoretische Interpretation vorgestellt, die auf eine "Gleichungstheorie" ohne Reflexivitätsaxiom beruht. Terme können nur dann unifizierbar sein, wenn sie definierte Terme sind. Ein korrekter und vollständiger Unifikationsalgorithmus für diese Semantik wird in dieser Arbeit auch angegeben.

Ziel dieses Beitrages war es, eine Einführung in das Gebiet der Unifikationstheorie zu geben und auf aktuelle Forschungen hinzuweisen. Es konnten aber nur einige Aspekte dieses umfangreichen Forschungsgebietes behandelt werden. Weitere Forschungsrichtungen dieses Gebietes sind z.B.

- parallele Unifikationsalgorithmen (/Yamaguchi 85/,/Vitter 84/);
- Unifikation für mehrsortige Logiken (/Walther 84/, /Walther 86/, /Schmidt-Schauß 86/);
- Unifikation für die Prädikatenlogik der zweiten Stufe (/Winterstein 77/, /Goldfarb 81/);
- Kombination von Unifikationsalgorithmen verschiedener Gleichungstheorien (/Herold 86a/, /Tiden 86/);
- Untersuchungen zur Komplexität von Unifikationsalgorithmen (/Yasuura 84/, /Vitter 84/).

LITERATUR

Es werden folgende Abkürzungen verwendet:

GWAI - German Workshop on Artificial Intelligence
JACM - J. of the Association for Computing Machinery
LNCS - Lecture Notes in Computer Science

/Arnberg 85/
A.Arnberg, E.Tiden: Unification Problems with One-Sided Distributivity. In /Jounnaud 85/, 398-406.

/Baxter 73/
L.D.Baxter: An Efficient Unification Algorithm. Univ. of Waterloo, Res. Report CS-73-23, 1973.

/Baxter 76/
L.D.Baxter: A Practically Linear Unification Algorithm. Univ. of Waterloo, Res. Rep. CS-76-13, 1976.

/Book 85/
R.Book, J.Siekmann: On The Unification Hierarchy. GWAI-85, H.Stoyan (Hrsg.), Informatik Fachberichte 188, Springer 1985, 111-117.

/Book 86/
R.Book, J.Siekmann: On Unification: Equational Theories are not Bounded. J. Symbolic Computation 2 (1986), 317-324.

/Boyer 72/
R.S.Boyer, J.S.Moore: The Sharing Structure in Theorem- Proving Programs. In: Machine Intelligence 7, B.Meltzer, D.Michie (Hrsg.); Edinburgh Univ. Press 1972, 101-116.

/Bürckert 86/
H.J.Bürckert: Some Relationship between Unification and Matching. In /Siekmann 86a/.

/Bürckert 87/
H.-J.Bürckert, A.Herold, M.Schmidt-Schauß: On Equational Theories, Unification and Decidability. In /Lescanne 87/, 204-215.

/Büttner 86a/
W.Büttner: Unification in the Datastructure Multisets. J. Autom. Reasoning 2 (1986), 75-88.

/Büttner 86b/
W.Büttner: Unification in the Datastructure Sets. In /Siekmann 86a/, 470-488.

/Colmerauer 82/
A.Colmerauer: Prolog and Infinite Trees. In: Logic Programming, K.L.Clark, S.A.Tärnlund (Hrsg.); Academic Press 1982, 231-251.

/Colmerauer 84/
A.Colmerauer: Equations and Inequations on Finite and Infinite Trees. In: Proc. Internat. Conf. Fifth Generation Computer Systems, ICOT, Tokyo 1984, 85-99.

/Clocksin 81/
W.F.Clocksin, C.S.Mellish: Programming in Prolog. Springer 1981.

/Corbin 83/
J.Corbin, M.Bidoit: A Rehabilitation of Robinson's Unification Algorithm. In: Information Processing 83, R.E.A.Mason (Hrsg.); North Holland 1983, 909-914.

/DeGroot 86/
D.DeGroot, G.Lindstrom (Hrsg.): Logic Programming: Functions, Relations and Equations. Prentice Hall 1986.

/Eder 85/
E.Eder: Properties of Substitutions and Unifications. J. Symbolic Computation 1 (1985), 31-46.

/Fay 79/
M.Fay: First-Order Unification in an Equational Theory. In: Proc. Fourth Workshop on Automated Deduction 1979, 161-167.

/Fage 83/
F. Fage, G. Huet: Complete Sets of Unifiers and Matchers in Equational Theories. In: Proc. CAAP-83, G. Ausiello, M. Protasi (Hrsg.), LNCS 159, Springer 1983.

/Fages 84/
F. Fages: Associative-Commutative Unification. In /Shostak 84/, 194-208.

/Furbach 86/
U. Furbach, S. Hölldobler: Modelling the Combination of Functional and Logic Programming Languages. J. Symbolic Comput. 2 (1986), 123-138.

/Gallier 87/
J.H. Gallier, W. Snyder: A General E-Unification Procedure. In /Lescanne 87/, 216-227.

/Genesereth 87/
M.R. Genesereth, N.J. Nillson: Logical Foundations of Artificial Intelligence. Morgan Kaufman Publ., Los Altos (CA) 1987.

/Giannesini 86/
F. Giannesini, H. Kanoui, R. Pasero, M. van Caeghem: PROLOG. Addison-Wesley 1986.

/Goguen 84/
J.A. Goguen, J. Mesegue: Equality, Types, Modules and (why not ?) Generics for Logic Programming. J. Logic Programming 1 (1984), 179-210.

/Goldfarb 81/
D. Goldfarb: The Undecidability of the Second Order Unification Problem. J. Theor. Comp. Sci. 13 (1981).

/Goltz 87/
H.-J. Goltz, H. Herre: Mathematische Grundlagen der Logischen Programmierung. iir-Report 5/87, Institut f. Informatik u. Rechentechnik d. AdW d. DDR, 1987.

/Goltz 88/
H.-J. Goltz: Functional Data Term Models and Semantic Unification. In: Algebraic and Logic Programming, J. Grabowski, P. Lescanne, W. Wechler (Hrsg.), Akademie-Verlag, Berlin 1988, 158-167.

/Herold 82/
A. Herold: Universal Unification and a Class of Equational Theories. In: Proc. GWAI-82, Informatik Fachberichte, Springer 1982.

/Herold 83/
A. Herold: Some Basic Notations of First Order Unification Theory. Univ. Karlsruhe, Interner Report, 1983.

/Herold 85/
A. Herold: Unification in Abelian Semigroups. SEKI-Report, Univ. Kaiserslautern, 1985.

/Herold 86a/
A. Herold: Combination of Unification Algorithms. In /Siekmann 86a/, 450-469.

/Herold 86b/
A. Herold: Narrower Techniques Applied to Idempotent Unification, SEKI-Report, Univ. Kaiserslautern, 1986.

/Hölldobler 85/
S. Hölldobler, U. Furbach, T. Laussermaier: Extended Unification and its Implementation. In: Proc. GWAI-85, H. Stoyan (Hrsg.), Informatik Fachberichte 188, Springer 1985, 176-185.

/Hölldobler 87/
S. Hölldobler: A Unification Algorithm for Confluent Theories. In: Automata, Languages and Programming, T. Ottmann (Hrsg.), LNCS 267, Springer 1987, 31-41.

/Huet 73/
G.P. Huet: The Undecidability of Unification in Third Order Logic. Information and Control 22 (1973), 257-267.

/Huet 75/
G.P.Huet: A Unification Algorithm for Typed λ-Calculus. J. Theor. Comp. Sci. 1 (1975), 27-57.

/Huet 80a/
G.Huet: Confluent Reductions: Abstract Properties and Applications to Term Rewriting Systems. JACM 27 (1980), 797-821.

/Huet80b/
G.Huet, D.Oppen: Equations and Rewrite Rules: A Survey. In: Formal Language Theory: Perspectives and Open Problems, R.Book (Hrsg.); Academic Press 1980, 349-405.

/Hullot 80/
J.-M.Hullot: Canonical Forms and Unification. In: Proc. 5th Conf. on Autom. Deduction, W.Bibel and R.Kowalski (Hrsg.); LNCS 87,. Springer 1980, 318-334.

/Hussmann 85/
H.Hussmann: Unification in Conditional-Equational Theories. Proc. EUROCAL '85, B.F.Caviness (Hrsg.), LNCS 204, Springer 1985, 543-553.

/Jaffer 84/
J.Jaffer: Efficient Unification over Infinite Terms. Technical Report, Monash Univ., Dep. Comp. Sci., 1984.

/Josephson 86/
A.Josephson, N.Dershowitz: An Implementation of Narrowing: The RITE Way. In: Proc. of Symposium on Logic Programming 1986, 187-197.

/Jouannaud 83/
J.-P.Jouannaud, C.Kirchner, H.Kirchner: Incremental Unification in Equational Theories. In: Proc. Int. Colloq. on Automata, Languages and Programming, 1983.

/Jouannaud 85/
J.-P.Jouannaud (Hrsg.): Rewriting Techniques and Applications; Proccedings, LNCS 202, Springer 1985.

/Kirchner 84/
C.Kirchner: A New Equational Unification Method: A Generalisation of Martelli-Montanari's Algorithm. In /Shostak 84/, 224-247.

/Knuth 68/
D.Knuth: The Art of Computer Programming. Band 1, Addison-Wesley 1968.

/Knuth 70/
D.E.Knuth, P.B.Bendix: Simple Word Problems in Universal Algebras. In: Computational Algebra, J.Leach (Hrsg.); New York 1970, 263-297.

/Lankford 84/
D.S.Lankford, G.Butler, B.Brady: Abelian Group Unification Algorithms for Elementary Terms. In: Automated Theorem Proving: After 25 Years, W.W. Bledsone, D.W.Loveland (Hrsg.); American Math. Soc., 1984, 193-199.

/Lescanne 87/
P.Lescanne (Hrsg.): Rewriting Techniques and Applications; Proceedings, LNCS 256, Springer 1987.

/Livesey 76/
M.Livesey, J.Siekmann: Unification of Sets and Multisets. Univ. Karlsruhe, Informatik-Bericht, 1976.

/Livesy 79/
M.Livesey, J.Siekmann, P.Szabo, E.Unvericht: Unification Problems for Combinations of Associativity, Commutativity, Distributivity and Idempotence Axioms. Proc. 4th Workshop on Automated Deduction, 1979.

/Lloyd 84/
J.W.Lloyd: Foundations of Logic Programming. Springer 1984.

/Loveland 78/
D.Loveland: Automated Theorem Proving. North Holland 1978.

/Makanin 77/
G.S.Makanin: The Problem of Solvability of Equations in a Free Semigroup. Soviet. Acad. Nauk, Tom 233, no.2, 1977.

/Martelli 82/
A.Martelli; U.Montanari: An Efficient Unification Algorithm. ACM Transaction on Progr. Languages and Systems 4 (1982), 258-282.

/Martelli 84/
A.Martelli, G.Rossi: Efficient Unification with Infinite Terms in Logic Programming. In: Proc. Int. Conf. Fifth Generation Computer System, ICOT, Tokyo 1984, 202-209.

/Martelli 86/
A.Martelli, C.Moiso, G.F.Rossi: An Algorithm for Unification in Equational Theories. In: Proc. of Symposium on Logic Programming 1986.

/Martin 86/
U.Martin, T.Nipkow: Unification in Boolean Rings. In /Siekmann 86a/, 506-513.

/Mzali 86/
J.Mzali: Matching with Distributivity. In /Siekmann 86a/.

/Newmann 42/
M.H.A.Newmann: On Theories with a Combinatorical Definition of Equivalence. Annals of Math. 43 (1942), 223-243.

/Paterson 78/
M.S.Paterson, M.N.Wegman: Linear Unification. J. Comput. Syst. Sci. 16 (1978), 158-167.

/Peterson 81/
G.Peterson, M.Stickel: Complete Sets of Reductions for Equational Theories with Complete Unification Algorithm. JACM 28 (1981).

/Plotkin 72/
G.Plotkin: Building-in Equational Theories. In: Machine Intelligence 7, B.Meltzer, D.Michie (Hrsg.), Edinburgh Univ. Press 1972, 73-89.

/Raulefs 78/
P.Raulefs, J.Siekmann: Unification of Idempotennt Functions. Techn. Report, Univ. Karlsruhe, 1978.

/Rety 85/
P.Rety, C.Kirchner, H.Kirchner, P.Lescanne: NARROWER: a New Algorithm for Unification and its Application to Logic Programming. In /Jounnaud 85/, 141-157.

/Rety 87/
P.Rety: Improving Basic Narrowing Techniques. In /Lescanne 87/, 228-241.

/Robinson 65/
J.A.Robinson: A Machine-oriented Logic Based on the Resolution Principle, JACM 12 (1965), 23-41.

/Schmidt-Schauß 86a/
M.Schmidt-Schauß: Unification in Many-Sorted Equational Theories. In /Siekmann 86a/, 118-132.

/Schmidt-Schauß 86b/
M.Schmidt-Schauß: Unification Properties of Idempotent Semigroups, SEKI-Report, Univ. Kaiserslautern, 1986.

/Shostak 84/
R.E. Shostak (Hrsg.): Proc. 7th Conf. on Automated Deduction. LNCS 170, Springer 1984.

/Siekmann 75/
J.Siekmann: Stringunification. Essex Univ., Memo CSM-7, 1975.

/Siekmann 76/
J.Siekmann: Unification of Commutative Terms. Univ. Karlsruhe, 1976.

/Siekmann 82/
J.Siekmann, P.Szabo: A Notherian and Confluent Rewrite System for Idempotent Semigroups. Semigroup Forum, vol.25, 1982.

/Siekmann 84/
J.Siekmann: Universal Unification. In /Shostak 84/, 1-42.

/Siekmann 86a/
J.Siekmann (Hrsg.): Proc. 8th Conf. on Automated Deduction. LNCS 230, Springer 1986.

/Siekmann 86b/
J.Siekmann: Unification Theory. In: Proc. European Conf. on Artificial Intelligence, 1986.

/Slagle 74/
J.R.Slagle: Automated Theorem-Proving for Theories with Simplifiers, Commutativity and Associativity. JACM 21 (1974), 622-642.

/Stickel 81/
M.Sickel: A Unification Algorithm for Associative Commutative Functions. JACM 28 (1981), 423-434.

/Szabo 82/
P.Szabo: Unifikationstheorie erster Ordnung (Dissertation). Univ. Karlsruhe, 1982.

/Tiden 86/
E.Tiden: First-Order Unification in Combinations of Equational Theories (Dissertation), The Royal Institute of Technology Stockholm, 1986.

/Trum 78/
P.Trum, G.Winterstein: Description, Implementation and Practical Comparison of Unification Algorithms, Interner Fachbericht 6/78, Univ. Kaiserslautern, 1978.

/van Emden 84/
M.H.van Emden, J.W.Lloyd: A Logical Reconstruction of Prolog II. J. Logic Programming 1 (1984), 143-149.

/Vitter 84/
J.S.Vitter, R.A.Simons: Parallel Algorithm for Unification and Other Complete Problems in P. In: The Fifth Generation Challenge, Proc. ACM'84 Conf., North Holland 1984, 75-84.

/Walther 84/
Ch.Walther: Unification in Many Sorted Theories. Techn. Report, Univ. Karlruhe, 1984.

/Walther 86/
Ch.Walther: A Classification of Many Sorted Unification Problems. In /Siekmann 86a/.

/Winterstein 77/
G.Winterstein: Unification in Second Order Logic. Elektron. Informationsv. und Kybernetik (EIK) 13 (1977), 399-411.

/Yamaguchi 85/
T.Yamaguchi, Y.Tezuka, O.Kakusho: Parallel Processing of Resolution. Proc. 9th IJCAI, 1985, 1178-1180.

/Yamamoto 87/
A.Yamamoto: A Theoretical Combination of SLD-Resolution and Narrowing. In: Proc. 4th Int. Conf. Logic Programming, J.-L.Lassez (Hrsg.), MIT Press 1987, 470-487.

/Yasuura 84/
H. Yasuura: On Parallel Computational Complexity of Unification. Proc. Int. Conf. Fifth Gener. Computer Systems, ICOT, Tokyo 1984, 235-243.

/You 86/
J.-H.You, P.A.Subrahmanyam: A Class of Confluent Term Rewriting Systems and Unification. J. Automated Deduction 2 (1986), 391-418.

EINFUHRUNG IN DAS AUTOMATISCHE THEOREMBEWEISEN

Bernd I. Dahn

1. Grundbegriffe und Grundlagen

Das Bestreben, Wissen zu formalisieren, um es möglichst exakt verarbeiten zu können, ist sehr alt. In der antiken Philosophie und Mathematik erwarb sich vor allem Aristoteles (384 - 322 v.u.Z.) bedeutende Verdienste um diese Art der "Wissensverarbeitung". In der Scholastik des Mittelalters wurde die formale Behandlung von Wissen zur vorherrschenden Denkmethode.

Sie verlor im 16. Jahrhundert rasch an Bedeutung und mußte einer mehr inhaltlich orientierten Denkweise Platz machen. Die Entwicklung der materiellen Produktion erforderte den raschen Ausbau der mathematisch-naturwissenschaftlichen Erkenntnisse. Eine formale Behandlung dieses Wissens schien zunächst nicht erforderlich zu sein.

Das änderte sich erst im 19. Jahrhundert, als die Notwendigkeit einer exakten Begründung der Mathematik, insbesondere des Zahlbegriffs, deutlich wurde. Es mußte geklärt werden, welche Schlußfolgerungen der Mathematiker gerechtfertigt sind und welche nicht.

Einen ersten wesentlichen Beitrag dazu leistete der tschechische Mathematiker und Philosoph Bernard Bolzano (1781-1848) durch einen Vorschlag für eine Definition des semantischen Folgerns. Sie lautet (in eine moderne Terminologie übertragen):

Definition. Eine Aussage A *folgt aus* einer Theorie $\mathcal{T}$ ($\mathcal{T} \models A$), wenn jedes Modell von $\mathcal{T}$ auch Modell von A ist. In diesem Fall sagen wir auch, daß A ein Theorem von $\mathcal{T}$ ist.

Was unter einer Aussage, einer Theorie und einem Modell zu verstehen ist, wurde jedoch erst später von Gottlob Frege (1846- 1925) und Alfred Tarski (1901-1983) geklärt. Frege führte mit seiner "Begriffsschrift" eine erste formale Sprache ein, die zur Behandlung von formalisiertem Wissen geeignet war. Aus ihr entstand schließlich der Prädikatenkalkül der ersten Stufe in der uns heute geläufigen Form (s. [Schr], [AsII]).

In diesem Sinne wollen wir unter einem *Ausdruck* im folgenden stets einen Ausdruck des Prädikatenkalküls der ersten Stufe ohne Identität verstehen, sofern nichts anderes gesagt wird. Eine *Aussage* ist dann ein Ausdruck, in dem alle Variablen durch Quantoren $\exists$ ("es gibt ein") oder $\forall$ ("für alle") gebunden sind. Nun ist es leicht, zu definieren, was eine Theorie ist.

Definition. Eine *Theorie* ist eine Menge von Aussagen.

Wir identifizieren also z.B. die Gruppentheorie mit irgendeinem konkreten Axiomensystem, das beschreibt, was eine Gruppe ist.

Durch die Beschreibung von Wissen im Rahmen einer formalen Sprache wurde auch der Prozeß der Verarbeitung von Wissen einer mathematischen Behandlung zugänglich. Dazu ist es jedoch nötig, stets sorgfältig zwischen zwei verschiedenen Sprachebenen zu unterscheiden:

- der Objektsprache (z.B. dem Prädikatenkalkül der ersten Stufe), deren Theorien Gegenstand der Untersuchung sind und
- der Metasprache (in der Regel der in der Mathematik gebräuchlichen Umgangssprache), in der diese Untersuchungen durchgeführt werden.

Am Rande sei bemerkt, daß die Metasprache auch eine formale Sprache sein kann, die in einer Meta-metasprache beschrieben ist. So kann eine Hierarchie von Sprachen aufgebaut werden.

Damit die Bolzanosche Definition des Folgerns Sinn hat, muß erklärt werden, was unter einem Modell einer Theorie bzw. einer Aussage zu verstehen ist. Dazu müssen die Aussagen der Sprache interpretiert werden; die syntaktischen Konstruktionen müssen mit einer Semantik versehen werden. Zunächst werden dazu die in der Sprache vorkommenden Konstanten, Relations- und Funktionssymbole, die die Signatur dieser Sprache bilden, interpretiert.

Definition. Eine *Interpretation* $\mathfrak{A}$ einer Sprache (Signatur) L ist gegeben durch eine nichtleere Menge $|\mathfrak{A}|$ (den Grundbereich von $\mathfrak{A}$) und eine Funktion, die

- jeder Konstanten c von L ein Element $c^{\mathfrak{A}}$ von $|\mathfrak{A}|$ zuordnet,
- jedem n-stelligen Funktionssymbol f von L eine n-stellige Funktion $f^{\mathfrak{A}}$ von $|\mathfrak{A}|$ in $|\mathfrak{A}|$ zuordnet und
- jedem n-stelligen Relationssymbol r von L eine n-stellige Relation $r^{\mathfrak{A}}$ über $|\mathfrak{A}|$ zuordnet.

Beispiele:

Ein schlichter Graph $\mathfrak{G}$ (d.h. ein Graph ohne mehrfache Kanten) kann aufgefaßt werden als eine Menge $|\mathfrak{G}|$ von Knoten und eine zweistellige Relation $v^{\mathfrak{G}}$, die genau dann auf zwei Knoten zutrifft, wenn diese durch eine Kante miteinander verbunden sind.

Ein Schaltkreis $\mathfrak{S}$ kann aufgefaßt werden als eine Menge $|\mathfrak{S}|$ von Bauelementen und eine Folge von zweistelligen Relationen r_{ij}, wobei $r_{ij}(a, b)$ genau dann zutrifft, wenn das i-te Pin des Bauelements a mit dem j-ten Pin des Bauelements b leitend verbunden ist.

Die Struktur $\mathfrak{N}$ der natürlichen Zahlen kann aufgefaßt werden als Menge $|\mathfrak{N}|$ der natürlichen Zahlen, versehen mit den Interpretationen $0^{\mathfrak{N}}$ =die Zahl Null, $+^{\mathfrak{N}}$ =Addition, $*^{\mathfrak{N}}$ =Multiplikation, $<^{\mathfrak{N}}$ =Ordnungsrelation.

Zu beachten ist, daß die Symbole der Sprache von ihren Interpretationen unterschieden werden. So darf z.B. das Zeichen + nicht mit der Funktion der Addition verwechselt werden. In verschiedenen Interpretationen wird dasselbe Symbol der Sprache i. allg. unterschiedlich interpretiert werden.

Welche Sprache zur Beschreibung von Objekten gewählt wird und wie diese Objekte als Interpretationen der Sprache aufgefaßt werden hängt vom Zweck dieser Beschreibung ab. So wäre z.B.

auch eine wesentlich detailliertere Beschreibung von Schaltkreisen möglich. Ist eine feste Interpretation der Konstanten, Relations- und Funktionssymbole einer Sprache sowie eine Belegung der Variablen mit Elementen des Grundbereichs dieser Interpretation gegeben, so ist der Wahrheitswert eines beliebigen Ausdrucks dieser Sprache eindeutig festgelegt (s. [Schr],[AssII]). Nach dem Extensionalitätsprinzip ist dabei der Wahrheitswert eines zusammengesetzten Ausdrucks bestimmt durch die Wahrheitswerte seiner Teilausdrücke. Eine Grundannahme des Prädikatenkalküls besteht darin, daß nur zwei Wahrheitswerte - *Wahr* und *Falsch* - zugelassen werden. Es kann leicht gezeigt werden, daß der Wahrheitswert einer Aussage von der Belegung der Variablen unabhängig ist.

Wir schreiben $\mathfrak{A} \models A$, wenn die Aussage A bei der Interpretation $\mathfrak{A}$ den Wahrheitswert "Wahr" hat. In diesem Fall sagen wir auch, daß A in $\mathfrak{A}$ *gültig* ist. Nun können wir den noch fehlenden Modellbegriff festlegen.

Definition. $\mathfrak{A}$ ist *Modell* der Aussage A , wenn A in $\mathfrak{A}$ gültig ist. $\mathfrak{A}$ ist *Modell* der Theorie $\mathfrak{T}$, wenn in $\mathfrak{A}$ jede Aussage aus $\mathfrak{T}$ gültig ist.

Wir erhalten nun eine Einteilung der Klasse aller Theorien in zwei Teilklassen.

Definition. Eine Theorie heißt *inkonsistent*, wenn sie kein Modell hat. Theorien, die ein Modell haben, heißen *konsistente* Theorien.

Theorien der Gestalt $\{A, \neg A\}$, wobei A eine beliebige Aussage ist, sind offenbar stets inkonsistent. Konsistente Theorien haben i. allg. sehr viele Modelle. So wird eine Theorie über Schaltkreise in der Regel nicht nur einen Schaltkreis beschreiben, sondern die Aussagen dieser Theorie werden auf alle Schaltkreise einer gewissen Schaltkreisfamilie zutreffen, ja es könnte sogar sein, daß sie auf gewisse unendliche Strukturen zutreffen, die als Schaltkreis physikalisch gar nicht realisierbar sind. Alle Theoreme dieser Theorie würden dann auch auf jeden Schaltkreis dieser Schaltkreisfamilie sowie auch auf alle unendlichen Modelle der Theorie zutreffen. Durch Hinzunahme neuer Aussagen zu der gegebenen Theorie wird diese Schaltkreisfamilie weiter spezifiziert. So eignen sich Methoden der Wissensverarbeitung sehr gut zum Umgang mit unvollständigen Spezifikationen.

Der Begriff der Interpretation ist in der Literatur vielfältig variiert worden. So werden auch mehrsortige Interpretationen und Interpretationen mit partiell definierten Funktionen und Relationen betrachtet. Da sich für unseren Gegenstand daraus keine neuen Gesichtspunkte ergeben, verzichten wir auf eine detaillierte Erörterung dieser Problematik.

Nachdem wir nun einige Grundbegriffe präzisiert haben, können wir die ursprüngliche Aufgabe des automatischen Theorembeweisens formulieren:

Es ist für jede Theorie $\mathfrak{T}$ und jede Aussage A automatisch festzustellen, ob A ein Theorem von $\mathfrak{T}$ ist.

Wie sich zeigen wird, ist diese Aufgabe *unlösbar*, so daß sie geeignet modifiziert werden muß. Zunächst bemerken wir, daß die Definition des Folgerns keine Hinweise zur Lösung dieser Aufgabe gibt. Die Klasse aller Modelle einer Theorie ist i. allg. sehr groß und unübersichtlich. Oft gibt es überabzählbar viele (nichtisomorphe) Modelle, die unendlich sind. Dadurch ist es in der

Regel unmöglich, mit Hilfe eines Automaten, der nur endliche Objekte manipulieren kann, nachzuprüfen, ob jedes Modell von $\mathcal{T}$ ein Modell von A ist.

Glücklicherweise kann jedoch für den Prädikatenkalkül der ersten Stufe der Folgerungsbegriff durch den Begriff der Beweisbarkeit ersetzt werden, zu dessen Definition endliche Objekte ausreichen.

Ein ***deduktives System*** legt fest, was unter einem Beweis eines Ausdrucks aus einer Theorie zu verstehen ist.

Ein solches System kann z.B. durch eine Menge von Schlußregeln gegeben sein, die festlegen, wie ein Ausdruck aus den Axiomen der Theorie, die als *nichtlogische Axiome* bezeichnet werden, und bereits bewiesenen Hilfssätzen abgeleitet werden kann. Manche Systeme enthalten außer den Schlußregeln sogenannte *logische Axiome*, die unabhängig von der konkreten Theorie stets benutzt werden können. Dies können z.B. Axiome über die Gleichheitsrelation sein.

In der mathematischen Logik wurde eine Vielzahl deduktiver Systeme entwickelt. So werden für metatheoretische Untersuchungen über formale Theorien häufig sogenannte Frege-Hilbert-Kalküle benutzt (s.. z.B. [Shoe]). Die Konstruktion von Modellen wird von den Tableau-Kalkülen besonders gut unterstützt (s. [Fit], [BlBü]). Beim automatischen Theorembeweisen spielt der Resolutionskalkül eine besondere Rolle, auf den im 3. Abschnitt näher eingegangen wird. Menschliche Schlußweisen lassen sich im Kalkül des natürlichen Schließens gut beschreiben.

Ein Beweis eines Ausdrucks A aus einer Theorie $\mathcal{T}$ im deduktiven System des natürlichen Schließens eine Folge von Beweisaufgaben, so daß $\mathcal{T}_n = \mathcal{T}$ und $A_n = A$ ist und für jedes $i \le n$ gilt, daß

- $A_i \in \mathcal{T}_i$ ist oder
- $\mathcal{T}_i \vdash A_i$ aus gewissen $\mathcal{T}_j \vdash A_j$ $(j < i)$ durch Anwendung einer Regel des natürlichen Schließens entsteht.

Dabei wird $\mathcal{T} \vdash A$ gelesen als "A ist aus $\mathcal{T}$ beweisbar".

Dieses deduktive System stellt für jeden logischen Operator Einführungs- und Beseitigungsregeln bereit (s. [AsI], [Lo1]).

Ein Beweis von $(q \rightarrow r)$ aus der Theorie $\{(p \wedge q \rightarrow r), p\}$ im System des natürlichen Schließens wäre z.B.

$$\{(p \wedge q \rightarrow r), p\} \vdash p$$

$$\{(p \wedge q \rightarrow r), p, q\} \vdash q$$

$$\{(p \wedge q \rightarrow r), p, q\} \vdash p \wedge q$$

(mit Hilfe der Einführungsregel für die Konjunktion, die es erlaubt, für jede Theorie $\mathcal{T}$ und alle Ausdrücke A_1 und A_2 von $\mathcal{T} \vdash A_1$ und $\mathcal{T} \vdash A_2$ auf $\mathcal{T} \vdash A_1 \wedge A_2$ zu schließen)

$$\{(p \wedge q \rightarrow r), p, q\} \vdash p \wedge q \rightarrow r$$

$$\{(p \wedge q \rightarrow r), p, q\} \vdash r$$

(mit Hilfe der Beseitigungsregel für die Implikation, die es erlaubt, von $\mathcal{T} \vdash A_1 \rightarrow A_2$ und $\mathcal{T} \vdash A_1$ auf $\mathcal{T} \vdash A_2$ zu schließen)

$$\{(p \wedge q \rightarrow r), p\} \vdash q \rightarrow r$$

(mit Hilfe der Einführungsregel für die Implikation, die es erlaubt, von $\mathcal{T} \cup \{ A_1 \} \vdash A_2$ auf $\mathcal{T} \vdash A_1 \rightarrow A_2$ zu schließen).

Definition. Ein deduktives System $\mathcal{D}$ heißt *korrekt*, wenn für jede Theorie $\mathcal{T}$ jede Aussage, die in $\mathcal{D}$ aus $\mathcal{T}$ beweisbar ist, auch aus $\mathcal{T}$ folgt.

$\mathcal{D}$ heißt *vollständig*, wenn umgekehrt jede Aussage, die aus $\mathcal{T}$ folgt, auch in $\mathcal{D}$ aus $\mathcal{T}$ beweisbar ist.

Für deduktive Systeme, die korrekt und vollständig sind, stimmen also die Begriffe "Folgern" und "Beweisbarkeit" überein.

Die Existenz korrekter und vollständiger deduktiver Systeme wurde erstmals 1930 von Kurt Gödel (1906-1978) in seiner Dissertation nachgewiesen. So ist z.B. das deduktive System des natürlichen Schließens korrekt und vollständig.

Die Korrektheit eines deduktiven Systems $\mathcal{D}$ ist meist recht einfach nachzuweisen. Dazu beweist man mittels vollständiger Induktion über n, daß für jede natürliche Zahl n, für jede Theorie $\mathcal{T}$ und für jeden Ausdruck A mit den freien Variablen $x_1, \ldots, x_k$ gilt:

Wenn es einen $\mathcal{D}$-Beweis der Länge n für A aus $\mathcal{T}$ gibt, so folgt die Aussage $\forall x_1, \ldots, \forall x_k A$ aus $\mathcal{T}$.

Schwieriger ist der Beweis der Vollständigkeit deduktiver Systeme. Dazu genügt es zu zeigen, daß es ein Modell von $\mathcal{T}$ gibt, in dem $\neg$ A gilt, falls A nicht in $\mathcal{D}$ aus $\mathcal{T}$ beweisbar ist. Meist wird dazu ein Modell konstruiert, dessen Grundbereich die Menge aller variablenfreien Terme ist. Wie dies im einzelnen geschieht, hängt von der Art des zugrunde gelegten deduktiven Systems ab.

Ist $\mathcal{D}$ ein korrektes und vollständiges deduktives System, so kann man mit Hilfe dieses Systems leicht einen (trivialen und nutzlosen) Theorembeweiser konzipieren.

Sei etwa $R_1, R_2, \ldots$ eine Aufzählung aller Schlußregeln von $\mathcal{D}$, und $A_1, A_2, \ldots$ sei eine Aufzählung aller Aussagen der benutzten Sprache. Sei für jede natürliche Zahl k $\mathcal{B}_k$ die Menge aller $\mathcal{D}$-Beweise, die nur die Regeln $R_1, \ldots, R_k$ und die nichtlogischen Axiome $A_1, \ldots, A_k$ benutzen. $\mathcal{B}_k$ ist eine endliche Menge. Indem man nun nacheinander die Mengen $\mathcal{B}_1, \mathcal{B}_2, \ldots$ aufzählt, erhält man eine Aufzählung aller $\mathcal{D}$-Beweise.

Ist die Aussage A nun ein Theorem der Theorie $\mathcal{T}$, so gibt es in dieser Aufzählung einen Beweis von A, der nur nichtlogische Axiome aus $\mathcal{T}$ benutzt. Ein Durchmustern aller $\mathcal{D}$-Beweise wird also nach endlicher Zeit bestätigen, daß A ein Theorem von $\mathcal{T}$ ist (wir setzen hier und im folgenden einschränkend voraus, daß $\mathcal{T}$ *rekursiv* ist, daß also entschieden werden kann, ob eine Aussage zu $\mathcal{T}$ gehört oder nicht).

Ist nun aber A kein Theorem von $\mathcal{T}$, so bricht dieses Durchmusterungsverfahren nicht ab, da die Menge aller Beweise eines vollständigen deduktiven Systems stets unendlich ist.

Aus dem berühmten Gödelschen Unvollständigkeitssatz ergibt sich, daß dies kein spezifischer Mangel des gewählten Verfahrens, sondern eine prinzipielle Beschränkung der deduktiven Wissensverarbeitung ist.

Kurt Gödel entdeckte, daß viele Theorien ausdrucksstark genug sind, um beliebige endliche Objekte - insbesondere Beweise - zu codieren. Ein Beispiel dafür ist die Theorie der schlichten

Graphen. Auch sehr einfache Theorien über natürliche Zahlen haben diese Eigenschaft, z.B. die im Prädikatenkalkül der ersten Stufe mit Gleichheit formulierte Theorie $\mathcal{N}$ mit den Axiomen

$$\forall x\ s(x) = 0$$

$$\forall x\ x+0 = x$$

$$\forall x \forall y\ x+s(y) = s(x+y)$$

$$\forall x\ x*0 = 0$$

$$\forall x \forall y\ x*s(y) = (x*y)+x$$

$$\forall x\ \neg\ x < 0$$

$$\forall x \forall y\ (\ x < s(y) \longrightarrow x = y \vee x < y\ )$$

$$\forall x \forall y\ (x < y \vee x = y \vee y < x)$$

Auf den Beweis des Gödelschen Unvollständigkeitssatzes können wir hier nicht eingehen (s. [Shoe]). Wir registrieren jedoch eine wichtige Konsequenz für das automatische Theorembeweisen.

Satz von Church. Ist $\mathcal{T}$ eine rekursive konsistente Erweiterung der Theorie $\mathcal{N}$, so gibt es keinen Algorithmus, der für eine beliebige Aussage A entscheidet, ob A ein Theorem von $\mathcal{T}$ ist oder nicht.

Daraus ergibt sich, daß die oben formulierte ursprüngliche Aufgabe des automatischen Theorembeweisens unlösbar ist.

Das schließt jedoch nicht aus, daß es möglich ist, für gewisse Theorien zu entscheiden, was ein Theorem von $\mathcal{T}$ ist und was nicht. Solche Theorien heißen *entscheidbar*. Beispiele für entscheidbare Theorien sind

- die Presburger Arithmetik - eine Axiomatisierung aller Aussagen in 0,1,+ die im Bereich der natürlichen Zahlen gelten,
- die Theorie der Booleschen Algebren,
- die Theorie der Abelschen Gruppen,
- die Theorie der reell-abgeschlossenen Körper (eine Axiomatisierung aller Aussagen in 0,1,+,*,<, die im Bereich der reellen Zahlen gelten.

Unentscheidbar sind z.B.

- der reine Prädikatenkalkül der ersten Stufe, d.h. die leere Theorie, sofern die Sprache wenigstens ein zweistelliges Relationssymbol oder zwei einstellige Funktionssymbole enthält,
- die Gruppentheorie,
- die Theorie der schlichten Graphen.

Dabei ist es oft selbst für einfach strukturierte Aussagen A und einfach zu formulierende Theorien $\mathcal{T}$ unmöglich, algorithmisch zu entscheiden, ob A aus $\mathcal{T}$ folgt.

Betrachten wir dazu als Beispiel die Theorie $\mathcal{R}$ der kommutativen Ringe mit 1 (s. [Wae]) - eine endliche Menge von Gleichungen, die z.B. im Bereich $\mathbb{Z}$ der ganzen Zahlen gelten, und die Aufgabe, zu entscheiden, ob die Lösbarkeit einer Gleichung $g(x_1,\dots,x_n) = 0$ (also die Aussage $\exists x_1 \dots \exists x_n\ (g(x_1,\dots,x_n) = 0)$ ein Theorem von $\mathcal{R}$ ist.

Ist dies der Fall, so ist die betreffende Gleichung offenbar speziell in $\mathbb{Z}$ lösbar. Ist die betrachtete Aussage aber kein Theorem von $\mathcal{R}$, so gibt es einen kommutativen Ring $\mathfrak{R}$, so daß

$$\mathfrak{R} \models \forall x_1 \ldots \forall x_n \; (g(x_1,\ldots,x_n) \neq 0)$$

Dann ist die Gleichung erst recht in jedem Unterring von $\mathfrak{R}_0$ unlösbar; insbesondere in dem von 1 erzeugten Unterring $\mathfrak{R}_0$. $\mathfrak{R}_0$ ist aber homomorphes Bild von $\mathbb{Z}$; folglich ist die Gleichung $g(x_1,\ldots,x_n) = 0$ auch in $\mathbb{Z}$ unlösbar.

Unsere Aufgabe ist also äquivalent zu der Aufgabe, die Lösbarkeit von Gleichungen im Bereich der ganzen Zahlen zu entscheiden. Dies ist das 10. Hilbertsche Problem, das nach einem Satz von Ju. Matijasevič algorithmisch unlösbar ist.

Der erste Theorembeweiser wurde 1954 von Davis implementiert. Er bewies Theoreme der Presburger Arithmetik. Diese Theorie ist, wie bereits bemerkt wurde, entscheidbar, und der Theorembeweiser von Davis realisierte auch ein entsprechendes Entscheidungsverfahren.

Erst spätere Untersuchungen ließen erkennen, wie komplex die Aufgabenstellung für dieses Programm war. So zeigten Fischer und Rabin 1974 [FiRa], daß es eine Konstante c gibt, so daß eine alternierende Turingmaschine für die Entscheidung, ob eine beliebig gegebene Aussage mit n Zeichen Theorem der Presburger Arithmetik ist, mit $c*n$-fachem Wechsel des Arbeitsbandes im ungünstigste Fall $2^{2^{c*n}}$ Schritte benötigt (s. [CoHe]). Ferrante und Rackoff ([FeRa]) zeigen, daß Entscheidungsverfahren (wenn sie überhaupt existieren) außerordentlich hohe Anforderungen an die benutzten Ressourcen stellen.

Diese hohe Komplexität von Beweisaufgaben ergibt sich aus der Vielfalt der Möglichkeiten, in einem deduktiven System Beweise zu konstruieren.

Um einen Beweis für ein Theorem zu finden, können verschiedene Regeln benutzt werden. Jede dieser Regeln reduziert die Beweisaufgabe auf mehrere neue Beweisaufgaben. Es muß nämlich nun nachgewiesen werden, daß die Voraussetzungen der Regel beweisbar sind. Dafür gibt es i. allg. wieder mehrere Möglichkeiten usw. Es ist auch möglich - und in vielen Fällen auch zweckmäßig, - bei der Suche nach einem Beweis nicht von der zu beweisenden Aussage, sondern von den zur Verfügung stehenden Axiomen auszugehen.

Diese Vielfalt der Möglichkeiten führt mit wachsender Länge der in Frage kommenden Beweise rasch zu einer kombinatorischen Explosion des Raumes, in dem die Beweise zu suchen sind. Die Begrenzung dieses Suchraumes ist deshalb das Hauptanliegen beim Bau automatischer Theorembeweiser.

Dazu wurden vielfältige Methoden entwickelt, nach deren Herkunft sich Theorembeweiser (grob und unscharf) in drei Klassen einteilen lassen; in

- am Menschen orientierte Theorembeweiser,
- an der Maschine orientierte Theorembeweiser und
- interaktive Theorembeweiser.

Theorembeweiser, die am Menschen orientiert sind. versuchen, menschliche Schlußweisen nachzuahmen. Sie verwenden sehr vielfältige Hilfsmittel, deren Darstellung den Rahmen dieser Übersicht sprengen würde. Der interessierte Leser sei auf [Biel] verwiesen.

Nach Bledsoe [Bie1] und Loveland [Lo2] sind die wichtigsten Bestandteile derartiger Theorembeweiser

- eine Wissensbasis, in der Axiome, Hilfssätze und bereits bewiesene Sätze für den späteren Gebrauch abgelegt sind;
- ein Satz von Regeln zur Vereinfachung von Termen (eine besondere Rolle spielen sogenannte Termersetzumgssysteme (rewrite systems). Dabei werden bewiesene Gleichungen s = t interpretiert als Regeln, die es erlauben, den Term s durch den Term t zu ersetzen. Dadurch erhalten die Gleichungen s = t und t = s unterschiedliche prozedurale Bedeutungen. Angestrebt werden solche rewrite-Systeme, bei denen jede Kette von erlaubten Termen endlich ist und mit einem durch den Ausgangsterm eindeutig bestimmten Term [einer Normalform des Ausgangsterms] abbricht. Ein Algorithmus von Knuth und Bendix gestattet es, in einer Reihe von Fällen ein gegebenes System von Gleichungen so zu ergänzen, daß ein System mit den gewünschten Eigenschaften entsteht. In einer Reihe von wichtigen Fällen ist dies jedoch nicht möglich oder erfordert speziell angepaßte Techniken. Das ist insbesondere dann der Fall, wenn einige der vorkommenden Funktionen kommutativ oder assoziativ sind. Theorembeweiser nutzen auch andere aus der Computeralgebra bekannte Verfahren zur Umformung und Vereinfachung mathematischer Terme);
- ein System von Schlußregeln (dabei wird eine Vielzahl von Schlußregeln ähnlich denen des natürlichen Schließens verwendet);
- Mechanismen, um die Richtung der Suche nach einem Beweis in Abhängigkeit von der zu beweisenden Aussage zu steuern (dabei gibt es grundsätzlich die Möglichkeit, von dieser Aussage oder von den zur Verfügung stehenden Axiomen auszugehen, um einen Beweis zu konstruieren. Oft werden beide Möglichkeiten miteinander kombiniert);
- verschiedene Typen von Variablen (die Verwendung von Variablentypen erleichtert es, den Bereich, auf den sich eine zu beweisende Aussage bezieht, schneller zu erkennen, um die zu benutzenden Hilfsmittel gezielt auszuwählen. Sind die Typen der in zwei Ausdrücken vorkommenden Terme bekannt, so kann gegebenenfalls bereits durch eine einfache Typprüfung festgestellt werden, daß diese Ausdrücke nicht unifizierbar sind und daß somit eine Schlußregel zum Beweis einer bestimmten Aussage nicht genutzt werden kann);
- verschiedene Mechanismen, um die anzuwendenden Regeln zweckmäßig auszuwählen (besonders wichtig ist hier die Benutzung zweckmäßiger Heuristiken; so können z.B. Regeln, die in der Vergangenheit oft erfolgreich angewendet wurden, bevorzugt werden);

- ein allgemeines Kontrollprogramm, das die verschiedenen Möglichkeiten des Systems koordiniert und z.B. gewisse Beweisansätze zugunsten aussichtsreicherer anderer Ansätze zurückstellt;
- ein Hilfsprogramm, das es dem Nutzer gestattet, die Arbeitsweise des Systems zu beeinflussen. Dies kann durch Eingabe von speziellen Programmteilen, aber auch durch ein Eingreifen während der Arbeit des Theorembeweisers erfolgen.

Die folgenden Hilfsmittel sind bisher nur wenig entwickelt.

- Benutzung von Modellen. Die Untersuchung einzelner Modelle der betrachteten Theorie kann helfen, sinnvolle Belegungen für bestimmte Variablen zu finden. Sie kann auch dazu dienen, bestimmte Beweisansätze zu eliminieren. Findet man nämlich ein Modell der Theorie, das eine zu beweisende Aussage nicht erfüllt, so folgt diese Aussage nicht aus der Theorie, ist also auch nicht beweisbar.
- Analoges Schließen. Darunter versteht man die Fähigkeit, ähnliche Beweisaufgaben als solche zu erkennen und Beweisstrategien, die in einer Situation erfolgreich angewandt wurden, an die neue Situation anzupassen. Dazu können z.B. Symmetrien in den zu beweisenden Aussagen oder den Axiomen genutzt werden. - Lernen, d.h. die Nutzung der Erfahrungen aus der Lösung früher gestellter Beweisaufgaben. So können z.B. erfolgreich genutzte Hilfssätze und Beweisstrategien für den späteren Gebrauch gespeichert werden.

3. An der Maschine orientierte Theorembeweiser

Maschinenorientierte Theorembeweiser sind in ihrer Grundstruktur einfacher aufgebaut. Sie reduzieren den Suchraum durch die Einschränkung der Theorien auf gewisse Normalformen und durch die Wahl eines deduktiven Systems, das den Möglichkeiten der Computer entgegenkommt und nur wenige Schlußregeln hat. Dafür wird in Kauf genommen, daß die entstehenden Beweise oft länger werden und schwerer verständlich sind als diejenigen, die von Theorembeweisern erzeugt werden, deren Arbeitsweise sich an menschlichen Denkweisen orientiert. Maschinenorientierte Theorembeweiser können als Sprachen der logischen Programmierung genutzt werden. Auch die Programmiersprache PROLOG kann als maschinenorientierter Theorembeweiser mit sehr beschränkten Fähigkeiten angesehen werden.

Als erstes wird die Aufgabe, ein Theorem zu beweisen, umgeformt in die Aufgabe, nachzuweisen, daß eine Theorie inkonsistent ist. Dazu dient der folgende

Satz. Die Aussage A ist genau dann ein Theorem der Theorie $\mathcal{T}$, wenn die Theorie $\mathcal{T} \cup \{\neg A\}$ inkonsistent ist.

In der Tat gilt genau dann, daß jedes Modell von $\mathcal{T}$ Modell von A ist, wenn es kein Modell von $\mathcal{T}$ gibt, in dem A nicht gilt.

Definition. Zwei Theorien heißen *äquivalent*, wenn sie dieselben Modelle haben.

Folglich ist jede Theorie, die zu einer inkonsistenten Theorie äquivalent ist, ebenfalls inkonsistent.

Um die Inkonsistenz einer Theorie nachzuweisen, wird sie zunächst in eine äquivalente Theorie umgeformt, die weder die Implikation $\longrightarrow$ noch die Äquivalenz $\longleftrightarrow$ enthält. Dies geschieht, indem alle Teilausdrücke der Gestalt

$$(H_1 \longrightarrow H_2) \text{ und } (H_1 \longleftrightarrow H_2)$$

durch die logisch äquivalenten Ausdrücke

$$(\neg H_1 \vee H_2) \text{ bzw. } ((H_1 \wedge H_2) \vee (\neg H_1 \wedge \neg H_2))$$

ersetzt werden.

Dadurch geht z.B der Ausdruck

$$p(0) \wedge \forall x\, (p(x) \longrightarrow p(x+1)) \longrightarrow \forall x\, p(x) \tag{3.1}$$

über in

$$\neg\, (p(0) \wedge \forall x\, (\neg\, p(x) \vee p(x+1))) \vee \forall x\, p(x). \tag{3.2}$$

Durch Ersetzung von Ausdrücken der Gestalt

$$\neg\, (H_1 \wedge H_2) \text{ durch } (\neg\, H_1 \vee \neg\, H_2),$$
$$\neg\, (H_1 \vee H_2) \text{ durch } (\neg\, H_1 \wedge \neg\, H_2),$$
$$\neg\, \forall x\, H \text{ durch } \exists x\, \neg\, H\,,$$
$$\neg\, \exists x\, H \text{ durch } \forall x\, \neg\, H\,,$$
$$\neg\, \neg\, H \text{ durch } H$$

entsteht nun eine Menge von Aussagen, bei der das Negationssymbol $\neg$ nur noch vor Atomformeln steht. Dabei geht (3.2) über in

$$\neg\, p(0) \vee \exists x\, (p(x) \vee p(x+1)) \vee \forall x\, p(x). \tag{3.3}$$

Nun verschieben wir die Quantoren an den Anfang der Aussagen indem wir

$$(\exists x\, H_1) \vee H_2 \text{ und } H_1 \vee (\exists x\, H_2) \text{ ersetzen durch } \exists x\, (H_1 \vee H_2)\,,$$
$$(\forall x\, H_1 \wedge H_2) \text{ und } H_1 \wedge (\forall x\, H_2) \text{ ersetzen durch } \forall x\, (H_1 \wedge H_2)\,,$$
$$(\exists x\, H_1) \wedge H_2 \text{ und } H_1 \wedge (\exists x\, H_2\,) \text{ ersetzen durch } \exists y\, (H_1 \wedge H_2)\,,$$
$$(\forall x\, H_1) \vee H_2 \text{ und } H_1 \vee (\forall x\, H_2\,) \text{ ersetzen durch } \forall y\, (H_1 \vee H_2)\,,$$

wobei die Variable y weder in H_1 noch in H_2 vorkommt.

Aus (3.3) wird dabei

$$\exists x \forall y\, (\neg\, p(0) \vee (p(x) \wedge \neg\, p(x+1)) \vee p(y)). \tag{3.4}$$

Definition. Ein *Literal* ist eine negierte oder unnegierte Atomformel. Atomformeln heißen *positive* Literale, während negierte Atomformeln als *negative* Literale bezeichnet werden. Ist A eine Atomformel, so heißen A und $\neg$ A zueinander *duale* Literale. Das zu einem Literal L duale Literal bezeichnen wir mit $\sim$ L .

Eine *Klausel* ist eine Disjunktion von Literalen.

Ein quantorenfreier Ausdruck ist in *konjunktiver Normalform*, wenn er eine Konjunktion von Klauseln ist.

Im nächsten Schritt werden die quantorenfreien Teile der Aussagen in eine konjunktive Normalform übergeführt. Dazu dienen die Ersetzungen

$$\text{von } (H_1 \wedge H_2) \vee H_3 \text{ durch } (H_1 \vee H_2) \wedge (H_2 \vee H_3) \text{ und}$$
$$\text{von } H_3 \vee (H_1 \wedge H_2) \text{ durch } (H_3 \vee H_1) \wedge (H_3 \vee H_2)\,.$$

Dabei geht (3.4) über in

$$\exists x \forall y ((\neg p(0) \lor p(x) \lor p(y)) \land (p(0) \lor \neg p(x+1) \lor p(y))). \quad (3.5)$$

Als nächstes werden die auftretenden $\exists$-Quantoren beseitigt. Dazu werden sogenannte Skolem-Funktionen genutzt.

Definition. $\mathcal{T}$ und $\mathcal{T}^*$ seien Theorien der Signatur L bzw. L^*. $\mathcal{T}^*$ heißt *konservativ* über $\mathcal{T}$, wenn für alle Aussagen A der Signatur L gilt

$$\mathcal{T} \models A \text{ genau dann, wenn } \mathcal{T}^* \models A.$$

Wir bemerken, daß $\mathcal{T}$ genau dann konsistent ist, wenn dies für $\mathcal{T}^*$ gilt, falls $\mathcal{T}^*$ konservativ über $\mathcal{T}$ ist.

Satz. Sei $B = \forall x_1 \ldots \forall x_n \exists y\ A(x_1,\ldots,x_n,y) \in \mathcal{T}$. f sei ein n-stelliges Funktionssymbol, das in den Aussagen aus $\mathcal{T}$ nicht vorkommt (ist $n = 0$, so sei f eine neue Konstante). Nun sei

$$\mathcal{T}^* = (\mathcal{T} \setminus \{B\}) \cup \{\forall x_1 \ldots \forall x_n\ A(x_1,\ldots,x_n,f(x_1,\ldots,x_n))\}.$$

Dann ist $\mathcal{T}^*$ konservativ über $\mathcal{T}$.

Beweis. Offenbar ist jedes Modell von $\mathcal{T}^*$ auch ein Modell von $\mathcal{T}$. Das bleibt es auch, wenn die Interpretation von f weggelassen wird.

Andererseits entsteht jedes Modell von $\mathcal{T}$ auf diese Art. Ist nämlich $\mathfrak{A}$ ein Modell von B, so gibt es eine Auswahlfunktion $f_0 : |\mathfrak{A}|^n \longrightarrow |\mathfrak{A}|$, so daß für alle $a_1,\ldots,a_n \in |\mathfrak{A}|$ $\mathfrak{A} \models A(a_1,\ldots,a_n,f_0(a_1,\ldots a_n))$. Fügt man f_0 zu $\mathfrak{A}$ als Interpretation von f hinzu, so entsteht ein Modell von $\mathcal{T}^*$. H sei eine Aussage der Signatur von $\mathcal{T}$. Dann kommt f in H nicht vor.

Wenn H nicht aus $\mathcal{T}$ folgt, so gibt es ein Modell $\mathfrak{A}$ von $\mathcal{T}$, in dem H nicht gilt. Durch Hinzufügen einer geeigneten Interpretation f_0 für f wird $\mathfrak{A}$ zu einem Modell von $\mathcal{T}^*$, ohne daß sich am Wahrheitswert von H etwas ändert; also ist H auch kein Theorem von $\mathcal{T}^*$.

Gilt $\mathcal{T}^* \not\models H$, etwa $\mathfrak{A}_0 \not\models H$ für ein Modell $\mathfrak{A}_0$ von $\mathcal{T}^*$, so gilt auch $\mathfrak{A} \not\models H$, wenn $\mathfrak{A}$ das Modell von $\mathcal{T}$ ist, das durch Weglassen der Interpretation von f aus $\mathfrak{A}_0$ entsteht, also folgt H nicht aus $\mathcal{T}$. //

Durch wiederholte Anwendung dieses Satzes können wir schließlich alle $\exists$-Quantoren eliminieren. Aus (3.5) wird dabei

$$\forall y (\neg p(0) \lor p(f) \lor p(y)) \land (p(0) \lor \neg p(f+1) \lor p(y)). \quad (3.6)$$

Damit haben wir die Ausgangstheorie in eine Menge von Ausdrücken der Form

$$\forall x_1 \ldots \forall x_n (C_1 \land \ldots \land C_m) \quad (3.7)$$

umgeformt, wobei $C_1,\ldots, C_m$ Klauseln sind, so daß die entstandene Theorie konservativ über der Ausgangstheorie ist.

Als letzten Schritt bei der Transformation der Ausgangstheorie ersetzen wir die Aussagen (3.7) äquivalent durch die m Aussagen

$$\forall x_1 \ldots \forall x_n\ C_1, \ldots, \forall x_1 \ldots \forall x_n\ C_m.$$

So erhalten wir aus (3.6) die beiden Aussagen

$$\forall y (\neg p(0) \lor p(f) \lor p(y)), \quad (3.8)$$

$$\forall y (p(0) \lor \neg p(f+1) \lor p(y)). \quad (3.9)$$

Zusammenfassend können wir feststellen:

Satz. Jede rekursive Theorie $\mathcal{T}$ kann effektiv in eine Menge universell quantifizierter Klauseln umgeformt werden, die konservativ über $\mathcal{T}$ ist.

Für jeden Ausdruck H bezeichnen wir mit $\forall$H bzw. $\exists$H den *existentiellen* bzw. *universellen Abschluß* von H , d.h. die Aussage, die aus H entsteht, wenn alle in H frei vorkommenden Variablen durch $\forall$ bzw. $\exists$ gebunden werden.

Da wir es im folgenden vorwiegend mit universell quantifizierten Klauseln zu tun haben werden, verzichten wir in diesem Fall darauf, die $\forall$-Quantoren zu schreiben. Klauseln werden also mit ihrem universellen Abschluß identifiziert. So steht z.B.

$$\neg p(0) \vee p(f) \vee p(y)$$

für

$$\forall y\ (\neg p(0) \vee p(f) \vee p(y)).$$

$\exists$-Quantoren werden stets angegeben, wenn sie benutzt werden.

Wir haben die Aufgabe, ein Theorem zu beweisen, zurückgeführt auf die Aufgabe, zu zeigen, daß eine Menge universell quantifizierter Klauseln inkonsistent ist.

Zur Lösung dieser Aufgabe wird ein deduktives System benutzt, das speziell an die Verarbeitung von Klauseln angepaßt ist - die Resolutionsmethode, die 1965 von J.A. Robinson [Rob] eingeführt wurde. Dieses deduktive System enthält nur eine Schlußregel - das Resolutionsprinzip. Um dieses Prinzip formulieren zu können, benötigen wir den Begriff des allgemeinsten Unifikators (s. [Go]).

Eine *Substitution* S ordnet jeder Variablen x einen Term S(x) zu. Jede Substitution läßt sich kanonisch auf die Menge aller Terme und aller quantorenfreien Ausdrücke fortsetzen. Diese Fortsetzung wird ebenfalls mit S bezeichnet.

Definition. Sind S_1, S_2 Substitutionen, so heißt S_2 *spezieller* als S_1 wenn es eine Substitution S_3 gibt, so daß für alle Variablen x

$$S_2(x)= S_1 o S_2(x) = S_3(S_1(x))$$

ist.

Sind $t_1 ,...,t_n$ Terme oder quantorenfreie Ausdrücke, so sagen wir, daß die Substitution S die Menge $\{t_1 ,..., t_n\}$ *unifiziert* (ein *Unifikator* von $t_1, ..., t_n$ ist), wenn $S(t_1) = ... = S(t_n)$ ist.

S heißt *allgemeinster* Unifikator von $t_1 ,..., t_n$, wenn außerdem jeder Unifikator von $t_1, ..., t_n$ spezieller als S ist.

Wir bemerken, daß für jede Variablenumbenennung S_1 die Verkettung $S o S_1$ ein allgemeinster Unifikator von $\{t_1 ,..., t_n\}$ ist, falls dies für S zutrifft.

Ohne Beschränkung der Allgemeinheit können wir annehmen, daß in den im folgenden betrachteten Klauseln kein Literal mehrfach vorkommt.

Definition. Ist C eine Klausel, und ist S ein allgemeinster Unifikator einer Menge von Klauseln, die alle in C vorkommen, so heißt S(C) *Faktor* von C .

So ist z.B.

$$p(f(z),g(z)) \vee q(h(z))$$

ein Faktor von

$$p(f(x),y) \vee p(u,g(v)) \vee q(h(v)),$$

da die Substitution, die x auf z, y auf g(z), u auf f(z), v auf z abbildet (und alle übrigen Variablen unverändert läßt), ein allgemeinster Unifikator von { p(f(x,y)) , p(u,g(v)) } ist.

Da jede Variablenumbenennung ein allgemeinster Unifikator jeder Menge mit nur einem Literal ist, ist auch jeder Ausdruck, der aus einer Klausel C durch Variablenumbenennung entsteht, ein Faktor von C .

Nun können wir die in maschinenorientierten Theorembeweisern benutzte Schlußregel definieren.

Definition. $C = (L_1 \vee \ldots \vee L_i \vee \ldots \vee L_n)$, $C^* = (L_1^* \vee \ldots \vee L_j^* \vee \ldots \vee L_m^*)$ seien Klauseln, S sei ein allgemeinster Unifikator von L_i und $\sim L_j^*$. Dann heißt

$$C^{**} = S(L_1 \vee \ldots \vee L_{i-1} \vee L_{i+1} \vee L_1^* \vee \ldots \vee L_{j-1}^* \vee L_{j+1}^* \vee \ldots \vee L_m^*)$$

binäre Resolvente von C und C^*.

Ist dabei etwa m = j = 1, so ist

$$C^{**} = S(L_1 \vee \ldots \vee L_{i-1} \vee \ldots \vee L_{i+1} \vee \ldots \vee L_n),$$

enthält also weniger Literale als C . Analoges gilt, wenn n = i = 1 ist. Ist n = m = i = j = 1, so ist die leere Klausel □ Resolvente von C und C^* . Dabei ist die *leere Klausel* eine Bezeichnung für irgendeinen Ausdruck, der stets falsch ist. L_i und L_j^* heißen *abgetrennte Literale*. C^{**} heißt *(allgemeine) Resolvente* von C und C^*, wenn C^* binäre Resolvente von Faktoren von C und C^* ist.

Aus zwei Klauseln können i. allg. mehrere Resolventen gebildet werden. Aus

$$\neg\, p(0) \vee p(f) \vee p(y) \qquad (3.10)$$

und

$$p(0) \vee \neg\, p(f+1) \vee p(y) \qquad (3.11)$$

entstehen z.B. durch Faktorisierung

$$\neg\, p(0) \vee p(f) \qquad (3.10^+)$$

und

$$p(0) \vee p(f+1), \qquad (3.11^+)$$

die $p(f) \vee \neg\, p(f+1)$ als binäre Resolvente haben.

Andere Resolventen entstehen, wenn statt (3.11^+) der durch Variablenumbenennung entstehende Faktor

$$p(0) \vee \neg\, p(f+1) \vee p(z) \qquad (3.11^*)$$

benutzt wird. Binäre Resolventen von (3.10^+) und (3.11^*) und damit ebenfalls Resolventen von (3.10) und (3.11) sind dann auch

$p(f) \vee \neg\, p(f+1) \vee p(z)$ (p(0) bzw. p(0) werden abgetrennt),

$p(f) \vee p(0) \vee \neg\, p(f+1)$ (p(0) bzw. p(z) werden abgetrennt),

$\neg\, p(0) \vee p(0) \vee \neg\, p(f+1)$ (p(f) bzw. p(z) werden abgetrennt).

Definition. Eine *Resolutionsableitung* einer Klausel C aus einer Theorie $\mathcal{T}$ von universell quantifizierten Klauseln ist eine Folge $C_0, \ldots, C_n$ von Klauseln, so daß für alle $i \leq n$

a) C_i zu $\mathcal{T}$ gehört oder

b) es Klauseln D, $D^* \in \mathcal{T} \cup \{ C_0, \ldots, C_{i-1} \}$ gibt, so daß C_i Resolvente von D und D^* ist.

Ist z.B. $\mathcal{T} = \{ \forall x\,(p(x) \vee q(x)),\ \neg p(a) \vee q(a),\ \forall y\,(\neg q(y) \vee r(y)) \}$, so ist die Folge

$$p(x) \vee q(x) \tag{3.12}$$

$$q(a) \tag{3.13}$$

$$r(a) \tag{3.14}$$

eine Resolutionsableitung von $r(a)$ aus $\mathcal{T}$. Dabei gehört (3.12) zu $\mathcal{T}$, (3.13) ist Resolvente von (3.12) und $\neg p(a) \vee q(a)$, und (3.14) ist Resolvente von (3.13) und $\neg q(y) \vee r(y)$.

Grundlage für die Korrektheit des Schließens mit Hilfe der Resolventenbildung ist der folgende

Satz. Gibt es eine Resolutionsableitung von C aus $\mathcal{T}$, so gilt $\mathcal{T} \models \forall C$.

Beweis. $C_0, \ldots, C_k$ sei eine Resolutionsableitung für C aus $\mathcal{T}$. Wir beweisen die Behauptung mittels vollständiger Induktion über k. Ist $k = 0$, so muß C bereits zu $\mathcal{T}$ gehören. Sei die Behauptung für alle $k \leq l$ bewiesen, es sei $l > 0$, und $C_0, \ldots, C_l$ sei eine Resolutionsableitung mit l Klauseln. Dann gibt es Klauseln D, $D^* \in \mathcal{T} \cup \{ C_0, \ldots, C_{l-1} \}$, so daß C_l Resolvente von D und D^* ist; D_l sei etwa binäre Resolvente der Faktoren F und F^* von D bzw. D^*. Nach Induktionsvoraussetzung gilt $\mathcal{T} \models \forall D$ und $\mathcal{T} \models \forall D^*$, also erst recht

$$\mathcal{T} \models \forall F \text{ und } \mathcal{T} \models \forall F^*. \tag{3.15}$$

Bei der Bildung von C_l aus F und F^* mögen die Literale L bzw. L^* abgetrennt werden, und S sei der allgemeinste Unifikator von L und $\sim L$. Dann gibt es (möglicherweise leere) Klauseln C und C^*, so daß

$$\begin{gathered} F \text{ logisch äquivalent ist zu } C \vee L, \\ F^* \text{ logisch äquivalent ist zu } C^* \vee L^* \text{ und} \\ C_l \text{ logisch äquivalent ist zu } S(C \vee C^*). \end{gathered} \tag{3.16}$$

Wegen (3.15) folgen dann auch die Aussagen

$$\forall(\neg C \longrightarrow L)$$

und

$$\forall(\sim L^* \longrightarrow C^*)$$

aus $\mathcal{T}$. Das gilt um so mehr für

$$\forall S(\neg C \longrightarrow L) = \forall(\neg S(C) \longrightarrow S(L))$$

und

$$\forall S(\sim L^* \longrightarrow C^*) = \forall(S(\sim L^*) \longrightarrow S(C^*)).$$

Da aber $S(L) = S(\sim L)$ ist, folgt offenbar auch $\forall(\neg S(C) \longrightarrow S(C^*))$ aus $\mathcal{T}$. Diese Aussage ist aber wegen (3.16) logisch äquivalent zu $\forall C_l$. //

Wir bemerken, daß die Umkehrung des letzten Satzes nicht gilt. So folgt z.B. aus der leeren Theorie $\forall(A \vee \neg A)$ für jeden Ausdruck A. Eine Resolutionsableitung einer Klausel aus der leeren Theorie kann es aber nicht geben. Daß es dennoch möglich ist, ein vollständiges deduktives System auf der Basis des Resolutionsverfahrens aufzubauen, sichert der folgende

Satz. a) Gibt es eine Resolutionsableitung der leeren Klausel aus $\mathcal{T}$, so ist $\mathcal{T}$ inkonsistent.

b) Ist $\mathcal{T}$ inkonsistent, so gibt es eine Resolutionsableitung der leeren Klausel aus $\mathcal{T}$.

a) ist eine einfache Folgerung aus dem vorhergehenden Satz, während b) eines umfangreicheren Beweises bedarf (s. [ChLe], [GoHe]).

Definition. Ein *Resolutionsbeweis* für eine Aussage A aus einer Theorie $\mathcal{T}$ ist gegeben durch

- eine effektive Transformation der Theorie $\mathcal{T} \cup \{ \neg A \}$ in eine Menge $\mathcal{T}^*$ universell quantifizierter Klauseln, die konservativ über $\mathcal{T} \cup \{ \neg A \}$ ist und
- eine Resolutionsableitung der leeren Klausel aus $\mathcal{T}^*$.

Damit erhalten wir den folgenden

Satz. Resolutionsbeweise bilden ein korrektes und vollständiges deduktives System.

Besondere Aufmerksamkeit verdienen Resolutionsbeweise von Aussagen der Form $\exists(A_1 \wedge \ldots \wedge A_n)$ für Atomformeln $A_1, \ldots, A_n$ aus Theorien von sogenannten Basis-Hornformeln.

Definition. Eine Klausel heißt *Basis-Hornformel*, wenn sie höchstens ein positives Literal enthält. (s. [ChKe]). Theorien von universell quantifizierten Basis-Hornformeln bezeichnen wir als *Horntheorien*.

Basis-Hornformeln mit genau einem positiven Literal sind entweder Atomformeln, oder sie haben die Form

$$\neg A_1 \vee \ldots \vee \neg A_n \vee B \qquad (3.17)$$

(abgesehen von der Reihenfolge der Literale).

(3.17) ist logisch äquivalent zu $A_1 \wedge \ldots \wedge A_n \rightarrow B$. Derartige Ausdrücke bilden die Grundlage der logischen Programmierung und der Programmiersprache PROLOG (s. [Da], [Ge]), wo sie in der Form

$$A :- A_1, \ldots, A_n$$

geschrieben werden.

Zur Illustration dieses Zusammenhangs vergleichen wir den Ablauf eines PROLOG-Programms und eine entsprechende Resolutionsableitung.

Dazu betrachten wir das PROLOG-Programm

append([ ],X,X). (3.18)

append([E|L], X, [E|Y]) :– append(L,X,Y) (3.19)

und das Ziel

? append([a] , [b,c], X), append([d], X, Y). (3.20)

PROLOG erzeugt daraus schrittweise

mit (3.19) append([ ], [b,c], X_1), append([d], [a | X_1], Y). (3.21)

mit (3.18) append([d],[a, b, c], Y). (3.22)

mit (3.19) append([ ],[a, b, c],Y_1). (3.23)

mit (3.18) das leere Ziel.

Um dies in den Kontext des automatischen Theorembeweisens zu übersetzen, bemerken wir zunächst, daß der Listenseparator [– |–] ein zweistelliges Funktionssymbol und append ein dreistelliges Relationssymbol ist. Ferner ist z.B. [a] eine Abkürzung für den Term [a|[ ]]. Wir betrachten nun die Aufgabe, aus der Theorie mit den Axiomen

$$\forall X\ \text{append}([\,], X, X), \qquad (3.18^+)$$

$$\forall X\, \forall Y\, \forall E\, \forall L\ (\text{append}(L, X, Y) \rightarrow \text{append}([E|L], X, [E|Y])); \qquad (3.19^+)$$

einen Resolutionsbeweis für die Aussage

$$\exists X \exists Y\ (\text{append}([a \mid [\,]], [b, c], X) \wedge \text{append}([d \mid [\,]], X, Y)) \qquad (3.20^{+})$$

zu finden.

Dazu müssen wir die Negation der zu beweisenden Aussage zu unserer Theorie hinzunehmen und die erweiterte Theorie in eine Menge universell quantifizierter Klauseln umformen. Es entsteht die Theorie mit den Axiomen

$$\forall X\ \text{append}([\,], X, X), \qquad (3.18^{*})$$

$$\forall X \forall Y \forall E \forall L\ (\neg\, \text{append}(L, X, Y) \vee \text{append}([E \mid L], X, [E \mid Y])), \qquad (3.19^{*})$$

$$\forall X \forall Y\ (\neg\, \text{append}([a \mid [\,]], [b, c], X) \vee \neg\, \text{append}([d \mid [\,]], X, Y)). \qquad (3.20^{*})$$

Wir bemerken, daß dies eine Horntheorie ist.

Aus dieser Theorie muß die leere Klausel abgeleitet werden. Dazu beginnen wir mit der Klausel (3.20^{*}), die dem Ziel des PROLOG-Programms entspricht.

$$\neg\, \text{append}([a \mid [\,]], [b, c], X) \vee \neg\, \text{append}([d \mid [\,]], X, Y).$$

Als eine Resolvente dieser Klausel mit (3.19^{*}) entsteht

$$\neg\, \text{append}([\,], [b, c], X_1) \vee \neg\, \text{append}([d \mid [\,]], X_1, Y). \qquad (3.21^{+})$$

Resolution von (3.21^{+}) mit (3.18^{*}) ergibt

$$\neg\, \text{append}([d \mid [\,]], [a, b, c], Y). \qquad (3.22^{+})$$

Daraus ergibt sich als Resolvente mit (3.19^{*})

$$\neg\, \text{append}([\,], [a, b, c], Y_1), \qquad (3.23^{+})$$

woraus durch Resolventenbildung mit (3.18^{*}) die leere Klausel $\square$ entsteht.

Wie man sieht, sind die Resolutionsableitung und der Ablauf des PROLOG-Programms zueinander duale Darstellungen derselben Sache.

So kann man feststellen, daß der Kern jedes Logikprogrammsystems und jedes PROLOG-Systems ein Theorembeweiser ist, der auf der Resolutionsmethode beruht. Deshalb sind Erkenntnisse, die beim Bau maschinenorientierter Theorembeweiser gewonnen wurden, für die Entwicklung von Logikprogrammsystemen von Interesse.

Die Beschränkung auf Horntheorien bringt einen erheblichen Effektivitätsgewinn mit sich, da die Menge der möglichen Resolventen stark eingeschränkt wird. Dies wird jedoch mit einer Beschränkung der Ausdrucksfähigkeit erkauft.

So gibt es z.B. keine Horntheorie, die konservativ über

$$\mathcal{T} = \{\ \forall x\ (p(x) \vee q(x)),\ r(a)\ \}$$

ist.

Aus einer solchen Theorie $\mathcal{T}^{*}$ dürfte weder $p(a)$ noch $q(a)$ folgen, also gäbe es Modelle $\mathfrak{A}$, $\mathfrak{B}$ von $\mathcal{T}^{*}$, so daß $\mathfrak{A} \models \neg\, p(a)$, $\mathfrak{B} \models \neg\, q(a)$.

Mittels vollständiger Induktion über den Formelaufbau kann man zeigen (s. [ChKe]) daß die Modellklassen von Horntheorien abgeschlossen sind unter direkten Produkten. Das gilt insbesondere für die Modellklasse von $\mathcal{T}^{*}$.

Nun gilt aber $\mathfrak{A} \otimes \mathfrak{B} \models \neg\, p(a) \wedge \neg\, q(a)$, also $\mathcal{T}^{*} \not\models \forall x\ (p(x) \vee q(x))$, d.h., $\mathcal{T}^{*}$ wäre nicht konservativ über der Ausgangstheorie.

Ein Hauptproblem beim automatischen Theorembeweisen ist die sinnvolle Beschränkung des benutzten deduktiven Systems, so daß einerseits der Raum, in dem der Beweis gesucht werden muß, möglichst klein, die Menge der beweisbaren Aussagen aber möglichst groß wird. Dazu wurden vielfältige Verfahren entwickelt, von denen wir hier nur auf die einfachsten eingehen können. Einen guten Überblick findet der Leser in [ChLe], [BlBü]).

Die einfachste Methode, um die Menge der möglichen Beweise zu beschränken besteht darin, Überflüssiges wegzulassen. So ist eine Klausel, die ein Paar dualer Literale enthält, allgemeingültig. Läßt man sie weg, so ändert das nichts an der Konsistenz der Theorie.

Eine Klausel C enthalte nun ein Literal L, so daß das dazu duale Literal L mit keinem Literal einer Klausel der betrachteten Theorie unifizierbar ist. Eine Verwendung von C in einer Resolutionsableitung würde eine Klausel ergeben, die S(L) für eine Substitution S enthält. S(L) könnte aber durch keine Resolventenbildung wieder beseitigt werden, da es keine Möglichkeit gibt, ein Literal $S^*(\sim L)$ für eine Substitution S^* zu erzeugen. Eine solche Resolutionsableitung könnte niemals zu einer Ableitung der leeren Klausel fortgesetzt werden. Deshalb ist C für den Nachweis der Inkonsistenz der Ausgangstheorie nutzlos und kann weggelassen werden.

Definition. Eine Klausel C heißt *Spezialfall* einer Klausel C^*, wenn es eine Substitution S gibt, so daß für jedes Literal L^* von C^* $S(L^*)$ als Literal in C vorkommt.

Beispielsweise ist $p(f(x)) \vee q(g(h(x)) \vee r(y)$ ein Spezialfall der Klausel $p(x) \vee q(g(y))$. Um dies nachzuprüfen, verwende man eine Substitution S mit S(x)= f(x), S(y) = h(y).

Wie man leicht sieht ist $(C^* \rightarrow \forall C)$ allgemeingültig, falls C ein Spezialfall von C^* ist. Spezialfälle können also ebenfalls weggelassen werden, da sie keine zusätzliche Informationen enthalten.

Eine weitere Gruppe von Methoden zur Beschränkung des deduktiven Systems besteht darin, die Menge der Klauseln, die für die Bildung von Resolventen herangezogen werden dürfen, zu reduzieren.

So wird bei der von Wos eingeführten *unit resolution* gefordert, daß eine der beiden Klauseln, aus denen die Resolvente gebildet wird, nur aus einem Literal besteht. Dieses Verfahren erweist sich als sehr wirksam. Leider ist das darauf beruhende deduktive System unvollständig. So kann in diesem System aus der inkonsistenten Theorie

$$\{ p \vee q , \neg p \vee q , \neg q \vee p , \neg p \vee \neg q \}$$

nichts abgeleitet werden. Es gilt jedoch der folgende

Satz. Unit resolution ist vollständig für Horntheorien.

Für das Verfahren der *linearen Resolution* wird der Begriff der Resolutionsableitung wie folgt modifiziert.

Definition. Eine *lineare Resolutionsableitung* einer Klausel C aus einer Theorie $\mathcal{T}$ von universell quantifizierten Klauseln ist eine Folge $C_0, \ldots, C_n$ von Klauseln, so daß

a) C_0 zu $\mathcal{T}$ gehört und $C_n = C$ ist und

b) für $i > 0$ $(i \leq n)$ es eine Klausel $D \in \mathcal{T} \cup \{ C_0, \ldots, C_{i-1} \}$ gibt, so daß C_i Resolvente von C_{i-1} und D ist.

Bei der Konstruktion einer linearen Resolutionsableitung wird also in jedem Schritt die gerade abgeleitete Klausel weiterverwendet. Es gilt der

Satz. Das deduktive System der linearen Resolution ist vollständig.

Modifiziert man in der Definition der linearen Resolutionsableitung b) weiter, indem $D \in \mathcal{T}$ statt $D \in \mathcal{T} \cup \{ C_0, \ldots, C_{i-1} \}$ gefordert wird, so entsteht der Begriff der *Input-Resolutionsableitung*. Bei diesem Verfahren ist stets eine der zur Resolventenbildung benutzten Klauseln aus der anfangs eingegebenen Theorie $\mathcal{T}$.

Die Benutzung früher abgeleiteter "Hilfssätze" $D \in \{ C_0, \ldots, C_{i-1} \}$ wird verboten. Dieses deduktive System ist nach dem folgenden Satz äquivalent zur unit resolution.

Satz. Aus einer Menge $\mathcal{T}$ von Klauseln gibt es genau dann eine Resolutionsableitung der leeren Klausel im System der unit resolution, wenn es eine Input-Resolutionsableitung der leeren Klausel aus $\mathcal{T}$ gibt.

Insbesondere ist die Input-Resolution unvollständig, jedoch vollständig für Horntheorien. Wir merken an, daß den Abläufen von PROLOG-Programmen Input-Resolutionsableitungen entsprechen. Einen deutlichen Effektivitätsgewinn kann man erreichen, wenn man alle möglichen Paare von unifizierbaren Literalen zusammen mit den entsprechenden allgemeinsten Unifikatoren speichert. Die entstehende Struktur läßt sich als bewerteter Graph auffassen. Als Schlußregeln benutzt man dann Regeln zur Transformation bewerteter Graphen. In einem solchen deduktiven System ist ein Beweis eine Transformation des Graphen, der der Ausgangstheorie entspricht, in den leeren Graphen (s. [BlBü], [Ko], [Bi]).

4. Interaktive Theorembeweiser

Interaktive Theorembeweiser sind Programme, die den Menschen bei der Konstruktion von Beweisen im Rahmen eines deduktiven Systems unterstützen.

Interaktive Theorembeweiser verwenden ebenfalls sehr unterschiedliche Deduktionssysteme. Einen Überblick über viele konkrete Implementationen gibt [Li]. Im einfachsten Fall übernehmen diese Systeme die Rolle eines intelligenten Arbeitsblattes ähnlich den Arbeitsblättern in Kalkulationsprogrammen. So reicht die Angabe einer Schlußregel und der Ausdrücke, auf die sie angewandt wird, um die neu abgeleitete Aussage durch das Programm konstruieren zu lassen.

Darüber hinaus verfügen viele interaktive Theorembeweiser über die Möglichkeit, Vorschläge für die Weiterführung eines angefangenen Beweises zu machen oder bestimmte Beweisaufgaben selbständig zu lösen. Sie verwenden zumeist deduktive Systeme mit Schlußregeln. die menschlichen Schlußweisen nachempfunden sind.

In hochentwickelten Systemen hat der Nutzer die Möglichkeit, die Arbeitsweise des Systems durch spezielle Programme zu steuern, die in einer speziellen Programmiersprache geschrieben sind. Wir erläutern dies am Beispiel des an der Cornell-Universität (USA) entwickelten NuPRL-Systems (NuPRL = ν-proof-reduction-language).

Dieses System enthält eine Sprache zur Formulierung von Beweistaktiken. Dabei wird unter einer

Taktik ein Verfahren verstanden, das einen unvollständigen Beweis (der im Extremfall nur aus der zu beweisenden Aussage bestehen kann) in einen anderen i. allg. unvollständigen Beweis transformiert, falls dies möglich ist, oder fehlschlägt.

Jeder Schlußregel des benutzten deduktiven Systems entspricht eine elementare Beweistaktik, nämlich die einmalige Anwendung dieser Regel. Aus diesen Elementartaktiken können nun mit Hilfe von Operatoren der Sprache - sogenannten Tacticals - kompliziertere Taktiken zusammengesetzt werden. Dem NuPRL-Nutzer stehen die folgenden Tacticals zur Verfügung (t_1, t_2, ..., bezeichnen Taktiken) (s. [Con]):

t_1 THEN t_2 bezeichnet die Hintereinanderausführung von t_1 und t_2, wobei nach Anwendung von t_1 auf jede dabei neu entstandene Beweisaufgabe t_2 angewandt wird.

t_1 THENL [t_2 ,...,t_n] wendet zuerst t_1 und dann auf die i-te neue Aufgabe die Taktik t_i an. Hat t_1 nicht genau n Aufgaben produziert, so schlägt die so zusammengesetzte Taktik fehl.

t_1 ORELSE t_2 : Zunächst wird t_1 angewendet. Führt dies zu keinem Fortschritt, so wird t_2 angewendet.

REPEAT t wiederholt die Taktik t, solange dies möglich ist.

COMPLETE t bewirkt die Anwendung von t, schlägt jedoch fehl, wenn dabei kein vollständiger Beweis entsteht.

PROGRESS t bewirkt die Anwendung von t, schlägt jedoch fehl, wenn dabei kein Fortschritt erreicht wird.

TRY t bewirkt die Anwendung von t, ändert jedoch an der Ausgangssituation nichts, falls t fehlschlagen sollte.

Interaktive Theorembeweiser bemühen sich, in ihrem Verhalten menschlichen Denkweisen und Denkgewohnheiten entgegenzukommen.

So schlägt z.B. das System EXCHECK (s. [MDSu]) für den Beweis einer Gleichung a = b in der Mengenlehre zunächst vor, das Extensionalitätsaxiom zu benutzen und die Gleichung auf die Bedingung $\forall x\ (x \in a \longleftrightarrow x \in b)$ zurückzuführen. Wird jedoch gefordert, f = g zu beweisen, so nimmt das System an, daß es sich bei f und g um Funktionen handelt, und schlägt deshalb die neuen Aufgaben dom(f) = dom(g) und $\forall x\ (x \in \mathrm{dom}(f) \rightarrow f(x) = g(x))$ vor.

5. Anwendungen

Es ist gelungen, mit Hilfe automatischer Theorembeweiser nichttriviale ungelöste mathematische Probleme zu lösen. Ein Beispiel für ein solches Problem ist die folgende Frage (s. [WoWi]):

Gibt es eine endliche Halbgruppe mit einem nichttrivialen Antiautomorphismus, aber ohne nichttriviale Involutionen?

Dabei heißt eine eineindeutige Abbildung f von einer Halbgruppe auf sich *Antiautomorphismus*, wenn f(xy)=f(y)f(x) ist. Gilt außerdem noch f(f(x)) = x für alle x, so heißt f *Involution*.

Mit Hilfe des Theorembeweisers AURA von Wos u.a. wurde die genannte Frage positiv beantwortet, wobei vollautomatisch eine derartige Halbgruppe der Ordnung 83 mit vier Erzeugenden konstruiert wurde.

Bisher gelang die Lösung offener Probleme vor allem auf Gebieten, mit denen sich die Mathematiker nur relativ wenig beschäftigt hatten. Es gab jedoch auch zahlreiche Experimente, in denen Beweise, die vom Menschen bereits gefunden worden waren, vom Automaten wiederentdeckt wurden. Dazu gehören Beweise für den

Satz von Cantor: Die Menge aller Folgen natürlicher Zahlen ist überabzählbar.

Satz von Bolzano-Weierstraß: Jede unendliche beschränkte Menge reeller Zahlen hat einen Häufungspunkt.

Zwischenwertsatz: Ist f auf $\langle a, b \rangle$ stetig und $f(a) < 0 < f(b)$, so gibt es ein c zwischen a und b, so daß $f(c) = 0$ ist.

[Ble2] gibt einen Überblick über weitere automatisch bewiesene Theoreme und über die Verfahren, die dazu benutzt wurden.

Interaktive Theorembeweiser können auch zur Kontrolle von Beweisen, die von Menschen konstruiert wurden, eingesetzt werden. Solche Beweise, wie sie etwa in mathematischen Publikationen veröffentlicht werden, sind vom Standpunkt formaler deduktiver Systeme sehr lückenhaft. Sie bilden eine Folge einzelner Hilfssätze, von denen jeder aus den vorhergehenden mit Hilfe eines bestimmten Allgemeinwissens über das behandelte Gebiet bewiesen werden kann. Ein solcher Beweiskontrolleur versucht nun, diese Teilbeweise automatisch oder halbautomatisch zu finden.

Zu den Theoremen, deren Beweise so überprüft wurden (s. [BoMo]), gehört z.B. der folgende

Satz von Fermat. Ist p eine Primzahl, die m nicht teilt, so ist

$$m^{p-1} \equiv p-1 \bmod p.$$

Ebenso wie es möglich ist, mathematische Theoreme interaktiv mit einem Theorembeweiser abzuleiten, kann man ein solches System auch benutzen, um die Korrektheit von Computerprogrammen zu beweisen (s. [SmSi], [Li]).

Einige Theorembeweiser können auch als Programmiersprache genutzt werden.

So benutzt das bereits erwähnte NuPRL-System ein deduktives System für die konstruktive Mathematik. Wird mit den Mitteln dieses Systems die Existenz eines Objektes bewiesen, so kann NuPRL aus diesem Beweis ein Verfahren zur Konstruktion des gesuchten Objekts extrahieren.

So kann z.B. aus dem Beweis der Korrektheit einer total- rekursiven Funktion, d.h. aus dem Beweis der Tatsache, daß sie für alle natürlichen Zahlen definiert ist, ein Verfahren zur Berechnung dieser Funktion abgeleitet werden.

Eine Grundlage für die Nutzung klassischer deduktiver Systeme als Programmiersprache ist der folgende

Satz von Herbrand. Ist $\mathcal{T}$ eine Menge universell quantifizierter Klauseln, und ist $Z(x_1, \ldots, x_n)$ eine Konjunktion von Literalen, so gilt

$$\mathcal{T} \models \exists x_1 \ldots \exists x_n \; Z(x_1, \ldots, x_n)$$

genau dann, wenn es endlich viele Folgen $(t_1, \ldots, t_{1n}), \ldots, (t_{m1}, \ldots, t_{mn})$ von Termen gibt, so daß

$$\mathcal{T} \models \forall\ (\ Z(t_{11}, \dots, t_{1n}) \vee \dots \vee Z(t_{m1}, \dots, t_{mn})\ ).$$

Ist $\mathcal{T}$ eine Horntheorie, so kann m = 1 gewählt werden.

Um einen Theorembeweiser, der Resolutionsableitungen bildet, zur Konstruktion von Objekten zu nutzen, kann man ihn nach [Gr] wie folgt modifizieren.

Man führt zunächst ein neues n-stelliges Relationssymbol ? ein. Literale der Form $?(t_1, \dots, t_n)$ nennt man *Antwortliterale*.

$\neg Z \vee ?(x_1, \dots, x_n)$ wird logisch äquivalent in eine Klausel transformiert und zur Theorie $\mathcal{T}$ hinzugefügt. Dann wird versucht, aus der so entstandenen Theorie eine Klausel

$$?(t_{11}, \dots, t_{1n}) \vee \dots \vee ?(t_{m1}, \dots, t_{mn})$$

abzuleiten. $t_{11}, \dots, t_{mn}$ haben dann die im Satz von Herbrand genannten Eigenschaften.

So folgt aus der Theorie

$$\{\ r(a) \vee r(b)\ ,\ \forall x\ (r(x) \rightarrow p(x))\ \}$$

$p(a) \vee p(b)$. a und b als Möglichkeiten zur Erfüllung des Ausdrucks p(x) können wir auch wie folgt erhalten.

Das Ziel p(x) wird negiert, und es wird $\neg p(x) \vee ?(x)$ zu $\mathcal{T}$ hinzugefügt. Transformiert man dies in eine Menge von Klauseln, so entsteht

$$r(a) \vee s(b), \tag{5.1}$$

$$\neg r(x) \vee p(x), \tag{5.2}$$

$$\neg s(x) \vee p(x), \tag{5.3}$$

$$\neg p(x) \vee ?(x). \tag{5.4}$$

Durch Resolution entstehen

wegen (5.4) und (5.2) $\quad \neg r(x) \vee ?(x) \quad$ (5.5)

wegen (5.5) und (5.1) $\quad s(b) \vee ?(a) \quad$ (5.6)

wegen (5.6) und (5.3) $\quad p(b) \vee ?(a) \quad$ (5.7)

wegen (5.7) und (5.4) $\quad ?(b) \vee ?(a) \quad$ (5.8)

Klausel (5.8) enthält nur Antwortliterale und beendet die Resolutionsableitung.

So sind Theorembeweiser auch benutzt worden, um Schaltkreise logisch zu entwerfen oder zu verifizieren (s. [Woj], [WoWo]).

Leistungsfähige Theorembeweiser benötigen eine entsprechend leistungsfähige technische Grundlage, mindestens eine Workstation. Da diese Systeme häufig in LISP implementiert wurden, sind spezielle LISP-Maschinen besonders geeignet. Es ist jedoch abzusehen, daß die nächste Generation von Microcomputern bereits leistungsfähig genug sein wird, um den Einsatz von automatischen Theorembeweisern zu ermöglichen (z.B. des Systems ATP von Lusk und Overbeck [LuOv] , das aus 80 000 Zeilen PASCAL-Code besteht und 1,6 MByte Speicher benötigt). Das wird zu einer weiten Verbreitung dieser Systeme beitragen und sowohl den Anwendungen als auch den Forschungen auf diesem Gebiet neue Impulse verleihen.

[AsI] Asser, G.: Mathematische Logik, Teil I, B.G. Teubner, Mat. Nat. Bibl. Bd. 18, Leipzig 1967.

[AsII] Asser, G.: Mathematische Logik, Teil II, B.G. Teubner, Mat.-Nat. Bibl. Bd. 19, Leipzig 1972.

[Bi] Bibel, W.: Automated theorem proving, Vieweg, Braunschweig 1982.

[Ble1] Bledsoe, W.W.: Non-resolution theorem proving, Artif. Intell., 1975, 1-33.

[Ble2] Bledsoe W.W.: Some automatic proofs in analysis, in: Automated Theorem Proving: After 25 Years (Bledsoe, Loveland eds.); Providence, Rhode Island; Contemp. Math. vol. 29 (1984), 89-118.

[BlLo] Bledsoe, W. W.; Loveland, D.W. (eds.): Automated Theorem Proving: After 25 Years, Contemp. Math. vol. 29 (1983), AMS.

[BlBü] Bläsius, K. H.; Bürckert, H.-J. (Hrsg.): Deduktionssysteme. Automatisierung des logischen Denkens. R. Oldenbourg, München 1987.

[BoMo] Boyer, R.S.; Moore, J.S.: Proof-checking, theorem proving, and program verification, in: Autom. Theor. Prov.: After 25 years (Bledsoe, Loveland eds.), 119-132.

[ChKe] Chang, C. C.; Keisler, H. J.: Model theory, North Holland Publ. Comp., Amer. Elesevier Publ. Comp.; Amsterdam, London, New York 1973.

[ChLe] Chang,Ch.-L.; Lee, R. Ch.-T.: Symbolic logic and mechanical theorem proving, Academic Press; New York, San Francisco, London 1973.

[CoHe]Compton, K. J.; Henson, C. W.: A uniform method for proving lower Bounds on the computational complexity of logical theories, Preprint, Univ. of Michigan, 1987.

[Con] Constable et all.: Implementing mathematics with the NuPRL Proof Development System, Prentice Hall Inc., Ithaca 1985.

[Da] Dahn, B.: Programmieren mit Logik: PROLOG, Wiss. u. Fortschr. 37(1987), 220-223.

[FeRa] Ferrante, J.; Rackoff, C.: The computational complexity of logical theories, Lecture Notes in Mathematics, 718 (1979), Springer-Verlag.

[FiRa] Fischer, M.J.; Rabin, M.: Super-exponential complexity of Presburger arithmetic, Complexity of Computation, (R.M. Karp ed.), SIAM-AMS-Proc. 7, AMS New York (1974) 27 - 42.

[Fit] Fitting, M. C.: Intuitionistic Logic, Model Theory and Forcing, Studies in Logic and the Foundations of Mathematics, North Holland 1969.

[Ge] Geske, U.: Programmieren mit PROLOG, Akademie-Verlag Berlin 1988.

[Go] Goltz, H.-J.: Unifikationstheorie, d. Band.

[GoHe] Goltz, H.-J.; Herre, H.: Mathematische Grundlagen der logischen Programmierung, iir-report 5/87.

[Gr] Green, C.: Theorem-proving by resolution as a basis for question-answering systems, in: Machine Intelligence 4 (Meltzer, Michie eds.), Edinburgh University Press 1969, 183-205.

[Ko] Kowalski, R.: A proof procedure based on connection graphs, J. Assoc. Comput. Mach., 22 (1975), 572-595.

[Li] Lindsay, P.A.: A survey of mechanical support for formal reasoning. Software Engineering J., Jan. 1988, 3-27.

[Lo1] Loveland, D.W.: Automated theorem proving: A logical basis. North Holland, New York 1978.

[Lo2] Loveland, D.W.: Automated theorem proving: a quarter century review, in: Automated Theorem Proving: After 25 Years (Bledsoe, Loveland eds.), Contemp. Math. vol. 29 (1984), 1-45.

[LuOv] Lusk, E.L.; Overbeek, R.A.: A portable environment for research in automated reasoning. Springer Lecture Notes in Computer Science, Berlin, Heidelberg, New York ..., vol. 170(1984), 43- 52.

[MDSu] McDonald, J.; Suppes, P.: Student use of an interactive theorem prover in: Automated Theorem Proving: After 25 Years (Bledsoe, Loveland eds.), Contemp. Math. vol. 29 (1984), 315-360.

[Rob] Robinson, J.A.: A machine-oriented logic based on the resolution principle, J. Assoc. for Comp. Mach., 1965, 23-41.

[Schr] Schreiber, P.: Grundlagen der Mathematik, Mathematik für Lehrer Bd. 12, VEB Deutscher Verlag der Wissenschaften, Berlin 1977.

[Shoe] Shoenfield, J.R.: Mathematical Logic, Addison-Wesley Publ. Comp., Reading, Menlo Park, London, Don Mills 1973.

[SmSi] Smith, M.; Siebert, A.; DiVitto B.; Good, D.: A verified encrypted packet interface, SIGSOFT 6,3 (1981).

[Wae] B.L. van der Waerden: Algebra, erster Teil, 6. Aufl., Springer-Verlag, Berlin, Göttingen, Heidelberg 1964.

[Woj] Wojcik, A.: Formal design verification of digital systems, Proc. 20th Design Autom. Conf., Miami Beach, June 1983, 228-234.

[WoWi] Wos, L.; Winker, S.: Open questions solved with the assistance of AURA in: Automated Theorem Proving: After 25 Years (Bledsoe, Loveland eds.), Contemp. Math. vol. 29 (1984), 73-88.

[WoWo] Wojciechowski, W.; Wojcik, A.: Multiple-valued logic design by theorem proving, Proc. 9th Int. Symp. Mult.-val. logic, Bath, England, 1979, IEEE, 196-199.

ALGORITHMISCHES LERNEN

Klaus P. Jantke, Steffen Lange

Aufgrund der Dynamik der Wissenschaftsentwicklung in der Gegenwart wird es mehr und mehr zu einem fragwürdigen Unternehmen, Einführungen in und Übersichten über selbst junge Gebiete geben zu wollen. Das Gebiet des algorithmischen Lernens, obwohl doch schon stark eingeschränkt und abgegrenzt sowohl vom menschlichen Lernen als auch von vielen anderen algorithmischen Fragestellungen, zeigt die Problematik in aller Klarheit. Seit 1986 gibt es die Zeitschrift **Machine Learning**. Zum algorithmischen Lernen insgesamt sowie zu einem wichtigen Teilgebiet liegen mit /24/, /25/ bzw. /07/ drei Bücher mit einem Gesamtumfang von mehr als 1000 Seiten vor. Allein zur Disziplin der induktiven Inferenz gibt es u.a. die sehr interessanten Übersichtsartikel /01/ und /17/ mit insgesamt über 50 Seiten, die angesichts der jüngsten Entwicklung beträchtlich erweitert werden könnten. Mit /13/ gibt es einen aktuellen Tagungsband mit über 200 Seiten zu einem scharf umrissenen Problemkreis.

In demselben Maß, wie Übersichten schwieriger werden, gewinnen sie aber auch an Bedeutung. Man kann erwarten, daß von der Vielzahl der Detailergebnisse ein beachtlicher Teil in Vergessenheit geraten wird, einige werden sicherlich mehrfach erzielt werden, und viele Implementierungen - obwohl sie für ihre Autoren einen Meilenstein in der Erschliessung des Forschungsgebietes darstellen mögen - werden nach einigen Jahrzehnten oder schon nach wenigen Jahren völlig unbekannt sein oder es von Beginn an bleiben.

Nach Ansicht der Autoren besteht ein entscheidender Weg zur Herausarbeitung von Grundideen, -ergebnissen, -algorithmen und -problemen des Gebietes darin, es weiter mathematisch zu durchdringen. Zum einen werden unterschiedliche Konzepte dadurch vergleichbar. Zum anderen gelingt es, Verbindungen zu bekannten und gründlich untersuchten mathematischen Disziplinen aufzudecken - etwa zum automatischen Theorembeweisen, zum Gebiet der Termableitungssysteme - und somit oft den harten Kern eines Problems herauszuschälen. Und schließlich hilft ein solches Vorgehen sogar bei Erreichen der Grenzen mathematischer Ausdrucksfähigkeit oder algorithmischer Lösbarkeit, die Rolle nichtmathematischer Ansätze zu erhellen. So kann man z.B. die Notwendigkeit eines Mensch-Maschine-Dialogs an solchen Stellen eines Prozesses aufdecken, wo de facto NP-schwierige Teilprozesse zu realisieren sind.

1. Algorithmisches Lernen zwischen KI und Mathematik

Obwohl das Lernen als ein entscheidendes Charakteristikum jeglicher Intelligenz anerkannt ist, gehen bei einem Versuch einer genaueren Beschreibung des Phänomens Lernen die Auffassungen schon weit auseinander. Es gibt keine allgemein akzeptierte Begriffsbildung. Das trifft sowohl auf das menschliche Lernen als auch auf das algorithmische Lernen zu. Da man sowieso nicht damit rechnen kann, die einzig richtige Definition zu finden (wie es ohnehin weder richtige noch falsche Definitionen gibt), scheint es sinnvoll, nach Begriffsbildungen zu suchen, die möglichst übersichtlich und kompakt sind und es erlauben, existierende Untersuchungen, anstehende Probleme und künftige Aufgaben zweckmäßig zusammenzufassen. Vor dem Versuch einer Präzisierung des Lernbegriffs soll zunächst das Gebiet des Lernens in das Gesamtgebiet der Künstlichen Intelligenz kurz eingeordnet werden.

Das algorithmische Lernen als Teilgebiet der KI ist in schnellem Vormarsch begriffen, die unterschiedlichen Ansätze sind z.T. nur schwer miteinander vergleichbar (siehe /25/). Mathematisch gut ausgearbeitete Konzepte stehen neben solchen, bei denen eine Präzisierung sowohl der Ideen als auch der Ergebnisse schwierig erscheint. Man vergleiche etwa den Unterschied im Reifegrad der mathematischen Aufarbeitung der induktiven Inferenz und des analogen Schließens, wie er sich in /13/ manifestiert All das hinterläßt den Eindruck einer sich gerade herausbildenden Disziplin. Betrachtet man existierende KI-Systeme - etwa Expertensysteme, für die es eine Vielzahl gut beschriebener Beispiele gibt - , so ist gerade die Lernfähigkeit dieser Systeme die i.allg. am wenigsten entwickelte Seite. Hier klafft die bemerkenswerteste Lücke zwischen Anspruch und Realität. Nach Ansicht der Autoren ist das Gebiet des algorithmischen Lernens diejenige Disziplin der Künstlichen Intelligenz, die in den kommenden Jahren die meiste Zuwendung erfahren muß und auch wird.

Von Simon /27/ stammt die von zahlreichen Autoren aufgegriffene Begriffsbildung "**learning denotes changes in the system that are adaptive in the sense that they enable the system to do the same task or tasks drawn from the same population more efficiently and more effective the next time**". Die Problematik einer solchen Definition ist offensichtlich. Obwohl dieser Versuch einer Begriffsbestimmung äußerst vage ist, schließt er schon zweifelhafte Forderungen ein. Kann man Lernen wirklich nur unter dem Gesichtspunkt einer zu erfüllenden Aufgabe sehen? Muß man wirklich, bevor man Lernprozesse studiert, die Effektivität von Problemlösungsprozessen analysiert haben, die durch die zu betrachtenden Lernprozesse erhöht werden soll? Unter dem Gesichtspunkt des Studiums von Lernalgorithmen erscheint es uns sinnvoll, diese Dinge voneinander zu trennen. Wir wollen uns auf die Frage konzentrieren, wie ein System es algorithmisch anstellt zu lernen. Was es mit dem Gelernten tut, wird dabei zunächst vernachlässigt.

Im einfachsten Fall wird unter Lernen ein Prozeß verstanden, in dem der, die oder das Lernende in die Lage versetzt wird, vorgelegtes Wissen zu reproduzieren, zu wiederholen. Das ist z.B. der Fall beim einfachen Auswendiglernen von Vokabeln (verstanden als Wortpaare) oder von Telefonnummern. So einfach die Aufgabenstellung auch ist, sie erfordert im Fall des menschlichen Lernens i.allg. einige Zeit und eine wiederholte Belehrung. Offenbar geht es hauptsächlich darum, eine interne Repräsentation des angebotenen Wissens zu finden, die die gewünschte Reproduzierbarkeit ermöglicht. Lernen ist also nicht vom Problem der Wissensrepräsentation zu trennen. Die Fälle des Lernens, in denen das Finden einer geeigneten Wissensrepräsentation die Hauptaufgabe ist, sollen nicht Gegenstand der hier vorgelegten Betrachtungen sein. Das würde zuvor eine gründlichere Auseinandersetzung mit Fragen der Wissensrepräsentation erfordern. (Wir verweisen auf andere Beiträge in diesem Band.)

Natürlich sind die Grenzen zwischen den unterschiedlichen Formen des (menschlichen) Lernens fließend, wie die folgende Erörterung zeigt. Eine gewisse Klassifizierung der Ansätze ist aber unumgänglich, will man die Forschungsarbeit konzentrieren und gezielt vorantreiben.

Bei einem großen Kreis von Lernaufgaben geht es darum, vorgelegtes Wissen in eine interne Repräsentation überzuführen, wobei allerdings der Prozeß der schrittweisen Transformation der angebotenen Wissensrepräsentation in die angestrebte Form im Mittelpunkt steht. Ausgangspunkt ist der qualitative Unterschied beider Formen der Wissensrepräsentation. Ein typisches Anwendungsgebiet ist das der deduktiven Programmsynthese (siehe /07/, insbes. /22/), bei der es im wesentlichen darum geht, eine implizite Beschreibung eines Algorithmus in Form einer Spezifikation mit Mitteln des Prädikatenkalküls der ersten Stufe in eine explizite Beschreibung, d.h. in ein Programm, zu transformieren. Es handelt sich de facto um die Compilation von einer Sprache in eine andere. Da Techniken der Transformation und Compilation hier dominieren, soll dieses Gebiet im vorliegenden Beitrag ebenfalls ausgespart werden.

Arbib gibt in /02/ eine sehr gute Einführung in Ansätze zur Modellierung des Gehirns durch sogen. Neuronen-Netze, z.B. im Sinne von **McCulloch** und **Pitts** /23/, wobei Lernen als Verhaltensänderung im Netz verstanden wird. Es ist leicht zu zeigen, daß solche Netzmodelle mindestens so ausdrucksstark wie klassische Algorithmenkonzepte (etwa Turing-Maschinen) sind, so daß noch wesentliche Arbeit zur Modellbildung und zur Herleitung grundlegender Resultate zu leisten ist. **Arbib** charakterisiert die Situation wie folgt: **"We shall see that at present we can**

only prove simple results, so that the usefulness of the theory at the moment is more qualitative in indicating new directions in which we might like to aim research, ..." (vgl. /02/). Wir wollen deshalb diese Ansätze nicht weiter analysieren.

Es bleiben alle die Problemstellungen übrig, bei denen nicht a priori vollständig beschriebenes Wissen vorliegt bzw. bei denen z.B. zum Zweck der Reduktion der Komplexität vollständiges Wissen aufgegeben wird, so daß die Schwierigkeit in der Verarbeitung von i.allg. unvollständigem Wissen liegt. Lernen reduziert sich dann nicht mehr auf Compilation, statt dessen ist tatsächlich etwas "**dazuzulernen**". Dieser Problemkreis erscheint den Autoren besonders herausfordernd und zukunftsträchtig.

Gerade der Fall, zwecks Vereinfachung einer Situation Informationen aufzugeben und damit evtl. von ursprünglich vollständiger zu nun unvollständiger Information überzugehen, scheint bei menschlichen Lernprozessen häufig aufzutreten und sehr natürlich zu sein. Nehmen wir z.B. an, daß in einer formalen Sprache die vollständige Beschreibung eines komplexen Sachverhalts vorliegt, z.B. die algebraische Spezifikation eines abstrakten Datentyps oder die prädikatenlogische Spezifikation einer berechenbaren Funktion durch eine AE-Formel. Ein gebräuchlicher Weg zum Verständnis einer solchen Beschreibung besteht darin, sich einfache Beispiele anzusehen. Man ersetzt generalisierte Variablen durch möglichst einfache Konstanten und veranschaulicht sich die entstandene Situation. Häufig ist der Mensch in der Lage, nur durch Studium der so entstandenen einfachen Beispiele den allgemeinen Fall zu erfassen, zu erlernen. Ein interessanter Anwendungsfall ist das Problem der Implementierung abstrakter Datentypen in imperativen Sprachen, wozu **Thomas** (vgl. /30/) zum Erkennen der Speicher- und Zugriffsstruktur eines vollständig spezifizierten Datentyps eine Folge einfacher Beispiele generiert.

Im Unterschied zu den oben genannten Lernproblemen, bei denen es um das Finden einer geeigneten Wissensrepräsentation bzw. um die Transformation einer gegebenen Wissensrepräsentation geht, ist bei Problemen der letztgenannten Art tatsächlich "**etwas Neues zu lernen**". Es ist qualitativ mehr zu lernen als vorgelegt wird, so wie eine Serie naturwissenschaftlicher Beobachtungen oder Experimente zur Entdeckung (zum "Lernen") einer Gesetzmäßigkeit führen kann, die qualitativ mehr beschreibt als die endliche Zahl der vorangegangenen Beobachtungen bzw. Experimente.

Induktives Lernen oder **induktive Inferenz** bezeichnet Lernen aus i.allg. unvollständiger Information. **Bibel** wertet diese Ansätze in /05/ mit den Worten "**Inductive inference plays a key role in learning and knowledge acquisition**". Der folgende Abschnitt ist einer Formalisierung der grundlegenden Konzepte des induktiven Lernens gewidmet.

2. Algorithmisches Lernen und induktive Inferenz

Kernstück aller Untersuchungen zum algorithmischen Lernen sind das Studium, die Entdeckung bzw. Konstruktion und die Anwendung von Lernalgorithmen, deren Realisierung als Software oder Hardware KI-Systeme lernfähig - in diesem Sinne also "intelligent" - machen soll. Da universelle Lernverfahren nicht zu erwarten sind (Der Abschnitt über induktive Inferenz allgemein-rekursiver Funktionen enthält mathematische Ergebnisse, die die Nichtexistenz universeller Lernverfahren unter natürlichen Voraussetzungen implizieren.), bildet also der jeweilige Anwendungsbereich, die Klasse der potentiell zu erlernenden Objekte, einen <u>ersten</u> Parameter aller Untersuchungen zum algorithmischen Lernen. <u>Zweitens</u> ist stets herauszuarbeiten, in welcher Form Informationen über ein zu erlernendes Objekt vorgelegt bzw. erhalten werden. Essentiell für alle Untersuchungen ist <u>drittens</u> die Frage, welche lernenden Subjekte in Betracht kommen, wer oder was lernt. Es führt sicherlich zu sehr unterschiedlichen Problemen und Lösungsansätzen, ob man sich einen Lernalgorithmus z.B. als Prolog-Programm oder als endlichen determinierten Automaten vorstellt. Ein <u>vierter</u> Parameter ist der Hypothesenraum, d.h. die Sprache, in der Ausgaben des lernenden Subjekts im Prozeß des Lernens formuliert werden.

Selbst wenn alle anderen Parameter bereits festgelegt sind, gibt es i.allg. eine Vielzahl möglicher Hypothesenräume. Nehmen wir z.B. an, die zu erlernernden Objekte seien irgendwelche reguläre Sprachen. Eine feste reguläre Sprache wäre vorgelegt durch eine beliebige Folge aller ihrer Wörter (Sätze). Und ein Lernalgorithmus soll als LISP-Programm erstellt werden. Was sollen Hypothesen sein? Es ist möglich, Grammatiken zu generieren, die die zu erlernende Sprache erzeugen sollen. Andere vernünftige Hypothesen wären endliche determinierte (evtl auch nichtdeterministische) Automaten, die als Akzeptoren aufgefaßt werden. Es kommen aber auch reguläre Terme in Frage.

Die auf der nächsten Seite folgende Abb. 1 illustriert die oben genannten Parameter eines jeden Ansatzes zum Algorithmischen Lernen.

Mit (5) und (6) sind die folgenden Zusammenhänge bezeichnet: Selbst wenn die Parameter (1) , ... , (4) präzisiert sind, so ist i.allg. noch zu klären, wann <u>fünftens</u> eine vorgelegte Informationsmenge ein spezielles zu erlernendes Objekt beschreibt, und <u>sechstens</u> welches Objekt durch eine zu erzeugende Hypothese beschrieben wird, was mit einer Hypothese "gemeint" ist. Es handelt sich also um die jeweilige Semantik der Sprache, in der Informationen angeboten bzw. Hypothesen formuliert werden, in bezug auf den Diskursbereich der zu erlernenden Objekte.

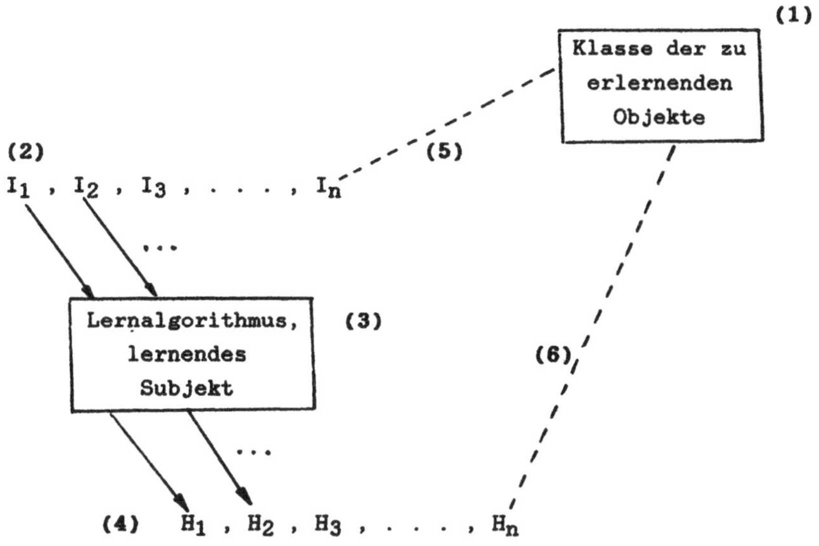

Abb. 1

Nach Ansicht der Autoren wäre es schon ein wesentlicher Fortschritt, wenn es gelänge, alle Arbeiten zum algorithmischen Lernen im Sinne obiger Abbildung darzustellen und somit zumindest vergleichbar zu machen.

Die nachfolgende Abb. 2 illustriert die prizipielle Struktur aller Ansätze zur induktiven Inferenz. Dabei muß man, weil das charakteristische Problem der induktiven Inferenz im Lernen aus i.allg. **unvollständiger Information** besteht, grundsätzlich Folgen von Informationen I_1 , I_2 , I_3 , ... zulassen, wobei evtl. jedes Anfangsstück I_1 , ..., I_n ein durch die Gesamtfolge vorgelegtes Objekt nur unvollständig beschreibt. Ein Algorithmus der induktiven Inferenz erhält demzufolge im Prozeß des Erlernens eines einzigen Zielobjekts eine Folge von Inputs, aus denen er eine Folge von Outputs generiert. Nicht jede solche Hypothesenfolge wird einen erfolgreichen Lernprozeß beschreiben, so daß es nötig ist, durch Festlegung eines Konvergenzbegriffs auf dem Hypothesenraum zu beschreiben, was eigentlich durch eine unendliche Hypothesenfolge gelernt wird. In den meisten Arbeiten zur induktiven Inferenz (vgl. /01/, /17/) dominiert als Konvergenzbegriff der diskrete Limes, d.h., eine Folge H_1 , H_2 , ... wird als konvergent gegen eine Hypothese H bezeichnet dann und nur dann, wenn von einer Stelle n an alle folgenden Hypothesen H_m ($m > n$) gleich H sind. Dieser Ansatz widerspiegelt die Zielstellung, nach endlich vielen Schritten erfolgreich gelernt zu haben. Darin besteht auch gleichzeitig die herausfordernde Aufgabe der induktiven Inferenz: algorithmische Ideen zu entwickeln, die es erlauben, aus nur endlichen Teilen von potentiell unendlichen Informationsmengen zu lernen.

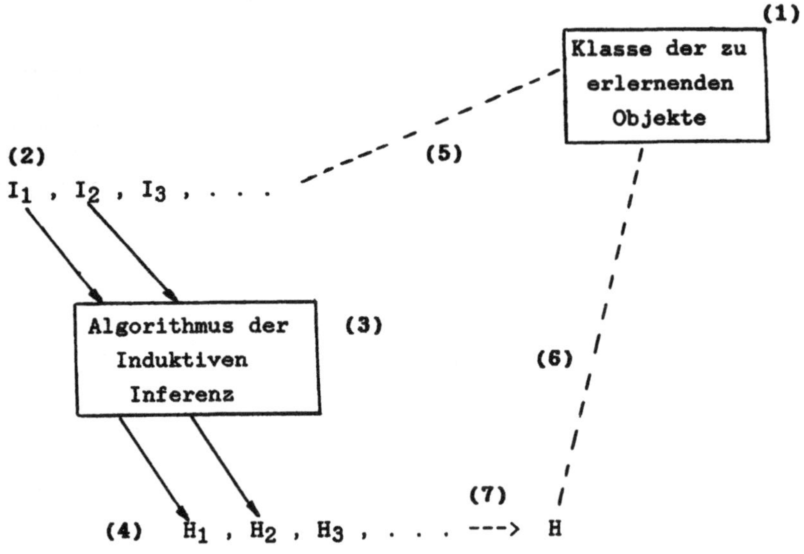

Abb. 2

Die Parameter obiger Abbildung sollen noch einmal aufgelistet werden, da in den folgenden Abschnitten ausdrücklich darauf Bezug genommen werden soll.

<u>Parameter</u> (1): Die Klasse der zu erlernenden Objekte.
<u>Parameter</u> (2): Die Sprache der zugelassenen potentiell unendlichen Folgen evtl. unvollständiger Information.
<u>Parameter</u> (3): Die untersuchten Algorithmen der induktiven Inferenz.
<u>Parameter</u> (4): Der Hypothesenraum.
<u>Parameter</u> (5): Die Semantik von zulässigen Informationsfolgen, die ein zu erlernendes Objekt beschreiben sollen.
<u>Parameter</u> (6): Die Semantik auf dem Hypothesenraum, die besagt, welches Zielobjekt mit einer Hypothese gemeint ist.
<u>Parameter</u> (7): Der Konvergenzbegriff auf dem Hypothesenraum.

Die starke Analogie zwischen den beiden Abbildungen dieses Abschnitts verdeutlicht, daß der Ansatz der induktiven Inferenz die geeignete Form ist, Probleme des algorithmischen Lernens aus i.allg. unvollständiger Information zu präzisieren.

Im Abschnitt über induktive Inferenz werden unterschiedliche Fälle der Präzisierung der oben genannten Parameter eingehender studiert.

3. Abduktion, Deduktion und Induktion

Nachdem im vorangehenden Abschnitt die für dieses Kapitel wesentlichen Konzepte prinzipiell dargestellt worden sind, sollen in diesem Abschnitt grundlegende Inferenz-Mechanismen miteinander verglichen werden. Ein ähnlicher Vergleich findet sich auch in /05/.

Unter **Abduktion** oder **abduktiver Inferenz** versteht man einen in Diagnose-Systemen häufig angewandten Mechanismus. Wir weisen darauf hin, daß hier nur die Grundform der abduktiven Inferenz diskutiert wird, die in konkreten Systemen i.allg. zusammen mit Unifikationsalgorithmen (vgl. das entsprechende Kapitel) und in verschiedenen Modifikationen (z.B. durch die Wichtung von Regeln in Richtung von Fuzzy-Konzepten) auftritt.

Falls eine Ableitungsregel der Form

A => B

z.B. als Regel eines Produktionssystems, als Regel eines Termableitungssystems oder als prädikatenlogische Formel, die ein Axiom oder eine Hypothese ausdrückt, vorliegt, und falls außerdem ein Fakt oder eine Hypothese

B

gegeben ist (hier haben wir ganz offenbar zumindest Unifikationsprobleme verdrängt), so wird abduktiv

A

als Hypothese abgeleitet. Die Analogie zur Anwendung des **Modus Ponens** ist offensichtlich.

Wir weisen darauf hin, daß es auch abweichende und unseres Erachtens weniger klare Konzepte der Abduktion gibt. Im vorliegenden Fall kann man Abduktion im allgemeinen und abduktives Lernen im besonderen recht gut mit Mitteln des Prädikatenkalküls der 1. Stufe beschreiben. Es scheinen keine qualitativ neuen Fragen zu entstehen, die nicht schon Gegenstand logischer Untersuchungen insbesondere zum automatischen Theorembeweisen wären. Das führt uns direkt zur **Deduktion** und speziell zum **deduktiven Lernen**.
Deduktion bezeichnet das Ableiten in einem gegebenen System entsprechend den dort fixierten Regeln. I.allg. handelt es sich dabei um die syntaktische Fassung eines semantischen Begriffs wie etwa des logischen Folgerns. (Wegen weiterer Einzelheiten verweisen wir auf das Kapitel über automatisches Theorembeweisen.) Wenden wir uns speziell dem Lernen zu.

Faßt man den Begriff des deduktiven Lernens sehr weit, so kann man darin alle Ansätze zum algorithmischen Lernen zusammenfassen, bei denen automatisches Theorembeweisen eine zentrale Rolle spielt. Man kann aber zeigen (vgl. /12/), daß selbst für das konzeptionell abgegrenzte induktive Lernen Theorembeweisen so wichtig ist, daß man es demzufolge dem deduktiven Lernen zuordnen müßte. Wir wählen deshalb einen strengeren Zugang.

Deduktives Lernen faßt alle diejenigen Zugänge zusammen, bei denen das Problem des Lernens darin besteht, eine Form der Wissensrepräsentation in eine qualitativ andere zu transformieren, wobei diese Transformation im wesentlichen durch das Ableiten einer bestimmten Formel auf der Basis eines gegebenen Deduktionssystems erfolgt. Wir haben bereits eingangs entschieden, solche vor allem auf Compilation und Transformation beruhenden Ansätze hier nicht eingehender zu untersuchen. Es folgt deshalb nur eine Skizze der Prinzipien.

Ein typischer Fall des deduktiven Lernens ist die **deduktive Programmsynthese**, bei der es darum geht, eine explizite Beschreibung eines Algorithmus - also ein Programm - aus einer impliziten prädikatenlogischen Beschreibung des vorliegenden Problems herzuleiten. Ein Spezialfall liegt vor, wenn die Problembeschreibung eine Formel des Typs

$$\forall x \; (\; IC(x) \Rightarrow OC(x,f(x)) \;)$$

ist, wobei IC als "input condition" und OC als "output condition" interpretiert wird. IC(x) ist wahr, falls x ein zulässiges Eingabedatum ist. OC(x,f(x)) beschreibt den Zusammenhang zwischen einer Eingabe x und dem zugehörigen Resultat einer Berechnung, das mit f(x) bezeichnet wird. In dieser Formel ist der Zusammenhang zwischen x und f(x) i.allg. unter Benutzung weiterer Operatoren und Konstanten spezifiziert. Das setzt voraus, daß an anderer Stelle - in einem zugrundeliegenden Axiomensystem - Eigenschaften dieser Operatoren und Konstanten definiert sind. Ein konstruktiver Beweis der Existenz eines Wertes f(x) zu einem zulässigen x, der i.allg. das im Axiomensystem gegebene Grundwissen benutzen wird, liefert "nebenbei" ein Verfahren zur Berechnung der nur implizit spezifizierten und hier mit f bezeichneten Funktion. In /22/ ist dieser Zugang zum Erlernen von Programmen durch das Beweisen von prädikatenlogischen Formeln im Detail dargestellt. Wir verweisen nochmals darauf, daß ein Charakteristikum dieses Ansatzes darin besteht, daß von Anfang an eine korrekte Beschreibung des zu erlernenden Objektes vorliegt, wenn auch in einer von der angestrebten Form wesentlich verschiedenen Wissensrepräsentation.

Im Unterschied dazu beruht jeder Ansatz der **induktiven Inferenz** auf einem "**Raten**" von allgemeinen Konzepten auf der Basis von vorgelegten konkreten Realisierungen. Folgt dieses "Raten" gewissen Regeln, so handelt es sich um **algorithmisches** induktives Lernen. Die Beziehungen zur Deduktion sind durch zwei Feststellungen leicht aufzuhellen: (1) Die Richtigkeit eines Induktionsschrittes, bei dem eine generelle Regel aus speziellen Fällen erzeugt, sozusagen geraten, wurde, läßt sich i.allg. nicht beweisen. (2) Man verlangt dagegen meist, daß sich die der Induktion zugrunde gelegten Fakten aus der durch Generalisierung gewonnenen Regel herleiten ("deduzieren") lassen. Daß dies aber nicht in jedem Fall sinnvoll ist, folgt aus den im folgenden Abschnitt gemachten Ausführungen zum Begriff der Konsistenz.

4. Induktive Inferenz

Induktive Inferenz allgemein-rekursiver Funktionen

In dem am umfassendsten studierten Ansatz zur induktiven Inferenz wird das Problem der Erkennung allgemein-rekursiver Funktionen durch partiell-rekursive Strategien auf der Grundlage von vorgelegten Input/Output-Beispielen untersucht. Dieser Ansatz stellt eine rekursionstheoretische Formalisierung des Problems der Programmsynthese aus Input/Output-Beispielen dar. Mit den Arbeiten zur induktiven Inferenz allgemein-rekursiver Funktionen, von denen wir im folgenden nur eine bescheidene Auswahl zitieren, liegt ein umfangreiches Reservoir an grundlegenden Methoden und Resultaten vor. Auf diesem rekursions theoretischen Niveau konnten Ergebnisse erzielt werden, die tieferliegende Einsichten in die prinzipiellen Möglichkeiten und Grenzen der algorithmischen Beherrschbarkeit von Problemen der Programmsynthese aus Beispielen vermitteln. Unabhängig davon, ob in einer konkreten Anwendung das Ziel der Programmsynthese LISP-Programme, Prolog-Programme oder Programme in einer völlig anderen Programmiersprache sind, weisen diese Resultate auf Grundprobleme hin, die sich beim Entwurf von Inferenz-Strategien für die automatische Programmsynthese ergeben.

Im vorliegenden Abschnitt beschränken wir uns auf das Problem der Programmsynthese für einstellige allgemein-rekursive Funktionen. Aus Gründen der mathematischen Handhabbarkeit wählen wir statt einer bestimmten Programmiersprache eine beliebige Gödelnumerierung der Klasse aller einstelligen partiell-rekursiven Funktionen. In bezug auf das oben eingeführte Parameterkonzept läßt sich das Grundproblem der induktiven Inferenz allgemein-rekursiver Funktionen wie folgt charakterisieren:

(P1) Die betrachtete Objektklasse ist eine Klasse **U** von allgemein-rekursiven Funktionen. **(P2)** Endliche Anfangsstücke einer beliebigen Aufzählung des Graphen einer Funktion f als sie beschreibende Information werden zugrunde gelegt. **(P3)** Strategien sind partiell-rekursive Funktionen. **(P4)** Hypothesen sind demnach natürliche Zahlen, die **(P6)** als Gödelnummern in einer a priori gegebenen Gödelnumerierung interpretiert werden. Anders gesagt, als Hypothesen kommen de facto Programme in einem der klassischen Berechenbarkeitsmodelle in Frage. **(P5)** Eine Funktion f wird durch die volle Aufzählung ihres Graphen vollständig beschrieben. **(P7)** Eine Funktion f wird durch eine Inferenz-Strategie bez. einer vorgegebenen Aufzählung ihres Graphen erkannt, falls es in der Aufzählung eine Stelle gibt, so daß die Strategie von dieser Stelle an stets ein und dieselbe Gödelnummer berechnet, welche die Funktion f korrekt beschreibt.

Beginnend mit der fundamentalen Arbeit von **Gold** (siehe /10/), wurde das Problem der Programmsynthese aus Beispielen in der angegebenen rekursionstheoretischen Formalisierung in einer Vielzahl von Einzelarbeiten studiert. Mit den Arbeiten /01/ und /17/ liegen sehr informative Übersichtsbeiträge zu diesem Problemkreis vor.

Im vorliegenden Abschnitt gelten die folgenden Bezeichnungen. **N** ist die Menge der natürlichen Zahlen. **R** sei die Klasse aller einstelligen allgemein-rekursiven Funktionen. Mit P^n bezeichnen wir die Klasse aller n-stelligen partiell-rekursiven Funktionen, mit P^* die Klasse der einstelligen partiell-rekursiven Prädikate. Der obere Index 1 wird i.allg. weggelassen. p sei eine beliebige Gödelnumerierung der Klasse aller einstelligen partiell-rekursiven Funktionen. Jede natürliche Zahl **a** kann bez. p als Programm (sozusagen als Kodierung eines Programms, so wie man das für jedes klassische Berechenbarkeitsmodell kennt) aufgefaßt werden. Es bezeichnet dann p_a die durch **a** beschriebene (berechnete) Funktion. $F(N)$ ist die Menge aller vollständigen und wiederholungsfreien Folgen von natürlichen Zahlen. Eine Folge $X \in F(N)$ schreiben wir als $X = x_0, x_1, x_2, \ldots$ Aus technischen Gründen ist es zweckmäßig, eine beliebige rekursive Kodierungsmethode zugrunde zu legen, die die Menge aller endlichen Folgen natürlicher Zahlen auf **N** abbildet. Für eine wenigstens bis zur Stelle n definierte Funktion f schreiben wir dann $f/n/$ für die Kodierung der Folge $f(0), \ldots, f(n)$. Analog bezeichnet $f_X/n/$ die Kodierung der endlichen Folge der Werte $f(x_0), \ldots, f(x_n)$, wobei $X = x_0, x_1, x_2, \ldots$ mit $X \in F(N)$ vorausgesetzt sei. Das endliche Anfangsstück $x_0, \ldots, x_n$ von X wird durch $X/n/$ kodiert. Der diskrete Limes einer Folge $h_0, h_1, h_2, \ldots$ von natürlichen Zahlen ist wie folgt definiert:

$$\lim h_n = \begin{cases} a & \text{falls für fast alle n gilt: } h_n = a \\ \text{nicht def.} & \text{sonst} \end{cases}$$

An dieser Stelle sind alle notwendigen Bezeichnungen eingeführt, um das Problem der Programmsynthese für vollständig definierte Funktionen rekursionstheoretisch zu fassen.

Definition 1
Eine Klasse U $\subseteq$ **R** heißt im Limes identifizierbar
gdw.
es gibt eine Funktion S ∈ **P**, so daß für alle f ∈ U gilt:
(1) Für alle n∈**N** ist S(f/n/) definiert.
(2) a = lim S(f/n/) existiert und es gilt p_a = f.

Die obige Definition spiegelt genau die im Parameter **(P7)** festgelegte Präzisierung des Konvergenzbegriffs wider.

LIM ist die Familie aller Klasen U von einstelligen allgemein-rekursiven Funktionen, die im Limes identifizierbar sind. Anders gesagt, zu jeder Klasse U ∈ **LIM** gibt es eine partiell-rekursive Strategie S, die zu jeder Funktion f ∈ U auf der Grundlage von vorgelegten Input/Output-Beispielen eine korrektes Programm zur Berechnung dieser Funktion im Limes synthetisiert. Funktionenklassen wie **LIM** nennen wir im weiteren Erkennungstypen. Zu einer Inferenz-Strategie S bezeichnet LIM(S) die maximale Klasse U von einstelligen allgemein-rekursiven Funktionen, die durch S im Limes identifizierbar sind.

Betrachten wir im weiteren die folgende geringfügige Verallgemeinerung der obigen Definition.

Definition 2
Eine Klasse U $\subseteq$ **R** heißt im Limes für beliebige Anordnungen der Input/Output-Beispiele identifizierbar
gdw.
es gibt eine Funktion S ∈ $\mathbf{P}^2$, so daß für alle X ∈ F(**N**) und für alle f ∈ U gilt:
(1) Für alle n ∈ **N** ist S(X/n/,f_X/n/) definiert.
(2) a = lim S(X/n/,f_X/n/) existiert und es gilt p_a = f.

$\mathbf{LIM}^{arb}$ und LIM^{arb}(S) sind analog wie **LIM** bzw. LIM(S) gebildet.

Für die praktische Anwendbarkeit von Programmsyntheseverfahren ist es wünschenswert, daß eine erfolgreiche Programmsynthese nicht an eine fest vorgeschriebene Reihenfolge für die als Information angebotenen Beispiele gebunden ist. Diese inhaltliche Vorstellung spiegelt die obige Begriffsbildung wider. Die Forderung, beliebige Anordnungen der Input/Output-Beispiele als beschreibende Information zuzulassen, zieht keinerlei Einschränkung in bezug auf die Klasse der im Limes identifizierbaren allgemein-rekursiven Funktionen nach sich (siehe /14/).

Theorem 1
$\mathbf{LIM} = \mathbf{LIM}^{arb}$.

Bereits in der fundamentalen Arbeit von **Gold** (siehe /10/) wurde gezeigt, daß die Klasse **R** aller allgemein-rekursiven Funktionen nicht im Limes identifizierbar ist. Dieses Resultat ist von unmittelbarer praktischer Bedeutung, ist doch damit der Nachweis der Nichtexistenz eines universellen Lernverfahrens für die Programmsynthese aus Beispielen erbracht.

Theorem 2
$\mathbf{LIM} \subset \mathbf{R}$

Dieses Ergebnis läßt sich analog wie die Unentscheidbarkeit des Halteproblems in einem der klassischen Berechenbarkeitsmodelle beweisen.

Viele Praktiker sehen den hauptsächlichen Mangel existierender Systeme für die Programmsynthese aus Beispielen darin, daß sich der Nutzer dieser Systeme niemals sicher sein kann, ob ein als Hypothese berechnetes Programm bereits das endgültige ist und damit alle gewünschten Eigenschaften besitzt. In der sich anschließenden Begriffsbildung wird der besondere Fall der Limes-Erkennung erfaßt, in dem im Verlauf des Identifizierungsprozesses stets entscheidbar ist, ob eine berechnete Hypothese das betreffende Objekt korrekt beschreibt oder nicht.

Definition 3
Es sei $U \subseteq \mathbf{R}$ eine Klasse allgemein-rekursiver Funktionen.
$U \in \mathbf{FIN}$ (d.h., U ist durch eine finit arbeitende Inferenz-Strategie im Limes identifizierbar)
gdw.
es gibt eine Funktion $S \in \mathbf{P}$ und ein Prädikat $D \in \mathbf{P}^*$ mit demselben Definitionsbereich wie S, so daß $U \subseteq \mathbf{LIM}(S)$ gilt und D das Vorliegen einer endgültigen Hypothese wie folgt entscheidet:
(3) Für alle $f \in U$ und für alle $n \in \mathbf{N}$ gilt:
$D(f/n/) = 1$ gdw. $S(f/n/) = S(f/m/)$ für alle $m \geq n$.

In völliger Analogie zu $\mathbf{LIM}^{arb}$ läßt sich der Erkennungstyp $\mathbf{FIN}^{arb}$ definieren, der den Fall beschreibt, daß die vorgelegten Input/Output-Beispiele in beliebiger Reihenfolge angeboten werden können. Da $\mathbf{FIN} = \mathbf{FIN}^{arb}$ gilt (siehe /14/), verzichten wir auf eine entsprechende Begriffsbildung.

Die in der obigen Definition präzisierte Forderung erweist sich als erhebliche Einschränkung. Es läßt sich problemlos zeigen, daß die echte

Inklusion $\underline{\mathbf{FIN}} \subset \underline{\mathbf{LIM}}$ gilt. Dieses Resultat ist jedoch nicht weiter verwunderlich. Aus den klassischen Arbeiten zur Rekursionstheorie ist bekannt, daß man i.allg. nicht entscheiden kann, ob eine durch ein vorgelegtes Programm berechnete Funktion bestimmte gewünschte Eigenschaften besitzt oder nicht. Erwartet man von realen Systemen für die Programmsynthese aus Beispielen, daß sie für interessante Funktionenklassen erfolgreich arbeiten, muß man zwangsläufig von der Forderung Abstand nehmen, daß diese Systeme im Sinn der finiten Erkennung arbeiten sollen. Bereits für echte Teilklassen der Klasse der primitiv-rekursiven Funktionen, also für aus praktischer Sicht durchaus interessierende Funktionenklassen, gilt, daß sie nicht durch eine finit arbeitende Inferenz-Strategie erkannt werden können.

Aus den dargelegten Gründen ist ein Nutzer solcher Programmsynthese-Systeme gezwungen, mit jeder Hypothese so zu arbeiten, als wenn diese bereits die endgültige wäre. Unter diesen Umständen erscheint die Forderung gerechtfertigt, daß in einer Hypothese der Teil der zu erkennenden Funktion korrekt widergespiegelt wird, über welchen die Strategie im bisherigen Identifizierungsprozeß bereits Informationen erhalten hat. Diese inhaltliche Vorstellung wird in den nachstehenden Begriffsbildungen formalisiert.

Definition 4

Es sei $U \subseteq \mathbf{R}$ eine Klasse allgemein-rekursiver Funktionen.

$U \in \underline{\mathbf{CONS}}$ (d.h., U ist durch eine konsistent arbeitende Inferenz-Strategie im Limes identifizierbar)

gdw.

es gibt eine Funktion $S \in \mathbf{P}$, so daß $U \subseteq \mathbf{LIM}(S)$ gilt und für alle $f \in U$ und für alle $n \in \mathbf{N}$ gilt außerdem:

(3) Für alle $m \leq n$ gilt: $\varphi_{S(f/n/)}(m) = f(m)$.

Definition 5

Es sei $U \subseteq \mathbf{R}$ eine Klasse allgemein-rekursiver Funktionen.

$U \in \underline{\mathbf{CONS}}^{arb}$ (d.h., U ist durch eine konsistent arbeitende Strategie für beliebige Anordnungen der Input/Output-Beispiele identifizierbar)

gdw.

es gibt eine Funktion $S \in \mathbf{P}^2$, so daß $U \subseteq \mathbf{LIM}^{arb}(S)$ gilt und für alle $f \in U$, für alle $X \in F(\mathbf{N})$ und für alle $n \in \mathbf{N}$ gilt:

(3') Für alle $m \leq n$ gilt: $\varphi_{S(X/n/, f_X/n/)}(x_m) = f(x_m)$.

Die Eigenschaft der Konsistenz beschreibt also nichts anderes als die Verträglichkeit einer jeden Hypothese S(f/n/) bzw. $S(X/n/, f_X/n/)$ mit der Information, aus der sie berechnet wurde.

Auch diese scheinbar natürliche Anforderung an die Arbeitsweise einer Inferenz-Strategie führt dazu, daß im Limes erkennbare Funktionenklassen nicht mehr synthetisierbar sind.

Theorem 3
$\underline{\mathbf{CONS}}^{arb} \subset \underline{\mathbf{CONS}} \subset \underline{\mathbf{LIM}}$.

Die Leistungsfähigkeit konsistent arbeitender Inferenz-Strategien hängt entscheidend davon ab, ob die als beschreibende Information angebotenen Input/Output-Beispiele geordnet vorgelegt werden oder nicht. Dieses Ergebnis wurde in /14/ bewiesen. Das Resultat $\underline{\mathbf{CONS}} \subset \underline{\mathbf{LIM}}$ geht auf **Barzdin** zurück. Die zugrunde liegende Beweisidee ist in /31/ instruktiv dargestellt.

An dieser Stelle sei darauf hingewiesen, daß die Klasse aller primitivrekursiven Funktionen durch eine im Sinn von $\underline{\mathbf{CONS}}^{arb}$ arbeitende Inferenz-Strategie im Limes identifizierbar ist.

Zum Abschluß dieses Abschnitts sollen die angeführten Grundlagenergebnisse zusammengefaßt werden.

Theorem 4
$\underline{\mathbf{FIN}}^{arb} = \underline{\mathbf{FIN}} \subset \underline{\mathbf{CONS}}^{arb} \subset \underline{\mathbf{CONS}} \subset \underline{\mathbf{LIM}} = \underline{\mathbf{LIM}}^{arb} \subset \mathbf{R}$.

Diese Ergebnisse machen deutlich, daß die in vielen anwendungsorientierten Arbeiten zur Programmsynthese meist stillschweigend vorausgesetzten, scheinbar natürlichen Anforderungen an die Arbeitsweise der verwendeten Inferenz-Strategien letztlich zu erheblichen Einschränkungen in bezug auf deren prinzipielle Leistungsfähigkeit führen. In /14/ finden sich weitere Resultate dieser Art.

Induktive Programmsynthese

In den anwendungsorientierten Arbeiten zur Programmsynthese aus Beispielen, hier dominiert zweifellos die Synthese von LISP-Progammen (siehe /28/, /29/), wurde der Nachweis erbracht, daß eine Programmsynthese bereits auf der Grundlage solch schwacher Informationen für eine Reihe von Fällen in praktisch vertretbarer Zeit funktioniert. Das ist ein Indiz dafür, daß in "vernünftigeren" Ansätzen, die von "stärkeren" Informationen ausgehen, praktikable Algorithmen für die induktive Programmsynthese zu erwarten sind. Nach Auffassung der Autoren kommt es nun darauf an, die Untersuchungen zur induktiven Programmsynthese auf das Ziel zu konzentrieren, Inferenz-Algorithmen zu entwickeln, die sich als intelligente, lernfähige Komponenten in reale Software-Entwurfssysteme integrieren lassen und damit zu einer Erhöhung der Leistungsfähigkeit dieser Systeme führen. Es ist in diesem Zusammenhang jedoch vor übertriebenen Erwartungen zu warnen. So ist nicht abzusehen, daß Programmmsynthese-Verfahren zur Verfügung stehen werden, mit denen sich komplexe Anwendungsprogramme einzig auf der Grundlage von unvollständigen Informationen synthetisieren lassen. Realistischer scheint zu sein, daß solche Lernverfahren den professionellen Nutzer von routinemäßigen Arbeiten entlasten und dem nichtprofessionellen Nutzer den selbständigen Programmentwurf erleichtern. In diesem Sinn können die Arbeiten zur induktiven Programmsynthese einen eigenständigen Beitrag für die Entwicklung von Software-Entwurfssystemen leisten, welche Software-Produkte automatisch aus nutzernahen Problemspezifikationen synthetisieren.

Einen ersten grundlegenden Schritt in die angegebene Richtung stellt das von **E.Y. Shapiro** entwickelte "**algorithmic program debugging system**" dar (siehe /26/). In diese Programmierumgebung sind Inferenz-Algorithmen für die Synthese von Prolog-Programmen integriert. Diese Algorithmen werden im Rahmen des Systems u.a. verwendet, um als inkorrekt erkannte Prolog-Programme in korrekte zu transformieren. Eine solche Programmtransformation basiert darauf, daß der Nutzer zusätzliche Fakten zur Charakterisierung des Verhaltens eines gewünschten Programms P vorlegt, die gegen das als Zwischenhypothese aufgefaßte inkorrekte Programm P' getestet werden. Im Fall der Inkonsistenz von P' besorgt ein aufgerufener Inferenz-Algorithmus die Transformation dieses Programms in ein mit den zusätzlichen Fakten verträgliches Programm P. Eine detaillierte Beschreibung der verwendeten Inferenz-Algorithmen findet sich in /26/.

Im folgenden wird ein von den Autoren herausgearbeiteter Zugang zur induktiven Programmsynthese anhand eines Beispiels veranschaulicht (vgl. /20/). Mit diesem Zugang wird das folgende Inferenz-Problem formalisiert und damit seine mathematische Untersuchung möglich. Es sind Inferenz-Algorithmen zu entwerfen, mit denen eine Programmsynthese über verschiedenen in Frage kommenden Grundbereichen funktioniert. Der jeweils betrachtete Grundbereich ist charakterisiert durch die zur Beschreibung der Ein- und Ausgabedaten eines zu synthetisierenden Programms notwendigen Datenstrukturen und durch die für die Definition dieses Programms verfügbaren Unterprogramme. Offenbar ist es für eine effektive Programmsynthese notwendig, daß auf das für den jeweiligen Anwendungsbereich spezifische Grundwissen (etwa die Eigenschaften der verfügbaren Unterprogramme) Bezug genommen wird. Das schließt mit ein, daß geklärt ist, in welcher Repräsentationsform dieses Wissen vorliegt und welche Mechanismen zu seiner Verarbeitung bereitstehen. Diese beiden Aspekte sind bei der Formalisierung dieses Inferenz-Problems zu berücksichtigen.

Nach Auffasung der Autoren bildet die Theorie der algebraischen Softwarespezifikation einen geeigneten Rahmen zur Untersuchung dieses Inferenz-Problems. In den Arbeiten zur algebraischen Softwarespezifikation wird von realen Software-Systemen soweit abstrahiert, daß sie als Algebren einer gewissen Signatur aufgefaßt werden können. Als Spezifikationskonzept werden endliche Mengen spezieller offener Formeln, Gleichungen und bedingte Gleichungen zugelassen. Damit lassen sich Datenstrukturen und darüber definierte Algorithmen auf einem sehr abstrakten Niveau implizit beschreiben. In vielen Fällen können aus dem Gebiet der Termableitungssysteme bekannte Techniken verwendet werden, um das in einer algebraischen Spezifikation formalisierte Gleichungswissen algorithmisch zu verarbeiten (siehe hierzu auch die Ausführungen im folgenden Abschnitt). Eine detaillierte Einführung in die Theorie der algebraischen Softwarespezifikation findet sich in /09/.

Aus dem Blickwinkel der algebraischen Softwarespezifikation läßt sich das zuvor informal eingeführte Inferenz-Problem wie folgt fassen. Gegeben sei die algebraische Spezifikation eines abstrakten Datentyps. In dieser Spezifikation werden durch die Fixierung einer endlichen, mehrsortigen Signatur zusammen mit einer darüber definierten Gleichungstheorie die zugrunde liegenden Datenstrukturen (Sorten) und die verfügbaren Standardfunktionen festgelegt. Zu synthetisierende Objekte sind Funktionen, die als Signaturerweiterung über der gegebenen Spezifikation (kurz: Basisspezifikation) aufgefaßt werden können und über dieser Spezifikation endlich spezifizierbar sind. Als beschreibende Information über eine zu synthetisierende Funktion f werden endliche Mengen von Gleichungen und bedingten Gleichungen zugelassen. Termgleichungen zur Beschreibung des Input/Output-Verhaltens treten hierbei als Spezialfall auf. Eine Funktion f wird erkannt, falls nach endlich vielen Schritten der Verarbeitung unvollständiger Information eine korrekte Teilspezifikation für die Funktion f berechnet wird, die mit der gegebenen Basisspezifikation verträglich ist. Diese implizite Beschreibung der zu synthetisierenden Funktion f kann im Rahmen eines algebraisch fundierten Software-Entwurfssystems automatisch in eine explizite Beschreibung eines Programms zur Berechnung der Funktion f übergeführt werden. Damit sollten die beabsichtigten Beziehungen zur induktiven Programmsynthese verständlich sein. Inferenz-Algorithmen gestatten eine Programmsynthese für verschiedene in Frage kommende Grundbereiche, wenn sie für unterschiedliche, den jeweiligen Grundbereich charakterisierende Basisspezifikationen das betrachtete Inferenz-Problem für interessante Funktionenklassen lösen. Die Integration solcher Inferenz-Algorithmen in algebraisch fundierte Software-Entwurfssysteme führt zu einer echten Erhöhung der Leistungsfähigkeit dieser Systeme.

Im Anschluß soll der dargestellte Zugang zur induktiven Programmsynthese konkretisiert werden. Wir werden eine Methode für die Programmsynthese im Rahmen dieses Ansatzes vorstellen und auftretende Grundprobleme verdeutlichen.

Das Ziel des Inferenz-Prozesses sei die Synthese einer Gleichungsspezifikation für einen speziellen, in seinem asymptotischen Zeitverhalten optimalen Sortieralgorithmus. Offenbar genügt es zur Synthese genau dieses Algorithmus nicht, daß sukzessive Paare von unsortierten und sortierten Listen als beschreibende Information angeboten werden. Dieses Input/Output-Verhalten ist für jeden korrekt arbeitenden Sortieralgorithmus typisch. Für eine erfolgreiche Programmsynthese sind "stärkere" Informationen erforderlich. Die folgenden zwei bedingten Gleichungen spezifizieren das globale Verhalten des gewünschten Algorithmus, der mit SORT bezeichnet wird.

$$\mathrm{ORD}(x) = \mathrm{TRUE} \Rightarrow \mathrm{SORT}(x) = x \qquad (1)$$

$$\mathrm{ORD}(x) = \mathrm{FALSE} \Rightarrow \mathrm{SORT}(x) = \mathrm{SORT}(\mathrm{NEXT}(x)) \qquad (2)$$

x sei hierbei eine Variable für eine über dem lateinischen Alphabet gebildete Liste. ORD bezeichnet eine boolean-wertige Standardfunktion, die anzeigt, ob eine vorgelegte Liste bereits sortiert ist oder nicht.

Wir setzen für die Programmsynthese voraus, daß in der zugrunde liegenden Basisspezifikation die Sorten **list** und **boolean** mit den Konstanten A, B, ..., Z, EMPTY und TRUE, FALSE sowie den Standardfunktionen INV, IN, FI, MID, $\underline{o}$, MERGE definiert sind. IN, FI und MID sind einstellige Funktionen über der Sorte list. IN berechnet zu einer Liste x deren längstes sortiertes Anfangsstück, FI deren längstes, von hinten aus gesehen sortiertes Endstück. Außerdem gelte:

$$x = \underline{o}(\mathrm{IN}(x),\underline{o}(\mathrm{MID}(x),\mathrm{FI}(x))) \qquad (*)$$

$\underline{o}$ bezeichnet die Verkettung zweier Listen. Die Funktion INV erzeugt zu einer Liste die zu ihr inverse. Die zweistellige Funktion MERGE berechnet zu zwei bereits sortierten Listen diejenige sortierte Liste, die durch "Mischen" der vorgelegten entsteht. Wir setzen voraus, daß in der zugrunde liegenden Basisspezifikation die Eigenschaften der einzelnen Standardfunktionen sowie deren Beziehungen untereinander (wie z.B. durch Gleichung (*) beschrieben) vollständig spezifiziert sind.

Es sind zusätzliche Informationen vorzulegen, um eine korrekte Gleichungsspezifikation für den gewünschten Sortieralgorithmus zu lernen. Die folgenden Beispiele beschreiben das Input/Output-Verhalten der Funktion NEXT. Es wird vorgemacht, wie die Liste (N U C K E L M A X) zu verarbeiten ist. Die Punkte zwischen den Listensegmenten dienen hierbei einzig zur Veranschaulichung der Struktur der gegebenen Listen.

X_1 = (N U.C K.E L.M A.X) $\quad$ Y_1 = (N U X E L M K C A)

X_2 = (N U X.E L.M K C A) $\quad$ Y_2 = (A C K M N U X L E)

X_3 = (A C K M N U X.L E) $\quad$ Y_3 = (A C E K L M N U X)

Diese Beispiele reichen aus, um eine korrekte Gleichungsspezifikation für diesen Sortieralgorithmus zu lernen. Dabei wird wie folgt vorgegangen: Zunächst werden die syntaktisch kleinsten Terme $t_1(x)$, $t_2(x)$ und $t_3(x)$ synthetisiert, die beschreiben, wie durch Anwendung der gegebenen Standardfunktionen der jeweilige Output aus dem entsprechenden Input berechnet werden kann. Die Geradeausberechnungen $t_1(x)$, ..., $t_3(x)$ werden im nächsten Schritt mit dem Ziel weiterverarbeitet, gemeinsame Teilberechnungen zu finden und so die zugrunde liegende rekursive Bildungsvorschrift aufzudecken.

Für die Input/Output-Beispiele (X_1,Y_1) und (X_2,Y_2) werden die folgenden Geradeausberechnungen generiert:

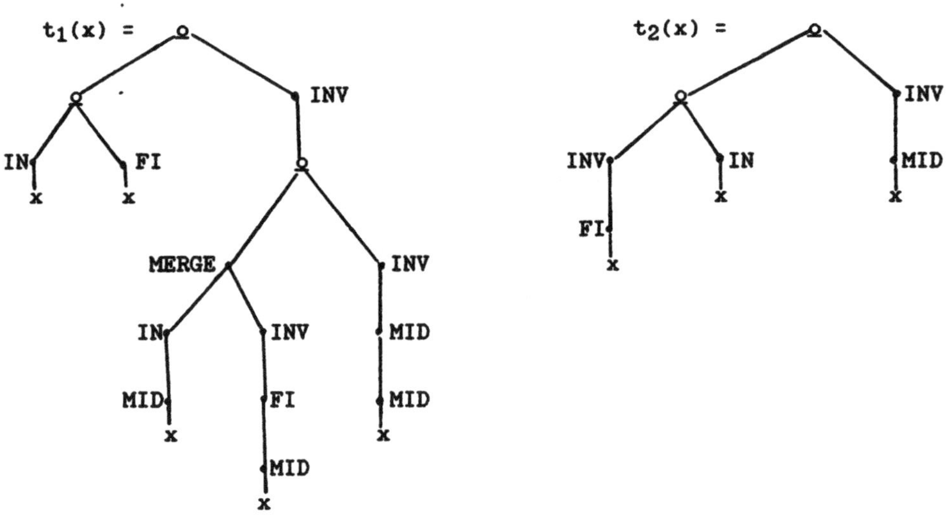

Abb. 3

Ein Inferenz-Algorithmus, der nur die syntaktische Struktur beider Geradeausberechnungen vergleicht (auf diesem Prinzip basieren die bekannten Verfahren zur Synthese von LISP-Programmen, siehe /28/ und /29/), erkennt in diesem Fall die zugrunde liegende rekursive Bildungsvorschrift nicht. Es ist eine Transformation der linken Teilterme in $t_1(x)$ und $t_2(x)$ erforderlich, um diese rekursive Struktur explizit zu machen.

Aus dem in der Basisspezifikation aufgeschriebenen Gleichungswissen folgen die Gleichungen:

$\underline{o}$(IN(X_1),FI(X_1)) = MERGE(IN(X_1),INV(FI(X_2)))
$\underline{o}$(INV(FI(X_2)),IN(X_2)) = MERGE(IN(X_2),INV(FI(X_2)))

Ersetzt man die linken Teilterme in $t_1(x)$ und $t_2(x)$ durch den generalisierten Term MERGE(IN(x),INV(FI(x))), so spiegeln die damit erzeugten Terme $t'_1(x)$ und $t'_2(x)$ die rekursive Vorschrift zur Bildung dieser Terme korrekt wider. Aus diesen beiden modifizierten Geradeausberechnungen werden die folgenden bedingten Gleichungen gelernt.

ORD(x) = TRUE => NEXT(x) = x (3)
ORD(x) = FALSE =>
NEXT(x) = $\underline{o}$(MERGE(IN(x),INV(FI(x))),INV(NEXT(MID(x)))) (4)

Die bedingten Gleichungen (1) bis (4) definieren über der gegebenen Basisspezifikation eine korrekte Teilspezifikation für den zu synthetisierenden Sortieralgorithmus.

Das Problem, die für eine erfolgreiche Programmsynthese notwendigen Teiltermersetzungen zu finden, wurde in den Arbeiten /20/ und /21/ umfassend diskutiert. Allgemein führt diese Fragestellung zum folgenden Entscheidungsproblem.

Definition 6
Es sei (SIG,E) eine algebraische Spezifikation.
Für (SIG,E) ist das Problem der Existenz unifizierender Terme
entscheidbar
gdw.
für alle Terme $t_1(x)$, $t_2(x)$ und für alle Substitutionen s_1, s_2 ist entscheidbar, ob ein Term t(x) existiert, der keine Variable ist, so daß gilt:

$$E \models s_1(t_1(x)) = s_1(t(x)) \quad \text{und} \quad E \models s_2(t_2(x)) = s_2(t(x))$$

Dieses Entscheidungsproblem ist in gewissem Sinn dual zum Unifikationsproblem in der Gleichungstheorie E (siehe das Kapitel über Unifikationstheorie). In /20/ wurde gezeigt, daß dieses Entscheidungsproblem i.allg. unentscheidbar ist.

Theorem 5
Es gibt eine kanonische Spezifikation, für die das Problem der Existenz unifizierender Terme **unentscheidbar** ist.

In derselben Arbeit wurden hinreichende Bedingungen für die Lösbarkeit dieses Problems angegeben.

Die am Beispiel der Synthese des betrachteten Sortieralgorithmus vorgestellte Inferenz-Methode arbeitet über unterschiedlichen Basisspezifikationen erfolgreich, falls das in Definition 4.2.1. eingeführte Entscheidungsproblem für die zugrunde liegende Basisspezifikation lösbar ist. Unter dieser Voraussetzung kann gewährleistet werden, daß alle zur Synthese notwendigen Teiltermtransformationen automatisch gefunden werden.

Induktive Inferenz von Regeln in Termableitungssystemen

Hier ist nicht der Platz für eine gründliche Motivation und umfassende Einführung des Gebiets der Termableitungssysteme (Term Rewrite Systems, viele deutschsprachige Autoren sagen auch Termersetzungssysteme), im folgenden kurz **TRS** geschrieben. Wir verweisen den interessierten Leser auf /11/ und beschränken uns hier auf wenige Bemerkungen.

In vielen KI-Systemen wird prozedurales Wissen in Form von Regeln dargestellt. Sofern diese Regeln keinerlei Variablen enthalten, sind solche Regelsysteme nicht besonders ausdrucksstark. Sobald Variablen auftreten, gibt es einzelne Regeln, die in potentiell unendlich vielen Fällen anwendbar sind. Es ist dann nicht mehr ohne weiteres klar, ob jeder Ableitungsprozeß auch terminiert. Ebenfalls schwierig zu überschauen ist die Frage, ob in bestimmten Situationen evtl. mehrere Regeln gleichzeitig anwendbar sind, so daß Verzweigungen in Ableitungsprozessen entstehen. Sind durch Ableitungsprozesse z.B. Berechnungsprozesse beschrieben, so wird man erwarten, daß Verzweigungen dennoch zum selben Ergebnis führen. Ist das stets der Fall, so nennt man das vorliegende Regelsystem konfluent. **Termination** und **Konfluenz** sind also grundlegende, nicht-triviale Eigenschaften von Regelsystemen.

Eine besondere Rolle spielen Termableitungssysteme im automatischen Theorembeweisen und bei den Bemühungen, algebraische Softwarespezifikationen direkt ausführbar zu machen. In diesen Fällen ist es besonders wünschenswert, Regelsysteme zu generieren, die terminierend und konfluent sind.

Wenn man eine Signatur (endlich, finitär, aber evtl. heterogen) voraussetzt, also sprachliche Mittel zur Darstellung von Termen festlegt, so versteht man unter einem TRS R eine endliche Menge

$$\{R = l_1 \dashrightarrow r_1 , \ldots , l_n \dashrightarrow r_n\}$$

wobei l_i und r_i jeweils Terme derselben Sorte sind. Ein gegebenes TRS definiert eine Ableitungsrelation auf der Menge aller Terme. Hier soll eine umgangssprachliche Erläuterung genügen. Es sei t irgendein Term.

Eine Regel l_i --> r_i ist auf t anwendbar, falls es einen Teilterm t' von t gibt, der mit l_i vermittels einer Substitution s unifizierbar ist. Es bezeichne t'' denjenigen Term, den man erhält, wenn man in t den Teilterm t' durch $s(r_i)$ ersetzt. Man sagt dann, daß man t'' aus t vermittels des TRS **R** (konkret vermittels der i-ten Regel) abgeleitet hat und notiert das durch

$$t \dashrightarrow_R t''$$

Es interessieren natürlich nicht nur Ableitungen in einem Schritt. Also bildet man die folgenden Begriffe zur Notation aller endlich-schrittigen Ableitungen.

$-->_R^*$ ist die reflexive, transitive Hülle von $-->_R$
$-->_R^+$ ist die transitive Hülle von $-->_R$

Wenn es keine unendlichen Ableitungsketten bez. $-->_R^+$ gibt, so heißt das TRS **R** terminierend. Ein Term, auf den keine Regel mehr anwendbar ist, heißt irreduzibel. Falls es zu jedem Term t und zu allen daraus ableitbaren Termen t_1 und t_2 , d.h. $t -->_R^* t_1$ und $t -->_R^* t_2$, einen Term t' gibt mit $t_1 -->_R^* t'$ sowie $t_2 -->_R^* t'$, so heißt das TRS konfluent. Welche grundlegenden Schwierigkeiten diese eigentlich wünschenswerten Eigenschaften bereiten, zeigen die folgenden schon klassischen Ergebnisse.

Theorem 6
Es ist unentscheidbar, ob ein vorgelegtes TRS terminierend ist.

Theorem 7
Es ist unentscheidbar, ob ein vorgelegtes TRS konfluent ist.

Auf die Arbeit von **Knuth** und **Bendix** /18/ geht ein Verfahren zurück, mit dem man testen kann, ob ein gegebenes, bereits terminierendes TRS auch konfluent ist. Die effektive Ausführbarkeit dieses Verfahrens impliziert

Theorem 8
Für gegebene terminierende TRS ist entscheidbar, ob sie konfluent sind.

Darüber hinaus gibt dieses Verfahren im Fall der Nicht-Konfluenz sogen. **kritische Paare** an, die als neue Regel hinzugenommen werden müßten, um ein bisher nicht konfluentes System konfluent zu machen. Das Konzept des **kritischen Paars** soll im Verlauf der weiteren Ausführung implizit erläutert werden, ebenso das gesamte dahinterstehende Verfahren. Mehr Aufmerksamkeit soll den dabei auftretenden Fragen der induktiven Inferenz geschenkt werden, die an umfangreichen Beispielen illustriert werden sollen.

In einer großen Zahl von Fällen konvergiert das genannte Verfahren, d.h., es erzeugt endlich viele kritische Paare, die, wenn man sie zum ursprünglichen TRS hinzunimmt, dazu führen, daß das so vervollständigte TRS terminierend bleibt und außerdem konfluent wird.

Allerdings gibt es eine Vielzahl von interessanten Fällen, in denen dieses Verfahren divergiert. Es erzeugt eine unendliche Folge von kritischen Paaren und führt nicht zur erfolgreichen Vervollständigung des vorgelegten TRS.

In /15/ hat der erste Autor gemeinsam mit **M. Thomas** erstmalig einen Ansatz vorgestellt, um diese Divergenzprobleme mit Mitteln des algorithmischen Lernens zu lösen. Die benutzten Ideen der induktiven Inferenz sind dabei sowohl sehr ähnlich zum Ansatz von **Barzdin** in /04/ als auch zum Gedanken des Generalisierens, wie er in sehr spezieller Form (vgl. /19/) von **Kodratoff** studiert wird.

Beispiel 1. Es sei **R1** das folgende, aus 8 Regeln bestehende TRS. (x, y und z sind Variablen.)

x + 0 --> x	(A1)
0 + x --> x	(A2)
x + S(y) --> S(x + y)	(A3)
S(x) + y --> S(x + y)	(A4)
(x + y) + z --> x + (y + z)	(A5)
f(g(f(x))) --> f(h(S(0),x))	(B1)
f(g(h(y,x))) --> f(h(S(y),x))	(B2)
f(h(z,h(y,x))) --> f(h(z+y,x))	(B3)

Beispiel 2. Es sei **R2** das TRS, das entsteht, wenn man aus **R1** genau die Regel (A5) streicht.

Kritische Paare bringen Möglichkeiten der Verzweigung in Ableitungsprozessen zum Ausdruck. Sie entstehen durch **Überlappen** von linken Seiten von Regeln, d.h. dadurch, daß man eine linke Seite einer Regel mit einem Teilterm einer anderen linken Seite oder mit einem Teilterm von sich selbst unifiziert. Die entsprechend den unterschiedlichen Regelanwendungen resultierenden Terme werden so weit wie möglich reduziert. Falls schließlich zwei unterschiedliche irreduzible Terme entstehen, so belegt das die Nicht-Konfluenz des Systems. Das Problem ist evtl. lösbar, wenn man aus diesem Termpaar eine neue Regel bildet.

Aus **R1** sowie **R2** erhält man die folgenden Paare irreduzibler Terme:

$f(h(S(0),g(f(x))))$; $f(h(S(S(0)),x))$ aus (B1) mit (B1),
$f(h(S(0),g(h(y,x))))$; $f(h(S(S(y)),x))$ aus (B1) mit (B2).

Weitere kritische Paare gibt es nicht. Es ist ein i.allg. schwieriges Problem, die beiden Terme eines kritischen Paars so zu ordnen, daß die dadurch entstehende Regel die Termination des Gesamtsystems erhält. Gelingt es, die Terme in dieser Weise zu ordnen, so wird aus der Folge von kritischen Paaren eine Folge von Regeln. Nimmt man nun diese neuen Regeln

$$f(h(S(0),g(f(x)))) \rightarrow f(h(S(S(0)),x)) \quad (C1)$$
$$f(h(S(0),g(h(y,x)))) \rightarrow f(h(S(S(y)),x)) \quad (C2)$$

hinzu, um das Konfluenzproblem zu lösen, so entstehen neue kritische Paare, die zu neuen Regeln führen, wie im folgenden skizziert wird.

(B1) mit (C1): $f(h(S(S(0)),g(f(x)))) \rightarrow f(h(S(S(S(0))),x))$ (C3)
(B2),(C1): $f(h(S(S(0)),g(h(y,x)))) \rightarrow f(h(S(S(S(y))),x))$ (C4)
(B1),(C3): $f(h(S(S(S(0))),g(f(x)))) \rightarrow f(h(S(S(S(S(0)))),x))$ (C5)
usw.

Es entsteht eine unendliche Folge von kritischen Paaren bzw. von neuen Regeln. Zerlegt man diese Folge in zwei Teilfolgen, und zwar

(C1) , (C3) , (C5) , ... sowie (C2) , (C4) , (C6) , ... ,

so lassen sich diese leicht im Sinne von **Kodratoff** generalisieren. Das Ergebnis sind zwei Regeln

$$f(h(S(z),g(f(x)))) \rightarrow f(h(S(S(z)),x)) \quad (G1)$$
$$f(h(S(z),g(h(y,x)))) \rightarrow f(h(S(S(z+y)),x)) \quad (G2)$$

(G1) ist die schwächste Generalisierung der ersten und (G2) die schwächste Generalisierung (falls Ableiten zugelassen wird) der zweiten Folge. Man betrachtet die Ergebnisse der Vervollständigung mit (G1) und (G2).

Es sei **R1'** = **R1** $\cup$ {(G1),(G2)} sowie **R2'** = **R2** $\cup$ {G1),(G2)} .

R1' ist terminierend und konfluent. Das Lernen von (G1) und (G2) aus der Folge der kritischen Paare hat also das Divergenzproblem gelöst.

Allerdings ist **R2'** nicht konfluent. Es entsteht eine neue Folge von kritischen Paaren, die zur Bildung der folgenden Regeln führen:

f(h(S(S((z'+z)+y),x)) --> f(h(S(S(z'+(z+y)),x)) (H1)
f(h(S(S(S((z'+z)+y))),x)) --> f(h(S(S(S(z'+(z+y)))),x)) (H2)
f(h(S(S(S(S(z''+((z'+z)+y))))),x))-->
f(h(S(S(S(S(z''+(z'+(z+y)))))),x)) (H3)
usw.

Entsprechend dem in /15/ vorgeschlagenen Ansatz wird in einer solchen Folge zunächst in den linken sowie in den rechten Termen nach den variablen Anteilen gesucht. Es entstehen Folgen der linken bzw. rechten Seiten.

(z' + z) + y	z' + (z + y)
S((z' + z) + y)	S((z' + (z + y))
S(S(z'' + ((z' + z) + y)))	S(S(z'' + (z' + (z + y))))

usw.

Im vorliegenden Fall erübrigt sich ein Lernprozeß wie in /15/, da bereits das erste Paar zu einer Regel führt, die alle weiteren kritischen Paare beseitigt, nämlich gerade zur Regel (A5), die hier also nachträglich gelernt wird.

Beispiel 3. Es sei **R3** das aus **R1** hervorgehende Regelsystem, das man erhält, wenn die Regeln (B1) und (B3) ersetzt werden durch

g(f(x)) --> h(S(0),x) (B1')
h(z(h(y,x)) --> H(z+y,x) (B2')

Der Unterschied scheint geringfügig. **R3** verhält sich jedoch ganz anders als die zuvor untersuchten Regelsysteme. Es entstehen 3 kritische Paare (C1'), (C2') und (C3'), von denen aber das dritte die ersten beiden überflüssig macht. Die Vervollständigungsprozedur liefert also letztendlich nur

h(S(z),g(h(y,x))) --> h(S(S(z+y)),x) (C3')

Das vervollständigte Regelsystem **R3'** = **R3** {(C3')} ist terminierend und konfluent.

Dieses Regelsystem ist den beiden vorangehenden gegenübergestellt worden, um zu verdeutlichen, daß schon geringfügige Modifizierungen von Regelsystemen zu prinzipiell anderem Verhalten führen können. Es ist also prinzipiell nicht erkennbar, ob der Aufruf eines Lernverfahrens zur Lösung von Divergenzproblemen im geschilderten Sinn nötig sein wird oder nicht. Von **Kirchner** /16/ stammt ein besonders einfaches Beispiel.

Beispiel 4. R4 = {f(g(f(x))) --> g(f(x))}

Durch Überlappen dieser Regel mit sich selbst entsteht zuerst ein kritisches Paar und schließlich eine unendliche Folge solcher Paare bzw. Regeln.

```
f(g(g(f(x))))           -->  g(g(f(x)))           (F1)
f(g(g(g(f(x)))))        -->  g(g(g(f(x))))        (F2)
f(g(g(g(g(f(x))))))     -->  g(g(g(g(f(x)))))     (F3)
usw.
```

Obwohl die Regularität dieser Folge offensichtlich ist, funktioniert kein Generalisieren wie bisher. Das Problem besteht darin, daß die variablen Teile der Terme einer Folge (linke bzw. rechte Seiten) nicht in einem Argument eines Terms stehen. Eine solche für die Generalisierung geeignete Struktur kann man nur durch Einführen eines neuen Operators erreichen. Diese Vorgehensweise, die auf rein syntaktischer Analyse der Folgen beruht und vollständig automatisierbar ist, soll hier etwas anschaulich erläutert werden.

Wir betrachten o.B.d.A. nur die Folge der linken Seiten. Unter Einbeziehung der Ausgangsregel ist das die Folge

```
f(g(f(x)))
f(g(g(f(x))))
f(g(g(g(f(x)))))   usw.
```

Allen Termen gemeinsam sind der maximale innere Teilterm g(f(x)) sowie die äußere Struktur f(...). Im allgemeinen kann eine Folge von Termen mehrere solcher gemeinsamen Teilterme enthalten. Falls es m solcher Teilterme t_1 , ... , t_m gibt, so wird nun ein (m+1)-stelliger Operator definiert. Dieser Operator ist im vorliegenden Fall also 2-stellig. Die Definition dieses Operators enthält im 2. , ... , (m+1). Argument die Teilterme t_1 , ... , t_m und im ersten Argument zunächst eine Konstante. Der Operator werde G genannt, die Konstante heiße A. Der einfachste Term der Folge liefert die Einführungsregel für G. Dabei wird von der äußeren Struktur f(...) abgesehen.

```
g(f(x))  -->  G(A,f(x))                           (Z1)
```

Falls man als inneren Teilterm f(x) gewählt hätte (der nicht maximal ist), so würde die Regel

```
f(x)  -->  G(A,f(x))                              (Z1')
```

gelernt werden. Ein TRS, das (Z1') als Regel enthält, ist aber nicht mehr terminierend. Eine Anwendung von (Z1) auf die Elemente der Folge liefert (ohne äußere Struktur)

G(A,f(x))
g(G(A,f(x)))
usw.

Der einfachste Term liefert die Struktur einer zweiten Regel, die unter Benutzung eines weiteren einstelligen Operators gebildet wird als

g(G(y,f(x))) --> G(H(y),f(x)) (Z2)

Die Regeln (Z1) und (Z2) werden automatisch generiert, um die Regularität in den kritischen Paaren "lernbar" zu machen. Das resultierende Regelsystem ist **R4'** = **R4** {(Z1),(Z2)} . Dieses Regelsystem besitzt die folgende Folge kritischer Paare bzw. neuer Regeln:

f(G(H(A),f(x))) --> G(H(A),f(x)) (F1')
f(G(H(H(A)),f(x))) --> G(H(H(A)),f(x)) (F2')
f(G(H(H(H(A))),f(x))) --> G(H(H(H(A))),f(x)) (F3')
usw.

Auf diese Folge läßt sich wieder ein Algorithmus der induktiven Inferenz ansetzen, der die schwächste gemeinsame Generalisierung aller Regeln lernt. Das Ergebnis ist offenbar - bei Einbeziehung der Ausgangsregel -

f(G(y),f(x)) --> G(y,f(x)) (G')

Hier scheint eine kurze Zusammenfassung angebracht, denn alle bisher in diesem Abschnitt analysierten Beispiele wurden nach einer einheitlichen und leicht automatisierbaren Idee behandelt. Für die Fortführung des vorliegenden Beispiels genügt diese Idee allerdings nicht mehr.

Prinzipiell sollten in einer Folge von Terme variable Teile durch eine Variable ersetzt werden, so wie in obigem Beispiel, in der Folge (C1) , (C3) , (C5) , ... und in der Folge (C2) , (C4) , (C6) , ... Dabei wurden äußere Strukturen wie in obigem Beispiel und in der Folge der kritischen Paare (H1) , (H2) , (H3) , ... vernachlässigt. In entarteten Fällen, wie bei der Verarbeitung von (H1) usw., ergaben sich einfachere Lösungen. In komplizierten Fällen wie (F1) , (F2) , (F3) , ... ist kein direktes Generalisieren möglich. Dann wird der in /15/ vorgeschlagenen Methodologie folgend ein neuer Operator eingeführt.

Mit anderen Worten, es wird eine geeignete induktive Definition einer Hilfsfunktion gelernt. Das Finden einer geeigneten Definition ist i.allg. ein kreativer Schritt, wie jeder Mathematiker aus eigener Anschauung weiß. Aus Sicht der Theorie abstrakter Datentypen handelt es sich um das Problem, eine geeignete "hidden function" zu finden. Aus algebraischer Sicht handelt es sich darum, das Wortproblem in einer Theorie zu lösen und dazu eine Signaturerweiterung so vorzunehmen, daß einerseits in der Theorie über der reicheren Signatur das Wortproblem lösbar wird, andererseits aber sich die ursprüngliche Theorie als Teiltheorie in der umfassenden wiederfindet. Relativ zu dieser anspruchsvollen Aufgabenstellung erweist sich die oben skizzierte Methodologie nur als ein kleiner erster Schritt.

Die Vervollständigung mit (G') führt nun wiederum zu einer unendlichen Folge kritischer Paare. Die Lösung dieses neuerlichen Divergenzproblems gelingt von Hand analog zu obigen Ansätzen, sie sollte also auch in absehbarer Zeit automatisch möglich sein.

5. Zusammenfassung

Die Erläuterungen des ersten Abschnitts haben einige Probleme der Präzisierung des Begriffs "algorithmisches Lernen" verdeutlicht. Eine allen Bedürfnissen gerecht werdende Begriffsbildung ist nicht möglich. So haben die Autoren im zweiten Abschnitt versucht, Gemeinsames vieler Lernkonzepte herauszuarbeiten (vgl. Abb. 1) und mit dem besonderen Ansatz des Lernens aus unvollständigen Informationen zu vergleichen. Die Analogie zwischen den beiden Abbildungen dieses Abschnitts illustriert die Tatsache, daß der Ansatz der "Induktiven Inferenz" zentrale Probleme des algorithmischen Lernens adäquat widerspiegelt. Demzufolge haben die Autoren diesen Ansatz in den Mittelpunkt des vorliegenden Kapitels gerückt und ihn im dritten Abschnitt von anderen Ansätzen abgegrenzt.

Der vierte Abschnitt präsentiert Ansätze, Ergebnisse und Probleme der induktiven Inferenz. Es stellt sich heraus (siehe auch /01/, /17/), daß heute ein reichhaltiges Reservoir von grundlegenden Ergebnissen der induktiven Inferenz vorliegt, dem vergleichsweise wenige Anwendungsversuche gegenüberstehen.

Schwierigkeiten bei der praktischen Umsetzung von Ideen der Induktiven Inferenz resultieren häufig aus der großen Komplexität der dabei zu lösenden Teilprobleme. Ein charakteristisches Beispiel bildet die Aufgabe, unifizierende Terme (modulo einer Gleichungsspezifikation) zu finden.

Eigenständige Lernsysteme sind ohnehin nicht das Ziel der Forschungen zur induktiven Inferenz. Es geht vielmehr darum, spezielle Systeme durch Fähigkeiten der induktiven Inferenz qualitativ leistungsfähiger -

nämlich lernfähig - zu machen. Damit können Algorithmen zur induktiven Programmsynthese oder zum induktiven Lernen von Termableitungssystemen auch erst zur Anwendung kommen, wenn sich algebraische Software-Entwurfssysteme bzw. TRS-Umgebungen etabliert haben.

Die vorliegenden rekursionstheoretischen Ergebnisse (s.o.) umreißen recht gut die Möglichkeiten und Grenzen des induktiven Lernens. Nach Auffassung der Autoren liegen genügend Ansätze vor, um jetzt den Schritt zu einer Vielzahl prototypischer Implementierungen zu vollziehen, die sowohl orientierend auf weitere theoretische Forschungen wirken als auch künftige reale Anwendungen vorbereiten werden.

Literatur

/01/ **Angluin, D., und C.H. Smith:**
A survey of inductive inference: theory and methods.
Computing Surveys 15 (1983) 3, 237-269.

/02/ **Arbib, M.A.:**
Brains, Machines, and Mathematics (2nd ed.).
Springer-Verlag 1987.

/03/ **Barzdin, J.M.:**
Prognostication of automata and functions.
in: IFIP Congress 1971, Proc., North-Holland 1972, 180-184.

/04/ **Barzdin, J.M.:**
Some rules of inductive inference and their use for program synthesis.
in: IFIP 9th World Congress, Proc., R.E.A. Mason (ed.), Paris, Sept. 19-23, 1983, North-Holland 1983, 333-336.

/05/ **Bibel, W.:**
Automated inferencing.
J. Symbolic Computation 1 (1985), 245-260.

/06/ **Biermann, A.W.:**
Mechanisms in machine learning and inductive inference.
in: Fundamentals of Artificial Intelligence. W. Bibel and Ph. Jorrand (eds.), Lecture Notes in Computer Science 232, Springer-Verlag 1986, 133-169.

/07/ **Biermann, A.W., G. Guiho und Y. Kodratoff (eds.):**
Automatic Program Construction Techniques.
MacMillan Publ. Co., New York 1984.

/08/ **Dershowitz, N.:**
Termination of rewriting.
J. Symbolic Computation 3 (1987) 1&2, 69-117.

/09/ **Ehrig, H., und B. Mahr:**
Fundamentals of Algebraic Specification 1.
Springer-Verlag 1985.

/10/ **Gold, E.M.:**
Language identification in the limit.
Inf. and Control 10 (1967), 447-474.

/11/ **Huet, G., und D.C. Oppen:**
Equations and rewrite rules: a survey.
In: Formal Languages: Perspectives and Open Problems,
R.V. Book (ed.), Academic Press, New York 1980.

/12/ **Jantke, K.P.:**
The main proof-theoretic problems in inductive inference.
In: Proc. 2nd Frege Conference, G. Wechsung (ed.), Sept. 1984,
Schwerin, GDR, Akademie-Verlag 1984, 321-330.

/13/ **Jantke, K.P. (ed.):**
Analogical and Inductive Inference. Proc., Int. Workshop, Oct.
1986, Wendisch-Rietz, GDR, Lecture Notes in Computer Science 265,
Springer-Verlag 1987.

/14/ **Jantke, K.P., und H.-R. Beick:**
Combining postulates of naturalness in inductive inference.
EIK 17 (1981) 8/9, 465-484.

/15/ **Jantke, K.P., und M. Thomas:**
A note on inductive inference for solving termination problems.
Univ. Stirling, Dept. Computing Sci., Techn.Report 41, Sept. 1987.

/16/ **Kirchner, H.:**
Schematization of inifinite sets of rewrite rules, application to
the divergence of completion processes.
In: Rewriting Techniques and Applications, Proc., P. Lescanne (ed.)
Lecture Notes in Computer Science 256, Springer-Verlag 1987.

/17/ **Klette, R., und R. Wiehagen:**
Research in the theory of inductive inference by GDR mathematicians
- a survey. Information Sciences 22 (1980), 149-169.

/18/ **Knuth, D.E. und P.B. Bendix:**
Simple word problems in universal algebras.
In: Automation of Reasoning 2, J. Siekmann, G. Wrightson (eds.), Springer-Verlag, 1983, 342-376.

/19/ **Kodratoff, Y.:**
Concept learning.
In: Artificial Intelligence and Information-Control Systems of Robots, Proc., I. Plander (ed.), North-Holland, 1984, 31-38.

/20/ **Lange, St.:**
A decidability problem of Church-Rosser specifications for program synthesis.
In: /13/, 105-124.

/21/ **Lange , St.:**
On the construction of unifying terms modulo a set of substitutions
Bull. EATCS, No. 31, Febr. 1987, 29-35.

/22/ **Manna, Z. und R. Waldinger:**
A deductive approach to program synthesis.
In: /07/, 33-68.

/23/ **McCulloch, W.S. und W.H. Pitts:**
A logical calculus of the ideas immanent in nervous activity.
Bull. Math. Biophys. 5 (1943), 115-133.

/24/ **Michalski, R.S., T.M. Mitchell und J.G. Carbonell:**
Machine Learning: An Artificial Intelligence Approach.
Morgan-Kaufmann Publ., Los Altos, CA, 1983.

/25/ **Mitchell, T.M., J.G. Carbonell und R.S. Michalski:**
Machine Learning: A guide to Current Research.
Kluwer Acad. Publ., Dordrecht, 1986.

/26/ **Shapiro, E.Y.:**
Algorithmic program debugging.
Yale Univ., Dept. Comp. Sci., Ph.D. Thesis, Techn. Rep. 237, 1982.

/27/ **Simon, H.A.:**
Why should machines learn?
In: /24/.

/28/ **Smith, D.R.:**
A survey of the synthesis of LISP programs from examples.

In: Int. Workshop on Program Construction, Bonas, France, 1980.

/29/ **Summers, P.D.:**
A methodology for LISP program construction from examples.
J. ACM 24 (1977) 1, 161-175.

/30/ **Thomas, M.:**
The imperative implementation of algebraic data types.
Univ. Stirling, Dept. Computing Sci., Ph.D. Thesis, TR 44, Jan.1988

/31/ **Wiehagen, R.:**
Limes-Erkennung rekursiver Funktionen durch spezielle Strategien.
EIK 12 (1976) 1/2, 93-99.

WISSENSBANKEN ODER DATENBANKEN ?

Bernhard Thalheim

> "Progress toward true 'knowledgebase' systems will be much harder than people imagine, if history is a guide."
> J.D. Ullmann, 1986

1. Wissensbanken und Datenbanken

Die Idee, daß sich KI- und Datenbankforschung gegenseitig befruchten können, ist nicht neu und wird spätestens seit 1975 systematisch verfolgt, sowohl im Rahmen der Datenbankforschung (zuerst im Rahmen der Forschungen zu deduktiven Datenbanken, zu logischen Grundlagen von Datenbanken und des NL-Interface) als auch im Rahmen der Wissensbankforschung (insbesondere zu Expertensystemen). Dieser Zusammenhang wurde bereits früh in einer Reihe von Konferenzen erörtert (z. B. /GAMI 78/, /BRMS84/, /BRZI 81/). Eine Vielzahl von Unterschieden wurde herausgearbeitet. Zugleich wurden auch KI-Techniken in Datenbankbetriebssystemen in breiterem Maße angewandt. Auch für große Wissensbanken erlangten Datenbanktechniken größere Bedeutung. Trotzdem gibt es zwischen beiden Gebieten erhebliche Unterschiede.

Außerdem gibt es viele unterschiedliche Standpunkte zu diesen beiden Gebieten, die sich bereits im Thema dieses Beitrages ausdrücken lassen:
- Datenbanken und Wissensbanken;
- Datenbanken oder Wissensbanken;
- entweder Datenbanken oder Wissensbanken;
- Datenbanken als eine Vorstufe von Wissensbanken;
- Datenbanken versus Wissensbanken;
- Wissensbanken als Datenbanken.

Diese unterschiedlichen Standpunkte lassen sich auch in der Literatur belegen. Einige Zitate wollen wir hier einfügen:

"... we use the terms 'data model' and 'knowledge representation language' as well as 'database' and 'knowledge base' as synonyms..."
Raimer & Hahn 1983

Dagegen gründet G. Wiederhold /WIED 85/ seine Unterscheidung auf den

Unterschied von Daten und Wissen und die Art der Verarbeitung, wie die folgende Tabelle und auch das folgende Zitat zeigen:

Wissen versus	Daten
small volumes	large volumes
intensional (scheme level)	extensional (database level)
imprecise	verifiable, often erroneous
statements applicable to large groups of facts supplied by "experts"	factual, atomic statements maintained by clerks

/WIED 85/

"If you would let a clerk update it, then it is 'data'. If you let experts update it, then it is 'knowledge'."

/WIED 85/

Diese letzten Äußerungen zeigen auf jeden Fall drei wichtige Unterschiede auf:

Art der Informationsverarbeitung;
Konkretheit der Daten;
Abstraktionsniveau.

Weder eine Identifizierung noch eine zu starke Gegenüberstellung der Begriffe erscheint uns angebracht. Wir wollen nun im weiteren diese Unterschiede etwas genauer beleuchten, setzen jedoch dabei Wissen über Datenbankprobleme und Wissensbanktechnologien im Umfange von /ULLM 80/ voraus.

Die Art der Informationsverarbeitung unterscheidet sich in der herkömmlichen Datenverwaltung, der modernen Datenverwaltung und -verarbeitung und der Wissensverarbeitung erheblich. Wir können diese Unterschiede in der folgenden Tabelle zusammenfassen, wobei die Paradigmen, die in der modernen Datenverarbeitung nicht mehr gelten, in der Spalte der herkömmlichen Datenverarbeitung unterstrichen wurden bzw. auch die übernommenen aus der Wissensverarbeitung:

Herkömmliche Datenverarbeitung bzw. -verwaltung	Wissensverarbeitung
eindeutig strukturierte Informationsverarbeitungsprozesse	komplexe, nicht eindeutig spezifierte Informatonsverarbeitungsprozesse
mit homogenen Datenstrukturen	mit heterogenem und unvollständigem vagem Wissen
wenig Datentypen, viele Zustände	viele Strukturtypen, wenig Typinstanzen
unvollständige Eingabe nicht möglich	Verarbeitung uvollständiger Information vorgesehen
typische Programmiersprache: PASCAL (strukturiert)	typische Programmiersprache: PROLOG (explorativ)
Verarbeitungsabläufe genau bekannt und explizit festgelegt	Verarbeitungsabläufe nur implizit oder gar nicht vorgegeben
Systementwickler nutzt Wissen über den Anwendungsbereich zur Programmentwicklung	Wissensträger modelliert sein Wissen über das Anwendungsgebiet in der Wissensbank
nur Systementwickler kann Verarbeitungsabläufe erklären	System kann Verarbeitungsprozeß erklären
eindeutige Zuordung Eingabe-Ausgabe durch Algorithmen möglich	korrekte Zuordnung Eingabe-Ausgabe aufgrund von Heuristiken nicht immer möglich

Ein anderer Unterschied der Wissensverarbeitung und der Datenbankarbeit ist die Art der Konkretheit der Daten, die auf den verschiedenen Arte von Wissen basiert:

a) heute in Prototyp-Implementationen realisiertes bzw. z. T. realisiertes Wissen:
   Entscheidungsregeln
   Prozesse
   Bedingungen
   disjunktive Fakten

Standardsituationen.

b) In der Forschung noch nicht voll gelöste Probleme bringen die folgenden Arten von Wissen:
   - Wortschatz
   - Hypothesen
   - unsichere Fakten
   - Verhaltensmodelle
   - Objekte und Beziehungen.

Eine der besten bekannten Differenzierungen von Wissensrepräsentationssprachen und Datenmodellen bzw. Wissensbanken und Datenbanken ist die folgende /BRMY 85/:
"... any knowledge representation language must be provided with a (rich) semantic theory for relating an information base to its subject matter, while a data model reqùires an (effective) computational theory for realizing informations bases on physical machines..."

In diesem Zitat wird der Unterschied zwischen der Information als Berechnungseinheit und der Information als semantischer Einheit in den Mittelpunkt gestellt. Dieser Unterschied trifft unserer Meinung nach den Kern. Zugleich kann man jedoch auch eine starke Integration der beiden Gebiete in der letzten Zeit registrieren, wie die folgende Tabelle über Ziele der beiden Gebiete zeigt:

	Datenbanken	Wissensbanken
bisher gelöst	konkurrierender Zugriff Sicherheit statischer Zustand z.T. längere Zeit schnelle Modifikation große Datenmengen	partielle Beschreibung spezielle Inferenztechniken gesteuerte Suche Ableitungen
z.Z.Ziel	Ableitungen	große Datenmengen
gewünscht	spezielle Inferenztechniken Regeln gesteuerte Suche	Sicherheit schnelle Modifikation

Vom Standpunkt der Datenbankentwicklung können wir daher vier Typen von Systemen heute unterscheiden:
- intelligente Datenbankbetriebssysteme, z. B. deduktive DBBS,
- Wissensbank-Datenbank-Systeme mit paralleler Nutzung der Teile,
- vertikale Wissensbank-Systeme mit wahlweiser Nutzung der Teile,
- reine Wissensbanksysteme.

Entsprechend können wir ein Datenbanksystem, das aus einem Datenbankbetriebssystem und einer Datenbank besteht, und ein Wissensbanksystem nach ihren Ebenen unterscheiden. Informationssysteme enthalten eine Organisationsebene (z. B. zur verteilten Nutzung, Mehrnutzerbetrieb und zur Problemlösung), eine Wissensebene (mit Problemlösungskomponenten, Wissensakquisitationsmethoden und für den Einnutzerbetrieb) und eine Berechnungsebene (mit Zugriffsmethoden entsprechend der Wissensstruktur). Für Datenbanksysteme sind die erste und die dritte Ebene ausgeprägt, für Wissensbanksysteme dagegen die zweite und die dritte.

Diese Besonderheit der Entwicklung wurde jedoch eher durch die Hauptanwendungsgebiete verursacht. Beide Systeme sind Informationssysteme. Für Datenbanken sind Berechnungsmethoden von vorrangiger Bedeutung. Probleme wie:

- Wie kann eine Datenmenge maschinell realisiert werden, mit welcher Speicherart?
- Mit welchen Operationen und welcher Kompliziertheit können Anfragen behandelt werden?
- Welche Beschränkungen (Integritätsbedingungen) gelten, und wie können sie zur Anfrageoptimierung genutzt werden?
- Welche Speicherstrukturen sind adäquat?

stehen im Vordergrund.

Demgegenüber ist die semantische Theorie der Information besonders für Wissensbanken relevant. Eine Wissensbank enthält mit einer Interpretationstheorie der Fakten nicht nur Wissen über etwas, sondern auch Mechanismen zur Ableitung von Wissen und Bedingungen der Form "ich wüßte x, wenn y vorausgesetzt werden könnte".

Die Besonderheit von Informationssystemen /FI 84/ ist die Verbindung zweier Sprachen: einer inneren Sprache L, in der das deklarative Wissen, insbesondere die Fakten, dargestellt wird, und einer äußeren Meta-Sprache ML von Behauptungen über Formeln von L. Das 5-Typel I = (L, ML, S, Q, K) heißt logische Informationsstruktur, wobei

S - die Menge der eigentlichen Axiome (Behauptungen nichtlogischer Art über Beziehungen in der Faktenmenge) darstellt, d.h. das formalisierte Wissen über den Gegenstandsbereich;

Q - die Menge der zulässigen Fragen an das Informationssytem (z.B.: Welche x erfüllen W(x)? Wieviele x erfüllen W(x)? Wie wurde W(x) erhalten?) und

K - die Menge der berechenbaren Anfrage-Antwort-Prädikate sind.

Die Mengen Q und K werden in der Sprache ML definiert und stellen die Ausdrucksstärke von I dar.

Es seien M ein zulässiges Massiv von deklarativem Wissen und M die Menge

aller zulässigen Massive M. Dann heißt I(M) = (L, ML, S, Q, K, M) Zustand (Interpretation) von I. Ein Informationsssystem ist dann in in diesem abstrakten, hier skizzierten Zugang die Menge aller Zustände von I. Ein Wissensbanksystem kann in diesem Zusammenhang als ein Informationssystem mit einer Sprache L, die nicht schwächer als die Prädikatenlogik ist, eine nichtleere Menge von Fakten M (Faktenbank) und einer nichtleeren Menge von Wissen S (Wissensbank) verstanden werden.
Durch die Prädikate aus K wird die Arbeitsweise des Menschen für die Aufgabenklasse Q imitiert (Unter Imitation verstehen wir hier die Berechnung von Resultaten, die vergleichbar mit denen eines qualifizierten Experten sind.) Eine weitere Besonderheit ist das Vorhandensein einer Fundierungskomponente, die verschieden von den Prozeduren ist, mit denen das Resultat erhalten wurde. Eine Fundierungskomponente kann Bestandteile enthalten wie eine Erklärungskomponente, eine Komponente zum Nachweis der Widerspruchsfreiheit des Resultates mit der Wissensbank, zur indirekten Bekräftigung des Resultates mit einigen rechentechnischen Prozeduren, zur Stabilitätskontrolle des Resultates bei Veränderungen der Wissensbank und bei veränderten Suchstrategien. Demgegenüber kann ein Datenbanksystem als ein Informationssystem mit einer Sprache L, die auch schwächer als die Prädikatenlogik ist, mit einer nichtleeren Menge von Fakten M und von Wissen S (Integritätsbedingungen) aufgefaßt werden. Die Menge Q ist für Standardanwendungen durch Auswertungs- und Modifikationsanforderungen gegeben. Die Menge K wird durch die Menge von Datenbankoperatoren definiert. Sie kann aufgrund des Mehrnutzerbetriebes und der verteilten Arbeit sehr kompliziert sein. Dieser formale Zugang muß nicht in jedem Fall sofort ersichtlich sein. Wir wollen dies für die Definition der Mengen L, ML, S für das relationale Modell demonstrieren, ohne auf die Definition von Q und K genauer einzugehen (siehe dazu /ULLM 80/).

Unter einem <u>relationalen Schema</u> RS verstehen wir das 5-Tupel (U, $\underline{D}$, dom, B, C) mit der Menge der Attribute U (Spaltennamen), der Menge der Wertemengen $\underline{D}$, der Abbildung dom: U --> $\underline{D}$ (die jedem Attribut (damit jeder Spalte) einen Wertebereich zuordnet), der informellen Erklärung der Bedeutung des Schemas B und der Menge C von Bedingungen (Integritätsbedingungen).
Ein Tupel über RS ist dann eine Funktion t : U --> $\{D : D \in \underline{D}\}$ mit $t(A) \in dom(A)$ für $A \in U$. Mit T_{RS} sei die Menge aller Tupel über RS bezeichnet. Dann kann die Menge C auch als Prädikat oder Funktion C: 2^T --> {0,1} aufgefaßt werden.
Ein Zustand von RS ist dann eine Menge von Tupeln (Relation) r mit C(r)=1. Es sei R(RS) die Menge aller Zustände von RS.

Unter einem Datenbank-Schema DS verstehen wir das Tupel $(RS_1,...,RS_m,DC)$, das aus den relationalen Schemata $RS_i = (U_i,D_i,dom_i,B_i,C_i)$ $(1 \leq i \leq m)$ und den Datenbank-Bedingungen DC besteht, wobei wir gewöhnlich auch fordern, daß, falls $U_i = U_j$ gilt, dann auch $RS_i = RS_j$ gilt, und für alle Attribute

$A \in U_i \cap U_j$ auch $dom_i(A) = dom_j(A)$ gilt.
Die Datenbank-Bedingungen DC sind definierbar als eine Funktion DC $R(RS_1) \times \ldots \times R(RS_m) \dashrightarrow \{0,1\}$.
Ein Zustand von DS ist dann ein Tupel, bestehend aus Relationen $r_1,\ldots,r_m$ mit $DC(r_1,\ldots,r_m) = 1$.
Analog läßt sich auch der Begriff des dynamischen relationalen Schemas über Folgen von Zuständen eines relationalen Schemas einführen. Die Menge K kann man für das relationale Modell über die Relationenalgebra einführen /DEAB 85/, /VOSS 87/. Somit werden Daten bzw. Wissen durch Datenmodelle bzw. Wissensrepräsentationssprachen dargestellt. Unter einem Datenmodell versteht man eine Menge von Datenstrukturen und zugehörigen Operationen für die Konstruktion und Manipulation einer Datenbank. Eine Wissensrepräsentationssprache stellt entsprechend ihrer speziellen Sicht Instrumente für die Darstellung und die Organisation von Wissen zur Verfügung.

2. Der Datenbankstandpunkt
Die Berechnung von Informationen

Die Datenbankforschung stellt kein einheitliches Ganzes dar. In ihrer Entwicklung und den verschiedenen Etappen des Datenbanksystementwurfes läßt sie sich wie folgt darstellen.

Schritte	früher	heute	bald
Informations- und Prozeßanforderungen	Geschäftsdaten, Datenverarbeitung	verteilte, strukturierte Datenverarbeitung, Fehlerbehandlung, Schutz, Sicherheit, Verträglichkeit	Entscheidungsunterstützung, Wissensverarbeitung
V	V	V	V
Datenmodell	klassische Datenmodelle	semantische Datenmodelle	? ?
V	V	V	V
effiziente Datenbankbetriebssysteme	Datenbankbetriebssysteme der 2. Generation	Datenbankbetriebssysteme der 3. Generation	Wissensbankbetriebssysteme

Wir wollen nun ein semantisches Modell einführen. Dazu verallgemeinern wir das IFO-Modell /HU 86/. Anzumerken ist, daß bereits heute mehr als ein Dutzend semantischer Modelle weit verbreitet ist. Gegeben seien ein Alphabet ALPH, bestehend aus einer endlichen Menge von atomaren Typen ATYP, Operationen x (Aggregation bzw. kartesisches Produkt), (Gruppierung bzw. Potenzmenge) und Hilfszeichen, sowie eine Menge von Wertemengen WERT und eine Abbildung dom: ATYP ,--> WERT, die jedem atomaren Typ a eine Wertemenge d zuordnet.

Wir definieren nun Typterme.

1. Atomare Typen sind Typterme.
2. Sind $t_1,\ldots,t_m,t$ Typterme, dann sind auch $x(t_1,\ldots,t_m)$ und $*(t)$ Typterme.
3. Typterme lassen sich nur nach 1. und 2. gewinnen.

Es sei TYPTERM die Menge aller Typterme.

Die Abbildung dom kann nun für Typterme erweitert werden:

1. Für atomare Typen t gilt $dom^+(t_m)$.
2. Sind $t_1,\ldots,t_m,t$ Typterme mit $M = dom^+(t)$, $M_1 = dom^+(t_1)$, ... , $M_m = dom^+(t_m)$, dann gilt $dom^+(x(t_1,\ldots,t_m)) = M_1 \times \ldots \times M_m$ und $dom^+(^*(t)) = 2^m$, wobei wir mit 2^M die Potenzmenge von M bezeichnen.

Die Abbildung dom^+ sei durch 1. und 2. vollständig definiert. Gegeben seien nun eine endliche Menge von Typen TYP, die ATYP als Teilmenge enthält, und eine Abbildung name : TYP --> TYPTERM mit name(a) = a für a $\in$ ATYP.

Mit ATYP, WERT, dom, TYP und name ist der erste Teil des semantischen Modells definiert.

Wenden wir uns nun dem zweiten Teil des semantischen Modells zu. Wir definieren zuerst die Beziehungen zwischen den Typen.

Es sei BEZ eine endliche Menge von Beziehungen (bzw. deren Namen) und zuord : BEZ --> TYP x TYP eine Funktion. Das Tupel (ATYP , WERT , dom , TYP , name , BEZ , zuord) nennen wir <u>semantisches Schema</u> (Modell).

<u>Beispiel:</u> Wir betrachten

ATYP = (Person, Tourist, Sprache, Straße, Stadt, PKZ, Name, Reise),

WERT = (Menge aller Wörter, bestehend aus den Buchstaben A,...,Z und den Ziffern, 0,...,9),

TYP = {Reisen, Sprachen, Adresse} ATYP.

Es seien $t_1 = {}^*(\text{Reise})$, $t_2 = {}^*(\text{Sprache})$, $t_3 = x(\text{PKZ,Stadt,Straße})$ und name (Reisen) = t_1, name(Sprachen) = t_2, name(Adresse) = t_3. Offensichtlich sind Tourist und Person abstrakte Typen, während die anderen Typen durch ihren Wert repräsentierbar sind. Es sei nun BEZ = (spricht, lebt_in, reist_nach, ist_eine, heißt) mit zuord(spricht) = (Person, Sprachen), zuord(lebt_in) = Person,Adresse), zuord(reist_nach) = (Tourist,Reisen), zuord(ist_eine) = (Tourist,Person), zuord(heißt) = (Person,Pname). Offensichtlich besitzen in diesem Beispiel nicht alle Beziehungen die gleichen Eigenschaften. Bezeichnen wir mit ⟨⟩ abstrakte Typen (Objekte), mit ¦_¦

wertmäßig repräsentierbare Typen, mit * gruppierte Typen und mit x aggregierte Typen, mit --- den Termaufbau, mit --> eine Beziehung vom Typ Funktion, mit <--> eine eindeutige Funktion und mit ==> eine Einbettung, dann läßt sich dieses Beispiel auch graphisch leicht darstellen. Wir setzen dabei voraus, daß die Beziehung "heißt" eineindeutig ist.

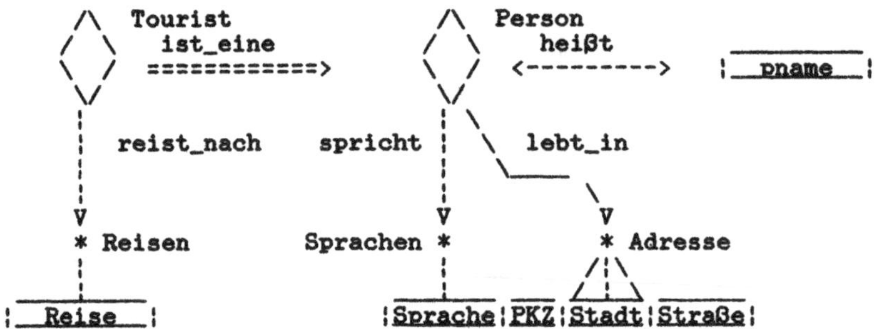

Die bereits im Beispiel demonstrierte Einschränkung der möglichen Interpretationen für BEZ kann auch analog für die Typen eingeführt werden. Ähnlich zur Theorie der Abhängigkeiten (Integritätsbedingungen) im relationalen Modell kann für dieses Modell eine Theorie der Integritätsbedingungen prädikatenlogisch eingeführt werden. Bereits das obige Beispiel zeigt, daß die Modellierung mit einem semantischen Modell einfacher und transparenter ist als z. B. mit einem relationalen Modell. Die Datenbankforschung läßt sich von der berechnungstheoretischen Seite her im wesentlichen drei Zweigen zuordnen:

1. der Datenbank-Theorie,
2. den Datenbanksystemen und ihrer Implementation,
3. Datenbankmodellen und Sprachen.

Mit einigen Stichworten wollen wir auf die Lösung einer Reihe von Problemen verweisen, die für die KI-Applikation von Bedeutung sind. Die Bücher /ULLM 80/, /DEAB 85/, /VOSS 87/ geben einen detaillierten Einblick. Dort kann man auch die Definition des Problems finden.

Problem	Datenbank-Theorie	Datenbanksysteme, Implementation
Concurrency Steuerung	Korrektheit der Algorithmen Sackgassenproblem	Serialisierung, 2-Phasen-Blockierung
Anfrageoptimierung	Dekomposition, Verifikation, Vereinfachung von Anfragen, Semi-Verbund, Erweiterung	Algorithmen entsprechend der Kompliziertheit der Anfrageoperationen
Integritätspflege	????	als spezielle Anfrage
Datenstrukturen	Kompliziertheitstheorie	Speicher- und Zugriffsstrukturen
verteilte Datenbanken	???? Korrektheit	Atomisierbarkeit, 2-Phasen-Übertrag
Leistungsbewertung	??	Warteschlangen, Netzwerke
Zuverlässigkeit	2-Phasen-Protokoll	Zurücksetzen, Fehlerbehandlung
Datenbankmaschinen	?	Hardware-Unterstützung
Architektur von Systemen	?, abstrakte Datentypen	3-, 4-Ebenen-Architektur
Datensicherheit Datenschutz	Anfragesteuerung, Kodierung	Autorisierung, Schutz vor Technik

Geht man vom Datenbank-Standpunkt bei der Integration von Datenbanksystemen und Wissensbanken aus, beachtet dabei auch die Unterschiede (Größe des Datenbestandes, deduktive Verarbeitung, Vollständigkeit der Information, Abgeschlossenheit der Spezifikation), dann lassen sich die Probleme bei der Kopplung von Datenbank- und Expertensystemen bei der Verwaltung von Wissen und Inferenzen anhand der Schnittstellen von Anfrageauswertung und deduktiver Inferenz darstellen:

Schnittstelle Anfrageauswertung	deduktive Inferenz
Anfrageausführung auf der Schemabeschreibung und der Datenmenge (Eingrenzung der Daten)	Inferenz auf die Menge von Axiomen zurückführen (meist Alternativen für die Ableitung)
Anfrage im allgemeinen einfacher und schneller auswertbar	nicht alle Inferenzen sind in relationale Ausdrücke umwandelbar
neues Wissen wird auf die Verträglichkeit mit (Integritäts-)Bedingungen geprüft	flexibel (neues Wissen ist einfügbar ohne die Berücksichtigung des bestehenden Wissens)
keine Erklärungsfähigkeit (viele Behelfsdaten)	Erklärung z.B. über Beweisbaum (viele Alternativen)
einfache Anfrageauswertung durch explizite Formulierung der optimierten Auswertungsreihenfolge	einfache deduktive Suche bei Verwendung von Axiomen mit Konjunktion einfacher Prädikate (ohne Negation, Disjunktion, Partikularisierung)

Die Datenbankforschung läßt sich auch durch ihre Ansätze zu einer semantischen Theorie der Information charakterisieren. Man muß im wesentlichen wieder drei Zweige unterscheiden:

1. Datenmodelle und Sprachen

Ausgehend von den Erfahrungen mit den ersten vier Generationen von Datenbankbetriebssystemen wurden höhere Strukturmechanismen, die eine adäquate Modellierung der Semantik gestatten, so wie im bereits angeführten Modell betrachtet. Vier Arten von Beziehungen zwischen Objekten wurden betrachtet: die Klassifikation (Beispiel von); die Aggregation (Teil von); die Generalisierung (ist ein); die Zerlegung.
Weiterhin wurden Integritätsbedingungen eingeführt und insbesondere in den Untersuchungen als Invarianten verwendet. Außerdem gibt es Arbeiten zu komplexen Objekten, die zeitabhängig, unvollständig, fehlerhaft oder widersprüchlich sein können und kausale und modale Beziehungen besser darstellen.
Ein grundsätzlicher Unterschied zur KI ist hier jedoch anzumerken: Bei der Anfragesprachsemantik wird die Informationsbasis als Subjekt betrachtet, während bei der Wissensbank Anfragen und Wissen Behauptungen über

das externe Objekt sind.

2. Datenbank-Entwurf und -Verwaltung

Im Datenbank-Entwurf kann man im wesentlichen zwischen informalen, halbformalen und formalen Zugängen unterscheiden je nach Art der Nutzung des menschlichen Faktors (Datenbank-Administrator). Die Entwurfstheorie stellt für das relationale Modell eine gut ausgearbeitet Theorie dar. Wesentliche Zweige sind die Theorie der Abhängigkeiten und die Sichtenintegration. Ein offenenes Problem ist jedoch die Verwaltung der Datenbank bei physischen Veränderungen.

3. Die Anwendung der Datenbank-Technologie in neuen Gebieten

Eine Reihe von Nichtstandard-Anwendungen wie CAD, CAM, CAQ, CIM sowie klassische Anwendungen wie die Büroautomatisierung führten zu neuen semantischen und berechnungstheoretischen Theorien.

3. Der KI-Standpunkt einer semantischen Theorie der Information

Da die Wissensrepräsentationssprachen und die logischen Grundlagen in weiteren Beiträgen dieses Bandes eine wesentliche Rolle spielen, können wir uns auf einige Bemerkungen zu den Beziehungen zwischen den Begriffen einschränken. Das Ziel der Wissensrepräsentation ist eine genügend ausdrucksfähige semantische Theorie. Entsprechend dem Niveau der Wissensrepräsentation können wir im wesentlichen vier Methoden hervorheben:
1. logische Repräsentation;
2. semantische Netze (KL-ONE);
3. prozedurale Repräsentation;
4. frame-basierte Repräsentation.

Diese vier Methoden entsprechen auch vier Zugängen bei der Datenbank-Modellierung:
1. der Auffassung einer Datenbank als logische Theorie;
2. der Modellierung mit semantischen Netzen;
3. der Modellierung mit deduktiven Datenbanken;
4. der Modellierung mit dem NF^2-Modell.

Da Frames nicht genau formal eingeführt wurden, hat man sich ihrer im Datenbankbereich trotz der Analogien kaum bedient, obwohl eine der typischen Eigenschaften von Frames der molekularen Aggregation entspricht: Zur Beschreibung eines Frames ist es erlaubt, daß Mengen von individuellen Frames zur Definition eines anderen Frame-Typs herangezogen werden können. Hinzu kommt, daß es im Sinne der Abstraktionshierarchie beliebige Hierarchien geben kann, deren Slots (bzw. Attribute im Datenbankbereich) vererbt werden können.

Für semantische Netze existieren jetzt klare Begriffsbildungen. Eine

Reihe von Begriffsbildungen ist denen von semantischen Modellen ähnlich (z.B. generic concept = Objektschema, Roles = komplexe Attribute bzw. Typen, individuelle Konzepte = konkrete Objekte). Zugleich ist anzumerken, daß es in den letzten Jahren eine Reihe von Ansätzen in der Datenbankforschung gibt, die ähnlich wie in Wissenrepräsentationssprachen von Relationen mit relationenwertigen Attributen (Typen) ausgehen.

4. Ein Ausblick: Die Integration von KI- und Datenbanktechnologien

Bei der Integration sind die Unterschiede der Zugänge, wie in der folgenden Tabelle dargestellt, zu berücksichtigen:

	Datenbanken	Wissensbanken
vorherrschend	berechnungstheoretische Methoden	semantische Methoden
Darstellung	extensional	intensional
Behauptungen	einfache, spezifische	komplizierte, allgemeine
Art	modelltheoretisch (Datenbank als Modell)	beweisorientiert (Theorembeweiser)

Es gibt grundsätzlich drei Strategien für das Zusammenführen beider Technologien:

1. Erweiterung einer Komponente (eine kurzzeitige Lösung);
2. Kopplung beider Komponenten (eine leichte, praktikable Lösung);
3. volle Integration beider Komponenten (eine revolutionierende Strategie).

   Da sowohl die erste als auch die zweite Strategie zu keiner vollständigen Lösung führt, wird in letzter Zeit verstärkt an der vollen Integration beider Komponenten gearbeitet. Dazu wären zwei Wege zu unterscheiden:

a) der revolutionäre Weg, der ein vollständiges Überdenken beider Strategien erfordert, allerdings auf der Grundlage von Shells möglich erscheint;

b) der evolutionäre Weg, der bisher gesicherter erscheint und direkt KI-Techniken und Datenbank-Technologien nutzt. Es existieren in diesem Rahmen zwei Möglichkeiten:

b1) der Bottom-up-Zugang von deduktiven Datenbanken, der Trigger-Techniken, Theorembeweiser-Komponenten oder andere KI-Techniken für die Erweiterung nutzt;

b2) der Top-down-Zugang von datenbank-basierten PROLOG-Systemen, der eine der möglichen Verbindungen von PROLOG-Systemen mit Datenbankbetriebssystemen nutzt (Ableitungskomponente von PROLOG mit dem Zugriffssystem, dem Datenbankbetriebssystem oder der Programmumgebung des Datenbanksystems).

Durch diese Integration können, je nach Art der benutzten Datenbank-Software und des benutzten Datenmodells, zwei Arten von wissensbasierten Systemen entstehen: wertorientierte und objektorientierte. Für die letzteren sind am ehesten kommerzielle Systeme zu erwarten. Eine Reihe von Prototypen, wie O_2 , ALGRES, ORION, existiert bereits. Marktfähig sind z. B. Gemstone und Vbase. Wir wollen die Vor- (+) und Nachteile (-) dieser beiden Arten abschließend gegenüberstellen:

wertorientierte Systeme, z. B. relationale	objektorientierte Systeme, z. B. basierend auf Objektmodellen
- Anomalien sind vorhanden	+ unabhängige Existenz der Objekte
- langsamer	+ schnelle Anfrage über Built-in-Prädikate
- Integritätsbedingungen über Anfragesprache und Wirtssprache	+ gleiche Sprache für Entwurf, Manipulation und Anfrage
- Update über Views	+ einfache Fensterbeschreibung
+ deklarative Programmierung	- deklaratives Wissen
+ Anfragedekomposition	- Anfragekomposition
+ vordefinierte Zugriffspfade	- schwierige Anfrage ohne Built-in-Prädikate

Literatur

/BBG 78/ C. Beeri, P.A. Bernstein, N. Goodman, A sophisticate's introduction to database normalization theory. Proc. Very Large Data Bases, Berlin 1978, 113 -124

/BERN 83/ P.A. Bernstein, Database theory: Where has it been? Where is it going? Proc. ACM SIGMOD Conf. 83, San Jose, May 1983

/BOCO 78/ D. G. Bobrow, A. Collings (eds.), Representation and understanding. Academic Press, New York 1978.

/BRAS 85/ R.J. Brachmann, J.G. Schmolze, An overview of the KL-ONE knowledge representation system. Cognitive Science, 9,2, April-June 85.

/BRMS 84/ M.L. Brodie, J. Mylopoulos, J.W. Schmidt (eds.), On conceptual modelling: Perspectives from artificial intelligence, databases and programming languages.

Springer-Verlag, New York 1984.

/BRMY 85/ M.L. Brodie, J. Mylopoulos, Knowledge base versus databases. In: /BROM 86/, 83 - 86.

/BROM 86/ M.L. Brodie, J. Mylopoulos (eds.), On knowledge base management systems. Springer-Verlag, New York 1986.

/BRZI 81/ M.L. Brodie, S. Zilles (eds.), Proc. of the Pingree Workshop on Data Abstraction, Databases and Conceptual Modelling. SIGPLAN Newsletter 1981.

/CERI 83/ S. Ceri (ed.), Methodology and tools for database design. North-Holland, Amsterdam 1983.

/CHUN 84/ L. Chung, An extended TAXIS compiler. M.Sc. thesis, Dept. of Comp. Sci., University of Toronto 1984.

/DEAB 85/ C. Delobel, M. Adiba, Relational database systems. North-Holland, Amsterdam 1985.

/FI 84/ V.M. Finn, Informazionnyje sistemy i problemy ich intellektualisazii. NTI, Ser. 2, 1984, 1 (in Russisch).

/GAMI 78/ H. Gallaire, J.M. Nicolas (eds.), Logic and databases. Computer Science Press, New York 1978.

/HU 86/ R. Hull, Semantic database modelling: Survey, application, and research issues. Univ. of Southern California, Computer Science Dept., Technical report, TR-86-201, 1986.

/KIRB 84/ W. Kim, D. Reiner, D. Batory (eds.), Query processing in database systems. Springer-Verlag, New York 1984.

/KOWA 79/ R. Kowalski. Logic for problem solving. Elsevier, North-Holland, New York 1979.

/MAI 83/ D. Maier, The theory of relational databases. Computer science Press, Potomac 1983.

/NILS 82/ N.J. Nilsson, Principles of artificial intelligence. Springer-Verlag, Heidelberg 1982.

/REHA 83/ U. Reimer, U. Hahn, A formal approach to the semantics of a frame data model. Proc. IJCAI-83, Karlsruhe 1983.

/REIT 84/ R. Reiter, Towards a logical reconstruction of relational database theory. In: /BRMS 84/, 191 - 232.

/REIT 81/ W. Reitman (ed.), Artificial intelligence for business. Ablex, Norwood, NJ 1981.

/ROUS 76/ N. Roussopoulos, A semantic network model of database. Ph.D. thesis, Dept. of Comp. Sci., University of Toronto 1976.

/SCHM 83/ J.W. Schmidt, M.L. Brodie, Relational database systems: Analysis and comparison. Springer-Verlag, New-York 1983.

/ULLM 80/ J.D. Ullman, Principles of database systems. Computer Science Press, Potomac 1980.

/VOSS 87/ G. Vossen, Datenmodelle, Datenbanksprachen und Datenbank-Management-Systeme. Addison-Wesley, Bonn 1987.

/WIED 85/ G. Wiederhold, Knowledge versus data. In: /BRCM 86/, 77-82.